●収録内容一覧

■2025年度中学受験用

目白研心中学校

4年間スーパー過去問

入試問題と解説・解答の収録内容

2024年度　1回	算数・社会・理科・国語	実物解答用紙DL
2024年度　2回	算数・社会・理科・国語 （解答のみ）	実物解答用紙DL
2023年度　1回	算数・社会・理科・国語	実物解答用紙DL
2023年度　2回	算数・社会・理科・国語 （解答のみ）	実物解答用紙DL
2022年度　1回	算数・社会・理科・国語	実物解答用紙DL
2022年度　2回	算数・社会・理科・国語 （解答のみ）	実物解答用紙DL
2021年度　1回	算数・国語 （解答のみ）	
2021年度　2回	算数・社会・理科・国語	

～本書ご利用上の注意～　以下の点について，あらかじめご了承ください。

★別冊解答用紙は巻末にございます。実物解答用紙は，弊社サイトの各校商品情報ページより，一部または全部をダウンロードできます。

★編集の都合上，学校実施のすべての試験を掲載していない場合がございます。

★当問題集のバックナンバーは，弊社には在庫がございません（ネット書店などに一部在庫あり）。

合格を勝ち取るための

『スーパー過去問』の使い方

本書に掲載されている過去問をご覧になって，「難しそう」と感じたかもしれません。でも，多くの受験生が同じように感じているはずです。なぜなら，中学入試で出題される問題は，小学校で習う内容よりも高度なものが多く，たくさんの知識や解き方のコツを身につけることも必要だからです。ですから，初めて本書に取り組むさいには，点数を気にしすぎないようにしましょう。本番でしっかり点数を取れることが大事なのです。

過去問で重要なのは「まちがえること」です。自分の弱点を知るために，過去問に取り組むのです。当然，まちがえた問題をそのままにしておいては意味がありません。

本書には，長年にわたって中学入試にたずさわっているスタッフによるていねいな解説がついています。まちがえた問題はしっかりと解説を読み，できるようになるまで何度も解き直しをしてください。理解できていないと感じた分野については，参考書や資料集などを活用し，改めて整理しておきましょう。

このページも参考にしてみましょう！

◆どの年度から解こうかな　「入試問題と解説・解答の収録内容一覧」

本書のはじめには収録内容が掲載されていますので，収録年度や収録されている入試回などを確認できます。

※著作権上の都合によって掲載できない問題が収録されている場合は，最新年度の問題の前に，ピンク色の紙を差しこんでご案内しています。

◆学校の情報を知ろう!!「学校紹介ページ」

このページのあとに，各学校の基本情報などを掲載しています。問題を解くのに疲れたら息ぬきに読んで，志望校合格への気持ちを新たにし，再び過去問に挑戦してみるのもよいでしょう。なお，最新の情報につきましては，学校のホームページなどでご確認ください。

◆入試に向けてどんな対策をしよう？「出題傾向＆対策」

「学校紹介ページ」に続いて，「出題傾向＆対策」ページがあります。過去にどのような分野の問題が出題され，どのように対策すればよいかをアドバイスしていますので，参考にしてください。

◇別冊「入試問題解答用紙編」

本書の巻末には，ぬき取って使える別冊の解答用紙が収録してあります。解答用紙が非公表の場合などを除き，（注）が記載されたページの指定倍率にしたがって拡大コピーをとれば，実際の入試問題とほぼ同じ解答欄の大きさで，何度でも過去問に取り組むことができます。このように，入試本番に近い条件で練習できるのも，本書の強みです。また，データが公表されている学校は別冊の１ページ目に過去の「入試結果表」を掲載しています。合格に必要な得点の目安として活用してください。

本書がみなさんの志望校合格の助けとなることを，心より願っています。

株式会社　声の教育社　編集部

目白研心中学校

所在地	〒161-8522 東京都新宿区中落合4-31-1
電　話	03-5996-3133（広報部）
ホームページ	https://mk.mejiro.ac.jp/
交通案内	西武新宿線・都営大江戸線「中井駅」より徒歩12分，都営大江戸線「落合南長崎駅」より徒歩10分，東京メトロ東西線「落合駅」より徒歩14分

くわしい情報はホームページへ

トピックス

★2025年度入試より，英語アドバンスト入試（自己紹介およびプレゼンとQ&A）を実施。
★英語資格入試では，英検等の取得級に応じて得点を加算する。

創立年 大正12年　男女共学　高校募集あり

応募状況

年度	募集数		応募数	受験数	合格数	倍率
2024	①２科	70名	47名	35名	27名	1.3倍
	①４科		17名	15名	11名	1.4倍
	①適性		109名	108名	70名	1.5倍
	②２科		60名	50名	39名	1.3倍
	②４科		37名	35名	23名	1.5倍
	③２科	20名	75名	25名	21名	1.2倍
	英スピ		12名	11名	7名	1.6倍
	④２科		78名	34名	22名	1.5倍
	①英資		20名	15名	13名	1.2倍
	⑤２科	10名	76名	18名	10名	1.8倍
	②英資		22名	8名	8名	1.0倍
	算アド		33名	16名	10名	1.6倍
	自己		26名	9名	4名	2.3倍

2024年春の主な大学合格実績

＜国公立大学＞

東京藝術大，茨城大，東京都立大，埼玉県立大

＜私立大学＞

慶應義塾大，早稲田大，上智大，明治大，青山学院大，立教大，中央大，法政大，学習院大，成蹊大，成城大，明治学院大，獨協大，國學院大，武蔵大，津田塾大，東京女子大，日本女子大，昭和大，東京医科大

2024年度学校説明会・イベント日程（※予定）

【学校説明会】

①６月15日／②８月24日／③10月５日／④11月２日／⑤１月11日

＊①・②・④・⑤は10：30，③は14：00開始。いずれも予約必須。

【オープンキャンパス】

７月13日　10：30開始〔予約必須〕

【授業見学会】

11月13日　10：30開始〔予約必須〕

【入試体験会】

12月21日　13：30開始〔予約必須〕

【桐陽祭（中高文化祭）】

９月14日・15日　９：00受付開始〔予約必須〕

※WEBからお申し込みください。

※上履きは不要です。

本校の特色

「自分の人生を自分で切り拓ける人材を育てたい」という思いから，三段階の選択ステージ制をとっています。「第一の選択」は中３。「総合コース」「特進コース」「Super English Course」を生徒自身が選択します。よって，入学時にはコース制を設けず，中１・２の英数は習熟度別授業とし，自分の適性を磨きます。中３の１年間はトライアル期間として位置づけ，高１でコースを確定する「第二の選択」を行います。そして，高２でさらに文理の選択を中心とした「第三の選択」を実施し，進路希望の実現を目指していきます。

編集部注一本書の内容は2024年5月現在のものであり，変更されている場合があります。正式な情報は，学校のホームページ等で必ずご確認ください。

算数 出題傾向＆対策

◆基本データ（2024年度１回）

試験時間／満点	50分／100点
問題構成	・大問数…６題 計算・応用小問１題(10問) ／応用問題５題 ・小問数…24問
解答形式	すべて答えのみを記入する形式。必要な単位などはあらかじめ印刷されている。
実際の問題用紙	Ａ４サイズ，小冊子形式
実際の解答用紙	Ａ４サイズ

◆出題傾向と内容

▶過去３年の出題率トップ３
１位：四則計算・逆算20％　２位：角度・面積・長さ，場合の数など７％
▶今年の出題率トップ３
１位：四則計算・逆算21％　２位：角度・面積・長さ10％　３位：濃度など７％

算数の問題としてはごく一般的な問題数で，計算・応用小問と応用問題から成り立っています。計算問題は５問程度で，分数や小数をふくむ四則混合計算と，逆算や単位の計算，計算のくふうが中心になっています。応用小問は５～６問ほどで，数列，割合，場合の数，数の性質などが多く，さらに，簡単な特殊算(仕事算，旅人算，つるかめ算，消去算，年齢算など)もふくまれています。応用問題は，おもに図形と特殊算が出されており，特に，速さに関する問題，濃度，仕事算，回転体の体積・表面積の出題がめだちます。

◆対策～合格点を取るには？～

本校の入試対策としては，計算力の養成と一行程度の文章題への対応力をつけることがあげられます。計算練習を徹底してやるとともに，文章題は例題にあたって解法を身につけ，問題集で演習して解法を確認しましょう。

算数は一朝一夕にはモノにできません。毎日コツコツと続けるのが大切です。そのさい留意したいのは，ノートをきれいに使うことです。答え合わせをしてマルやバツをつけるだけではなかなか進歩しません。同じまちがいを二度とくり返さないよう，自分の弱点をそのつど発見するように心がけましょう。

分野 ＼ 年度		2024		2023		2022	
		1回	2回	1回	2回	1回	2回
計算	四則計算・逆算	●	●	●	●	●	●
計算	計算のくふう	○		○		○	
計算	単位の計算	○	○		○	○	○
和と差	和差算・分配算			○			
和と差	消去算				○		
和と差	つるかめ算						
和と差	平均とのべ						
和と差	過不足算・差集め算		○			○	○
和と差	集まり						
和と差	年齢算						
割合と比	割合と比	○	○				
割合と比	正比例と反比例						
割合と比	還元算・相当算			○			
割合と比	比の性質						
割合と比	倍数算						
割合と比	売買損益				○	○	○
割合と比	濃度	○	○	○	○	○	○
割合と比	仕事算	○	○	○	○		○
割合と比	ニュートン算					○	
速さ	速さ	◎	○	◎			
速さ	旅人算	○		○			○
速さ	通過算					○	
速さ	流水算						
速さ	時計算						
速さ	速さと比				○		
図形	角度・面積・長さ		◎	○	○	○	◎
図形	辺の比と面積の比・相似	○		○	○	○	
図形	体積・表面積	○	○	○	○	○	
図形	水の深さと体積						○
図形	展開図						
図形	構成・分割						
図形	図形・点の移動		○				○
表とグラフ				○			
数の性質	約数と倍数	○	○	○		○	○
数の性質	N進数						
数の性質	約束記号・文字式						
数の性質	整数・小数・分数の性質				○		
規則性	植木算						
規則性	周期算						
規則性	数列						
規則性	方陣算						
規則性	図形と規則						
場合の数			○	○	○	○	○
調べ・推理・条件の整理							
その他							

※　○印はその分野の問題が１題，◎印は２題，●印は３題以上出題されたことをしめします。

社会　出題傾向＆対策

◆基本データ（2024年度１回）

試験時間／満点	理科と合わせて60分／100点
問題構成	・大問数…３題 ・小問数…28問
解答形式	記号選択と適語の記入が大半をしめるが，文章正誤問題も複数見られる。
実際の問題用紙	Ａ４サイズ，小冊子形式
実際の解答用紙	Ａ４サイズ

分野＼年度			2024		2023		2022	
			1回	2回	1回	2回	1回	2回
日本の地理		地図の見方						
		国土・自然・気候	○	○	○	○	○	○
		資源		○				○
		農林水産業	○		○	○	○	○
		工業		○	○	○	○	
		交通・通信・貿易		○	○			
		人口・生活・文化	○	○	○	○	○	
		各地方の特色		○	★		○	
		地理総合	★	★		★	★	★
世界の地理								
日本の歴史	時代	原始～古代	○	○	○	○	○	○
		中世～近世	○	○	○	○	○	○
		近代～現代	○	○	○	○	○	○
	テーマ	政治・法律史						
		産業・経済史						
		文化・宗教史						
		外交・戦争史						
		歴史総合	★	★	★	★	★	★
世界の歴史								
政治		憲法	○	○		★		★
		国会・内閣・裁判所	○	○	★		★	
		地方自治						
		経済		○				
		生活と福祉						
		国際関係・国際政治	○					
		政治総合	★	★				
環境問題				○				
時事問題								
世界遺産			○					
複数分野総合								

※　原始～古代…平安時代以前，中世～近世…鎌倉時代～江戸時代，近代～現代…明治時代以降

※　★印は大問の中心となる分野をしめします。

◆出題傾向と内容

地理，歴史，政治の３分野からほぼ均等に出題されています。各分野についてははば広いことがらを問う総合問題形式になっており，細かくほり下げた内容を問うものはあまりありません。

●**地理**…都道府県や県庁所在地，山脈，川，湖，海流などの名称を問うものが出されています。また，各地方の特色や生活・文化，雨温図，野菜や果実の収穫量，工業地帯・地域の出荷額割合についてもよく出題されます。

●**歴史**…例年，古代から近現代まではば広い時代について取り上げられています。歴史上のできごとを年代順に並びかえるだけでなく，文章正誤でできごとが起こった時期を考えさせる問題も出されています。

●**政治**…日本国憲法や三権分立のしくみが中心になっており，具体的には，国民主権と選挙権に関する問題，国の政治と地方の政治に関する問題，平和主義と国際連合に関する問題などが出されています。

◆対策～合格点を取るには？～

はば広い知識が問われていますが，問題のレベルは標準的ですから，まず，基礎を固めることを心がけてください。教科書のほか，説明がていねいでやさしい標準的な参考書を選び，基本事項をしっかりと身につけましょう。

地理分野では，地図とグラフが欠かせません。つねにこれらを参照しながら，白地図作業帳を利用して地形と気候をまとめ，そこから産業のようす（もちろん統計表も使います）へと広げていってください。

歴史分野では，教科書や参考書を読むだけでなく，自分で年表をつくって覚えると学習効果が上がります。できあがった年表は，各時代，各分野のまとめに活用できます。本校の歴史の問題にはさまざまな分野が取り上げられていますから，この作業はおおいに威力を発揮するはずです。

政治分野では，日本国憲法の基本的な内容と三権についてはひと通りおさえておいた方がよいでしょう。また，時事問題については，新聞やテレビ番組などでニュースを確認し，国の政治や経済の動き，世界各国の情勢などについて，ノートにまとめておきましょう。

理科 出題傾向＆対策

◆基本データ（2024年度１回）

試験時間／満点	社会と合わせて60分／100点
問題構成	・大問数…４題 ・小問数…18問
解答形式	記号選択と適語・数値の記入になっている。記述問題も見られる。
実際の問題用紙	Ａ４サイズ，小冊子形式
実際の解答用紙	Ａ４サイズ

分野 ＼ 年度		2024		2023		2022	
		1回	2回	1回	2回	1回	2回
生命	植物	★	★	★			
	動物				★		★
	人体						
	生物と環境					★	
	季節と生物						
	生命総合						
物質	物質のすがた						
	気体の性質	★		★			★
	水溶液の性質		★	○			
	ものの溶け方					★	
	金属の性質						
	ものの燃え方				★		
	物質総合						
エネルギー	てこ・滑車・輪軸		★				
	ばねののび方		○				★
	ふりこ・物体の運動			★			
	浮力と密度・圧力	★					
	光の進み方					★	
	ものの温まり方						
	音の伝わり方						
	電気回路				★		
	磁石・電磁石						
	エネルギー総合						
地球	地球・月・太陽系	★			★		
	星と星座			★			★
	風・雲と天候					★	
	気温・地温・湿度		★			○	
	流水のはたらき・地層と岩石						
	火山・地震						
	地球総合						
実験器具							
観察							
環境問題		○					
時事問題							
複数分野総合							

※　★印は大問の中心となる分野をしめします。

◆出題傾向と内容

「生命」「物質」「エネルギー」「地球」の各分野からバランスよく出題されています。実験・観察・観測をもとにした問題が多く，中途はんぱな勉強では得点できないでしょう。単なる丸暗記の知識よりも，日常の授業の中での理解，成果がためされているといえます。

●**生命**…植物のつくりとはたらき，こん虫の特ちょう，植物の種子，平均気温と樹木，土の中の小動物，ヒトのからだのつくりとはたらき，食物連鎖などが見られます。

●**物質**…中和の実験，水溶液の性質と気体の性質，ものの燃え方・溶け方などが出題されています。

●**エネルギー**…てこのつりあい，ばね，浮力と密度，ふりこの運動，磁石や電磁石，光の進み方などが取り上げられています。

●**地球**…湿度・降水量の計算，台風，地層，金星の動きと見え方，冬の星座などが出題されています。

◆対策～合格点を取るには？～

各分野からまんべんなく出題されていますから，基礎的な知識をはやいうちに身につけ，そのうえで問題集で演習をくり返しながら実力アップをめざしましょう。

「生命」は，身につけなければならない基本知識の多い分野ですが，楽しみながら確実に学習する心がけが大切です。

「物質」では，気体や水溶液，金属などの性質に重点をおいて学習してください。そのさい，中和反応や濃度など，表やグラフをもとに計算する問題にも積極的に取り組んでください。

「エネルギー」は，力のつり合いなどの計算問題，電気回路や方位磁針のふれ方，電熱線の発熱，磁力の強さなどの出題が予想されるので，学習計画から外すことのないようにしましょう。

「地球」では，地震とゆれの伝わり方，太陽・月・地球の動き，季節と星座の動き，天気と気温・湿度の変化，地層のでき方などが重要なポイントです。

なお，環境問題・身近な自然現象に日ごろから注意をはらうことや，テレビの科学番組，新聞・雑誌の科学に関する記事，読書などを通じて科学にふれることも大切です。

国語 出題傾向＆対策

◆基本データ（2024年度１回）

試験時間／満点	50分／100点
問題構成	・大問数…４題 文章読解題２題／知識問題２題 ・小問数…31問
解答形式	記号選択，適語の記入，本文中のことばの書きぬき，25〜50字程度の記述問題など，バラエティーに富んでいる。
実際の問題用紙	Ａ４サイズ，小冊子形式
実際の解答用紙	Ａ３サイズ

◆出題傾向と内容

▶近年の出典情報（著者名）
説明文：川北　稔　松岡享子　稲垣栄洋
小　説：椰月美智子　山本甲士　かしわ哲

本校の国語の中心は２題の長文読解問題で，素直で標準的な設問が多いといえます。

●読解問題…題材は，小説・物語文と説明文・論説文から１題ずつというパターンが多くなっています。主題・要旨，文脈の理解，適語・適文の補充，指示語の内容，語句や文の意味，接続語，段落区分などが問われます。特に読解力に大きなウェートがおかれています。

●知識問題…漢字の読みと書き取り，部首，文節，主語と述語，接続語，助詞・助動詞などの識別，誤文訂正，敬語，慣用句・ことわざ，熟語の組み立てなどが出題されています。

◆対策〜合格点を取るには？〜

本校の国語は，読解力を中心にことばの知識や漢字力もあわせ見るという点では，実にオーソドックスな問題ということができますが，その中でも大きなウェートをしめるのは，長文の読解力です。したがって，読解の演習のさいには，以下の点に気をつけましょう。①「それ」や「これ」などの指示語は何を指しているのかをつねに考える。②段落や場面の構成を考える。③筆者の主張や登場人物の性格，心情の変化などに注意する。④読めない漢字，意味のわからないことばが出てきたら，すぐに辞典で調べ，ノートにまとめる。

なお，知識問題は，漢字・語句の問題集を一冊仕上げるとよいでしょう。

分野		年度	2024		2023		2022	
			1回	2回	1回	2回	1回	2回
読解	文章の種類	説明文・論説文	★	★	★	★	★	★
		小説・物語・伝記	★	★	★	★	★	★
		随筆・紀行・日記						
		会話・戯曲						
		詩						
		短歌・俳句						
	内容の分類	主題・要旨	○	○	○	○	○	○
		内容理解	○	○	○	○	○	○
		文脈・段落構成	○	○		○		
		指示語・接続語	○	○	○	○		○
		その他						
知識	漢字	漢字の読み	○	○	○	○	○	○
		漢字の書き取り	○	○	○	○	○	○
		部首・画数・筆順		○				
	語句	語句の意味	○	○	○	○	○	○
		かなづかい						
		熟語	○		○		○	
		慣用句・ことわざ	○		○	○		○
	文法	文の組み立て						○
		品詞・用法	○			○	○	○
		敬語			○			
	形式・技法					○		
	文学作品の知識							
	その他			○				
	知識総合		★	★	★	★	★	★
表現	作文							
	短文記述							
	その他							
放送問題								

※　★印は大問の中心となる分野をしめします。

カコを追いかけ
ミライをつかめ
「今の説明、もう一回」を何度でも
web過去問
ストリーミング配信による入試問題の解説動画
もっと古いカコモンないの？
カコ過去問
「さらにカコの」過去問をHPに掲載（DL）
声の教育社
詳しくはこちらから

2024年度 目白研心中学校

【算　数】〈第１回試験〉　(50分)　〈満点：100点〉

1　次の □ にあてはまる数を求めなさい．

(1)　$2024-24\times35=$ □

(2)　$5\frac{1}{3}-3\frac{3}{8}+5\frac{1}{2}=$ □

(3)　$3\frac{4}{7}\div1\frac{1}{2}\times2\frac{4}{5}=$ □

(4)　$135\div(12+3\times$ □ $)=5$

(5)　$51\times0.11+51\times0.22+51\times0.33+51\times0.44=$ □

(6)　$0.09\ \mathrm{km^2}=$ □ $\mathrm{m^2}$

(7)　ある商品を定価の２５％引きで買ったところ，２７００円でした．この商品の定価は □ 円です．ただし，消費税は考えないものとします．

(8)　花子さんは，220 ページある本を今日までに全体の $\frac{3}{11}$ だけ読みました．花子さんが読んだページ数は □ ページです．

(9)　３けたの整数のうち，６で割っても８で割っても５あまる整数は □ 個あります．

(10)　家からＡ町まで自動車で行くのに，時速 40 km で３時間かかりました．家からＡ町まで時速 45 km で行くと， □ 時間 □ 分かかります．

2 **ある仕事を終えるのに，Ａさん１人では２０分かかり，Ｂさん１人では３０分かかります．また，ＢさんとＣさんの２人でいっしょに仕事をすると，１８分かかります．このとき，次の各問いに答えなさい．**

(1)　ＡさんとＢさんの２人でいっしょに仕事をすると，何分で仕事を終えることができますか．

(2)　Ｃさんが１人で仕事をすると，何分で仕事を終えることができますか．

(3)　最初にＡさんが１人で１０分仕事をしたあと，Ｂさん，Ｃさんが１人ずつ順に仕事をしたところ，全部で２７分かかりました．Ｃさんが仕事をしていたのは何分間ですか．

3 **６%の濃さの食塩水Ａが１００ｇ，３%の濃さの食塩水Ｂが２００ｇあります．このとき，次の各問いに答えなさい．**

(1)　食塩水Ｂには何ｇの食塩が溶けていますか．

(2)　食塩水Ａと食塩水Ｂを全て混ぜ合わせてできた食塩水に食塩２０ｇを溶かしてできた食塩水の濃さは何%ですか．

(3)　食塩水Ｂから水を蒸発させて５%の食塩水を作るには，何ｇの水を蒸発させればよいですか．

4 **太郎君と次郎君が，１周３．３ｋｍの池の周りを歩きます．太郎君は毎分６０ｍ，次郎君は毎分５０ｍの速さで歩きます．このとき，次の各問いに答えなさい．**

(1)　太郎君がこの池を１周するのに何分かかりますか．

(2)　２人が同じ地点から同時に出発して逆方向に歩きます．２人がはじめて出会うのは，出発してから何分後ですか．

(3)　２人が同じ地点から同時に同じ方向に歩き始めました．歩き始めてから何分かたったとき，太郎君が反対方向に歩き始めました．このあと２人が出会ったのは２人が歩き始めてから２４分後でした．太郎君が歩く向きを変えたのは２人が歩き始めてから何分後でしたか．

5　**右の図の平行四辺形ＡＢＣＤで，点Ｅは辺ＢＣを１：２に分ける点，点Ｆは辺ＤＣの中点です．線分ＡＥ，ＡＦが対角線ＢＤと交わる点をそれぞれＧ，Ｈとします．このとき，次の各問いに答えなさい．**

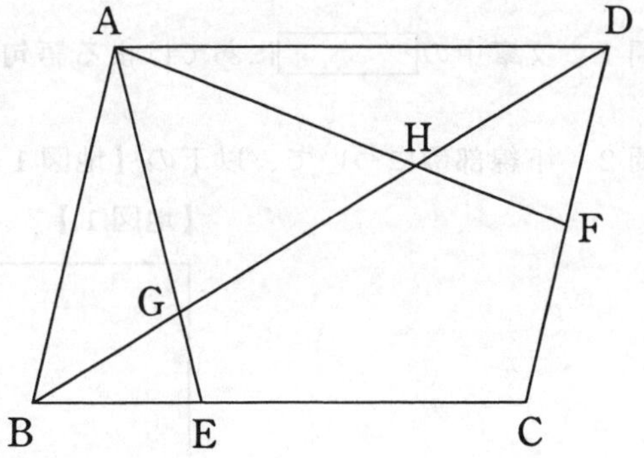

(1)　ＢＤはＢＧの何倍ですか．

(2)　ＢＤはＤＨの何倍ですか．

(3)　ＢＧ：ＧＨをもっとも簡単な整数の比で表しなさい．

6　**右の図のように，直方体を組み合わせた立体から，底面に半径２ｃｍの円柱の形の穴をあけた立体を作りました．このとき，次の各問いに答えなさい．ただし，円周率は３．１４とします．**

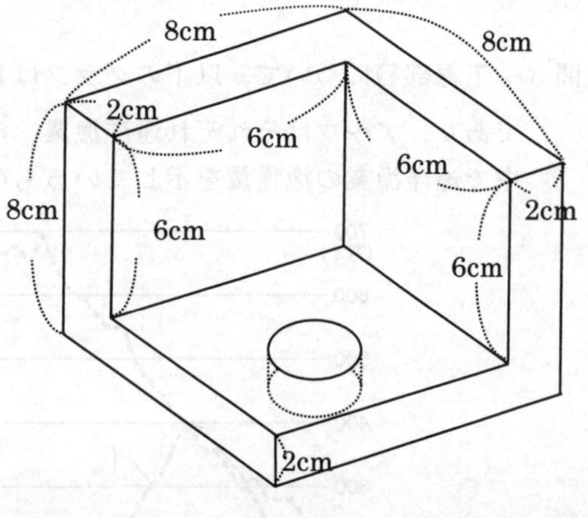

(1)　この立体の体積は何ｃｍ^{3}ですか．

(2)　この立体の表面積は何ｃｍ^{2}ですか．

【社　会】〈第１回試験〉（理科と合わせて60分）〈満点：100点〉

〈注　意〉解答は特に漢字で答えなさいとある場合以外はひらがなで答えてもよい。

１　次の〔１〕・〔２〕の文章を読んで以下の問いに答えなさい。

〔１〕

(あ)日本はまわりを海に囲まれており、よい漁場《ぎょじょう》も多いため昔から(い)漁業《ぎょぎょう》が盛んに行われてきました。たとえば、(う)宮城県は沖合《おきあい》に暖流《だんりゅう》である黒潮《くろしお》と寒流《かんりゅう》である親潮《おやしお》が出合う［　　　　］があり、国内でも有数の漁獲量《ぎょかくりょう》をほこります。

しかし近年では、日本の漁獲量は減少しています。その背景として(え)自然環境《しぜんかんきょう》の変化などにより沿岸部の魚が減っていることがあげられます。また、高齢化《こうれいか》が進み(お)人口が減少している日本では、漁業で働く人が減っていることも課題となっています。

問１　文章中の［　　　　］にあてはまる語句を答えなさい。

問２　下線部(あ)について、以下の【地図１】中のＡの海を何というか答えなさい。

【地図１】

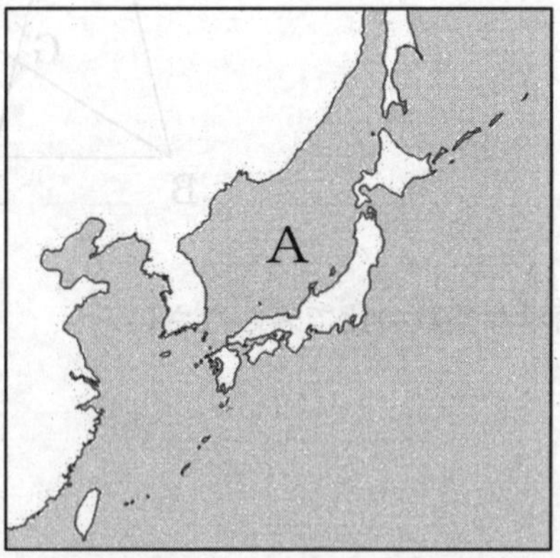

問３　下線部(い)について、以下のグラフは日本の漁業別の漁獲量のうつりかわりを示したものであり、ア～ウはそれぞれ遠洋《えんよう》漁業、沿岸《えんがん》漁業、沖合《おきあい》漁業のいずれかを示している。この中で遠洋漁業の漁獲量を示しているものを以下のア～ウから１つ選び記号で答えなさい。

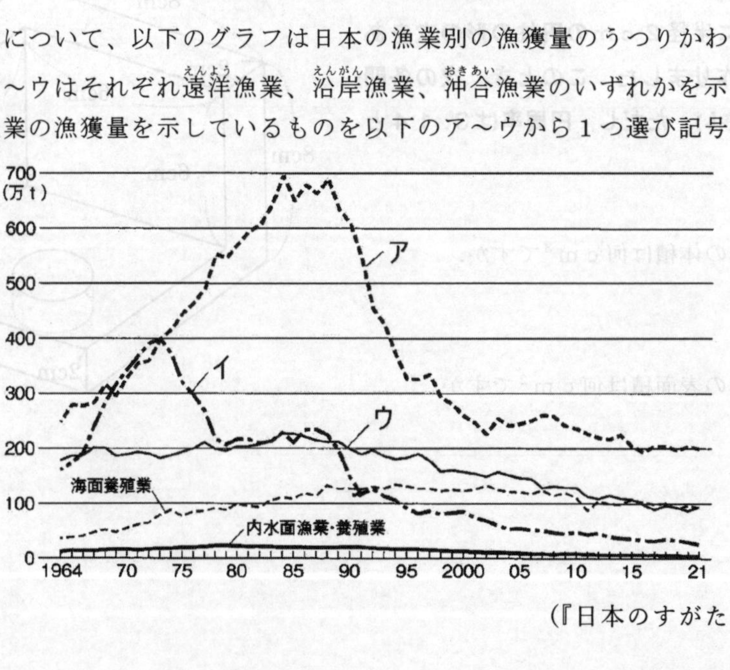

（『日本のすがた 2023』より）

問4　下線部㋒について、宮城県に関する説明として正しいものを以下のア～エから1つ選び記号で答えなさい。

ア、輪島塗《わじまぬり》という伝統工芸品が有名である。

イ、嬬恋村《つまごいむら》では高原野菜のキャベツやレタスの生産が盛んである。

ウ、県庁所在地は「杜《もり》の都《みやこ》」といわれ、夏には七夕まつりが開かれる。

エ、日本で4番目に広い湖である猪苗代湖《いなわしろこ》がある。

問5　下線部㋓について、青森県から秋田県にまたがる山地には、世界最大級のブナの原生林が分布している。世界自然遺産にも登録されているこの山地の名称を答えなさい。

問6　下線部㋔について、以下の資料は日本の総人口と年齢《ねんれい》別人口の割合の移り変わりを示したものである。この資料から読み取れることとして最も適切なものを、以下のア～エから1つ選び記号で答えなさい。なお、2030年～2065年の値については予測値である。

西暦	総人口（万人）	年齢別人口（%）		
		0～14歳	15～64歳	65歳以上
2020年	12,615	11.9	59.5	28.6
2030年	11,913	11.1	57.7	31.2
2040年	11,092	10.8	53.9	35.3
2050年	10,192	10.6	51.8	37.7
2060年	9,284	10.2	51.6	38.1
2065年	8,808	10.2	51.4	38.4

（『日本のすがた2023』より）

ア、2020年は総人口の3分の1以上が65歳以上である。

イ、2040年における0～14歳の割合は11%以上と予測されている。

ウ、2060年では総人口が1億人を下回ると予測されている。

エ、2065年は2060年に比べて15～64歳の割合が高くなると予測されている。

〔２〕

次の文章は、朝学習で生徒が発表した内容を深める授業の様子を記したものです。それぞれの会話を読んで、以下の問いに答えなさい。

先生　：　研くんは小学校の給食で、地元の食材を食べてもらう工夫をしている地域について発表しましたね。

研くん：　はい、そうです。給食で越前《えちぜん》ガニが一人に丸ごと１杯《ぱい》出るというのはうらやましいと思いました。

先生　：　越前とは福井県北部の古い言い方ですね。この福井県にある若狭湾《わかさわん》は、山地が海面の上昇や地盤沈下《じばんちんか》で海中に落ち込み、残った陸地部分が複雑に入り組んだ海岸線をつくっています。(か)こうした海岸線は日本に何か所もありますが、いずれも豊富な魚類が獲《と》れる漁場で、波が穏《おだ》やかなので養殖《ようしょく》業も盛んですね。

問７　下線部(か)に関して、【地図２】中のＢ・Ｃで示されている地域の名称と、そこで盛んに養殖されているものの組み合わせとして正しいものを以下のア～エから１つ選び記号で答えなさい。

ア、Ｂ：三陸《さんりく》海岸・真珠《しんじゅ》
イ、Ｂ：越前《えちぜん》海岸・牡蠣《かき》
ウ、Ｃ：大村《おおむら》湾・牡蠣
エ、Ｃ：志摩《しま》半島・真珠

【地図２】

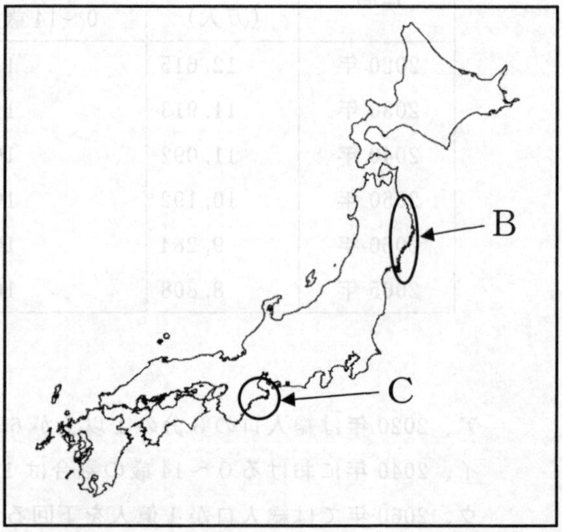

先生　：　心さんは海外からの観光客が増えてきたことについて発表しましたね。

心さん：　はい。以前の観光客は日本の物を買って帰ることに熱中していましたが、最近は体験や食事にお金を使う観光客が増えたということを発表しました。

研くん：　この前、(き)観光客が来すぎてしまって、そこに住んでいる人たちが生活に不便を感じているということをニュースで見ました。

先生　：　たくさんの人が来てくれることはいいのですが、こういう状態は困りますね。

問8　下線部㋖のようなことを何と呼んでいますか。以下のア～エから1つ選び記号で答えなさい。

ア、インバウンド　　　イ、クラウドファンディング

ウ、オーバーツーリズム　　　エ、サステナブル

先生　：　中さんは豪雨《ごうう》被害と少雨で農作物に影響が出ている地域があることを発表してくれました。

中さん：　私は令和5年の梅雨《つゆ》の終わりに豪雨被害が出た㋗島根県について発表しました。

先生　：　8月には台風による豪雨と東海道・山陽新幹線のトラブルがあって、旅行者に大きな影響がありました。

問9　下線部㋗について、①・②の問いに答えなさい。

①次のア～エの文章の中で、島根県について記したものを1つ選び記号で答えなさい。

ア、古くから人が住み着き、吉野ケ里《よしのがり》遺跡などから当時の暮らしぶりを知ることができる。みかんの栽培や有田焼《ありたやき》に代表される焼き物づくりが盛んである。

イ、隠岐島《おきのしま》や竹島《たけしま》もこの県に属している。大国主命《おおくにぬしのみこと》をまつる出雲大社《いずもたいしゃ》があり、宍道湖《しんじこ》のしじみは日本有数の漁獲量を誇《ほこ》る。たたら製鉄が盛んに行われた地域でもある。

ウ、県の約 75%を森林が占め、平野部を吉野川《よしのがわ》など豊かな水量の河川が多数流れている。鳴門《なると》の渦潮《うずしお》も観光の目玉であり、強い潮流《ちょうりゅう》に育まれたわかめやタイが名産品である。

エ、古くは都が置かれ、観光業が盛んである。県の南部の険しい山地は雨量が多く、林業も盛んである。郷土料理の柿《かき》の葉寿司《はずし》や書道で使う筆や墨《すみ》の生産が有名である。

②島根県の県庁所在地を**漢字**で答えなさい。

先生　：　最後に、学くんが発表した「日本で史上最も雪が積もった記録がある県」にはみんな驚《おどろ》いていましたね。

学くん：　発表しようと調べたら、「日本」だけではなく「世界記録」だったことと、そこがそれほど雪が多いとは知らなかったので意外で驚きました。［　㋘　］県だなんて。

先生　：　11.82メートルの記録でしたね。そこはどうしてそんなに雪が降るのでしたか。

学くん：　北西の福井県側から入ってきた雪雲が、標高《ひょうこう》800～900メートル程度の山に勢力を保ったままぶつかるからでした。だから伊吹山《いぶきやま》のふもとに大雪が降るのです。

先生　：　この県では、豊かな雪解け水が多くの河川となって湖に流れ込み、古くから稲作が盛んでした。海はないものの湖の魚を食べる文化があります。湖は観光資源でもあり、古くは京都、大阪方面へ船で移動するための重要な交通路でもありました。この地を取ったものが天下を取るとして、織田信長《おだのぶなが》が天守閣《てんしゅかく》を備えた大きな城を作ったことでも有名ですね。

問10　［　㋘　］にあてはまる県名を答えなさい。

2 **次の〔１〕・〔２〕の文章を読んで以下の問いに答えなさい。**

〔１〕

今年、2024 年は新紙幣《しへい》が 20 年ぶりに発行されて、現在使われているものからデザインが大きく変わります。現在、私たちが使っているお金（貨幣《かへい》）には紙幣と硬貨《こうか》があります。それでは、お金の歴史をふりかえってみましょう。

お金が生み出される前、人々は欲しいものがあるときには、自分の持っているものと欲しいものとを取りかえる物々交換《ぶつぶつこうかん》をしていました。(あ)縄文《じょうもん》時代に石器の材料となった黒曜石《こくようせき》やサヌカイトといった特定の場所でしか産出されない石が全国各地で見つかっているのも当時の人々が広い範囲《はんい》で物々交換をしていた結果だと考えられています。

日本ではじめてつくられた貨幣は(い)飛鳥《あすか》時代の「富本銭《ふほんせん》」だとされています。そののち、奈良に（　(う)　）京がつくられる２年前の西暦《せいれき》708 年には「和同開珎《わどうかいちん》」がつくられました。それから約 250 年の間に、あわせて 12 種類の銅銭《どうせん》（皇朝十二銭《こうちょうじゅうにせん》）がつくられましたが、その後の約 600 年間は日本で貨幣がつくられることはなく、中国から輸入した貨幣が使われていました。

都が現在の京都に移ってからのおよそ 400 年を(え)平安時代といいます。平安時代の前半に、日本と中国との正式な交流はなくなりましたが、両国を行き来する商人の活動は続いていました。(お)平安時代の後半から鎌倉時代にかけては、中国を支配した宋《そう》との貿易で砂金を輸出し、かわりに宋の銅銭を輸入して日本国内で使っていました。

(か)室町時代になると、中国を支配した明《みん》と幕府との間で貿易が始まりました。銅銭は、ますます重要な輸入品となり、特に「永楽通宝《えいらくつうほう》」は、全国で流通していきました。この「永楽通宝」は(き)戦国時代に織田信長《おだのぶなが》の旗印《はたじるし》（戦場で目印として旗につけたマークや文字）のデザインとして用いられました。これは織田信長が経済や商業からの利益をとても重視していたことの表れだと言われています。

そして、天下を統一した(く)豊臣秀吉《とよとみひでよし》は金貨《きんか》・銀貨《ぎんか》をつくり、再び国産の貨幣が復活しました。しかしこの金貨・銀貨は主に褒美《ほうび》として用いられ日常的には流通しませんでした。

問１　下線部(あ)について、縄文時代のくらしとして適切なものを以下のア～エから１つ選び記号で答えなさい。

ア、律《りつ》や令《りょう》といった法律にもとづいた国づくりを進めようとしていた。

イ、身分や貧富《ひんぷ》の差がうまれ、金属でできた武器を持つ支配者があらわれた。

ウ、すぐれた文化を取り入れるため、海外へ使者が派遣《はけん》されるようになった。

エ、弓矢《ゆみや》を使って狩《か》りをしたり、木の実などをとって食料を得ていた。

問２　下線部(い)について、飛鳥時代の出来事として正しいものを以下のア～エから１つ選び記号で答えなさい。

ア、蘇我馬子《そがのうまこ》が法隆寺《ほうりゅうじ》を建立《こんりゅう》した。

イ、聖徳太子《しょうとくたいし》が御成敗式目《ごせいばいしきもく》を制定した。

ウ、中大兄皇子《なかのおおえのおうじ》らが蘇我氏をほろぼした。

エ、聖武《しょうむ》天皇が大仏を造立《ぞうりゅう》した。

問３　（　(う)　）にあてはまる語を**漢字２字**で答えなさい。

問4　下線部㋓について、この時代に活躍《かつやく》した人物が自己紹介《じこしょうかい》をしている以下の文章を読み、それが誰《だれ》のことであるかを答えなさい。

> 私の父は下級貴族でしたが、私は藤原道長《ふじわらのみちなが》の娘のひとりに仕えていました。親子ほど年の離れた男性と結婚《けっこん》しましたが、その男性はまもなく亡くなってしまいました。『源氏物語《げんじものがたり》』は私の作品です。

問5　下線部㋔について、以下のア～ウの出来事を古いものから順にならべ記号で答えなさい。

ア、源頼朝《みなもとのよりとも》が征夷大将軍《せいいたいしょうぐん》になった。

イ、北条時宗《ほうじょうときむね》が執権《しっけん》になった。

ウ、平清盛《たいらのきよもり》が太政大臣《だいじょうだいじん》になった。

問6　下線部㋕について、室町時代に明《みん》で学び、帰国後、右のような水墨画《すいぼくが》を大成したのは誰か答えなさい。

問7　下線部㋖について、戦国時代の出来事として正しいものを以下のア～エから1つ選び記号で答えなさい。

ア、アメリカ人が種子島《たねがしま》に鉄砲《てっぽう》をもたらした。

イ、ザビエルが日本にキリスト教をつたえた。

ウ、足利義満《あしかがよしみつ》が京都の北山に金閣《きんかく》を建てた。

エ、フビライの元《げん》軍が博多湾《はかたわん》に攻めこんできた。

問8　下線部㋗について、豊臣秀吉の行ったこととして正しいものを以下のア～エから1つ選び記号で答えなさい。

ア、明《みん》と戦うための案内をことわった朝鮮《ちょうせん》に出兵した。

イ、征夷大将軍《せいいたいしょうぐん》に任命されて検地《けんち》や刀狩《かたながり》を行った。

ウ、足利義昭《あしかがよしあき》を追放して室町幕府を滅ぼした。

エ、本能寺《ほんのうじ》の変《へん》で織田信長にそむいて打ちたおした。

〔２〕

新紙幣の一万円札の肖像画《しょうぞうが》には、明治から昭和にかけて活躍《かつやく》した実業家《じつぎょうか》である渋沢栄一《しぶさわえいいち》が選ばれました。㋘江戸幕府につかえ、パリ万博《ばんぱく》にも同行して、ヨーロッパの政治や経済について学びました。㋙明治時代に入ってからもさまざまな制度・組織の設立などに関わった人物で「近代資本主義の父」ともよばれています。晩年《ばんねん》は平和活動にも取り組み、ノーベル平和賞の受賞候補にもなりました。

五千円札の肖像画には、不平等条約の改正とヨーロッパやアメリカの政治や産業、社会の視《し》察《さつ》を目的とした（　１　）使節団とともに６歳《さい》でアメリカ合衆国にわたった津田梅子《つだうめこ》が選ばれました。帰国後には日本で女子教育の発展に力を尽《つ》くし、学校も設立した人物です。このように近代には教育や㋚文学などの分野で活躍する女性が登場してきました。

千円札の肖像画には、「近代日本医学の父」ともよばれる、北里柴三郎《きたざとしばさぶろう》が選ばれました。明治時代に（　２　）するなど、大きな業績を残した人物です。現在の千円札に描かれている（　３　）は、北里柴三郎が所長をつとめる研究室で研究をしていたことがありました。

問９　下線部㋘に関連した出来事についての説明として**誤っているもの**を以下のア～エから１つ選び記号で答えなさい。

ア、徳川家康《とくがわいえやす》は長篠《ながしの》の戦いで石田三成《いしだみつなり》を打ちたおして江戸幕府を開いた。

イ、徳川家光《いえみつ》は大名が領地と江戸を往復する参勤交代《さんきんこうたい》の制度をつくりあげた。

ウ、徳川吉宗《よしむね》は幕府の財政難《ざいせいなん》を立て直すため享保《きょうほう》の改革を行った。

エ、徳川慶喜《よしのぶ》は政権を朝廷《ちょうてい》に返す大政奉還《たいせいほうかん》を行い、江戸幕府は滅んだ。

問 10　下線部㋙の出来事についての説明として**誤っているもの**を以下のア～エから１つ選び記号で答えなさい。

ア、政治の基本方針を定めた五箇条《ごかじょう》の御誓文《ごせいもん》が、天皇が神々に誓《ちか》う形で発表された。

イ、男性女性の区別なく国民全員に兵役《へいえき》の義務を負わせる徴兵《ちょうへい》令が出された。

ウ、国民が政治に参加する権利を確立することを目指した自由民権運動が起こった。

エ、東アジアでのロシアの勢力拡大を警戒《けいかい》して、日本とイギリスが日英同盟を結んだ。

問 11　下の【写真１】は文中の（　１　）使節団の代表となった人々が写っています。文中の（　１　）に入るものを以下のア～エから１つ選び記号で答えなさい。

ア、木戸《きど》　　イ、伊藤《いとう》　　ウ、岩倉《いわくら》　　エ、大久保《おおくぼ》

【写真１】

問 12　下線部㉔に関連して、歌人・詩人として知られるこの女性は戦場の弟を思い、以下のような戦争に反対する詩を発表した。そのときの戦争とこの詩の作者である女性の名前を正しく組み合わせているものを以下のア～エから１つ選び記号で答えなさい。

「君死《きみし》にたまふ《たもう》ことなかれ」
あゝ《あ》をとうと《弟》よ、君を泣く、
君死にたまふことなかれ、
末《すえ》に生《うま》れし君なれば
親のなさけ《情け》はまさり《勝り》しも、
親は刃《やいば》をにぎらせて
人を殺せとをしへ《教え》しや、
人を殺して死ねよとて
二十四までをそだて《育て》しや。

ア、西南《せいなん》戦争・樋口一葉《ひぐちいちよう》　　イ、日露《にちろ》戦争・樋口一葉
ウ、西南戦争・与謝野晶子《よさのあきこ》　　エ、日露戦争・与謝野晶子

問 13　文中の（　２　）と（　３　）に入る言葉と人名として正しいものの組み合わせを以下のア～エから１つ選び記号で答えなさい。

ア、（　２　）破傷風《はしょうふう》を予防･治療《ちりょう》する方法を開発　　（　３　）川端康成《かわばたやすなり》
イ、（　２　）『解体新書《かいたいしんしょ》』を出版　　（　３　）川端康成
ウ、（　２　）破傷風を予防･治療する方法を開発　　（　３　）野口英世《のぐちひでよ》
エ、（　２　）『解体新書』を出版　　（　３　）野口英世

3 **次の文章を読んで以下の問いに答えなさい。**

2023年５月19日から21日にかけて、日本でＧ７サミットが開かれました。Ｇ７サミットには、日本を含む主要７か国の首脳《しゅのう》と、(あ)ヨーロッパ連合の代表が参加しました。

今回のサミットでは、(い)国際連合のとなえる「持続可能な開発」の目標をふまえた気候・エネルギー問題、そしてウクライナ情勢などが主要な議題となりました。サミットを終えて、岸田《きしだ》文雄《ふみお》(う)内閣総理大臣は、「議長国としてＧ７メンバーと(え)核《かく》戦争は決して戦ってはならないことを確認できた」と成果を述べました。新聞各紙は、サミットの成功を追い風として、近く(お)衆《しゅう》議院の総選挙が行われるのではないかと報道しました。

問１　下線部(あ)を**アルファベット２文字**の略称で表しなさい。

問２　下線部(い)に関連して、国際連合の主要機関のうち、世界の平和と安全を維持するために活動しているのが安全保障《ほしょう》理事会である。安全保障理事会の常任理事国５か国を正しく示したものはどれか。以下のア～エから１つ選び記号で答えなさい。

ア、アメリカ・イギリス・フランス・ドイツ・中国

イ、アメリカ・フランス・ロシア・ドイツ・日本

ウ、アメリカ・イギリス・ロシア・ドイツ・日本

エ、アメリカ・イギリス・フランス・ロシア・中国

問３　下線部(う)に関連して、内閣について説明した文として**誤りのあるもの**を、以下のア～エから１つ選び記号で答えなさい。

ア、内閣は、国会がつくった法律が憲法に違反《いはん》していないか審査《しんさ》する。

イ、内閣は、最高裁判所長官の指名とその他の裁判官の任命《にんめい》をする。

ウ、内閣は、不信任決議案が可決されたら10日以内に衆議院を解散するか総辞職する。

エ、内閣は、天皇の国事行為に対して助言と承認《しょうにん》を行う。

問４　下線部(え)に関連して、日本国憲法《けんぽう》は平和主義を基本方針の１つとしている。平和主義に関する以下の条文は日本国憲法の第何条か。解答欄《らん》にあてはまるように答えなさい。

① 日本国民は、正義と秩序《ちつじょ》を基調とする国際平和を誠実に希求《ききゅう》し、国権の発動たる戦争と、武力による威嚇または武力の行使は、国際紛争《ふんそう》を解決する手段としては、永久にこれを放棄《ほうき》する。

② 前項《ぜんこう》の目的を達するため、陸海空軍その他の戦力は、これを保持しない。国の交戦権は、これを認めない。

問５　下線部(お)に関連して、2023年12月現在の衆議院議員選挙の選挙年齢《ねんれい》（選挙で投票できるようになる年齢）と被《ひ》選挙年齢（議員に立候補《りっこうほ》できるようになる年齢）の組み合わせとして正しいものを以下のア～エから１つ選び記号で答えなさい。

ア、選挙年齢：18歳　被選挙年齢：25歳　　イ、選挙年齢：20歳　被選挙年齢：25歳

ウ、選挙年齢：18歳　被選挙年齢：30歳　　エ、選挙年齢：20歳　被選挙年齢：30歳

【理　科】〈第１回試験〉（社会と合わせて60分）〈満点：100点〉

〈注　意〉解答は特に漢字で答えなさいとある場合以外はひらがなで答えてもよい。

1　さまざまな実験を通して、空気や水の性質を調べました。これについて、以下の各問いに答えなさい。

〔実験１〕

図のように、注射器の中に空気または水をそれぞれ閉じ込める。ピストンを垂直に押《お》し、体積の変化と手ごたえの変化を調べる。

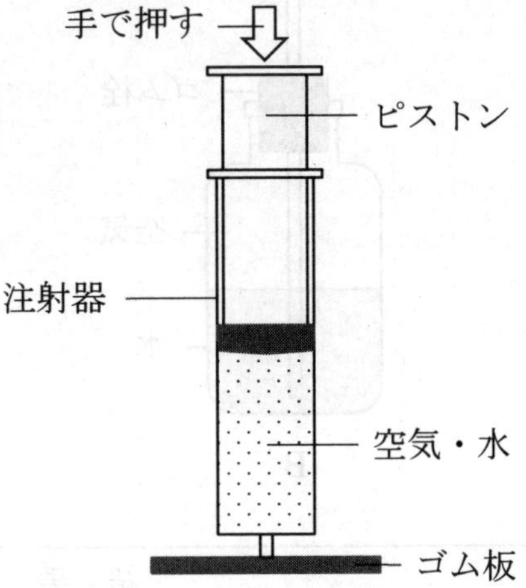

⑴　空気と水の体積の変化として正しいものを、下から１つ選び記号で答えなさい。

ア　空気の体積も水の体積も減少した。
イ　空気の体積も水の体積も変化しなかった。
ウ　空気の体積は減少したが、水の体積は変化しなかった。
エ　空気の体積は変化しなかったが、水の体積は減少した。

⑵　手ごたえの変化として正しいものを、下から１つ選び記号で答えなさい。

ア　空気を押すときも水を押すときも、手ごたえは大きくなっていった。
イ　空気を押すときも水を押すときも、手ごたえは一定であった。
ウ　空気を押すときの手ごたえは大きくなっていったが、水を押すときの手ごたえは一定であった。
エ　空気を押すときの手ごたえは一定であったが、水を押すときの手ごたえは大きくなっていった。

〔実験２〕

　図のように、同じ大きさのガラスびんを３つ用意し、Ａのガラスびんは水で満たし、Ｂのガラスびんには水を半分入れ、Ｃのガラスびんには水を少量入れ、それぞれのガラスびんに細いガラス管を通したゴム栓《せん》をした。Ａ～Ｃのガラスびんを 80℃の湯につけ、ガラス管をのぼる水の様子を調べたところ、結果は表のようになった。

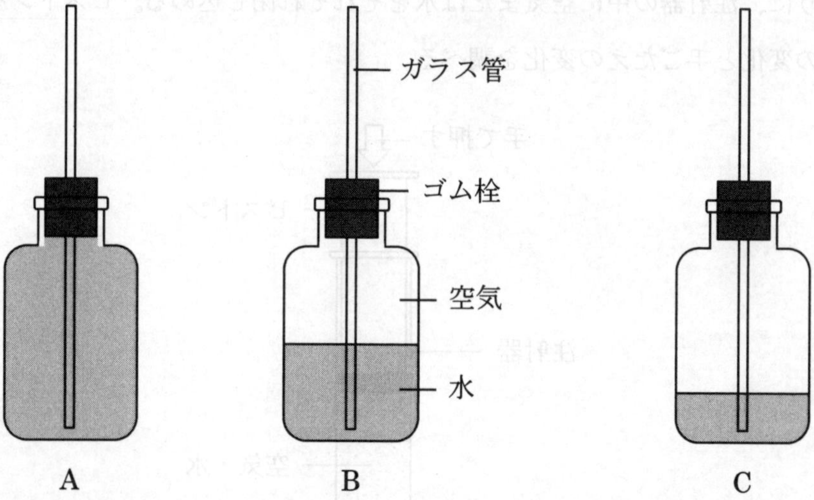

ガラスびん	結　果
Ａ	水はガラス管を上ったが、ふきだすことはなかった
Ｂ	水はガラス管からふきだした
Ｃ	水はＢよりもいきおいよくガラス管からふきだした

⑶　次の選択肢《せんたくし》のうち、この実験結果について述べた文として正しいものには○、あやまっているものに×と答えなさい。

ア　水はあたためても体積が変化しない。

イ　ＢとＣでは体積が増加した空気が水を押し出した。

ウ　ＢとＣでは水がふっとうしたためガラス管からふきだした。

エ　水と空気はどちらもあたためると体積が増加するが、水の方が空気に比べて増加の仕方が大きい。

オ　水と空気はどちらもあたためると体積が増加するが、空気の方が水に比べて増加の仕方が大きい。

〔実験３〕

図１のように、水を入れたビーカーの右下に静かに茶葉をしずめ、茶葉のすぐ下をガスバーナーで加熱し、あたためられた水の動きを観察する。

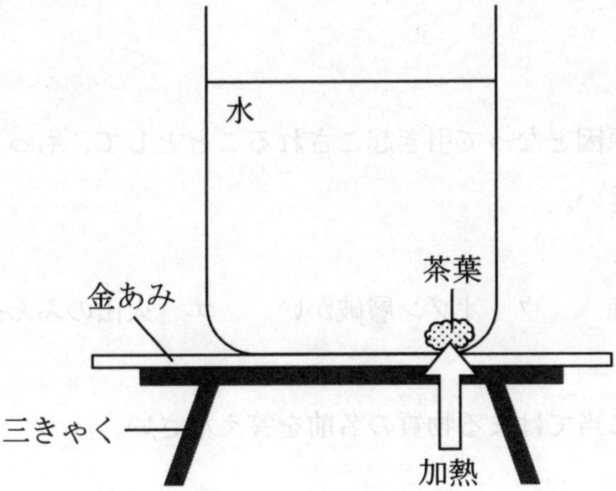

図１

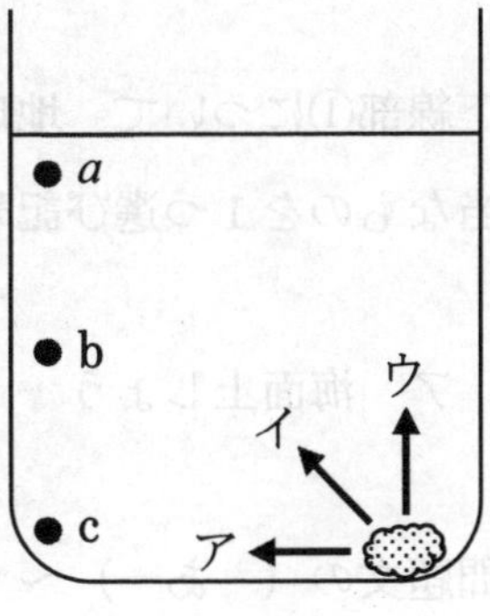

図２

⑷　水をあたため始めた直後に、茶葉はどの方向に動きますか。図２のア～ウより正しいものを１つ選び記号で答えなさい。

⑸　水をあたため始めてから、図２の *a*～c の位置を温度計で測りました。最初に温度が高くなるのはどの位置ですか。*a*～c より正しいものを１つ選び記号で答えなさい。

⑹　空気を入れたビーカーにふたをして同様の実験を行うとき、空気の動きを目で見えるようにするためには茶葉を入れる代わりにどのような工夫をしたらよいですか。

2　近年のかん境問題として①地球温暖化があげられます。その原因は、人間活動による化石燃料などの使用により大気中に（　あ　）という気体が増えたことにあります。化石燃料以外のエネルギーとして、再生可能エネルギーの１つである②水素エネルギーが注目されています。水素を燃やすと空気中の（　い　）という気体と反応し、（　う　）になります。このように、水素エネルギーは（　あ　）を出さないエネルギーとして注目されています。

⑴　下線部①について、地球温暖化が原因となって引き起こされることとして、もっとも適当なものを１つ選び記号で答えなさい。

ア　海面上しょう　　イ　酸性雨　　ウ　オゾン層破かい　　エ　火山のふん火

⑵　問題文の（　あ　）～（　う　）に当てはまる物質の名前を答えなさい。

⑶　（　あ　）の発生量が合計３兆トンになると世界の平均気温は約２℃上がるといわれています。１年あたり（　あ　）が320億トン出ているとすると、平均気温が２℃上がるのに何年かかるでしょうか。答えは小数第一位を四捨五入して整数で答えなさい。

⑷　下線部②について、水素を実験室で発生させる組み合わせとして正しいものをア～エから１つ、集める方法としてもっとも適当なものをオ～キから１つ選び記号で答えなさい。

ア　うすい塩酸 ＋ 石灰石
イ　うすい水酸化ナトリウム水よう液 ＋ 銅
ウ　うすい過酸化水素水 ＋ 二酸化マンガン
エ　うすい塩酸 ＋ あえん

オ

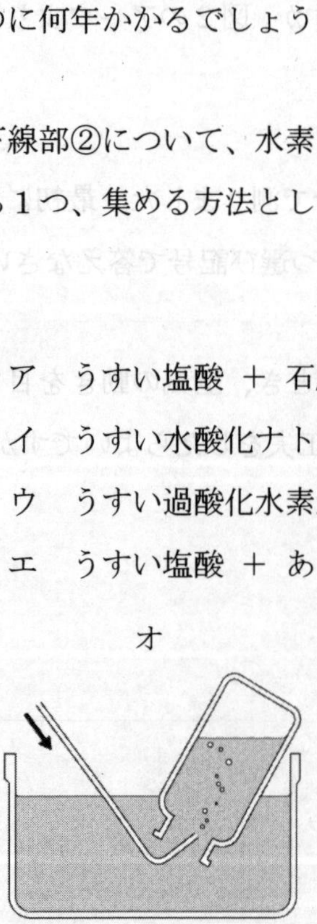

カ

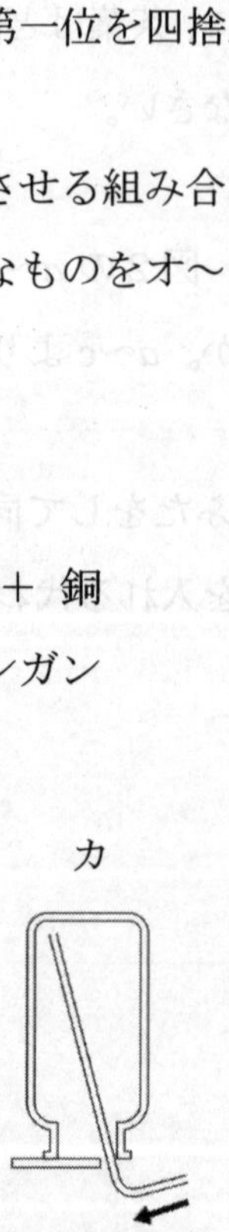

キ

3 ふ入りと呼ばれる葉に白い模様があるアサガオを用意し、(あ)24時間暗室に置いて取り出しました。次に、図のように、ふ入りの葉の緑色の部分にアルミはくを巻いて、5時間直射日光を当てました。この葉をつみとり、湯にひたしてやわらくしてから、(い)80℃にあたためたエタノールが入っているビーカーに15分間つけました。これを水あらいしたあと、(う)うすいヨウ素液につけました。

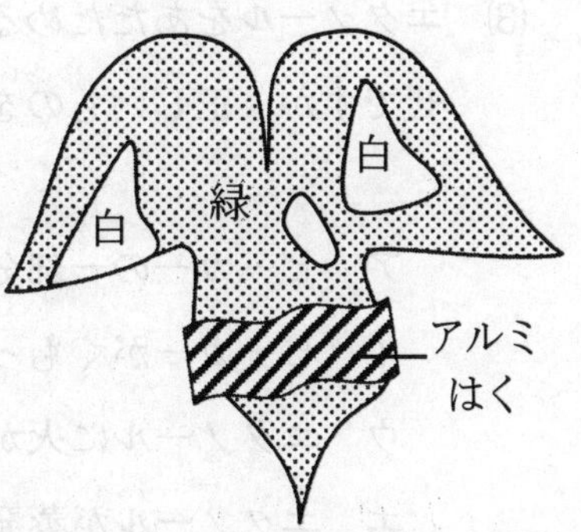

(1) 下線部(あ)について、アサガオを暗室に置いたのはなぜですか。正しいものを１つ選び記号で答えなさい。

ア　土の温度を下げるため。
イ　葉に呼吸をさせないため。
ウ　葉のデンプンをなくすため。
エ　くきの成長を早めるため。

(2) 下線部(い)について、エタノールにつけたのはなぜですか。正しいものを１つ選び記号で答えなさい。

ア　葉のよごれをとるため。
イ　葉の表面のうぶ毛をとるため。
ウ　葉の表面を殺きんをするため。
エ　葉の組織をだっ色をするため。

⑶　エタノールをあたためるときに、直接火を近づけることはしてはいけません。それはなぜですか。正しいものを１つ選び記号で答えなさい。

ア　ビーカーの一部分しか熱が伝わらないため。
イ　ビーカーがくもってしまうため。
ウ　エタノールに火がつくと危険なため。
エ　エタノールが蒸発してしまうため。

⑷　下線部(う)について、この葉で、アルミはくをかけていない緑色の部分は、ヨウ素液で色が変わりました。何色になりますか。またこの部分で何ができたと分かりますか。

⑸　一方で、白色のふの部分と、アルミはくをかけた部分では色が変わりませんでした。この実験から、ヨウ素液の色が変わるためには、どのような条件が必要だと考えられますか。白色のふの部分と、アルミはくをかけた部分で、それぞれこの実験から分かることを１つずつ選び記号で答えなさい。

ア　葉にアルミニウムがふれて反応をする必要がある。
イ　葉に十分な量の光が当たる必要がある。
ウ　葉に二酸化炭素が吸収される必要がある。
エ　葉が白色ではなく緑色である必要がある。
オ　葉があらかじめ殺きんされている必要がある。

4 下の図１は、北極上空から見た春分の日の地球を模式的に表したものです。矢印→は地球の自転の方向を表し、点ア～エは地球の自転によって移動する東京の位置を表しています。また、灰色の部分は太陽光が当たらない場所を表しています。以下の各問いに答えなさい。

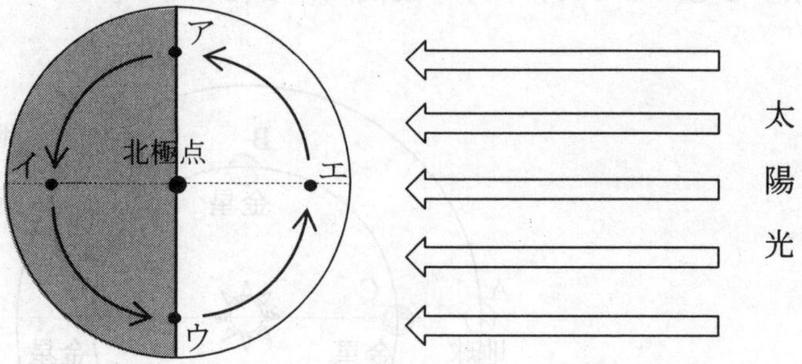

図１

⑴　次の①、②にあたる位置を、図１のア～エからそれぞれ１つ記号で答えなさい。

①　太陽が真南に見える位置

②　太陽が地平線に沈《しず》みかけて見える位置

⑵　図２は、図１のウの部分の拡大図です。ウにおける方角の東はA～Dのどれですか。

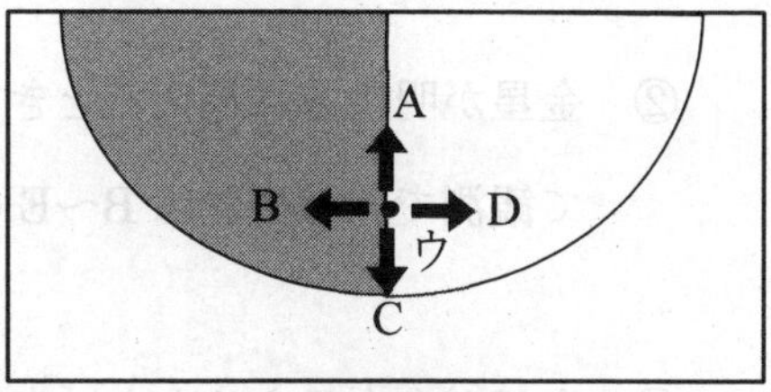

図２

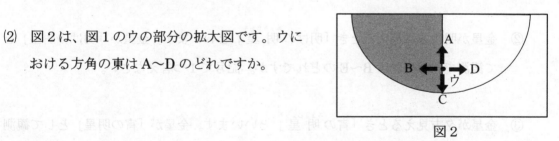

(3)　金星は、地球と同じく惑星《わくせい》とよばれる天体で、地球よりも太陽に近いところを通って太陽のまわりを回っています。地球と金星は太陽を回る速さが異なり、地球と金星の位置関係は日々変化しています。下の図３は、北極上空から見た太陽のまわりを回る地球と金星の様子を模式的に表したものです。地球をＡの位置に固定し、Ｂ～Ｅの位置の金星を観察するものとして、以下の各問いに答えなさい。

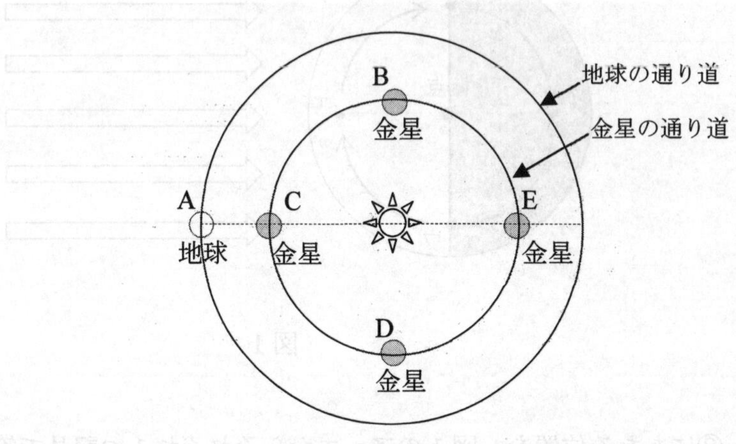

図３

①　地球から見ると、金星が太陽の方向と重なり、肉眼では観測できない位置はＢ～Ｅのどれですか。記号で２つ答えなさい。

②　金星が明け方に見えるとき「明《あ》けの明星《みょうじょう》」といいます。金星が「明けの明星」として観測できる位置はＢ～Ｅのどれですか。記号で１つ答えなさい。

③　金星が夕方見えるとき「宵《よい》の明星《みょうじょう》」といいます。金星が「宵の明星」として観測できる位置はＢ～Ｅのどれですか。記号で１つ答えなさい。

④　地球上の観測者から見て、「明けの明星」と「宵の明星」はどの方角に見えますか。東西南北からそれぞれ１つ答えなさい。

問八　――線⑦「得意げに胸を張って鼻の穴をふくらませていた。」とありますが、小野田はどのようなことを「得意げ」にしていたのですか。最も適当なものを次から選び、記号で答えなさい。

ア　講演会の実現に向けて具体的で的確な提案を行い、計画を進めることができたこと。

イ　自分の父親が保護者会の会長をしているため、講演会を取りしきることができること。

ウ　クラスのリーダーとして発言したことが、初めて周りの人たちから認められたこと。

エ　最後にはこの会の進行役となり、自分が中心となって話を進めることができたこと。

問九　――線⑧「おれは、腹の底からむくむくと気力がわき上がってくるのを感じていた。」とありますが、この時の拓人の「気力」とはどのようなものですか。最も適当なものを次から選び、記号で答えなさい。

ア　田中さんの講演会の内容をより深く理解するために、自分も忍のように戦争について一生懸命勉強しなければならないという気持ち。

イ　説得力のある忍にばかり頼るのではなく、自分もみんなの前で田中さんの講演会の意義について発言できるようになろうという気持ち。

ウ　放課後に残ってくれた人たちとだけでも協力して、田中さんの講演会のチラシをできるだけ広範囲に配布するしかないという気持ち。

エ　田中さんの人柄や人生についてとにかく多くの人に紹介したいと思い、講演会の成功に向けて最大限の努力をしようという気持ち。

四　次の各問いに答えなさい。

問一　次の①～②の――線部と同じ使い方のものをあとから選び、記号で答えなさい。

①　彼はよく勉強をしているらしい。

ア　とてもかわいらしい幼児だった。

イ　いかにも春らしい服装だ。

ウ　明日は気温が上がるらしい。

エ　エースらしい見事な投球だ。

②　このチームはきっと勝つだろう。

ア　さあ、いっしょに歌おう。

イ　長い時間待つのはつらかろう。

ウ　今日から駅まで歩いていこう。

エ　じっくりと話してもらおう。

問二　次の①～③の空らん□に身体を表す語を漢字一字で答え、下の意味を持つ慣用句を完成させなさい。

①　□が高い……………得意な様子であること

②　□にたこができる………同じことを何度も聞かされてうんざりすること

③　□に入れても痛くない……たいそうかわいがっているようす

問二　――線②「忍が、ちょんとおれの肘《ひじ》を突《つ》いて目配せする。」とありますが、この時の忍の心情の説明として最も適当なものを次から選び、記号で答えなさい。

ア　戦争の知識がない拓人にいらだち、自分が代わって説明しようとむきになっている。

イ　クラスメイトから反対意見を浴びて、孤立《こりつ》する拓人を助けようと意気込んでいる。

ウ　事前に打ち合わせをしたのに、話す内容を忘れてしまった拓人にがっかりしている。

エ　うまく説明できない拓人に対して、自分にまかせてほしいと意思表示をしている。

問三　――線③「この企画を、ぜひみんなに協力してもらいたいんです！　お願いします！」とありますが、この提案に対してどのような反対意見が出ましたか。本文の言葉を使って、二十五～三十字で二点答えなさい。**（句読点も数える）**

問四　――線④「聞きわけのいい、つまらない司会者のように」とありますが、小野田のどのような態度を述べたものですか。最も適当なものを次から選び、記号で答えなさい。

ア　反対意見が出て議論がまとまらず、司会がいやになって投げやりな態度をとっている。

イ　反対意見に適当な回答ができず、三人に責任を押し付けるような態度をとっている。

ウ　クラスメイトから嫌《きら》われたくないので、反対意見を支持するような態度をとっている。

エ　クラスメイトから出た意見に賛成も反対もせず、どっちつかずの態度をとっている。

問五　――線⑤「口調が悪くなったのも、」とありますが、忍の口調が悪くなったのはなぜですか。その理由として最も適当なものを次から選び、記号で答えなさい。

ア　自分が熱心に勉強してきた戦争についての知識が、この場面で役に立ったことに気持ちが高ぶってきたから。

イ　戦争について知ることの意義を説明しているのに、全く理解を示そうとしない相手の言葉に怒《いか》りを覚えたから。

ウ　クラスメイトと戦争についての議論をしているうちに、戦争は絶対してはいけないことを改めて痛感したから。

エ　自分の戦争に対する問題意識と比べると、クラスメイトの意識はずっと低いことがわかり、悲しくなったから。

問六　空らん A に入る「自分のしていることに気づかないこと」という意味を持つ三字熟語を、漢字で正しく答えなさい。

問七　――線⑥「胸に熱いかたまりが突然現れたみたいに、ぼわんと熱くなる。」とありますが、この時の拓人の心情として最も適当なものを次から選び、記号で答えなさい。

ア　最初は講演会は六年生対象の予定であったが、クラス委員の小野田の一言でより大規模に実施《じっし》することができそうで、期待がふくらんでいる。

イ　最初は反対していた人たちも、「田中さんをみんなに知ってほしい」という自分の熱い思いを理解してくれたことがわかって感動している。

ウ　最初は忍の強い発言で反対派の人たちが怒ってしまい、もう講演会は開けないとあきらめていたが、結局実施することになって安心している。

エ　最初は全く関心がなかったクラスメイトが、最後には田中さんから戦争について学びたいという意志を持つようになったことを喜んでいる。

そんな田中さんのことを、みんなに紹介《しょうかい》したいんだよ。それだけなんだよ」

クラスがまた一瞬、しずかになった。ヤベ、やっちまったか、と思ったすぐあとで、

「いいね、その通り」

と、宇太佳が言って、

「だな」

と、忍が続けた。

それからまた少し話し合いがあった。真面目男子は、勉強が遅《おく》れないならいいと言い、戦争の話を聞きたくないと言った女子は、田中さんの人生の話ならと、了承《りょうしょう》してくれた。

「他に、田中さんに講演をしてもらうことについて反対の人、いますか？」

小野田の問いかけに、手をあげる生徒はいなかった。

「では、花林神社の管理人である田中喜市さんに、学校で講演をしてもらうことに賛成の人、手をあげてください」

おれは一人一人のクラスメイトの顔を見ていった。全員だ。全員の手があがった。⑥胸に熱いかたまりが突然《とつぜん》現れたみたいに、ぼわんと熱くなる。

「ありがとうございます！」

三人で声がそろった。忍も宇太佳も満面の笑《え》みだった。もちろんおれも。

具体的な企画についてクラスで話し合い、日程や場所を決めて、校長先生に許可をもらいにいくことになった。いちばんの問題は、誰に聞いてもらうかだ。六年生だけじゃなくて、この学校の生徒全員に聞いてもらいたいのはもちろんだったけれど、できれば親や地域の人たちにも聞いてもらいたい。

「ＰＴＡに話してみればいいんじゃない？」

と言ったのは、またしても小野田だ。小野田のお父さんが、今年度の保護者会の会長なのだ。

「そこから保護者たちに連絡《れんらく》してもらって、※5自治会の回覧板で伝えてもらえばいいんじゃない。どう？」

「ナイスだ、小野田！　今日の小野田はさえている！」

忍が大げさに言って、クラスのみんなが笑った。てっきり怒《おこ》ると思った小野田は、⑦得意げに胸を張って鼻の穴をふくらませていた。もしかして、忍のことが好きなのか？　なんて思ったけど、そんなことはどうでもいい。今日の小野田は確かにさえている。

みんなでいろいろと話し合って、担当のグループに分かれて計画を練《ね》っていくことになった。チラシを作って、近所のスーパーや商店街、習い事先などに配ることも決めた。

「実はさ、今日の提案のために、戦争について勉強してきたんだ」

と、忍にこっそり打ち明けられた。忍らしい。どうりで、詳《くわ》しいと思った。

五時間目だけでは時間が足りなくて、集まれる人だけで放課後にも打ち合わせをした。田中さんのことを、みんなに知ってもらいたい。⑧おれは、腹の底からむくむくと気力がわき上がってくるのを感じていた。

（椰月美智子『昔はおれと同い年だった田中さんとの友情』）

※1　トランクス……担任の先生のニックネーム。アニメ「ドラゴンボール」シリーズのキャラクターの髪形に似ていることからつけられた

※2　スタンス……立場

※3　人道復興支援活動……争いごとや自然災害から生命や安全を確保するために、物資やサービスなどを提供すること

※4　集団的自衛権……仲間の国を守るために武力を使う権利

※5　自治会……同じ地域に住む人々が、自分たちの生活の向上を目的として作る組織

問一　――線①「五年の夏頃《なつごろ》までは、もっと簡単だった。」とありますが、拓人はクラスの人間関係について「五年の夏頃」と「今」とではどのように違《ちが》うと考えていますか。本文の言葉を使って四十五～五十字で答えなさい。**（句読点も数える）**

「すまんすまん。それは先生が決めたことなんだ。今日の理科の授業はどこかで必ず埋《う》め合わせをするから」

トランクスが謝った。かすかなブーイングは、今日の理科の授業がなくなって喜んでいる連中だろう。

「他の反対意見ありますか？」

小野田が仕切る。

「はい」

と、女子が手をあげた。

「わたしは、人がたくさん死んだ戦争の話なんて聞きたくありません。そんな怖《こわ》い話をわざわざ聞きたくないです。悲しい気分になるし」

クラスが一瞬しんとして、そのあとざわついた。おれも思わず忍と宇太佳の顔をすがるように見てしまった。そんな意見が出るなんて、びっくりしたのだった。

「なるほど。貴重なご意見をどうもありがとうございます。もしかしたら、戦争の話を聞きたくない人が、他にもいるかもしれません。それについてはどう思いますか？」

④聞きわけのいい、つまらない司会者のようにまとめて、小野田がこっちを見た。おれは反射的に目をそらした。なんて答えたらいいかわからない。実のところ、内心ムカついていた。聞きたくない、ってなんだ？　大勢の人が亡くなった戦争じゃないか。怖い？　悲しい？　その場にいなかった人間がなに言ってんだ！

「正直な気持ちを教えてくれて、どうもありがとうございます」

忍が頭を下げた。おれの顔を見て、拓人じゃ無理だと思ったんだろう。賢明《けんめい》だ。

「戦争では大勢の人が亡くなりました。兵士だけではなく、一般《いっぱん》の人たちもたくさんです。軍人が二百三十万人、民間人が八十万人亡くなったと推定されています。尊い命が次々と消えていきました。民間人というのは、ぼくたちのことです。ぼくたちや家族が戦争に巻き込《こ》まれて死んだっていうことです」

「だから、それは昔のことで、今のわたしたちとは関係ありません。日本はもう戦争しないでしょ。憲法第九条に戦争放棄《ほうき》について記載《きさい》されています」

怖い話を聞きたくないと言った女子が、忍に反論する。憲法九条？　戦争放棄？　難しい話になってきた。ついていけない。

「いや、戦争に参加する可能性はあります。可能性がゼロなんてものはこの世にない。現に自衛隊はイラク戦争に派遣《はけん》された。※3人道復興支援《しえん》活動ってことだけど、現地でどんなことがあったのかはわからないだろ。※4集団的自衛権だってそうだ。日本が攻撃《こうげき》されなくても、海外での自衛隊の武力行使ができるようになっちまった。憲法九条なんて意味ねえじゃないかよ」

忍の顔が赤い。⑤口調が悪くなったのも、興奮したせいだろう。忍の言ったことは、おれの知らないことばかりだった。

「……なによ、そんな言い方しなくてもいいでしょっ」

「ちょっとちょっと、ケンカはやめてください！」

小野田があせったように仲裁に入る。

「冷静に話し合いをしましょうよ。ねっ」

わざとらしい笑顔《えがお》で小野田が首を傾《かし》げた。

「あの！」

A のうちに声が出た。

「あのさ、戦争のことも大事だけど、おれはただ田中さんのことを知ってもらいたいんだよ。花林神社の管理人をしているおじいさんのことを、一人でも多くの人に知ってもらいたいんだ。田中さんは、おれたちと同じ歳だったときにお母さんと妹さんを空襲で亡くした。そんなのって、ちょっと想像つかないだろ？　急に家族がいなくなったんだよ。それって、確かに怖《こわ》いし、悲しいことだけど、田中さんはそれからの人生、一生懸命《いっしょうけんめい》生きてきたんだ。田中さん、すっごくいい人でさ。おれも年をとったら、あんなおじいさんになりたいって思った。

員で仲良くなんてできやしない。その※2スタンスでやっている。

そんなおれたち三人が前に出たものだから、クラスのみんなは驚《おどろ》いている。なにより、おれがいちばん驚いてる。

「はい、しずかにして。今日は三人から、みんなに相談があるらしい。聞いてくれるか？」

トランクスがおれたちをさして言う。超《ちょう》はずかしい。ばかみたいだ。でも、はずかしくても、ばかみたいでも、おれは田中さんのことをみんなに知ってもらいたいのだ。

「あ、あのおっ！」

声が裏返ってしまった。一瞬《いっしゅん》の間のあと、忍がかすかに唇《くちびる》を持ち上げ、宇太佳はおれを見てひとつうなずいた。

「あの、今日は提案がありますっ」

みんなは依然《いぜん》として、不思議そうな顔でおれたちを見ている。ヤベッ、心臓がばくばくしてきた。②忍が、ちょんとおれの肘《ひじ》を突《つ》いて目配せする。忍は人前で話すのが得意だ。出だしは忍に任せた。

「みなさん、終戦日にこの町に空襲《くうしゅう》があったことを知っていますか？」

忍が、クラス全員に語りかけるように声を出した。クラスがざわめく。

「なにそれ」

「知らない」

「なんの話？」

などという声が耳に届く。

「しずかにしてください」

宇太佳が言い、それから忍と宇太佳がおれを見て促《うなが》した。おれは小さくうなずいて、息を大きく吸った。

「花林神社には、管理人の田中喜市さんという人が住んでいます」

大きな声で言ったら、緊張《きんちょう》がとれた。

「田中さんは、八十五歳です。この町にずっと住んでいます。終戦のとき、田中さんはおれたちと同じ十一歳でした。田中さんは戦争で家族を亡くしました」

教室がしずまる。

「田中さんは、戦争の語《かた》り部《べ》をやっています。田中さんに、ぜひ学校に来てもらって、戦争についての講演をしてもらいたいんです」

みんな、真剣《しんけん》な顔つきでこっちを見ている。

「③この企画《きかく》をぜひみんなに協力してもらいたいんです！　お願いします！」

大きな声で言って頭を下げると、忍と宇太佳も「お願いします！」と言って、頭を下げた。

誰かが「へえ」と言い、誰かが「いいじゃん」と言った。

「賛成の人、手をあげてください」

いきなり立ち上がって、音頭《おんど》をとったのは小野田だ。小野田が自ら手をまっすぐにあげると、クラスのみんなも次々と手をあげた。けれど、手をあげない人もいた。

「反対の人、意見をお願いします」

小野田が手をあげなかった生徒を指名する。

「準備が大変だと思います。ぼくは中受《ちゅうじゅ》を控《ひか》えてるから、授業時間を減らされるのは困ります」

真面目男子が意見する。

「なるほど。そのへんのことはどう考えてますか？」

小野田がおれに振《ふ》る。

「授業には支障が出ないようにします。学級活動の時間内や放課後に準備したいと思っています。もちろん塾《じゅく》や習い事がある人は、そっちを優先してくれてかまいません」

忍だって中学受験組だ。支障があったら困る。

「でも実際、今日の五時間目の理科の授業をこんなことに使ってるじゃないですか」

うぐっ、と言葉に詰《つ》まる。

問九　次のうち、本文の内容と合っているものを一つ選び、記号で答えなさい。

ア　「ご飯」という言葉に複数の意味がある国は世界でも日本だけで、特殊なことである。

イ　イギリス人は甘いものを食べて、日々のカロリーの大半を補っている。

ウ　一七世紀以前、もともとイギリス人は朝食を食べずに、一日二食の生活をしていた。

エ　労働者の住宅は不衛生であったが、産業革命が進むと住む環境は改善された。

問十　本文からは次の一文がぬけ落ちています。入れるのに最も適当な場所を本文の【ア】～【エ】から選び、記号で答えなさい。

この意見には反論もありますので、どれくらい正しいかはよくわからないのですが、理由はともかく、たしかに都会の人口が圧倒的《あっとうてき》に多くなったことは事実です。

三　**次の文章を読んで、あとの問いに答えなさい。**

小学校六年生の拓人《たくと》は、仲良しの忍《しのぶ》・宇太佳《うたか》とともに花林《かりん》神社の管理人である八十五歳《さい》の田中喜市《きいち》さんと親しくなる。田中さんは戦争で肉親を亡くしており、以前は小学校などで戦争についての講話を行っていた。次は拓人たちが学校で田中さんの講演を実現させようとクラスで話をする場面である。

教壇《きょうだん》に立ったおれたち三人を見て、クラスメイトたちはざわめいた。そりゃそうだ。おれたちが自ら人前に立つことなんて、めったにない。クラスでのおれたちの立ち位置は、ひと言で言うと、しらけチームだ。

男子のなかには、優等生チーム、やんちゃチーム、幼稚《ようち》チーム、が存在する。優等生チームは先生受けがよくて、宿題や掃除《そうじ》をきっちりやるタイプ。やんちゃチームは、目立ちたがり屋で騒《さわ》がしくて、そのくせ素直《すなお》で女子とケンカするわりに仲がいい。幼稚チームは人に流されやすくて、あまり自分の意見がない。そしてすぐに泣く。

おれたち、しらけチームはそのどれにも属さない。先生の言うことを聞くのもおもしろくないし、ばか騒ぎするのも好きじゃない。自分の意見はちゃんとあるけど、その意見を誰《だれ》かにわざわざ伝えることもしたくない。かっこつけてるわけじゃないけど、ダサいことはしたくない。算数の答えはわかってるけど、手をあげたくない。根は正直だと思うけど、素直じゃない。

早い話、ひねくれ者？　面倒《めんどう》くさいやつ？　なんにせよ、いいことは言われないだろう。

①五年の夏頃《なつごろ》までは、もっと簡単だった。頭のいいやつ、運動が得意なやつ、女子にもてるやつ、そういう表面上のくくりはあったけど、誰といたってそれなりにたのしめた。

※1トランクスは、クラスみんなで仲良くしようってよく言うけど、今のおれはそんなことできない。だって、そうだろ。誰だって、気の合うやつと合わないやつがいるんだから、全

※5　「囲い込み」……境界のはっきりしない耕地や共有地を一つにし、垣根などで囲って個人の所有地にすること

※6　ルース……だらしがないこと

問一　――線①「まちがいというべきでしょう。」とありますが、それはなぜですか。その理由を本文の言葉を使って二十五～三十字で答えなさい。（句読点も数える）

問二　空らん A ～ C に当てはまる語を次から選び、記号で答えなさい。

ア　たとえば　イ　なぜなら　ウ　したがって

エ　ただし　オ　むしろ　カ　それでは

問三　――線②『イギリス風朝食』とありますが、「イギリス風朝食」の特徴《とくちょう》として、最も適当なものを次から選び、記号で答えなさい。

ア　文学者のような知識階級に好まれた。

イ　手間をかけてていねいにつくる食事である。

ウ　休日の遅《おそ》い時間に食べるため、「アフタヌーン・ティー」と呼ばれる。

エ　ヨーロッパ大陸の朝食とくらべて品数が多い食事である。

問四　――線③「音をあげ、」とありますが、「音をあげる」の意味として、最も適当なものを次から選び、記号で答えなさい。

ア　不安になること。

イ　腹を立てること。

ウ　たえられないこと。

エ　がっかりすること。

問五　――線④「皮肉たっぷりの手紙」とありますが、なぜ「皮肉」といえるのですか。その理由として最も適当なものを次から選び、記号で答えなさい。

ア　ポリッジはスコットランドでは馬のえさとして広まっていたが、漱石はそれをロンドンの上流家庭の食卓で見かけてとてもおどろいたから。

イ　ジョンソン博士の時代は、ポリッジは貧しい食事とみなされていたが、一〇〇年後のロンドンの一般《いっぱん》家庭ではごく当たり前の食事になったから。

ウ　ポリッジの材料であるオート麦は栄養価も低く、お世辞にもおいしいとはいえないが、不景気のロンドンではごちそうとして扱《あつか》われていたから。

エ　ジョンソン博士はポリッジの材料であるオート麦を田舎っぽいとばかにしていたが、のちに栄養面から都市生活者が愛好するものになったから。

問六　――線⑤「イギリスでは、都市に住み、工場で働く労働者のほうが、農民の数よりも断然多くなっていった」とありますが、その要因として考えられることを本文から十九字で探し、ぬき出して答えなさい。（句読点も数える）

問七　――線⑥「時間をどの程度正確に守らなければならないか」とありますが、「時間を正確に守らなければならない」のはなぜですか。その理由を本文の言葉を使って、三十～四十字で答えなさい。（句読点も数える）

問八　X には同じ四字熟語が入ります。最も適当なものを次から選び、記号で答えなさい。

ア　自由自在　イ　晴耕雨読　ウ　適材適所　エ　一朝一夕《いっちょういっせき》

といわれています。

　また、この時代には同時に、昼食と夕食のあいだが開き、それをうめるために、「アフタヌーン・ティー」や「ティー・ブレイク」の習慣も生まれました。午後四時ごろにひと休みして、ビスケットなどといっしょに紅茶を飲む習慣です。ですから、このころになるとイギリス人は、一日四食になったというべきなのかもしれません。

　［Ｃ］、このような変化は、どうして起こったのでしょうか。この理由を考えるには、都会の労働者たちの生活がどんなものであったかを、いろいろな角度からみなければなりません。

　「産業革命」が進むにつれて、イギリス人の多くが都市に住むようになりました。【ア】一九世紀の終わりごろまでには、おそらくイギリス人の四人のうち三人までが、都会の住民となったでしょう。【イ】

　農村では、共同の所有地であった山林などで、自由にたきぎをとり、家畜を飼うことができましたが、※5「囲い込み」（エンクロージャー）といわれる運動が起こって、こうした共同で使える土地がなくなってしまったために、人びとは農業を捨て、都会に出たのだという意見があります。【ウ】しかも、そのために、イギリスの民衆の生活環境《かんきょう》がすっかり変わってしまったことも、まちがいありません。【エ】

　都会の労働者の住宅は、狭《せま》くて、汚《きたな》く、トイレも水道もないのがふつうでした。しっかりした調理のできる台所もありませんでした。

　都会の労働者には、無料で採取できる燃料もむろんありませんから、店で石炭を買ってこなければなりませんでした。ということは、お金がなければ、暖をとることもむずかしいということです。短い期間で、きちんとした朝食を準備するなどということは、まったく不可能でした。ふつうは、暖炉《だんろ》の上に鍋《なべ》をかけて調理をするようなかたちだったのでしょう。ですから、自宅でパンを焼くなどということは、なおさら考えられないことになりました。パンも店で買うほかなかったのです。

　人びとの生活の場が、農村から都市に変わったことで、もうひとつ著しく変化したことがあります。それは、⑥時間をどの程度正確に守らなければならないかということです。農村の生活は、季節によって農作業などの手順は決まっていましたが、細かい時間の使い方は、むろん個人の自由にまかされていました。農民は、天気のよいときにしっかり働き、雨が降れば休まざるをえないところもありました。日本でも「［Ｘ］」という言葉があるのは、そのことを指しています。

　同じように、伝統的な職人の世界も、「職人気質《しょくにんかたぎ》」などと称《しょう》して、個人の行動の自由がかなり認められていました。週末に飲んだくれ、二日酔《ふつかよ》いの月曜日はほとんど仕事をしないという、「聖月曜日《セント・マンディ》」の慣習もひろく認められていました。

　しかし、工場制度がひろがると、時間を厳格に守ることが要求されるようになりました。半分酔っ払って、遅刻《ちこく》ばかりしてくるような労働者がいるようでは、工場は経営できません。だから、「聖月曜日」に象徴《しょうちょう》されるような、時間に※6ルースな生活は認められなくなりました。

　そうなると、朝食は簡単に準備ができて、しかも、すぐに元気が出るようなものでなければならないことになりました。「［Ｘ］」や「腹時計」のような、自分の自然な都合によるのではなく、機械時計の刻む時刻を正確に守って行動するということは、それに慣れていない人には、たいへんむずかしいことなのです。

（川北稔『砂糖の世界史』）

※１「コロンブスの交換」……コロンブスが航海の際に動植物を船に積んで、たどり着いた土地の有用な動植物と交換していったこと
※２　嗜好品…………栄養のためではなく、味わうことを目的にとる飲食物
※３　文豪…………とてもすぐれた文学者、大作家
※４　ウェスレイ……イギリス人の宗教家で、お茶を飲むことに批判的であった

後に砂糖をたっぷり使った「スウィート（甘《あま》いもの）」というお菓子《かし》類を食べるのがふつうですし、紅茶にも砂糖をたっぷり入れて飲む人が、多いからです。

砂糖は、どうでもよい※2嗜好品《しこうひん》ではなく、有力なカロリー源となっているうえ、紅茶と組み合わせられて、②「イギリス風朝食」の基本となり、産業革命時代のイギリス人の生活の基盤《きばん》になったのです。

まずなによりもはじめに知っておくべきことは、食事の習慣などというものも、歴史的には、私たちが想像するより、ずっと激しく変化するものだということです。［ B ］、ここで検討しようとしている朝食についても、もともとイギリス人は、中世いらい一日二食でしたから、朝食というものを食べていなかったといわれています。一日三食の習慣ができ、食事の時間帯も、いまのようになったのは、一七世紀中ごろからのことだと思われます。もっとも、いまでも日本では、正午から一時までが昼食の時間になりますが、イギリス人の昼食は午後一時から二時までのあいだです。

しかし、それにしても、その後も朝食がどんなに変化しやすいものであったかについて、おもしろいエピソードが残っています。登場人物は、東京帝国《ていこく》大学の英文学の先生であり、『吾輩《わがはい》は猫《ねこ》である』などを書いた明治時代の※3文豪《ぶんごう》でもあった夏目漱石《なつめそうせき》と、すでに何度か登場した、イギリスの文学者ジョンソン博士です。

一九世紀も後半になってロンドンに滞在《たいざい》した夏目漱石は、悪名高いイギリスの食事に③音をあげ、ジョンソン博士を引き合いに出して、④皮肉たっぷりの手紙を日本に送っているのです。助手に雇《やと》ったスコットランド人をからかうことを、楽しみのひとつにしていたジョンソン博士は、彼《かれ》の編集した有名な英語辞書のなかに、「オート麦」という項目《こうもく》を設けました。「オート麦」というのは、麦類のなかでも下級なものですが、イギリス人の朝食によく出てくる「ポリッジ」とよばれる、一種のお粥《かゆ》のような食べ物の材料です。「ポリッジ」は、当時のことはよくわかりませんが、いまでは砂糖を入れて、ミルクで溶《と》きながら食べるのがふつうです。それでもお世辞にも、おいしいものではありません。

ところで、ジョンソン博士は、スコットランド人をからかって、その辞書に「オート麦とは、イギリスでは馬に与《あた》えているが、スコットランドでは人が食べている穀物」と書きこんだのです。しかし、およそ一〇〇年後に、ロンドンに留学した夏目漱石が出くわしたのは、毎朝食卓《しょくたく》に出てくる「ポリッジ」でした。つまり、この一〇〇年ほどのあいだに、スコットランドどころか、イギリス南部のロンドンでさえ、「ポリッジ」がふつうの朝食になっていたわけです。そこで漱石はすかさず、「さては、イギリス人がすべて馬になったらしい」と、日本の友人に書き送って、うさばらしをしているのです。

ジョンソン博士が活躍《かつやく》した時代と、漱石がロンドンに留学した時代とのあいだには、一八世紀末から一九世紀はじめにかけて「産業革命」といわれる大きな社会の変化が起こりました。これまでの家のなかで行なわれていた手工業に代わって、工場がふえ、機械や蒸気機関のような動力が用いられるようになって、工業や鉱山業が急速に発展したのです。蒸気機関は、交通機関にも応用され、鉄道が全国を走るようになりました。それにつれて、ロンドンはもとより、リヴァプール、マンチェスター、バーミンガムなどという都市が大発展をとげました。こうして、⑤イギリスでは、都市に住み、工場で働く労働者のほうが、農民の数よりも断然多くなっていったのです。

ほかでもないこの時期に、じつは「ポリッジ」のほか、「砂糖入り紅茶」を中心とする「イギリス風朝食」（イングリッシュ・ブレックファースト）が、生まれたのです。つまり、半世紀ほど前のジョンソン博士の時代には、ぜいたく品だとか、麻薬《まやく》のような「毒」だとかいわれて、※4ウェスレイのようにその使用に反対する人が多く、大論争を巻きおこした「砂糖入り紅茶」が、この時代には、労働者のふつうの朝食となってしまったのです。

ところで、「イギリス風朝食」の特徴《とくちょう》は、何よりもヨーロッパ大陸のもの、つまり「コンティネンタル・ブレックファースト」にくらべて、「重い」ことです。現在の「イギリス風朝食」は、ベーコンや卵がつき、トーストもついていることが多いので、昼食より重い感じもします。このように「重い」朝食は昼間、からだを使って働く労働者には、適しているのだ

2024年度

目白研心中学校

【国語】〈第一回試験〉（五〇分）〈満点：一〇〇点〉

一 次の――線①～⑤の漢字には読みをひらがなで記し、――線⑥～⑩のカタカナは漢字に直しなさい。

① 私の目は節穴だった。
② 生徒が巣立つ日を迎《むか》えた。
③ 赤く染まった空。
④ 氷河期の化石が見つかる。
⑤ 全員一丸となって進む。
⑥ ピアノをドクソウする。
⑦ ジュンシンな心を持つ。
⑧ 花の種子がハツガする。
⑨ コキョウをなつかしむ。
⑩ 結果をヨソクする。

二 次の文章を読んで、あとの問いに答えなさい。（問題作成上、本文を省略し、表記を改めた部分があります。）

ヨーロッパの人びと、とくにイギリス人は、どんな食事をしているのでしょうか。たいていの人は、「ヨーロッパ人の主食はパンです」とか、「パンと牛肉が主食です」などと答えるようです。

しかし、このような答えは、①まちがいというべきでしょう。そもそも、「主食」と「副食」というような考え方が、ヨーロッパにはないからです。だいたい英語にも、フランス語にも、「おかず」などという言葉はありません。ご飯が「主食」で、「ご飯を食べる」ことこそが、食事をすることだという日本人の感覚は、ヨーロッパでは通用しません。「ご飯」という言葉が、「食事」の意味にも、「煮込《にこ》んだ米」の意味にもとれるということが、日本の食生活の特殊性《とくしゅせい》を示しています。反対に、ヨーロッパ人なら、日本人が「おかず」と思うようなものばかりをいろいろ食べても、それで「食事」になっているのです。

むろん、パンも食べますが、それもいろいろな食べ物のなかのひとつというべきでしょう。アメリカから※1「コロンブスの交換《こうかん》」でヨーロッパにもたらされたジャガイモであっても、同じような道を通ってきたトウモロコシであってもかまわないし、場合によっては、それがバナナであっても、またはステーキのような畜産物《ちくさんぶつ》であっても、「食事」は成り立ったのです。「主食」と「おかず」の区別のある国は、世界中でも A 少ないのかもしれません。反対にヨーロッパ人の場合は、ヨーロッパの農業が、多くの場合、穀物栽培《さいばい》と牧畜《ぼくちく》の混合になっていましたので、「雑食」性になってしまったのでしょう。

そのように考えると、砂糖も食品として、たいへん大きな意味をもったことになります。紅茶や砂糖の話題は、イギリス人の生活ぶりからすると、穀物の話題と同じくらい重要なことなのです。じっさい、いまでもイギリス人は、平均してカロリーの一五パーセントから二〇パーセントを砂糖からとっている、とさえいわれているのです。イギリス人は、食事の最

2024年度 目白研心中学校 ▶解説と解答

算　数　＜第１回試験＞（50分）＜満点：100点＞

解　答

1 ⑴　1184　⑵　$7\frac{11}{24}$　⑶　$6\frac{2}{3}$　⑷　5　⑸　56.1　⑹　90000m^2　⑺　3600円　⑻　60ページ　⑼　38個　⑽　２時間40分　**2** ⑴　12分　⑵　45分　⑶　６分間
3 ⑴　６ｇ　⑵　10％　⑶　80ｇ　**4** ⑴　55分　⑵　30分後　⑶　22分後
5 ⑴　４倍　⑵　３倍　⑶　３：５　**6** ⑴　270.88cm^3　⑵　384cm^2

解　説

1　四則計算，逆算，計算のくふう，単位の計算，割合，約数と倍数，速さ

⑴　2024－24×35＝2024－840＝1184

⑵　$5\frac{1}{3}-3\frac{3}{8}+5\frac{1}{2}=5\frac{8}{24}-3\frac{9}{24}+5\frac{12}{24}=4\frac{32}{24}-3\frac{9}{24}+5\frac{12}{24}=1\frac{23}{24}+5\frac{12}{24}=6\frac{35}{24}=7\frac{11}{24}$

⑶　$3\frac{4}{7}\div1\frac{1}{2}\times2\frac{4}{5}=\frac{25}{7}\div\frac{3}{2}\times\frac{14}{5}=\frac{25}{7}\times\frac{2}{3}\times\frac{14}{5}=\frac{20}{3}=6\frac{2}{3}$

⑷　135÷(12＋３×□)＝５より，12＋３×□＝135÷５＝27，３×□＝27－12＝15　よって，□＝15÷３＝５

⑸　51×0.11＋51×0.22＋51×0.33＋51×0.44＝51×(0.11＋0.22＋0.33＋0.44)＝51×1.1＝56.1

⑹　１km＝1000mより，１km^2は，1000×1000＝1000000(m^2)である。よって，0.09km^2は，1000000×0.09＝90000(m^2)となる。

⑺　定価の25％引きで買うと，定価の，１－0.25＝0.75(倍)になる。これが2700円だから，定価は，2700÷0.75＝3600(円)とわかる。

⑻　花子さんが読んだページ数は220ページの$\frac{3}{11}$だから，220×$\frac{3}{11}$＝60(ページ)である。

⑼　６と８の最小公倍数は24なので，６で割っても８で割っても５あまる整数は，24×□＋５と表せる(□は整数)。また，求める整数は３けたなので，(100－５)÷24＝３あまり23，(999－５)÷24＝41あまり10より，□にあてはまる数は４から41までの整数とわかる。よって，あてはまる数は全部で，41－４＋１＝38(個)ある。

⑽　家からＡ町までの道のりは，40×３＝120(km)である。よって，時速45kmで行くと，120÷45＝$\frac{8}{3}=2\frac{2}{3}$(時間)かかる。60×$\frac{2}{3}$＝40(分)より，これは２時間40分とわかる。

2　仕事算

⑴　この仕事全体の量を，20と30と18の最小公倍数の180とする。このとき，Ａさんは１分で，180÷20＝９，Ｂさんは１分で，180÷30＝６の仕事ができるから，ＡさんとＢさんの２人でいっしょに仕事をすると，180÷(９＋６)＝12(分)で終えることができる。

⑵　ＢさんとＣさんの２人ですると，１分で，180÷18＝10の仕事ができる。よって，Ｃさんは１分で，10－６＝４の仕事ができるから，Ｃさんが１人ですると，180÷４＝45(分)で終えることが

できる。

⑶　Ａさんが10分仕事をすると，９×10＝90の仕事ができるから，残りは，180－90＝90になる。この仕事をＢさんとＣさんが合わせて，27－10＝17(分)で終えたことになる。Ｂさんが17分仕事をすると，６×17＝102の仕事ができるので，実際よりも，102－90＝12多くなる。Ｂさんがする時間を１分減らし，Ｃさんがする時間を１分増やすと，できる仕事の量は，６－４＝２少なくなるので，Ｃさんが仕事をした時間は，12÷２＝６(分間)とわかる。

3　濃度《のうど》

⑴　３％の食塩水Ｂ200ｇには食塩が，200×0.03＝６(ｇ)溶《と》けている。

⑵　６％の食塩水Ａ100ｇには食塩が，100×0.06＝６(ｇ)溶けているので，食塩水ＡとＢを混ぜ合わせると，食塩水の重さは，100＋200＝300(ｇ)，食塩の重さは，６＋６＝12(ｇ)になる。これに食塩20ｇを溶かすと，食塩水の重さは，300＋20＝320(ｇ)，食塩の重さは，12＋20＝32(ｇ)になるから，濃《こ》さは，32÷320×100＝10(％)となる。

⑶　食塩水から水を蒸発させても，溶けている食塩の重さは変わらない。そこで，水を蒸発させた後の食塩水Ｂの重さを□ｇとすると，□×0.05＝６(ｇ)と表せる。したがって，□＝６÷0.05＝120(ｇ)より，蒸発させる水の重さは，200－120＝80(ｇ)とわかる。

4　速さ，旅人算

⑴　太郎君は毎分60ｍの速さで3.3km(＝3300ｍ)歩くから，１周するのに，3300÷60＝55(分)かかる。

⑵　１分間に２人合わせて，60＋50＝110(ｍ)歩くので，２人がはじめて出会うのは出発してから，3300÷110＝30(分後)である。

⑶　24分後までに２人が歩いた道のりの和は，110×24＝2640(ｍ)である。これは，出発地点から太郎君が向きを変えた地点までの道のりの２倍になるから，太郎君が向きを変えたのは，2640÷２＝1320(ｍ)の地点とわかる。よって，太郎君が向きを変えたのは，歩き始めてから，1320÷60＝22(分後)である。

5　平面図形―相似

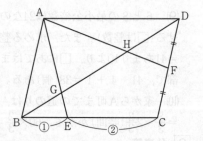

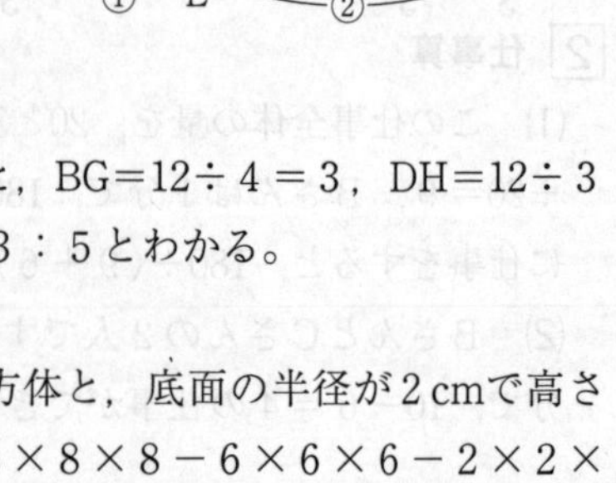

⑴　右の図で，三角形BGEと三角形DGAは相似であり，BG：DG＝BE：DA＝１：(１＋２)＝１：３になる。よって，BD：BG＝(１＋３)：１＝４：１だから，BDはBGの，４÷１＝４(倍)である。

⑵　三角形ABHと三角形FDHは相似であり，BH：DH＝AB：FD＝２：１とわかる。したがって，BD：DH＝(２＋１)：１＝３：１だから，BDはDHの，３÷１＝３(倍)と求められる。

⑶　⑴，⑵より，BDの長さを４と３の最小公倍数の12とすると，BG＝12÷４＝３，DH＝12÷３＝４になる。よって，GH＝12－３－４＝５だから，BG：GH＝３：５とわかる。

6　立体図形―体積，表面積

⑴　この立体は，１辺が８cmの立方体から，１辺が６cmの立方体と，底面の半径が２cmで高さが２cmの円柱を取り除いたものである。よって，体積は，８×８×８－６×６×６－２×２×

3.14×２＝512－216－25.12＝270.88(cm^3)と求められる。

(2)　この立体を真上から見ると，右の図のようになる。この図でかげをつけた部分の面積は，８×８－２×２×3.14＝51.44(cm^2)であり，真下から見たときの面積も同じになるから，真上と真下から見たときに見える部分の面積の合計は，51.44×２＝102.88(cm^2)となる。次に，立体を正面，背面，右横，左横から見ると，いずれも１辺８cmの正方形になるから，これらの方向から見たときに見える部分の面積の合計は，８×８×４＝256(cm^2)である。さらに，取り除いた円柱の側面積は，２×２×3.14×２＝25.12(cm^2)なので，この立体の表面積は，102.88＋256＋25.12＝384(cm^2)と求められる。

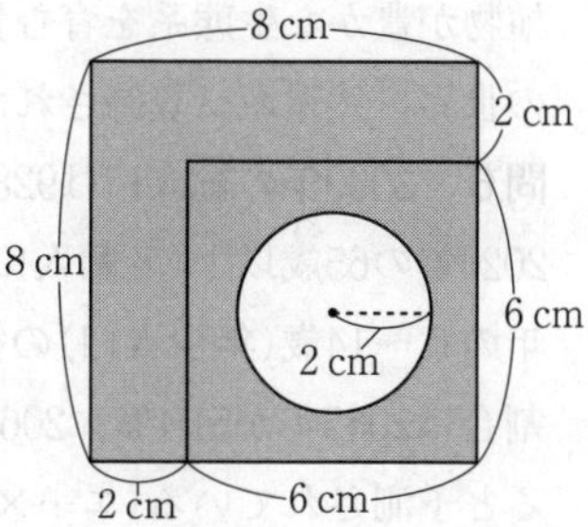

社会　＜第１回試験＞（理科と合わせて60分）＜満点：100点＞

解答

[1]　問１　潮目(潮境)　問２　日本海　問３　イ　問４　ウ　問５　白神山地　問６　ウ　問７　エ　問８　ウ　問９　①　イ　②　松江(市)　問10　滋賀　[2]　問１　エ　問２　ウ　問３　平城　問４　紫式部　問５　ウ→ア→イ　問６　雪舟　問７　イ　問８　ア　問９　ア　問10　イ　問11　ウ　問12　エ　問13　ウ　[3]　問１　EU　問２　エ　問３　ア　問４　９　問５　ア

解説

[1]　日本の地形や人口，産業などについての問題

問１　潮目(潮境)は，性質の異なる２つの海流がぶつかる境目のことである。日本周辺では，東北地方から関東地方北部の太平洋沖合で，暖流の黒潮(日本海流)と寒流の親潮(千島海流)がぶつかり，潮目が形成される。なお，潮目はプランクトンが豊富で魚種も多いため，好漁場になりやすい。

問２　日本海は，日本列島・朝鮮半島・ロシア(ロシア連邦)に囲まれた，日本列島の北西に広がる海域である。なお，日本は日本海・東シナ海・太平洋・オホーツク海の４つの海に囲まれている。

問３　遠洋漁業は，大きな船団を組んで遠く離《はな》れた海まで漁に出る漁法である。1970年代前半には日本の漁業の中心であったが，石油危機(オイルショック)による燃料代の値上がりや，各国による排他《はいた》的経済水域(漁業専管水域)の設定などによって漁獲《ぎょかく》量が激減し，現在は漁獲量が海面養殖《ようしょく》業を下回るほどになっている(イ…○)。なお，漁獲量が最も多いアは沖合漁業，漁獲量が徐々《じょじょ》に減少しているウは沿岸漁業を表している。

問４　宮城県の県庁所在地である仙台市は，江戸時代に初代仙台藩主伊達政宗《だてまさむね》が城を築いたことから城下町として発展した。町をつくるときにたくさんの木が植えられ，町全体が緑に包まれたことから，仙台市は杜《もり》の都と呼ばれるようになった。また，毎年８月に行われる仙台七夕まつりは東北三大祭りの１つとされている(ウ…○)。なお，輪島塗《ぬり》は石川県の伝統的工芸品である(ア…×)。群馬県の嬬恋《つまごい》村は，夏でもすずしい気候を利用した野菜の抑制栽培《よくせいさいばい》がさかんで，キャベツやレタスの産地として知られる(イ…×)。猪苗代《いなわしろ》湖は福島県にある湖である(エ…×)。

問５　青森県と秋田県にまたがる白神山地は，世界最大級のブナの原生林が広がり，多種多様な動植物が豊かな生態系を育む貴重な地域であることから，1993年にユネスコ(国連教育科学文化機関)の世界自然遺産に登録された。

問６　2060年の総人口は9284万人になると予測されており，１億人を下回っている(ウ…○)。なお，2020年の65歳《さい》以上(老齢人口)の割合は28.6％なので，総人口の３分の１に満たない(ア…×)。2040年の０～14歳(年少人口)の割合は10.8％で，11％以下である(イ…×)。15～64歳の生産年齢人口の割合は2065年が51.4％，2060年は51.6％となっており，2065年の方が2060年に比べて割合が低くなると予測されている(エ…×)。

問７　東北地方の太平洋側，青森県南部から宮城県の牡鹿《おしか》半島に至《いた》る海岸を，三陸海岸という。海岸線が複雑に入り組んだリアス海岸が発達しており，波の穏《おだ》やかな湾内では，わかめやこんぶ，牡《か》蠣《き》などの養殖がさかんに行われている。また，三重県の志摩《しま》半島南部に位置する英虞《あご》湾は，日本の真珠《しんじゅ》養殖が始まった地であり，三重県の真珠の生産量は長崎県や愛媛県に次いで日本で３番目に多い(エ…○)。なお，越前《えちぜん》海岸は福井県，大村湾は長崎県にあり，大村湾では真珠の養殖がさかんである。

問８　オーバーツーリズムとは，観光客が押《お》し寄せることで，ごみが増える，バスや鉄道などが混雑する，あるいは渋滞《じゅうたい》が発生するなどして，そこに住んでいる人々の生活が不便になったり，環《かん》境《きょう》に悪い影響《えいきょう》が出たりすることをいう(ウ…○)。なお，アのインバウンドは外国から日本に観光目的で訪《おとず》れる旅行のこと，イのクラウドファンディングは何かをするために多くの人から資金を募《つの》ることである。エのサステナブルには「持続可能な」という意味があり，2015年に国連総会で採《さい》択《たく》されたSDGs(持続可能な開発目標)は，サステナブルな社会を実現するために掲《かか》げられた。

問９　①　島根県は中国地方の日本海側に位置する県で，県北東部にはしじみ漁がさかんなことで知られる宍道《しんじ》湖がある。沖合の日本海上には隠岐《おき》諸島や竹島があり，大国主命《おおくにぬしのみこと》をまつった出雲《いずも》大社には多くの観光客が訪れる。また，古代より砂鉄がとれたため，主に砂鉄と木炭を使って鉄をつくるたたら製鉄がさかんであった(イ…○)。なお，アは佐賀県，ウは徳島県，エは奈良県について説明している。②　島根県の県庁所在地は県北東部に位置する松江市である。江戸時代に松江城の城下町として発展し，山陰《さんいん》地方の都市の中では人口が最も多い。

問10　会話文中の「北西の福井県」，「海はない」，「織田信長が天守閣を備えた大きな城を作った」などの説明から，滋賀県とわかる。滋賀県は海のない内陸県で，県の中央部には日本最大の湖である琵琶湖がある。また，織田信長は天下統一事業の根拠《こんきょ》地として，琵琶湖の東岸に安土城を築いた。

2　各時代の歴史的なことがらについての問題

問１　縄文時代になると，温暖な気候の中でドングリやクルミなどの実のなる木が多く育っていたため，人々は木の実や山菜などを採集して食べていた。また，弓矢を使って動物を狩《か》ったり，動物の骨や角でつくった釣《つ》り針などを使って漁をしたりして，食料を得ていた(エ…○)。なお，アは飛鳥時代，イは弥生時代のくらしについて説明している(ア，イ…×)。大陸のすぐれた文化を取り入れるために遣隋《けんずい》使や遣唐《けんとう》使が派遣されるようになったのは，飛鳥時代以降のことである(ウ…×)。

問２　飛鳥時代の645年，中大兄《なかのおおえの》皇子は中臣鎌足らと協力して蘇我蝦夷《えみし》・入鹿《いるか》父子を倒《たお》し，天皇中心の国づくりをめざして大化の改新と呼ばれる政治改革に取り組んだ(ウ…○)。なお，法隆寺は聖徳太子が607年に建立《こんりゅう》した寺院である。蘇我馬子が建立した寺としては，飛鳥寺が知られる(ア…

×）。御成敗式目は，鎌倉幕府第３代執権《しっけん》の北条泰時が定めた最初の武家法である。聖徳太子は603年に冠位十二階，604年に十七条の憲法を制定した（イ…×）。聖武天皇が東大寺の大仏を造立したのは奈良時代のことである（エ…×）。

問３　710年，元明天皇は飛鳥の藤原京から奈良の平城京に都を移した。平城京は唐（中国）の都長安を手本に造営された都で，東西におかれた市では和同開珎《かいちん》などの通貨も使用された。

問４　平安時代の宮廷女官《にょかん》であった紫式部は，藤原道長の娘《むすめ》で，一条天皇の后《きさき》となった彰子《しょうし》に仕えた。代表作の『源氏物語』は古典文学の傑作《けっさく》として知られる長編小説で，当時の貴族社会の様子が生き生きと描《えが》かれている。

問５　年代の古いものから順に並べ替えると，ウ（平清盛の太政《だいじょう》大臣就任－1167年）→ア（源頼朝の征夷大将軍任命－1192年）→イ（北条時宗の鎌倉幕府第８代執権就任－1268年）の順になる。なお，源頼朝は平氏を滅《ほろ》ぼして鎌倉幕府初代将軍になった人物である。また，執権は鎌倉幕府におかれた役職で，源頼朝の死後は北条氏がその職を独占《どくせん》し，政治の実権を握《にぎ》った。

問６　雪舟は室町時代の画僧《そう》で，明《みん》（中国）に渡って絵画の技術をみがき，帰国後は山口などで活動して日本風の水墨《すいぼく》画を大成した。水墨画は墨《すみ》の濃淡《のうたん》を利用して描かれた絵画で，室町幕府第８代将軍の足利義政のころに花開いた東山文化で多く描かれた。

問７　戦国時代とは，1467年に起こった応仁の乱から室町幕府が滅ぼされた1573年ごろまでの戦乱が続いた約100年間の時代をいう。スペイン人宣教師のフランシスコ・ザビエルが鹿児島に来航し，日本に初めてキリスト教を伝えたのは，1549年のことである（イ…○）。なお，鉄砲はアメリカ人ではなくポルトガル人によって，1543年に伝えられた（ア…×）。室町幕府第３代将軍の足利義満は，14世紀末に京都の北山に金閣を建てた（ウ…×）。フビライ＝ハンは，1274年（文永の役）と1281年（弘安の役）の２度にわたって博多湾に侵攻《しんこう》した（エ…×）。

問８　豊臣秀吉は1590年に天下統一を果たすと，明の征服を企《くわだ》てて朝鮮にその先導役を頼《たの》んだが，断られたため，1592～93年の文禄の役と1597～98年の慶長の役の２度にわたり，朝鮮に出兵した（ア…○）。なお，豊臣秀吉は太政大臣と関白の地位には就いたが，征夷大将軍にはなっていない（イ…×）。1573年に室町幕府第15代将軍の足利義昭を追放し，室町幕府を滅ぼしたのは織田信長である（ウ…×）。織田信長は明智光秀の謀反《むほん》によって，1582年に本能寺で自害した（エ…×）。

問９　1600年，徳川家康は「天下分け目の戦い」といわれた関ヶ原の戦いで石田三成らの軍を破って政治の実権を握り，1603年に征夷大将軍に任命されて江戸幕府を開いた（ア…×）。なお，長篠の戦いは織田信長・徳川家康の連合軍が，足軽鉄砲隊を使って武田勝頼《かつより》率いる騎馬《きば》隊に勝利した1575年の戦いである。

問10　1873年に近代的な軍隊の創設をめざした明治政府は，原則として，身分の区別なく満20歳以上の男子に３年間の兵役を義務づける徴兵《ちょうへい》令を公布した。性別の区別はあり，女子は兵役の対象ではなかった（イ…×）。

問11　1871年，明治政府は不平等条約改正の予備交渉《こうしょう》と欧米の視察のため，岩倉具視《ともみ》を全権大使，木戸孝允《たかよし》，山口尚芳《なおよし》，伊藤博文，大久保利通を副使とする岩倉使節団を欧米に派遣した。岩倉使節団には初の女性留学生として津田梅子らも同行した（ウ…○）。

問12　1904年に日露戦争が始まると，戦場にいる弟の身を案じた歌人・詩人の与謝野晶子は，雑誌『明星《みょうじょう》』に「君死にたまふ《もう》ことなかれ」という詩を発表し，戦争に反対した（エ…○）。なお，西南戦争は1877年に西郷隆盛ら士族が鹿児島で起こした内乱である。また，樋口一葉は明治時代の小説家で，『たけくらべ』や『にごりえ』などの作品を残した。

問13　細菌《さいきん》学者の北里柴三郎は，ドイツ留学中に破傷風の血清療法《りょうほう》を確立したことで世界的に知られる研究者となった。帰国後は伝染《でんせん》病研究所・北里研究所・慶應《けいおう》義《ぎ》塾《じゅく》大学医学部などを創設し，医学や教育の場で広く活躍《かつやく》した。2024年２月現在の千円札に描かれている野口英世は，北里が所長を務める伝染病研究所で学んだ医師・細菌学者で，黄熱病の研究などで知られる(ウ…○)。なお，『解体新書』は，江戸時代に杉田玄白や前野良沢らがオランダ語の書物を翻訳《ほんやく》して刊行した医学書である。川端《かわばた》康成はノーベル文学賞を受賞した小説家で，代表作には『伊豆の踊《おどり》子《こ》』や『雪国』などがある。

3　国際機関と日本の政治のしくみ，日本国憲法についての問題

問１　ヨーロッパ連合はヨーロッパ諸国がつくる政治・経済統合体で，EUと略される。加盟国は共通通貨ユーロの導入(導入していない国もある)や外交，安全保障など，幅《はば》広い分野で協力関係を築いている。本部はベルギーのブリュッセルに置かれ，2024年２月現在27か国が加盟している。

問２　安全保障理事会は世界の平和と安全を守る国際連合の主要機関で，アメリカ・イギリス・フランス・ロシア・中国の５常任理事国と，任期２年の非常任理事国10か国の計15か国で構成されている(エ…○)。なお，常任理事国は拒否《きょひ》権を持つため，１か国でも反対すると安全保障理事会の議決は成立しない。

問３　国会がつくった法律が憲法に違反《いはん》していないかどうかを審査《しんさ》する権限を違憲立法審査権といい，全ての裁判所にこの権限が与《あた》えられている。内閣は，国会がつくった法律や予算にもとづいて実際に政治を行う機関である(ア…×)。

問４　日本国憲法第９条は，三原則の１つである平和主義について規定しており，戦争の放棄《ほうき》・戦力の不保持・交戦権の否認を明言している。なお，日本国憲法は，国民主権・平和主義・基本的人権の尊重を三原則としており，平和主義については憲法の前文でも唱えられている。

問５　選挙で投票する権利である選挙権は，満18歳以上の男女に与えられており，選挙に立候補する権利である被選挙権は，衆議院議員・地方議会議員・市区町村長では満25歳以上，参議院議員と都道府県知事では満30歳以上の男女に与えられる(ア…○)。

理　科　＜第１回試験＞（社会と合わせて60分）＜満点：100点＞

解　答

1　(1)　ウ　(2)　ウ　(3)　ア　×　イ　○　ウ　×　エ　×　オ　○　(4)　ウ　(5)　a　(6)　(例)　線香のけむりを入れる。　2　(1)　ア　(2)　あ　二酸化炭素　い　酸素　う　水　(3)　94年　(4)　**組み合わせ**…エ　**集める方法**…オ　3　(1)　ウ　(2)　エ　(3)　ウ　(4)　**色**…青むらさき色　**できたもの**…デンプン　(5)　**白色のふの部分**…エ　**アルミはくをかけた部分**…イ　4　(1)　①　エ　②　ア　(2)　D　(3)　①　CとE　②　D　③　B　④　**明けの明星**…東　**宵の明星**…西

解　説

1 空気や水の体積変化についての問題

(1)　ピストンに力を加えると，気体である空気は押《お》し縮められて体積が減少するが，液体である水はほとんど押し縮められず体積は変化しない。

(2)　力をかけて体積を減少させるとき，体積が小さくなればなるほど必要な力は大きくなる。そのため，空気を押すときはピストンを押す手ごたえが大きくなっていく。いっぽう，体積が変化しない水の場合には手ごたえは変わらない。

(3)　ガラスびんＡで，あたためたときに水がガラス管を上ったことから，水をあたためると体積が増加することがわかる。また，ガラスびんＢとガラスびんＣでは，あたためられて体積が増加した空気が水を押している。このとき，空気の多いガラスびんＣの方がガラスびんＢよりも水がいきおいよくふきだしたことから，空気の方が水よりも体積が大きく変化することがわかる。なお，ガラスびんを80℃の湯につけているので，中の水がふっとうすることはない。

(4)　あたためられた水は体積が増加して，同じ体積で比べたときの重さがまわりの水よりも軽くなるため，上に向かって動く。よって，茶葉もその水の動きによって上に向かって動き出す。

(5)　あたためられた水は上に移動していくことから，水面に近い上の方にある水ほどはやく温度が高くなっていく。

(6)　空気の動きを観察する場合，線香のけむりなどのように，空気の動きとともに運ばれて人間の目に見える物を入れて実験するとよい。

2 気体についての問題

(1)　地球温暖化によって気温が上しょうすると，極地方の氷がとけて海に流れこんだり，海水そのものがぼう張したりして海面の上しょうが起こると考えられている。

(2)　化石燃焼を使用すると，大気中に二酸化炭素が放出される。また，水素を燃やすと酸素と結びついて水ができる。

(3)　３兆トンは30000億トンと表すことができるので，１年あたり320億トンの二酸化炭素を放出しているとき，平均気温が２℃上がるのにかかる年数は，30000億÷320億＝93.75(年)より，およそ94年と計算できる。

(4)　うすい塩酸と金属のあえんを反応させると気体の水素が発生する。水素は水にとけにくい気体なので，水上置換《ちかん》法で集める。なお，アでは二酸化炭素，ウでは酸素が発生し，イでは気体は発生しない。

3 光合成の実験についての問題

(1)　アサガオを24時間暗室に置くことで，葉に元からあったデンプンを移動させることができる。これは，実験をして葉にデンプンがあることがわかったとき，このデンプンが植物の光合成によってつくられたものであることを示すために行う。

(2)　やわらかくした葉をあたためたエタノールにつけると，葉の細胞《さいぼう》にある葉緑体から葉緑素がエタノールにとけ出して葉の色が白くなる。この操作によって葉をだっ色すると，ヨウ素液にひたしたときに色の変化が見やすくなる。

(3)　エタノールは近くに火があると引火するおそれがあるため，エタノールをあたためるときは直接火にかけるのではなく，湯の中に入れてあたためる。

⑷　アルミはくをかけていない葉の緑色の部分では，葉に光が十分に当たって光合成が行われ，デンプンができる。このことは，葉をうすいヨウ素液につけたときにヨウ素液の色が青むらさき色に変化したことで確認できる。

⑸　葉の白色のふの部分には葉緑体がなく，その部分に光が当たっても光合成ができないのでデンプンがつくられずヨウ素液の色の変化は見られない。よって，葉は緑色である必要がある。また，アルミはくをかけた部分では葉に光が当たらないため，光合成ができずデンプンはつくられない。このことから，光合成には十分な日光が必要だとわかる。

4　天体についての問題

⑴　①　北極点の方向が北になるため，その反対方向に太陽がある地点エでは太陽が南中しており，真南に見える。　②　地球の中心方向の北を向いたときに，太陽が左方向の西に見える地点アでは，太陽が地平線に沈《しず》みかけて見える。

⑵　北極点のある地球の中心方向が北なので，地点ウでは北を向いたときに右方向になるＤが東の方角になる。

⑶　①　地球，太陽，金星が一直線上に並ぶ，Ｃの位置やＥの位置に金星があるとき，太陽の方向と重なるため地球から金星を見ることができない。　②　明けの明星は地球が夜明けの時間帯に観測できる金星のことで，地球が夜明けを迎《むか》えているのは，図１の地点ウにいるとき，つまり，図３のＡでは地球の中心から見て下に当たる地点である。この場所から地平線より上に出て見える金星は，図３のＤの位置の金星となる。　③　宵《よい》の明星は地球が日没《にちぼつ》を迎える時間帯に観測できる金星のことで，②の場合と反対に図３のＢの位置の金星である。　④　図３から，地球から見て金星は太陽と同じ方向にある。よって，明けの明星は東の空，宵の明星は西の空に見られるとわかる。

国　語　＜第１回試験＞（50分）＜満点：100点＞

解　答

一　①　ふしあな　②　すだ　③　そ　④　ひょうが　⑤　いちがん　⑥〜⑩　下記を参照のこと。　二　**問１**　（例）　ヨーロッパには「主食」と「副食」という考え方がないから。　**問２**　**Ａ**　オ　**Ｂ**　ア　**Ｃ**　カ　**問３**　エ　**問４**　ウ　**問５**　イ　**問６**　「産業革命」といわれる大きな社会の変化　**問７**　（例）　遅刻ばかりしてくるような労働者がいるようでは，工場を経営できないから。　**問８**　イ　**問９**　ウ　**問10**　ウ　三　**問１**　（例）　五年の夏頃までは誰といたってそれなりにたのしめたが，今は全員と仲良くなんてできやしないと考えている。　**問２**　エ　**問３**　（例）　中学受験を控えているから，授業時間を減らされるのは困る。／人が死んだ戦争の話なんて悲しい気分になるから聞きたくない。　**問４**　エ　**問５**　イ　**問６**　（例）　無意識　**問７**　イ　**問８**　ア　**問９**　エ

四　**問１**　①　ウ　②　イ　**問２**　①　鼻　②　耳　③　目

●漢字の書き取り

一　⑥　独奏　⑦　純真　⑧　発芽　⑨　故郷　⑩　予測

解　説

一　漢字の読みと書き取り

①　板などの節がぬけてあいた穴。「目が節穴」とは，“見るのに役立たない”という意味。　②「巣」の音読みは「ソウ」で，「病巣」などの熟語がある。　③　音読みは「セン」で，「染色」などの熟語がある。ほかの訓読みには「し(みる)」がある。　④「氷河期」は，地球における氷河時代の中の特に寒冷な時期。　⑤「一丸となる」は，心を一つにしてまとまるさま。　⑥　一人で演奏すること。　⑦　不純な心がなく清らかなこと。　⑧　植物が芽を出すこと。　⑨　生まれ育った土地。　⑩　未来のことについて，前もって推《お》しはかること。

二　出典：川北《かわきた》 稔《みのる》『砂糖《さとう》の世界史』。イギリス人の食事の内容，イギリスにおける食生活の変化やその理由などについて，具体的な例をあげながら説明されている。

問１　直後の，理由が述べられている部分に注目する。英語にもフランス語にも「おかず」などという言葉がないことからもわかるように，ヨーロッパには「主食」と「副食」という考え方がないので，「ヨーロッパ人の主食はパンです」とか「パンと牛肉が主食です」というような表現は「まちがい」といえる。

問２　**A**　ヨーロッパには「主食」と「副食」という考え方がなく，日本のように「主食」と「おかず」の区別のある国は，世界中でも，どちらかというと「少ないのかも」しれないという文脈なので，二つのことを並べて，前のことがらより後のことがらを選ぶ気持ちを表す「むしろ」が入る。 **B**「食事の習慣」が，私たちの想像より「ずっと激しく変化するものだ」ということの例として，イギリス人の朝食をあげているのだから，具体的な例をあげるときに用いる「たとえば」が入る。 **C**　この前では，「産業革命」以降，イギリス人が「一日四食になった」ということが述べられており，この後では，「このような変化は，どうして起こった」のかという話題へと続いている。よって，前のことがらを受けて，それをふまえながら次のことを導く働きの「それでは」が入る。

問３　ぼう線⑤に続く，「『イギリス風朝食』の特徴《とくちょう》」について述べられている部分に注目する。「ベーコンや卵」や「トースト」などがついていて，ヨーロッパ大陸の「コンティネンタル・ブレックファースト」にくらべて「重い」と述べられているので，エが選べる。

問４「音をあげる」は，“苦しさに耐《た》えられずに弱音をはく”という意味。

問５　続く部分の，ジョンソン博士が「オート麦」について述べていたことを引き合いに出した，夏目漱石《なつめそうせき》の話に注目する。ジョンソン博士は，「オート麦」について，「イギリスでは馬に与《あた》えているが，スコットランドでは人が食べている穀物」などと，スコットランド人をからかうようなことを辞書で述べていた。しかし，漱石はロンドンに滞在《たいざい》したさい，ジョンソン博士がからかっていたオート麦を材料にした「ポリッジ」が「ふつうの朝食」として食べられていることを知り，「イギリス人がすべて馬になったらしい」という意地悪な表現を入れた手紙を書いたのである。

問６　同じ文に「こうして」とあるので，前の部分に注目する。「機械や蒸気機関のような動力が用いられるように」なった「産業革命」という「大きな社会の変化」の影響《えいきょう》により，「工業や鉱山業が急速に発展」し，工場が増えたため，都市に住んで工場で働く労働者の方が，農民の数よりも多くなったのである。

問７　続く部分の，「聖月曜日《セント・マンデイ》」の慣習について述べられている部分に注目する。イギリスでは，「二日酔《よ》いの月曜日はほとんど仕事をしないという，『聖月曜日』の慣習もひろく認められて」いたが，「半分酔っ払《ばら》って，遅刻《ちこく》ばかりしてくるような労働者がいる」と，工場は経営できなくなるので，時間が正確に守られるようになった。

問８　「天気のよいときにしっかり働き，雨が降れば休まざるをえない」とあるので，晴れた日は畑を耕して雨の日は家の中で読書することを表す「晴耕雨読」が入る。

問９　空らんＢのすぐ後にある通り，「もともとイギリス人は，中世いらい一日二食」で，「朝食というものを食べていなかったといわれて」いると述べられているので，ウが合う。

問10　もどす文には，「この意見には反論」もあるが，「都会の人口が圧倒的《あっとうてき》に多くなったことは事実」であると書かれている。【ウ】に入れると，「共同で使える土地がなくなってしまったため」に農業を捨てた人々が「都会に出たのだ」という「意見」があり，反論もあると思うが「たしかに都会の人口が圧倒的に多くなった」のは事実だというつながりになり，文意が通る。

三　**出典：椰月美智子《やづきみちこ》『昔はおれと同い年だった田中さんとの友情』**。小学校六年生の拓人《たくと》たち三人は，田中喜市《きいち》さんの戦争体験の講演を学校で実現させるため，クラスのみんなに提案する。

問１　「五年の夏頃《なつごろ》まで」は，「表面上のくくり」はあったものの，「誰《だれ》といたってそれなりにたのしめた」が，今は「気の合うやつと合わないやつがいる」ので，「全員で仲良く」するなどということはできなくなったのである。

問２　直前にある通り，拓人は「声が裏返って」しまい，「心臓がばくばくして」緊張《きんちょう》しているのがわかる。そこで，「人前で話すのが得意」な忍《しのぶ》は，「出だし」を自分に任せてほしいということを伝えるために，拓人のひじをついたのだから，エがふさわしい。

問３　続く部分の，「真面目男子」や「女子」が反対意見を話している部分に注目する。「真面目男子」のうちの一人は，自分は中学受験を控《ひか》えているから「授業時間を減らされるのは困」るという反対意見を言った。また，ある「女子」は，「悲しい気分になる」から「人がたくさん死んだ戦争の話なんて聞きたく」ないという反対意見を言っている。

問４　これまでの小野田の言動をみると，いきなり賛成か反対かの「音頭《おんど》」をとり，意見を持つ人に話を振《ふ》っている。ここでは，「怖《こわ》い話をわざわざ聞きたくない」という反対意見について，小野田は拓人を見て反応を待っており，自分からは何も話そうとしていないのだから，エの内容が合う。

問５　忍は，戦争がどのような悲しい出来事であるかということを説明しているのに，反対意見を言った女子は，戦争は「今のわたしたちとは関係ありません」などと反論した。それを受けて忍は，日本が攻撃《こうげき》されなくても戦争に参加する可能性はある，ということを説明しているうちに興奮してきたと考えられるので，イがあてはまる。

問６　自分でも意識しないうちに「あの！」という声が出てしまったので，「無意識」が合う。

問７　前の，拓人が「田中さんのことを知ってもらいたい」と話している部分に注目する。田中さんに講演してもらうことについて反対意見も出されたが，拓人の「田中さんのことを，みんなに紹介《しょうかい》したい」という言葉を聞いて最後は全員が賛成したので，自分たちの思いを理解してもらえたことに拓人は感動したのである。

問８　小野田は，田中さんの講演について「PTA」に話し，「そこから保護者たちに連絡《れんらく》して」もらい，さらに「自治会の回覧板」で伝えてもらうという一連の流れを提案した。そのことを，忍に「ナイスだ」とほめられたので，小野田は「得意げ」になったのだから，アが合う。

問９　問７でみたように，戦争のために悲しい思いをした田中さんの思いや人柄《ひとがら》を，みんなにも知ってもらいたいという強い気持ちを持って，拓人たちはみんなに熱心に説明した。その気持ちをクラス全員に理解してもらえたので，拓人は，次はその実現に向けてがんばろうという気持ちに満たされてきたと考えられる。

四　品詞の識別，慣用句の完成

問１　①「勉強をしているらしい」と「気温が上がるらしい」の「らしい」は，推定の意味を表す助動詞。なお，アは，形容詞「かわいらしい」の一部。イとエの「らしい」は接尾語で，名詞について「春らしい」「エースらしい」のような形容詞となる。　②「勝つだろう」と「つらかろう」の「う」は，推量の意味を表す助動詞。なお，アは，勧誘《かんゆう》の意味を表す助動詞。ウとエは，意志の意味を表す助動詞。

問２　①「鼻が高い」は，得意になっているさま。　②「耳にたこができる」は，同じことを何度も聞かされて心からいやになっているさま。　③「目に入れても痛くない」は，かわいくてたまらなく思っているさま。

Dr.福井の

入試に勝つ！脳とからだのウルトラ科学

右の脳は10倍以上も覚えられる！

手や足，目，耳に左右があるように，脳にも左右がある。脳の左側，つまり左脳は，文字を読み書きしたり計算したりするときに働く。つまり，みんなはおもに左脳で勉強していることになる。一方，右側の脳，つまり右脳は，音楽を聞き取ったり写真や絵を見分けたりする。

となると，受験勉強に右脳は必要なさそうだが，そんなことはない。実は，右脳は左脳の10倍以上も暗記できるんだ。これを利用しない手はない！　つまり，必要なことがらを写真や絵などで覚えてしまおうというわけだ。

この右脳を活用した勉強法は，図版が数多く登場する社会と理科の勉強のときに大いに有効だ。たとえば，歴史の史料集には写真や絵などがたくさん載っていて，しかもそれらは試験に出やすいものばかりだから，これを利用する。やり方は簡単。「ふ～ん，これが○○か…」と考えながら，載っている図版を５秒間じーっと見つめる。すると，言葉は左脳に，図版は右脳のちょうど同じ部分に，ワンセットで記憶される。もし，左脳が言葉を忘れてしまっていたとしても，右脳で覚えた図版が言葉を思い出す手がかりとなる。

また，項目を色でぬり分け，右脳に色のイメージを持たせながら覚える方法もある。たとえば江戸時代の三大改革の内容を覚えるとき，享保の改革は赤，寛政の改革は緑，天保の改革は黄色というふうに色を決め，チェックペンでぬり分けて覚える。すると，「“目安箱”は赤色でぬったから享保の改革」というように思い出すことができ，混同しにくくなる。ほかに三権分立の関係，生物の種類分け，季節と星座など，分類されたことがらを覚えるときもピッタリな方法といえるだろう。

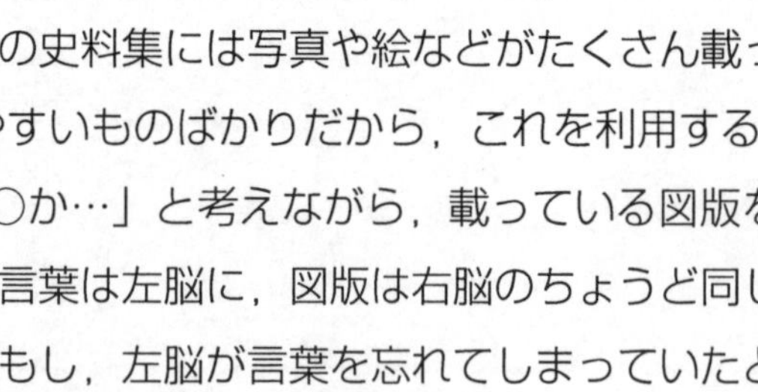

Dr.福井(福《ふく》井《い》一成《かずしげ》)…医学博士。開成中・高から東大・文Ⅱに入学後，再受験して翌年東大・理Ⅲに合格。同大医学部卒。さまざまな勉強法や脳科学に関する著書多数。

2024 年度 目白研心中学校

【算　数】〈第２回試験〉（50分）〈満点：100点〉

1 次の □ にあてはまる数を求めなさい.

(1) $1684+1020\div3=$ □

(2) $4\frac{1}{3}-2\frac{2}{5}+3\frac{1}{2}=$ □

(3) $2\frac{1}{6}\times4\frac{5}{7}\div7\frac{4}{5}=$ □

(4) $2613\div(370-\square\times3)=201$

(5) $1\frac{1}{9}\div1.6\times1\frac{4}{5}-\frac{4}{5}\div2.8\times\frac{7}{8}=$ □

(6) 縮尺２５０００分の１の地図で２ｃｍの長さは，実際の距離は □ mです.

(7) １から５００までの整数のうち，６でも９でもわり切れる数は □ 個あります.

(8) [0]，[1]，[2]，[4]，[5] の５枚のカードから，３枚を並べて３けたの整数をつくります. 奇数は全部で □ 種類つくることができます.

(9) 定価 □ 円の品物の 20 %引きは，4400 円です. ただし消費税は考えないものとします.

(10) みかんを何人かの生徒に分けるのに，１人に５個ずつ分けると１４個あまり，１人に７個ずつ分けると１０個足りません. 生徒の人数は □ 人です.

2 **Ａ君が１人ですると１２日，Ａ君とＢ君が２人でいっしょに仕事をすると８日で終わります．このとき，次の［　　　］にあてはまる数を求めなさい．**

(1)　Ａ君は，１日で全体の［　　　］だけの仕事を終わらせることができます．

(2)　Ｂ君は，１日に全体の［　　　］だけ仕事を終わらせることができます．

(3)　Ａ君が１人で２日間仕事をした後で，残りをＢ君だけで仕事をした場合，全部で［　　　］日で終えることができます．

3 **濃さが５％の食塩水Ａが２４０ｇと，濃さが１０％の食塩水Ｂがあります．このとき，次の各問いに答えなさい．**

(1)　食塩水Ａに溶けている食塩は何ｇ ですか．

(2)　食塩水Ａに食塩水Ｂを混ぜたところ，食塩水の濃さは 8%になりました．食塩水Ｂを何 g 混ぜましたか．

(3)　食塩水Ａに食塩を加えたところ，濃さが２０ ％の食塩水ができました．加えた食塩は何g ですか．

4　**Ａ町からＢ町を通ってＣ町に行く道のりは２８ｋｍです．このとき，次の各問いに答えなさい．**

(1)　Ａ町からＢ町までは時速１５ｋｍの自転車で１時間２０分かかりました。Ａ町からＢ町までの道のりは何ｋｍですか．

(2)　Ｂ町からＣ町までは走っていきます．全部で２時間で着くためには，Ｂ町からＣ町まで時速何ｋｍで走らないといけませんか．

(3)　Ａ町からＢ町は時速１０ｋｍで走り，２０分休んでからＢ町からＣ町までは時速５ｋｍで歩きます．Ｃ町に１１時ちょうどに着くためには，Ａ町を何時何分に出発しないといけませんか．

5　**右の図のように，一辺が５ｃｍの正六角形ＡＢＣＤＥＦの周りを半径１ｃｍの円Ｏが１周します．このとき，次の各問いに答えなさい．ただし，円周率は３．１４とします．**

(1)　円の中心が動いた道のりは何ｃｍですか．

(2)　円の通った部分の面積は何ｃｍ^{2}ですか．

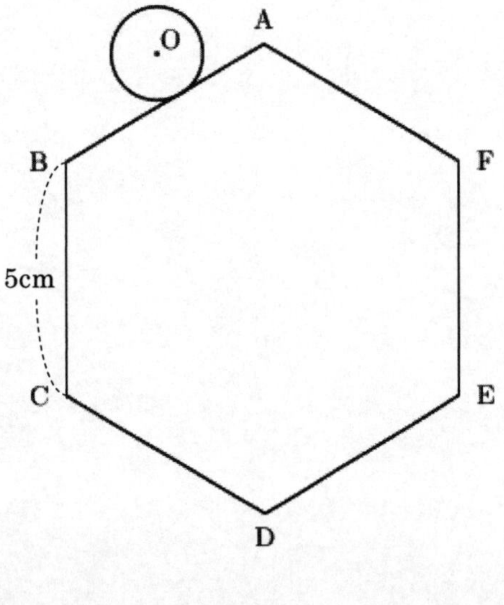

6 右の図で，ＯＡ＝ＡＢ＝ＢＣ＝ＣＤ＝ＤＥであるとき，角xの大きさは何度ですか．

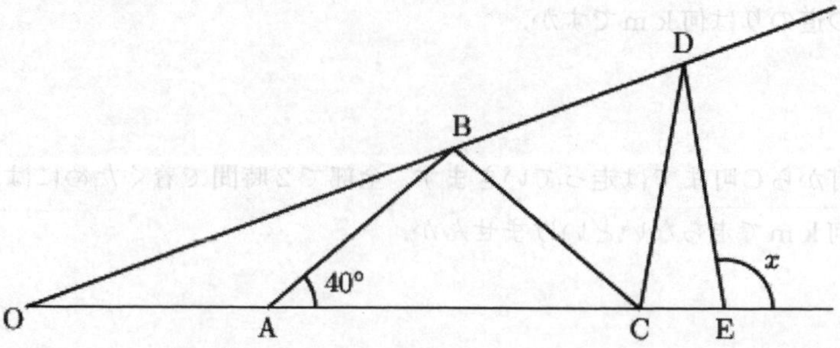

7 右の図形を，ＡＢを軸として１回転してできる立体について，次の各問いに答えなさい．
ただし，円周率は３．１４とします．

(1)　この立体の体積は何ｃｍ^{3}ですか．

(2)　この立体の表面積は何ｃｍ^{2}ですか．

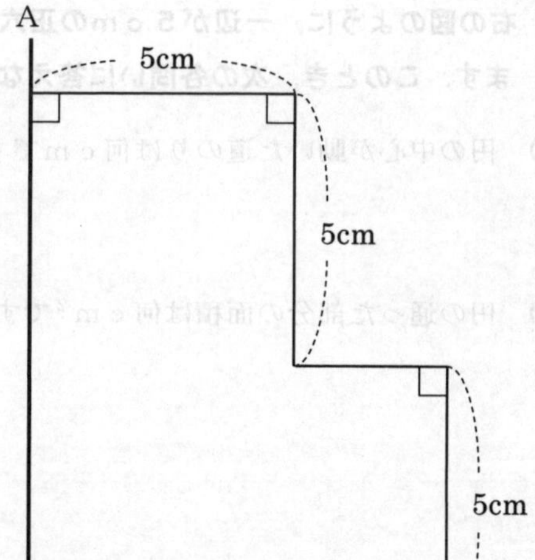

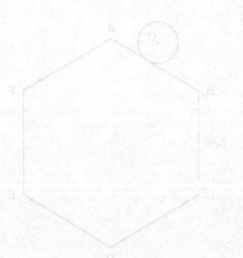

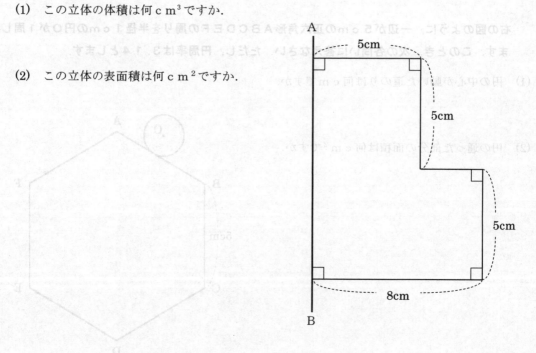

【社　会】〈第２回試験〉（理科と合わせて60分）〈満点：100点〉

〈注　意〉解答は特に漢字で答えなさいとある場合以外はひらがなで答えてもよい。

1　次の〔１〕・〔２〕の文章を読んで以下の問いに答えなさい。

〔１〕　小学６年生の研心くんは長期休みの期間中に祖父《そふ》の家を訪れました。職人として活躍《かつやく》する祖父と研心《けんしん》くんの会話文を読み、以下の問いに答えなさい。

研心くん：おじいちゃんは職人としてどんな伝統工芸品をつくってきたの。

祖父　　：私が住む鎌倉《かまくら》市で有名な「鎌倉彫《かまくらぼり》」っていってね、木に彫刻をして、漆《うるし》を塗《ぬ》ったうつわや家具などをつくっているんだよ。鎌倉彫は丈夫で長持ちするため、明治時代には、100 年間の保証書がつけられていることもあったんだよ。

研心くん：漆を塗ることで、彫刻したところがはっきりと見えて、彫りの形や深さなどを見て楽しむことができるね。さらに100 年間も使用できるなんて立派だね。これからもつくり続けてね。

祖父　　：でもね、伝統工芸をまもるためにはさまざまな問題点があるんだ。どんな問題点があると思うかな。

研心くん：うーん…［　(あ)　］ということかなぁ。
伝統工芸を絶やさないためには、さまざまな努力が必要だよね。おじいちゃんには鎌倉彫以外に好きな伝統工芸品はあるのかな。

祖父　　：特に好きな伝統工芸品は「(い)南部鉄器《なんぶてっき》」だよ。南部鉄器の急須《きゅうす》で淹《い》れたお茶は絶品だよ。

研心くん：そうなんだ。僕にも南部鉄器で淹れたお茶を飲ませてよ。ところで、伝統工芸品として認定されている製品は何品目くらいあるんだろう。

祖父　　：現在、241 品目あるんだ。都道府県別にみると、なんと(う)東京都が最多なんだ。

研心くん：東京都が最多なんて意外だね。

祖父　　：そうなんだよ。ところで、今日は(え)研心くんの家からここまでどうやって来たんだい。

研心くん：お父さんと一緒に自動車に乗って来たよ。お土産《みやげ》にうちの近くで採《と》れた梨《なし》と落花生《らっかせい》を持ってきたよ。

祖父　　：おぉそうか、ありがとう。では、みんなでおいしくいただこうか。

問１　会話文中の［　(あ)　］に**あてはまらないもの**を以下のア〜エから１つ選び記号で答えなさい。

ア、職人として長い修業《しゅぎょう》が必要なことなどから、あとをつぐ若い人が不足している

イ、値段の高い伝統工芸品を使う人が少なくなっていることなどから、生産額が減少している

ウ、伝統工芸品の原材料が日本でとれなくなり、輸入に頼っている原材料もある

エ、現代の伝統的工芸品は、大型機械を導入し、流れ作業によって製作にあたっているが、人びとの求めに対して生産が追いついていない状態である

問２　下線部(い)について、右の写真は南部鉄器の急須であり、右の【地図１】中のＡは南部鉄器の生産地である県を示している。

以下のア～エの文の中からこのＡ県に関するものを１つ選び記号で答えなさい。

南部鉄器の急須

【地図１】

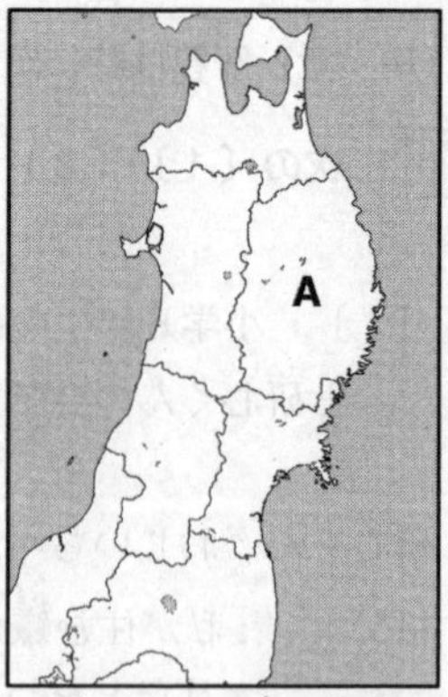

ア、庄内《しょうない》平野を流れる最上川《もがみがわ》の豊富な水を用いての米作りが盛んである。また、さくらんぼの生産は全国生産量の約７割を占めている。

イ、津軽《つがる》平野は涼《すず》しい気候で雨量が少ないため、このような条件での栽培《さいばい》に適したりんごが生産されており、全国生産量の約６割を占めている。

ウ、金色堂《こんじきどう》で有名な平泉《ひらいずみ》の中尊寺《ちゅうそんじ》は世界文化遺産である。また、小岩井《こいわい》農場では、多くの乳牛《にゅうぎゅう》が飼育《しいく》されている。

エ、県庁所在地の仙台市には、戦国時代の武将である伊達《だて》政宗《まさむね》が築いた城の跡があり、現在は公園となっている。

問３　下線部(う)について、東京都に属する日本最東端《さいとうたん》の南鳥島《みなみとりしま》近海の海底には、世界的にも採掘《さいくつ》量が少ない貴重な鉱物資源が大量にあることがわかっている。これらの鉱物資源は、スマートフォンなどの電子機器や電気自動車・ハイブリッド車にも使われており、世界的に需要が高まっている。このような鉱物資源のことをまとめて何というか答えなさい。

問４　下線部(え)について、研心くんの住む県は、海底トンネルと海上の橋によって、祖父の住む県と結ばれている。祖父と研心くんの会話を手がかりにして、研心くんの住む県名を**漢字**で答えなさい。

問５　以下の表のア～エで示されている人口・面積・人口密度は、「祖父の住む県」、「北海道」、「山梨県」、「新潟県」のいずれかのものである。**「祖父の住む県」**にあてはまるものを表中のア～エから１つ選び記号で答えなさい。

	人口 （千人）	面積 （km^2）	人口密度 （人/km^2）
ア	2,236	12,584	178
イ	9,209	2,416	3,811
ウ	834	4,465	185
エ	5,381	83,424	63

（2022年版『地理統計Plus《プラス》』帝国書院）

〔２〕　次の会話文を読み、問いに答えなさい。

目白さん：「私は、日本で陶器《とうき》の生産が盛んな地域《ちいき》について調べてみました。」

研心さん：「わあ、これはどこの写真ですか。」

目白さん：「これは㋔常滑市《とこなめ》のやきもの散歩道《さんぽみち》の写真です。常滑市は日本六古《ろくこ》窯《よう》の一つとして知られ、㋕西暦《せいれき》1100年ころから窯業《ようぎょう》が行われています。陶器をつくるのに適した土があることに加え、常滑市は海《うみ》沿《ぞ》いであるため、船での輸送《ゆそう》が可能でした。」

研心さん：「常滑市には2005年に㋖中部国際空港もできたので、この風景を見に行くならいろいろな交通手段が考えられますね。」

目白さん：「ちなみに、2012年に復元された、㋗東京都内のある駅の壁にも、常滑市でつくられたレンガが使用されています。」

【地図２】

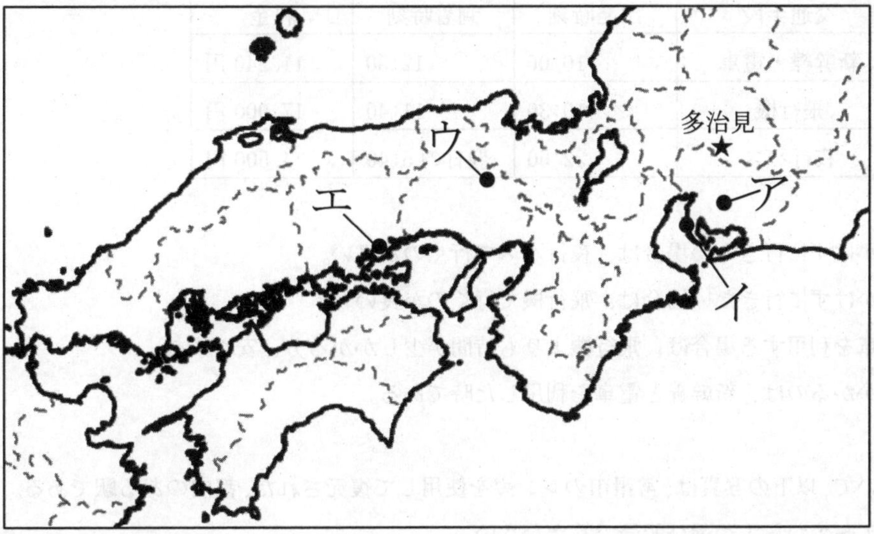

問６　下線部㋔について、常滑市はどこか、【地図２】の中のア～エより１つ選び記号で答えなさい。

問７　下線部㋕について、①～③の問いに答えなさい。

①「窯業《ようぎょう》」とは、「粘土《ねんど》や砂などの原料を窯《かま》で焼いて製品《せいひん》をつくる工業」のことである。窯業でつくられる製品として**誤っているもの**を以下のア～エより１つ選び記号で答えなさい。

ア、プラスチック

イ、ガラス

ウ、セメント

エ、タイル

②　西暦1100年は、日本の歴史区分上は何時代にあたるか、**漢字**で答えなさい。

③　以下の表は、都道府県別の陶磁器の出荷額をあらわしたものである。【地図２】中の★で示されている多治見《たじみ》市は、X県の陶磁器の中心地として知られているが、X県の名称を答えなさい。

都道府県	陶磁器の出荷額
X県	126.1
佐賀県	55.6
長崎県	50.8
愛知県	13.2
全国	**298.7**

（単位：億円）『日本のすがた 2021』より

問８　下線部(き)について、下の表は新幹線・電車、飛行機、夜行バスの３つの交通手段を利用して東京から常滑まで行こうとした時にかかる時間と料金をまとめたものである。表の内容について述べた文ア～エのうち、**誤っているもの**を１つ選びなさい。

交通手段	出発時刻	到着時刻	料金
新幹線・電車	10:00	12:30	11,240円
飛行機	10:30	11:40	17,000円
夜行バス	22:50	翌日の5:40	4,500円

ア、最もお金をかけずに行きたい場合は、夜行バスで行くのが良い。

イ、最も時間をかけずに行きたい場合は、飛行機で行くのが良い。

ウ、新幹線と電車を利用する場合は、飛行機よりも時間が少しかかる分、安くすむ。

エ、最も時間がかかるのは、新幹線と電車を利用した時である。

問９　下線部(く)について、以下の写真は、常滑市のレンガを使用して復元された、都内のある駅である。この駅を以下のア～エから１つ選び記号で答えなさい。

ア、御茶ノ水《おちゃのみず》駅　　イ、新宿《しんじゅく》駅　　ウ、東京《とうきょう》駅　　エ、中野《なかの》駅

2　**次の〔１〕・〔２〕の文章を読んで以下の問いに答えなさい。**

〔１〕　今年、1000円札、5000円札、10000円札の３種類の紙幣《しへい》のデザインが新しくなります。このことを知った目白研心中学校の生徒であるＡさんは貨幣《かへい》に興味を持ち、レポートを以下のように作成しました。

貨幣について

まず私は昔の日本人が、どのような貨幣を使っていたのかを調べてみました。(あ)縄文《じょうもん》時代や(い)弥生《やよい》時代の人々は、自分の持っているものと欲しいものとを取りかえる物々交換《ぶつぶつこうかん》をして生活に必要なものを得ていました。やがて、特定の品物が貨幣のような役割を果たすようになり、欲しいものがある時には、米・布・塩などと交換するようになりました。これらを物品貨幣といいます。

次に私は紙幣に描《えが》かれている肖像画《しょうぞうが》についても調べてみました。すると、今からはるか昔の人物たちが紙幣の肖像画として採用されてきたことがわかりました。私はそれらの人物が関わった歴史上のできごとを以下の年表にまとめてみました。肖像画として描かれていたのは、年表中の【　　　】内の人物です。

年号	できごと
607年	【聖徳太子《しょうとくたいし》】らが(う)法隆寺《ほうりゅうじ》を建立《こんりゅう》する
645年	【中臣鎌足《なかとみのかまたり》】らが大化の改新を行う
794年	【和気清麻呂《わけのきよまろ》】の提案をうけて、平安京に都を移す
894年	(え)【菅原道真《すがわらのみちざね》】の提案により、(お)遣唐使《けんとうし》を廃止《はいし》する

最後に昔の日本で使われた中国の貨幣を一部紹介《しょうかい》します。(か)鎌倉時代には宋銭《そうせん》が流通しましたが、室町時代には宋銭に代わって明銭《みんせん》が日本各地に流通していきました。

問１　下線部(あ)について、縄文時代に関する文として正しいものを以下のア～エから１つ選び記号で答えなさい。

ア、巨大な古墳《こふん》がつくられ、大王《おおきみ》を中心に政治が行われた。

イ、邪馬台《やまたい》国の女王である卑弥呼《ひみこ》が中国に使いを送った。

ウ、人々は食べた後のごみとなった貝がらや、動物の骨などを貝塚《かいづか》に捨てていた。

エ、中国大陸からやってきた人々によって、金属器のつくり方が伝えられた。

問２　下線部(い)について、木製農具や水田の跡《あと》が発掘《はっくつ》された静岡県にある遺跡《いせき》を以下のア～エから１つ選び記号で答えなさい。

ア、岩宿《いわじゅく》遺跡　　イ、登呂《とろ》遺跡　　ウ、三内丸山《さんないまるやま》遺跡　　エ、吉野ヶ里《よしのがり》遺跡問３　下線部(う)について、法隆寺がある都道府県の位置を【地図３】中のア～エから１つ選び記号で答えなさい。また、その都道府県名を答えなさい。

【地図３】

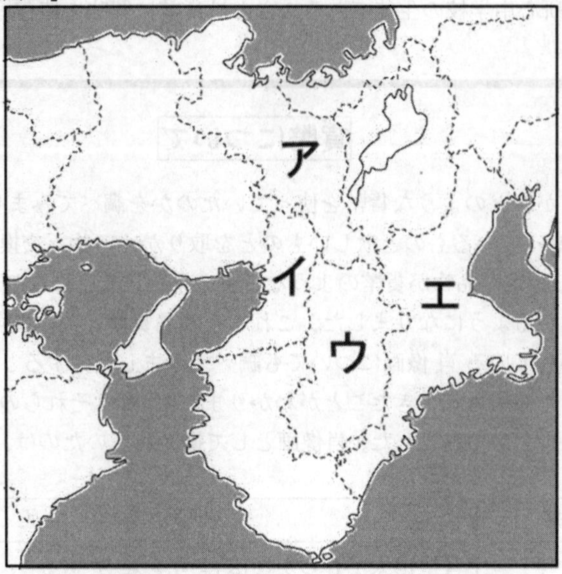

問４　下線部(え)について、のちに学問の神様としてまつられるようにもなるこの人物は、都での権力争いに敗れて、九州で軍事・外交にあたった行政機関に追いやられていきますが、その機関の名前を答えなさい。

問５　下線部(お)について、遣唐使と共に唐へ渡った僧侶《そうりょ》の組み合わせとして正しいものを以下のア～エから１つ選び記号で答えなさい。

ア、行基《ぎょうき》・鑑真《がんじん》　　イ、法然《ほうねん》・親鸞《しんらん》　　ウ、日蓮《にちれん》・道元《どうげん》　　エ、最澄《さいちょう》・空海《くうかい》

問６　下線部(か)に関連して、鎌倉《かまくら》文化について述べた文として正しいものを以下のア～エから１つ選び記号で答えなさい。

ア、「平家物語《へいけものがたり》」が琵琶法師《びわほうし》によって語られた。
イ、観阿弥《かんあみ》・世阿弥《ぜあみ》の親子によって能《のう》が大成した。
ウ、紀貫之《きのつらゆき》らによって「古今和歌集《こきんわかしゅう》」が完成した。
エ、聖武天皇《しょうむてんのう》の遺《のこ》した宝物《ほうもつ》が収められている正倉院《しょうそういん》が建てられた。

〔２〕

自分のいる地域から遠く離れた場所で起きたことについて、私たちはテレビやインターネットなどの「メディア」を通じて知ることができます。では、情報を伝えるメディアは、日本でどのように発達してきたのでしょうか。

日本におけるメディアの歴史は、古くは㋖江戸時代の「瓦版《かわらばん》」にさかのぼることができます。「瓦版」とは、飢饉《ききん》や大火《たいか》や大きな事件など人々の関心事を伝える一枚刷《ず》りの木版画《もくはんが》のことです。この時代は字が読めない人も多く、瓦版は読み上げながら売り歩かれたことから「読売《よみうり》」という名前で人々に親しまれていました。

㋗江戸時代の末に鎖国《さこく》が解かれ、活版《かっぱん》印刷の技術が広まると、日本でも「新聞」がつくられるようになりました。1870 年に日本初の日刊紙《にっかんし》が発行されると、新聞はその後も㋘自由民権運動や大正デモクラシーなど、自由や平等を求める人々の運動を支える存在になっていきました。

大正時代には、新たなメディアである「ラジオ」が登場します。日本で㋙1925 年に始まったラジオ放送では、音楽、演芸、スポーツ中継など、多彩《たさい》なプログラムが放送されましたが、戦時色が強まるにつれて、放送の内容も戦争に関するものが多くなっていきました。戦争の終結がラジオ放送によって国民に伝えられたことは、当時のラジオの存在の大きさを物語っています。

戦争が終わってしばらくすると、日本でも「テレビ」の放送が始まりました。とはいえ、1953 年に放送が始まったころのテレビは高級品で、一般家庭への普及率《ふきゅうりつ》がはじめて 90%を超えたのは㋚1960 年代のことでした。

そして 20 世紀の終わりごろになると、「インターネット」が一般に利用されはじめ、現在では私たちの暮らしに無くてはならないものになっています。

問７　下線部㋖について、江戸時代に起こったできごとについて述べた①～③の文を読み、文章で述べられている場所を【地図４】のア～キからそれぞれ選び、記号で答えなさい。

①　1637 年に厳しい年貢《ねんぐ》の取り立てとキリスト教徒の迫《はく》害《がい》を受けた農民が、天草四郎時貞《あまくさしろうときさだ》を大将として反乱を起こした場所。

②　1615 年の戦いで豊臣《とよとみ》氏が滅亡した場所。

③　松前藩《まつまえはん》による不当な取り引きに対して反乱を起こした、アイヌの指導者シャクシャインの本拠地《ほんきょち》。

【地図４】

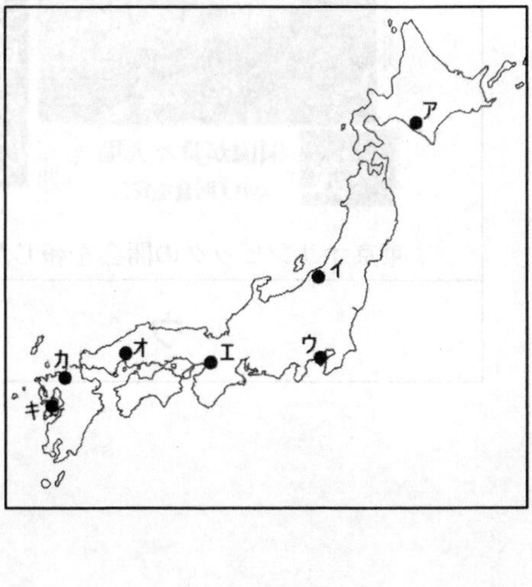

問８　下線部㋗について、鎖国中に日本への来航が許されていたヨーロッパの国を以下のア～エから１つ選び記号で答えなさい。

ア、イギリス　　イ、ポルトガル

ウ、スペイン　　エ、オランダ

問９　下線部㋘について、民撰議院設立建白書《みんせんぎいんせつりつけんぱくしょ》を提出して自由民権運動のきっかけをつくり、のちに結成された自由党の党首をつとめた人物名を答えなさい。

問 10　下線部㋙について、この年より後に起こったできごとについて述べた文を以下のア～エから１つ選び記号で答えなさい。

ア、廃藩《はいはん》置県《ちけん》を行って府には府知事《ふちじ》、県には県令《けんれい》が派遣された。

イ、韓国《かんこく》を併合《へいごう》する条約を結んで、朝鮮《ちょうせん》半島を植民地とした。

ウ、日清《にっしん》戦争を終わらせるための講和《こうわ》条約を結んで、台湾《たいわん》を植民地とした。

エ、広島と長崎に原子爆弾《げんしばくだん》が投下され多くの人の命がうばわれた。

問 11　下線部㋚について、1960 年代のできごとを報じた新聞記事を以下のア～エから１つ選び記号で答えなさい。

<table>
<tr>
<td>
聯盟よさらば！遂に協力の方途盡く
總會、勧告書を採擇し
我が代表堂々退場す
四十二對一票、棄權一
支那側勧告受諾
第六項の権利強調
けふ閣議で正式に
脱退方針を決定
日本の国際連盟脱退《こくさいれんめいだったい》を報じた記事</td>
<td>
主權は完全回復
日本国との平和條約
和条約こゝに調印
四十九ヵ国が参加
吉田全権署名
会場に「日章旗」を追加
サンフランシスコ平和条約に
調印《ちょういん》したことを報じた記事</td>
</tr>
<tr>
<td>ア</td>
<td>イ</td>
</tr>
<tr>
<td>
朝日新聞
東京オリンピック開く
94国が堂々入場
天皇陛下開会を宣言
東京オリンピックの開会を報じた記事</td>
<td>
朝日新聞
帝都を中心として
關東の天變地異
地震から海嘯火災列車の惨事
大混亂言語に絶す
東京全市大火災
淺草の十二階倒壞し
火災四十八箇所に起る
関東大震災《だいしんさい》の発生を報じた記事</td>
</tr>
<tr>
<td>ウ</td>
<td>エ</td>
</tr>
</table>

3　**次の文章を読んで以下の問いに答えなさい。**

東京は、㋐明治維新《めいじいしん》の後、日本の首都となってからも発展を続け、今では世界有数の大都市となった。東京には、永《なが》田《た》町《ちょう》やその周辺に国会・㋑裁判所・㋒政府の各省庁などが集まり、日本の政治の中心地となっている。また、経済の面においても㋓大《だい》企《き》業《ぎょう》の本社や事務所が多く、㋔「政府の銀行」とよばれる銀行や東京証券《しょうけん》取引所などもあり、日本経済の中心地である。

問１　下線部㋐について、明治時代に日本で制定された憲法の名称を**漢字**で答えなさい。

問２　下線部㋑について、日本の裁判についての正しい説明文を以下のア～エから１つ選び記号で答えなさい。

ア、内閣には裁判官を裁判するための裁判所が設けられている。

イ、裁判の結果が不服な時、同じ事件について原則として３回まで裁判を受けることができる。

ウ、下級裁判所には、高等裁判所・地方裁判所・家庭裁判所の３種類がある。

エ、裁判の種類は大きく分けて、民事裁判と家庭裁判がある。

問３　下線部㋒について、教育、科学技術、学術、スポーツ、文化の活性化などの役割をもつ省庁の名称を**漢字５字**で答えなさい。

問４　下線部㋓について、現在、日本においても多くの企業が取り組む「持続可能な開発目標」について、アルファベット表記として正しいものを次のア～オから１つ選び記号で答えなさい。

ア、ＥＣＯ　　イ、ChatＧＰＴ　　ウ、ＩＣＴ　　エ、ＳＤＧs　　オ、ＥＳＧ

問５　下線部㋔について、「銀行の銀行」ともよばれるこの銀行の名称を答えなさい。

【理　科】〈第２回試験〉（社会と合わせて60分）〈満点：100点〉

〈注　意〉解答は特に漢字で答えなさいとある場合以外はひらがなで答えてもよい。

1　てこを用いて重い物を動かすと、そのまま持ち上げるときに比べて小さな力で動かすことができます。図１のように台の上に板を置き、矢印のように垂直に板を押《お》して荷物を持ち上げました。このとき、板を押した点をａとします。これについて以下の各問いに答えなさい。ただし、板上の点ａ、ｂ、ｃは作用点、力点、支点のいずれかを表しており、図２のように板の中心線上に並んでいるものとします。

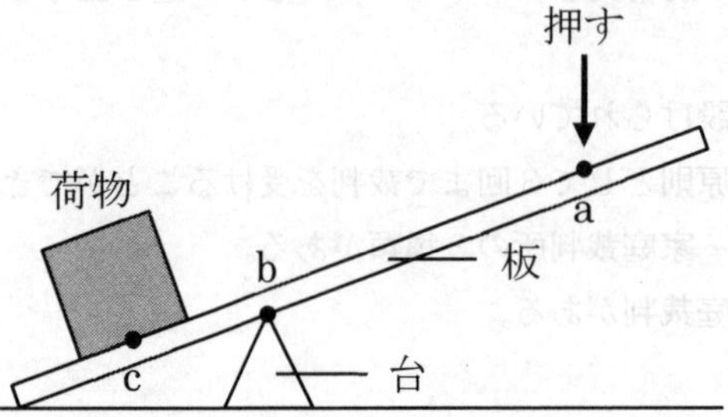

図１：真横から見た図

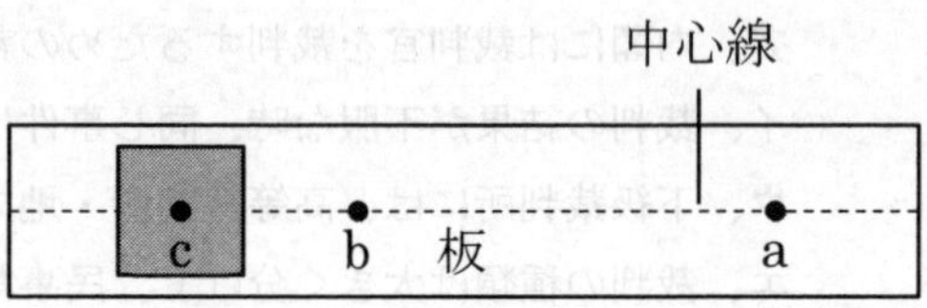

図２：真上から見た図

⑴　ａ～ｃは、それぞれ作用点、力点、支点のいずれか答えなさい。

⑵　荷物を持ち上げるために加える力の大きさがより小さくなるようにするためにはどのような工夫をすればよいですか。①、②の観点でみたとき、正しいものをア、イよりそれぞれ１つ選び記号で答えなさい。

①　板を押す位置（点ａの位置）

ア　ｂに近づける　　　イ　ｂから遠ざける

②　荷物の位置（点ｃの位置）

ア　ｂに近づける　　　イ　ｂから遠ざける

⑶　身のまわりにある、てこを利用した道具を１つ答えなさい。

もとの長さとのび方の異なる２種類のばねA, Bに、それぞれおもりをぶら下げ、おもりの質量とばね全体の長さの関係を調べました。これについて以下の各問いに答えなさい。

おもりの質量〔g〕	10	20	30	40
ばねAの長さ〔cm〕	26	28.5	31	33.5
ばねBの長さ〔cm〕	35	36	37	38

(4) ばねAのもとの長さは何cmですか。

(5) ばねBに53gのおもりをつけたとき、ばねBの長さは何cmになりますか。

(6) ある質量のおもりXをばねAとばねBにそれぞれぶら下げたところ、ばねAとばねBの長さは等しくなりました。おもりXの質量は何gですか。

2 けんしんくんは自由研究の実験のため、６種類の水よう液を用意しましたが、どれがどの水よう液かわからなくなってしまいました。６種類の水よう液をA～Fとし、特定するために①～⑥の実験を行いました。A～Fはそれぞれ食塩水、炭酸水、石灰水、砂糖水、アンモニア水、塩酸のいずれかです。A～Fの水よう液の名前をそれぞれ答えなさい。ただし、同じ名前を２回以上答えてはいけません。

〈実験〉
① 見た目を観察すると、すべてとう明だったが、Fではあわが出ていた。
② においをかいだら、BとEではツンとしたにおいがした。
③ BTBよう液を加えて混ぜるとAとBでは青色、CとDでは緑色、
EとFでは黄色になった。
④ 加熱して水を蒸発させると、AとCでは白い固体が残った。
Dでは焦《こ》げた黒い固体が残っていた。BとEとFでは何も残らなかった。
⑤ Eにマグネシウムリボンを加えると、水素のあわが発生した。
⑥ AとFを混ぜると白くにごった。

3 研子さんと心一さんは、あたたかさと校庭のサクラの成長のようすとの関係について調べるために、サクラの木のようすを観察してスケッチするとともに気温を記録しました。このことについて、以下の各問いに答えなさい。

(1) 温度計で校庭の気温を測るときは、以下のように温度計におおいをつけます。それはなぜですか。もっとも適当なものを下から１つ選び記号で答えなさい。

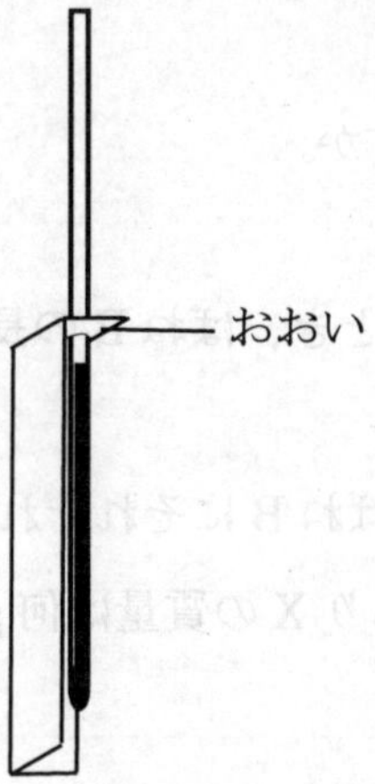

ア めもりを読みやすくするため
イ 温度計に力がかからないようにするため
ウ 湿度《しつど》のえいきょうを少なくするため
エ 日光が温度計に直接当たらないようにするため

(2) (1)の図の温度計の正しい温度の測り方を、図の①～③の中から１つ選び記号で答えなさい。

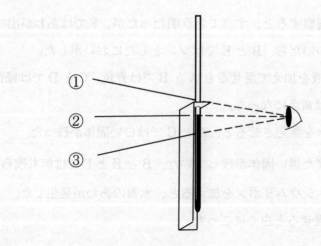

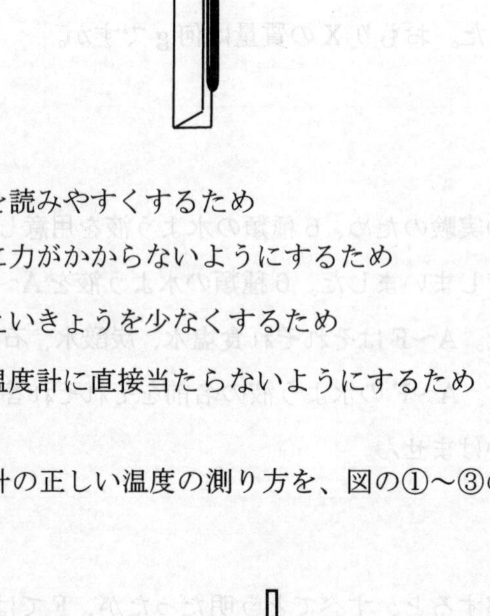

(3)　次の図は、ある年の3月・4月・5月のサクラのようすをスケッチしたものです。3月・4月・5月の順にア、イ、ウをならべなさい。

ア

イ

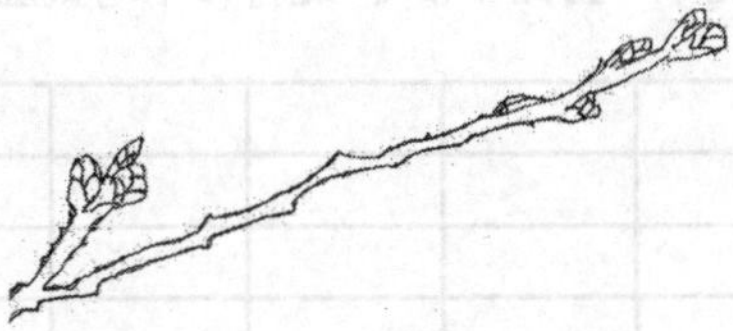

ウ

(4)　研子さんと心一さんは、気象庁のデータから各地の過去のサクラの開花日を調べることができることを知り、日本の５つの地点の2021年から2023年までのサクラの開花日を調べ、以下の表にまとめました。この表からわかることとして、もっとも適当なものを下から１つ選び記号で答えなさい。

	2021年	2022年	2023年
秋田	4月4日	4月12日	4月4日
東京	3月14日	3月20日	3月14日
大阪	3月19日	3月23日	3月19日
高知	3月15日	3月19日	3月17日
鹿児島	3月17日	3月20日	3月24日

ア　５つの地点すべてで、開花日が年々早くなっている。

イ　高知での開花日はいずれの年でもほかの地点よりも早かった。

ウ　秋田での開花日はいずれの年でもほかの地点よりも遅かった。

エ　2023年は、どの地点の開花日も2022年よりも早かった。

(5) 二人はサクラの開花日と温度との関係についてさらにくわしく探究するために、東京のサクラの開花日と気温について、1961 年～1970 年の 10 年間と 2011 年～2020 年の 10 年間の値を気象庁のデータより調べて、各期間の２月の平均気温と開花日との関係を示すグラフを作成しました。２つのグラフを比べてわかることとして、もっとも適当なものを下から１つ選び記号で答えなさい。

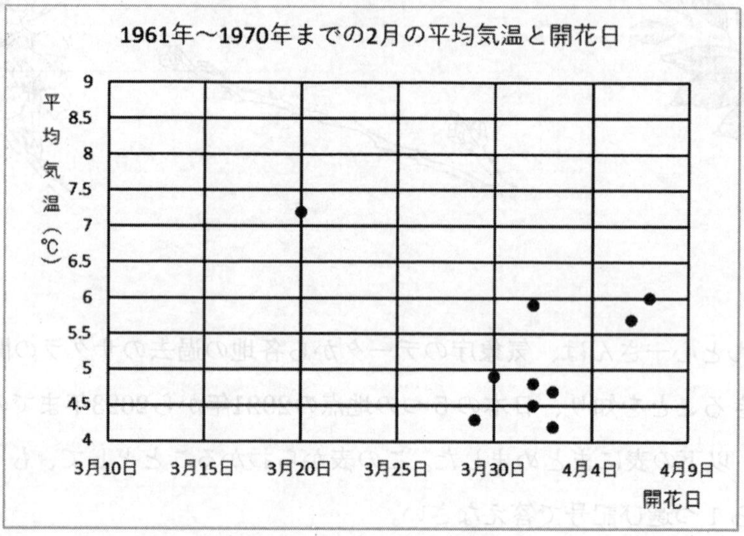

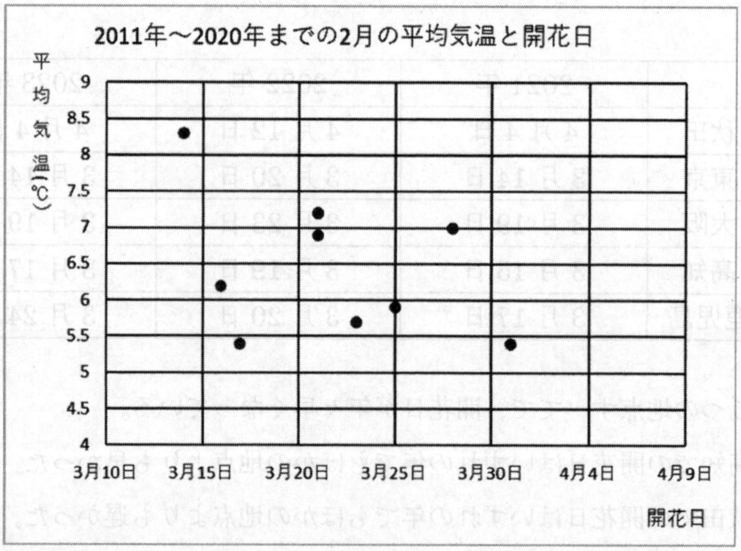

ア　どちらの期間でも2月の平均気温が高いほど、開花日が遅くなっている。

イ　どちらの期間でも2月の平均気温が高いほど、開花日が早くなっている。

ウ　2011年～2020年の10年間は2月の平均気温がすべて５℃以上で、1961年～1970年の10年間のグラフと比べるとサクラの開花日が早い年が多い。

エ　1961年～1970年の10年間は2月の平均気温が６℃より低い年が多く、2011年～2020年の10年間のグラフと比べるとサクラの開花日が早い年が多い。

4 空気中には目には見えない水蒸気がふくまれています。その量は、一定ではなく、多い日もあれば少ない日もあります。また、空気がふくむことのできる水蒸気量には限界があり、その量は気温によって変化します。下の図1は、空気1㎥がふくむことのできる最大の水蒸気量（単位はg）と気温の関係を表しています。以下の各問いに答えなさい。

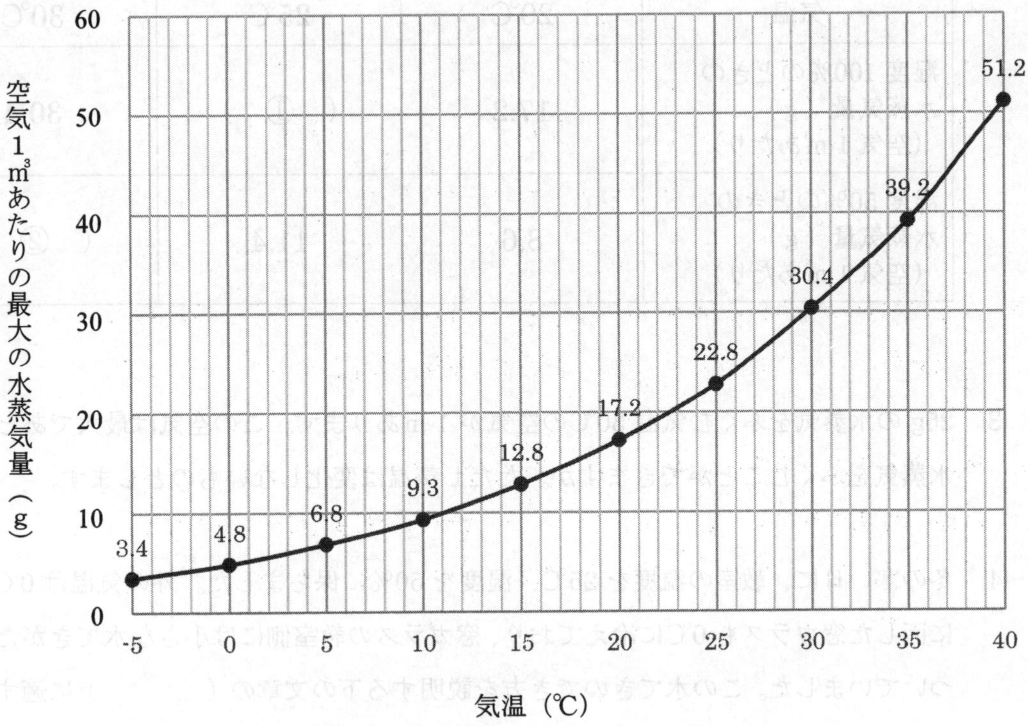

図1

⑴ 図1のグラフからわかることを、下から1つ選び記号で答えなさい。

ア 気温が上がると、最大の水蒸気量が減る。

イ 気温が上がると、最大の水蒸気量が増える。

ウ 気温と最大の水蒸気量には比例の関係がある。

エ 気温と最大の水蒸気量には反比例の関係がある。

⑵　最大の水蒸気量に対して、実際にふくまれている水蒸気量の割合をパーセントで表したものを湿度《しつど》といいます。下の表は気温が20℃、25℃、30℃における湿度100%と50%のときの水蒸気量を、図1を参考にしてまとめたものです。空欄《らん》①、②に入る数値を答えなさい。

気温	20℃	25℃	30℃
湿度100%のときの水蒸気量（g）（空気1㎥あたり）	17.2	（　①　）	30.4
湿度50%のときの水蒸気量（g）（空気1㎥あたり）	8.6	11.4	（　②　）

⑶　25gの水蒸気をふくむ気温30℃の空気が1㎥あります。この空気は最大であと何gの水蒸気をふくむことができますか。ただし気温は変化しないものとします。

⑷　冬の寒い日に、教室の温度を25℃、湿度を50%に保ちました。外の気温は0℃で、外に面した窓ガラスも0℃に冷えており、窓ガラスの教室側には小さな水てきがたくさんついていました。この水てきのでき方を説明する下の文章の（　　　　）に適する数値をそれぞれ答えなさい。

教室の温度は25℃、湿度は50%なので空気1㎥あたり（　①　）gの水蒸気をふくんでいる。しかし、0℃の窓ガラスにふれた空気だけは温度が下がる。窓にふれた空気が0℃まで下がった場合を考えると、0℃の空気がふくむことのできる最大の水蒸気量は1㎥あたり（　②　）gであるので、（①）gとの差が水てきとなって現れる。つまり1㎥あたり（　③　）gの水蒸気が水てきに変化して現れたと説明できる。

四 次の各問いに答えなさい。

問一　次の①～③の空らん［　］に入る語として正しいものをあとから選び、記号で答えなさい。

①　暑かった。［　］、上着を脱《ぬ》いだ。

②　暑かった。［　］、風があまりなかった。

③　暑かった。［　］、上着を脱がなかった。

ア　しかも　イ　けれども　ウ　ぜひ　エ　たとえば　オ　だから

問二　次の①～②の漢字の中で、総画数が異なるものを一つ選び、記号で答えなさい。

①　ア　議　イ　願　ウ　鏡　エ　識

②　ア　頭　イ　優　ウ　親　エ　整

問四 ――線④「ごっこ遊び」とありますが、ひかりさんがやってみようとしている「ごっこ遊び」とはどのようなことですか。本文の言葉を使って三十～四十字で答えなさい。**(句読点も数える)**

問五 ――線⑤「ひかりさんがちょっと驚いたような顔でさちを見返した。」とありますが、ひかりさんが驚いたのはなぜですか。その理由として最も適当なものを次から選び、記号で答えなさい。

ア タンポポにお花の友達がいないという始まりから、さちがうまく続きを考え、そのあとが気になるような展開になったから。

イ せっかく二人でお話を作り始めたのに、お花の友達がいないという展開になって、内容がつまらなくなりそうだったから。

ウ タンポポのお話なのにいきなりチョウやトンボが出てきて、だれが主人公なのかわからなくなってあわててしまったから。

エ 最初はお話の続きを作ることに自信がなさそうだったさちが、最後には自分から積極的にタンポポの物語を語り始めたから。

問六 ――線⑥「わざとほめてくれていることは判《わか》ってる。」とありますが、さちがそのように考えるのはなぜですか。その理由として最も適当なものを次から選び、記号で答えなさい。

ア ひかりさんが、自分だけではなくフリースクールの子どもたち全員を、同じようにほめているのだと思ったから。

イ 自分があまり好きではない性格をひかりさんがやたらとほめるので、その言葉を素直《すなお》に受け入れられないから。

ウ ひかりさんがあえて自分の良いところばかりを取り上げて、自信をつけさせようとしているのがわかったから。

エ 自分が言い出したお話の続きを面白くするために、ひかりさんがさちのご機嫌《きげん》をとっているのだと思ったから。

問七 ――線⑦「さびしさ」とありますが、お話の中のタンポポの「さびしさ」とはどのようなものですか。本文のこれより前から三十～三十五字で抜き出し、初めと終わりの三字で答えなさい。**(句読点も数える)**

問八 ――線⑧「そういうことだったのね」とありますが、「そういうこと」とはどのようなことですか。本文の言葉を使って、「だれが・どこで・何をしたこと」という形で、十五～二十字で答えなさい。**(句読点も数える)**

問九 次のうち、本文の内容として正しいものを一つ選び、記号で答えなさい。

ア さちはひかりさんにほめられることをうるさいと感じながらも、自分の成長のために言ってくれるのだと思って、とりあえず言われた通りにお話を作ってみた。

イ さちはお話を作ることをすすめるひかりさんの意図がよくわからなかったが、次第《しだい》にお話を考えることに熱中し、ほめられることにうれしさを感じ始めていた。

ウ さちはひかりさんにうまくおだてられてお話を作ってみたが、いつも読む方が好きで書くことには熱心ではなかったので、あまりよい出来にはならなかった。

エ さちはひかりさんのお世辞を少しわざとらしいと感じていたが、一緒にお話を作ってみると意外に楽しく、また別の題材で作ってみたいと思うようになった。

り」

「素敵《すてき》ー」ひかりさんが風呂敷包みをまた脇にはさんで、結構強めの拍手をしてくれた。

「まるで有名な作家さんが作ったお話みたい。女の子がちぎったときには、えっ？　と思ったけれど、⑧そういうことだったのね。さっちゃん、すごいじゃないの」

「そうかな……」

「きっと、読み語りが上手で、いろんなお話を読んできたから、いつの間にかお話を作り出す能力も磨《みが》かれていたのよ」

さちは「うーん」と首をかしげたけれど、⑨まんざらでもない気分だった。

「このお話、ノートに書いてみたら？　※5ひとみちゃんたちにそれを読んであげたら、きっと目を輝《かがや》かせて聞いてくれるわよ」

ごっこ遊びで始めただけだったのに、まあまあのお話が完成してしまった。

そして気がつくと、さちの家まで、あと数十メートルのところまで来ていた。

奇妙《きみょう》な感覚だった。いつの間にかお話の続きを考えることに夢中になってしまい、歩いた記憶《きおく》があいまいだった。※6ゾーンに入ってた、というやつだろうか。

（山本甲士『ひかりの魔女３　さっちゃんの巻』）

※１　印象派……………自然の中の光や明るさ、色彩を重視して表現した芸術家の流派
※２　称号………………身分や資格などを表す呼び名
※３　巨匠………………芸術などの分野で、能力が特にすぐれている人
※４　トラロープ………境界線を示す、黒と黄色のロープ
※５　ひとみちゃん……くすのきクラブに通っていて、さちになついている女の子
※６　ゾーン……………集中力が高まり、他のことが一切意識に入らずに活動に打ち込んでいる状態

問一　――線①「さちはちょっと複雑な気分にかられた。」とありますが、「複雑な気分」とはどのようなものですか。最も適当なものを次から選び、記号で答えなさい。

ア　たとえ読書量が豊富でも、読んでいるものが童話や児童向けのミステリーが多いので、たいしたことはないと思っている。

イ　絵のことにもくわしく、文学の知識も豊富なひかりさんに、「本を読む力がある」と強く言われてうれしく思っている。

ウ　本のことなどよくわからないひかりさんに、「物語を作る人になれる」と言われてとても信じられない気持ちでいる。

エ　自分には物語を作る力などないと思っているのに、ひかりさんに「才能がある」と強く言われて戸惑《とまど》いを感じている。

問二　――線②「そのゴッホさんは、絵の才能があったと思う？」とありますが、ひかりさんはゴッホの才能についてどのように考えていますか。本文の言葉を使って「～こと。」という形で四十～五十字で答えなさい。**（句読点も数える）**

問三　――線③「どんでん返し」、――線⑨「まんざらでもない」の意味として、最も適当なものを次から選び、記号で答えなさい。

③　どんでん返し

ア　あとで仕返しをすること　**イ**　後ろにひっくり返ること
ウ　言葉をそのまま返すこと　**エ**　正反対になること

⑨　まんざらでもない

ア　必ずしも悪くない　**イ**　うまく言えない
ウ　満足のいかない　**エ**　ありがたくない

「あら、いいじゃないの」⑤ひかりさんがちょっと驚《おどろ》いたような顔でさちを見返した。

「どうしてチョウチョさんたちはちょっとしかそばにいてくれないのかしら」

「空き地の奥《おく》の、その先の方には、いろんな花がたくさん咲いている公園があるから。そこに行けばチョウはいろんな花の蜜《みつ》が吸えて、バッタはいろんな葉っぱをかじることができるし、虫の仲間たちもそこに集まるから。だからこの日も近くまで飛んで来たチョウチョが言いました。ここはタンポポが一本だけかー、つまんないなー、やっぱり向こうの公園に行こうっと」

「さっちゃん、いいじゃないの」ひかりさんが風呂敷《ふろしき》包みを脇《わき》にはさんで拍手《はくしゅ》した。

「まるで絵本を読んでるみたいに、頭の中に情景が浮《う》かんでくるわ」

ひかりさんはおだてるのが上手《うま》い。⑥わざとほめてくれていることは判《わか》ってる。それでも悪い気分ではない。

「タンポポさんは、どうして自分だけこんなに誰も来ない、さびしいところにいるんだろうと思いました」と、さちは続けた。「でもよく判りません。気がついたときにはここにいたからです」

「タンポポさんは独りぼっちでかわいそうね」

「この後どうしよう。ひかりさんならどうする？」

「そうね。このままだと暗い話で終わってしまいそうだから、何かいいことが起きるというのは？」

「いいことか……人間の女の子がタンポポに気づいて、登下校の途中《とちゅう》に声をかけてくれるようになりました。その子も友達がいないから、タンポポさんの気持ちが判るの」

「なるほど、いいわね」

「それから毎日、女の子が話しかけてくれるようになります。タンポポさん、こんにちは、今日はいい天気ね。でも明日は雨が降るらしいよ、とか。あと、昨日見たテレビの話とか、どんな食べ物が好きかとか、いろんな話をしてくれました」

すると、ひかりさんが「晴れの日が続いたときは、女の子が水筒《すいとう》の水をかけてくれることもありました」とつけ加えた。

「女の子のお陰《かげ》でタンポポさんはいくらか⑦さびしさがまぎれるようになりましたが、気がつくと年を取って、黄色かった花びらが落ちて、代わりに白い綿毛がついていました。そろそろ寿命《じゅみょう》だなとタンポポさんは判っています。次に女の子が来てくれたときには、お別れとお礼を言おうと思いました。人間の友達ができてよかったと心から思いましたが、やっぱり満たされない気持ちが残りました。タンポポさんはやっぱり、お花の友達や虫の友達が欲しかったなあと思うのです」

「そうね」ひかりさんが小さく二度うなずいた。「タンポポさんはお花だものね」

「最後の日、タンポポさんは女の子にお礼を言おうとしましたが、もう年を取り過ぎて、意識が遠のいていました。かすれるような声で、今までありがとうと言うのがやっとでした。すると、女の子は綿毛のタンポポの茎《くき》の真ん中辺りを、ぷちんとちぎりました」

「あら」ひかりさんが片手を口に当てた。「ちぎっちゃったの？」

「駄目《だめ》かな」

「ううん、大丈夫《だいじょうぶ》。さっちゃんには何か考えがありそうね」

そのとおり。綿毛の様子を想像した途端《とたん》、ラストシーンが頭に浮かんだのだ。

「タンポポの綿毛を持った女の子は、近くの公園に行きました。公園には花壇《かだん》がある他、いろんな木や草も生えています。女の子はまず花壇に向けて、綿毛をふーっと吹《ふ》きました。綿毛は風に乗って、花壇のあちこちに飛んでゆきます。さらに女の子は遊歩道の隅っこや、大きな木の根元などにも綿毛を撒《ま》きました。そして綿毛のいくつかは、女の子の服にひっつきました。そしてそのまま女の子の家まで運ばれて、女の子が家に入る前に服から離《はな》れ、風に乗って、庭の隅っこに落ちました。やがて、あちこちで新しいタンポポが芽を出し、生長し始めました。女の子の家に咲いたいくつかのタンポポたちは、女の子から、おはようタンポポさん、と声をかけられるたびに、何だかちょっと、なつかしい気分になるのでした。おわらえる。今まで思っていたのとは真逆ともいえる発想に、さちは、まるでミステリーの③どんでん返しみたいだなと思った。

このおばあちゃん、いったい何者なんだろう。単に書道や料理が上手なだけの人じゃないような気がしてきたんですけど……。

「でも」とさちは口を開いた。「私が作家になるなんて、やっぱりあり得ないと思う。なりたくてもなれない人がたくさんいるのに、そんなこと考えたこともなかった人間がなれるとは思えないよ」

「ふうん」ひかりさんは笑っている。「じゃあ、なれるかどうか、チャレンジしてみるっていうのはどうかしら。それでなれないと思ったらそれでいいし、もしかしたらなれるかもって思ったら、人生の可能性が広がって、ちょっといい気分になれるかもよ」

「どういう意味？　童話や小説を書いてみるってこと？」

「いきなり書こうとしても、それはちょっとハードルが高いわよね」やっぱりひかりさんは笑ってる。「でも、歩きながら二人で、こんなお話はどうだろうっていう、④ごっこ遊びをやってみるのはどうかしら」

「ごっこ遊び？」

「そう。私が子どもの頃《ころ》は、テレビやゲーム機はもちろん、おもちゃもほとんどない時代だったから、いろんなごっこあそびをやったのよね。かくれんぼや鬼《おに》ごっこはもちろん、花いちもんめ、けんけんぱー、下駄隠《げたかく》し……」ひかりさんは思い出しているのか、上の方を向いて指を折った。「学校からの帰り道が同じだった、近所の一つ上のお姉ちゃんがいてね、二人で歩きながら、いろんなお話を空想しながら、交代でその続きがどうなるかっていうのを言い合ったりしてた時期があったの。割と楽しかったわよ」

「ひかりさんたちが考えた遊びだったの？」

「まあ、そういうことね」

「ふーん」

「さっちゃんの家に着くまでの間にどんな話ができるか、やってみない？」

「別にいいけど……」

っていうか、意味がまだ今ひとつ判らないんだけど……。まあ、やってるうちに判ってくるかも。

「じゃあ、例えば……」ひかりさんは周囲を見回して、「あ、そこに咲《さ》いてるタンポポ」と立ち止まって指さした。

前は洋食屋か何かだったけれど今は空き店舗《てんぽ》になって、店の前の駐車《ちゅうしゃ》スペースには黄色と黒の※4トラロープがかかっている。そのアスファルトの駐車スペースのひび割れたところから、一本だけ黄色いタンポポが生えていた。

「あのタンポポを主人公にして」ひかりさんは続けた。「どんな話ができるか、やってみようか？」

「うん、まあ。でも、できるかなあ」

再び歩き出したところでひかりさんは「じゃあ、言い出しっぺの私からいくわね」と笑ってうなずいた。「そのタンポポさんは、誰もやって来ない空き地の隅《すみ》っこにぽつんと生えていました」

「隅っこじゃなかったよ」

「そうね。でも話を作るときには、そういうところは自由に変えていいってことにしようよ」

「判った」

ひかりさんに促《うなが》されて、さちは考えた。

「誰も来ない空き地の隅っこに生えていたから、そのタンポポさんは友達がいませんでした。この後どうしようか」

「えーと……お花の友達はいないけれど、ときどきチョウチョやトンボ、バッタなどがやってくることがあります。でも、タンポポさんが、こっちに来てお話ししようと声をかけても、ほんのちょっとしかそばにいてくれません」

三　次の文章を読んで、あとの問いに答えなさい。

小学五年生の重ノ木《しげのき》さちは、くすのきクラブというフリースクール（何らかの理由で学校に行けない人が過ごす場所）に通っている。ある日、そこに真崎《まさき》ひかりというおばあちゃんがボランティアとしてやって来た。最初はひかりさんをあやしいと思っていたさちだが、料理を習ったり、勉強法を教わったりして、少しずつ心を開いていく。本文はさちがひかりさんに「本を読む力がある」と言われたあとの場面である。

「さっちゃんはきっと、読書量も豊富なのね。だからあんなに上手に読める」

「読書量はそうでもないよ。童話とか、児童向けのミステリーとかホラーを読むのは好きだけど」

「でも作品の世界をちゃんと理解できてるから、上手に読めるのよ。大人になったら物語を作る側の人になれるかもね」

「無理無理。そんな才能ないよ」

「私、さっちゃんにはそういう能力、あると思うわ」

①さちはちょっと複雑な気分にかられた。ひかりさんは優しい人で、こうやってお世辞を言ってくれるけれど、あんまり度が過ぎると、わざとらしく感じる。自分にそんな才能があるわけないではないか。

「ひかりさんに、どうしてそんなことが判《わか》るの？」

ちょっと強めの言い方をしてしまい、しまったと思った。けれど、ひかりさんはにこにこしたままだった。そして「さっちゃんは、ゴッホという画家さん、知ってる？」と変なことを聞いてきた。

「名前ぐらいは。『ひまわり』とか『自画像』とか？　絵が一枚何十億円で売れるっていう、何とか派の。※1印象派？」

印象派ってどういうものをいうのかよく判らないけれど、写真みたいに精密に描《か》くのではなくて、独特の描き方をするやり方だ。

「そうそう。実は私も絵のことはよくは知らないんだけどね」ひかりさんはおちゃめに舌を出して見せた。「②そのゴッホさんは、絵の才能があったと思う？」

「もちろん」さちはうなずいた。だからこそあんなに有名なのだ。

「でも、彼《かれ》が生きてたときは、絵が全然売れなかったそうよ。売れたのは一枚だけ」

「ウソだー」

「ネットか何かで調べたら判ると思うわ。彼が生きてたとき、周りの人たちは作品を全く評価せず、才能なんてないと決めつけてたの」

「まじ？」

「絵が売れるようになったのはゴッホさんが亡くなった後に、義理の妹さんがおカネを出して個展を何度も開いたからなんだって。それでようやく、彼の絵を評価する人たちが出始めて、評判が広がっていったの。もし義理の妹さんが何もしなかったら、ゴッホさんはほとんど誰《だれ》にも気づかれないまま、作品も埋《う》もれたままだったかもしれないわね」

「ふーん」それが本当だとしたら、ゴッホに才能があったという常識は、もしかしたら正しくないのかもしれない。さちは「じゃあ、才能って何なのかなあ」とつぶやいた。

「私の考えを言ってもいい？」ひかりさんがちょっと思わせぶりな笑い方をした。

「うん」

「あのね、才能なんていうのは、結果を出した人が受ける※2称号《しょうごう》に過ぎないと思うの。称号って判る？」

「うん。ゴッホなら印象派の※3巨匠《きょしょう》」

「そうそう。ゴッホさんは才能があったから有名になったんじゃなくて、結果的に有名な画家になったから、才能があったとみんなが認めてるだけなんじゃないかしら」

「へえ」さちは、ひかりさんをまじまじと見返した。

才能があったから結果を出せたんじゃなくて、結果を出したから才能があったと認めても

問二 空らん［**A**］～［**D**］にあてはまる語を次からそれぞれ選び、記号で答えなさい。

ア つまり　**イ** では　**ウ** ところが
エ だから　**オ** そして　**カ** たとえば

問三 空らん［**X**］にあてはまる語を次から選び、記号で答えなさい。

ア 漠然《ばくぜん》　**イ** 歴然　**ウ** 依然《いぜん》　**エ** 断然

問四 ――線②「それまでもっていた能力」とありますが、どのような力ですか。本文のこれより前から十字でぬき出して答えなさい。

問五 ――線③「字が読めれば本が読めるかといえば、そうでないことはおわかりでしょう。」とありますが、なぜ本が読めなくなるのですか。本文の言葉を使って三十～四十字で答えなさい。**（句読点も数える）**

問六 ――線④「『先輩』の経験から生まれたブックリスト」とありますが、どのようなものですか。**あてはまらないもの**を次から一つ選び、記号で答えなさい。

ア 子どもの本について、知識が豊富な人の視点で選ばれている。
イ 少し前に出版され、手に入りにくい本でも読むことができる。
ウ 子どもたちが読んで、評価が高くなかった本は除かれている。
エ 新刊書を中心に、子どもたちに人気のある本が選ばれている。

問七 ――線⑤「子どもは気に入った本に出会うと、くりかえし、くりかえし、読んでもらいたがります。」とありますが、子どもは同じ本を読んでもらいながら何をしていると述べられていますか。本文の言葉を使って、三十～四十字で答えなさい。**（句読点も数える）**

問八 次のうち、本文の内容に一致するものを一つ選び、記号で答えなさい。

ア 子どもは大人から本を読んでもらうことで、たくさんの字をおぼえていくが、そのうちに本を読むことがいやになってしまう。
イ 子どもにとってすばらしい本を選ぶためには、まずは蔵書の多い図書館の書架をのぞいてみるのが最もよい方法だといえる。
ウ 子どもが自分から進んで習うことは問題ないが、耳からことばを吸収する時期に無理に字をおぼえさせることは望ましくない。
エ 子どもたちが同じ本をくりかえし読んでもらいたがるのは、最初に図書館で借りて、その後で買ってもらった本だからである。

問九 本文には次の文がぬけ落ちています。入れるのに最も適当な場所を本文の**【ア】**～**【エ】**から選び、記号で答えなさい。

> **その理由は、「共同でものを所有することの喜び」を、子どもに体験させたいからだ、というのでした。なるほど、と納得《なっとく》しました。**

館は、そのなかから選ぶのがむつかしいかもしれません。どの図書館にも、子どもの本のことをよく知っていて、アドバイスをしてくれる図書館員がいればいいのですが、残念ながらそうとは限りません。でも、近くに図書館のある方は、まず行って、児童室の書架《しょか》を見てみましょう。【ア】

子どもがうんと小さいときは、その子用の本は、一冊か二冊買ったほうがいいでしょう。なめたり、かじったりすることがありますから。でも、もし近くに図書館があるなら、あるいは子ども文庫があるなら、本を借りることをおすすめします。家に本がたくさんある家庭、欲《ほ》しい本は全部買うことのできる家庭でも、図書館を利用することをすすめるという、ある方の意見を読んだことがあります。【イ】

借りて読むなら、図書館の本は、みんなが読むのだから、ていねいに扱《あつか》おうという教育もできるのですね。そして、図書館で借りた本のなかで、なんども、なんどもくり返して借りたがる本にであったら、そのときには、その本を――お誕生日《たんじょうび》や、クリスマスの機会に――買ってあげるのはどうでしょう。それが、かしこいやり方のように思えます。【ウ】

くりかえし借りたがるということに関連していえば、⑤子どもは気に入った本に出会うと、くりかえし、くりかえし、読んでもらいたがります。これは、子どもにとっては、ふつうのことです。三か月や四か月、同じ本をくりかえし読むのはざらで、八か月、九か月というのも珍《めずら》しくありません。一年以上にわたって、同じ本を読みつづけることもあります。図書館に来るたびに、いそいそと※7『ぐりとぐら』をもってわたしのところへやってきて、「読んで」とせがんだ子もいました。それも、二年近くつづいたと思います。【エ】

同じ本を同じように読んでもらっていても、おそらく子どもは、その都度何か新しい発見をしているのだと思います。あるいは、そのときどきに必要としているものを本から得ているのだと思います。そうでなければ、それほどくりかえし読んでもらいたがりはしないでしょう。

また、その本が、読むたびに新しい何かを提供しなければ、それほど長い間、子どもをひきつけておくことはできないでしょう。幼い日に、こうした「くりかえし読むに耐《た》える」本に出会うことは、ほんとうに幸せなことなのです。

（松岡享子『子どもと本』）

※1 一章……本文の前の章
※2 畏敬……おそれ敬うこと
※3 追認……過去にさかのぼって事実を認めること
※4 ストーリーテリング……物語を語って聞かせること
※5 十全……完全であること
※6 淘汰……余分なものを取り除くこと
※7 『ぐりとぐら』……子ども向け絵本のシリーズ

問一 ――線①「字が読めないということは力だと思えるからです。」とありますが、それはなぜですか。その理由として最も適当なものを次から選び、記号で答えなさい。

ア 字が読めなくても、絵を描く力さえ身に着けていれば、本に描かれた情景をありありと思い浮《う》かべ、再現することができるから。

イ 字が読めない子どもは、字が読めるようになった子どもよりも、過去に起こった出来事や現象を認識する力にすぐれているから。

ウ 字が読めない子どもは、大人の読み間違いを鋭《するど》く指摘することはできないが、その分独自にことばを作り出すことができるから。

エ 字の読めない子どもは、読み手のことばに聞き入ることで物語の世界に深く入り込みことばを強く記憶することができるから。

し、人は生来ことばを記憶《きおく》する能力があるのです。伝承の語り手たちは、その能力によって、ときには数百もの昔話を、記憶にとどめ、何十年にもわたって語ることができるのです。※4ストーリーテリングの研究者で、恵《めぐ》まれた語学の才能を生かして、世界各地の語りの実状を調べたアン・ペロウスキーさんから聞いた話ですが、語りの伝統が生きているアフリカでは、たいていの子どもたちが、ひとつやふたつ物語を語ることができるものだそうです。

[B]、地域に学校ができて、子どもたちが字を習うようになると、語れなくなってしまう、というのです。どうやら、わたしたちは、文字を獲得《かくとく》するのと引き換《か》えに、②それまでもっていた能力を失うのではないかと考えざるをえません。失うというよりは、その能力を※5十全に発達させる機会を失うということでしょうか。その「失う」能力は、実は、読書のためには欠かすことのできない力――ことばをこころに刻む力、ことばに対する信頼《しんらい》、想像力を目いっぱい伸《の》ばしてことばの奥に世界を創り出す力なのです。

　学校へ行くまでに、人より半年、一年ほど字をおぼえるのが早かったり、遅かったりすることが、十年後にどれほどの差を生むでしょうか。子どもが興味をもって習いたがったり、ひとりでにおぼえてしまったりするのはよいとして、耳からのことばをまず蓄《たくわ》えるべき幼児期に、無理に字を教え込もうとすることは、けっして賢明《けんめい》なことではないと思います。

　本を読むためには字が読めなくてはならないのは事実ですが、逆に、③字が読めれば本が読めるかといえば、そうでないことはおわかりでしょう。日本の場合、義務教育を終える十五歳のころ、字が読めない子どもは皆無《かいむ》といっていいほどでしょう。でも、このころまでに、本をたのしみのもとと感じ、本を自分の世界を広げる手段として活用することを身につけている子どもは何割いるでしょうか。幼いころは、どの子も、お話が好き、絵本が好きなのに。

　ということは、成長のどこかの段階で、本やお話が「たのしいこと」でなくなっていったのですね。人間、たのしいことは、別にすすめられなくても、自分からするものです。いやなことは、いいことだとわかっていても、なかなかする気にはなれないものです。読書が習慣として根付くためには、本を読むことは楽しいことだという体験をもつ必要があります。そして、親や先生など、子どもたちが大好きで、いっしょにいて安心していられるおとなに、本を読んでもらうことほど、子どもにとってたのしいことはないのです。ぜひ、子どもに本を読んでやってください。

[C]、どんな本を読めばいいのでしょう。という質問が出るかもしれません。本を選ぶということは、とてもむつかしいことで、一口で答えることはできません。ここでは、とりあえず、「先輩《せんぱい》の助言を聞くこと」だといっておきましょう。もし、近くに本の好きな人で、子どもを育てた経験のある人がいたら、お子さんがどんな本を喜んだか尋《たず》ねてみるのも、そのひとつです。近所に図書館や文庫があれば、そこの人に聞いてみることもできます。

　さらには、④「先輩」の経験から生まれたブックリストを利用するのも手です。ちょっと調べれば、たくさんのブックリストが出ていることがわかります。図書館で出しているもの、絵本や児童文学に詳《くわ》しい個人や団体が出しているもの、出版社が出しているものなど、いろいろなブックリストがあります。これらのブックリストは、目的や、対象、選ぶ基準などはさまざまですが、少なくとも、子どもの本について一定の経験をもつ先輩たちが、自分たちの体験と評価基準に照らして選んだ本を載《の》せているのがふつうです。

　また、その多くが、子どもの反応をみて、とくに喜ばれたもの、くり返し読まれているもの、ながいあいだ読み継《つ》がれているものを選んでいます。ということは、リストにのっている本は、すでに、本をたくさん読んできた人たちが満足したもの、ほかの子どもたちが試した結果、※6淘汰《とうた》されてきたもの、といっていいでしょう。[D]、先輩の読者から新しい読者への申し送りといってもよいのです。この先輩の知恵《ちえ》を借りない手はありません。

　リストを利用することのよい点は、本屋においてあるものより幅《はば》広い選択《せんたく》ができるということです。残念ながら、一般《いっぱん》の書店は、新刊書を中心に品揃《しなぞろ》えをしているのがふつうですから、大勢の子どもたちが喜んで読んできた本で、今でも手にはいるものでも、少し前に出た本は、店頭には並んでいないということが多いのです。ただ、あまり蔵書のたくさんある図書

2024年度 目白研心中学校

【国語】〈第二回試験〉（五〇分）〈満点：一〇〇点〉

一

次の――線①～⑤の漢字には読みをひらがなで記し、――線⑥～⑩のカタカナは漢字に直しなさい。

① 命の尊さを学ぶ。

② 検査のため血液を採る。

③ 周囲の期待に応える。

④ 二人の作品を見比べる。

⑤ 従順な態度で接する。

⑥ ナイカクを組織する。

⑦ 妹のカンビョウをする。

⑧ 両親にコウコウをする。

⑨ ホウリツで定められている。

⑩ 地中の金属をタンチする。

二

次の文章を読んで、あとの問いに答えなさい。（問題作成上、本文に省略した部分があります。）

　ここで、字が読める、字をおぼえるということについて、わたしがふだん感じていることをお話ししておきましょう。※1一章で、字をおぼえるのは遅《おそ》いほうがいいと思うと申し上げましたが、それは、子どもに本を読んでやっていると、①字が読めないということは力だと思えるからです。この表現が適当でないとすれば、字の読めない子は、字が読めるようになった子のもっていない能力をもっている、といったらよいでしょうか。

　A 一冊の絵本を子どもの前で開いたとしましょう。そこには、木に囲まれた小さな家があって、ひとりのおばあさんの姿が描《か》かれていたとします。それは、ただの絵なのですが、読み手であるわたしが、「むかし、ある森の中にひとりのおばあさんがすんでいました」と読むと、たちまち絵のなかの世界がたちあがり、森を舞台《ぶたい》におばあさんが動きはじめる、という感じがすることがあるのです。

　これは、まだ字を読めない幼い子に読んでやっているときにしか起こらないふしぎな感じです。ことばにはなにかを生起させる力がありますが（「開けゴマ！」などという呪文《じゅもん》がそうですね）、字の読めない子どもは、その力を信じているように見えます。少し大げさな表現を使えば、ことばに対する※2畏敬《いけい》の念があるのです。それが、字をおぼえると急速に消えていきます。三、四歳で「もう自分で読めるから」と文字をたどっている子と、読み手のことばに聞き入っている子とでは、物語への入り込《こ》み方の深さの違《ちが》いは X としています。一方は物語世界の奥《おく》へ分け入っていきますが、一方は事実や現象を※3追認《ついにん》しているだけ、という感じです。

　ことばをこころに刻む能力も、文字をおぼえると同時に低下します。幼い子に本を読んでやっているとき、ちょっとした読み間違《まちが》いを即座《そくざ》に指摘《してき》された経験はありませんか。一度しか読んでやっていないのに、と驚《おどろ》く人は多いのです。それほど耳からのことばは深く届く

2024年度

目白研心中学校　▶解　答

※　編集上の都合により，第２回試験の解説は省略させていただきました。

算　数　＜第２回試験＞（50分）＜満点：100点＞

解　答

$\boxed{1}$ (1) 2024　(2) $5\frac{13}{30}$　(3) $1\frac{13}{42}$　(4) 119　(5) 1　(6) 500m　(7) 27個　(8) 18種類　(9) 5500円　(10) 12人　$\boxed{2}$ (1) $\frac{1}{12}$　(2) $\frac{1}{24}$　(3) 22日　$\boxed{3}$ (1) 12 g　(2) 360 g　(3) 45 g　$\boxed{4}$ (1) 20km　(2) 時速12km　(3) 7時4分　$\boxed{5}$ (1) 36.28cm　(2) 72.56cm^2　$\boxed{6}$ 100度　$\boxed{7}$ (1) 1397.3cm^3　(2) 810.12cm^2

社　会　＜第２回試験＞（理科と合わせて60分）＜満点：100点＞

解　答

$\boxed{1}$ **問１**　エ　**問２**　ウ　**問３**　レアアース(レアメタル)　**問４**　千葉県　**問５**　イ　**問６**　イ　**問７**　①　ア　②　平安時代　③　岐阜県　**問８**　エ　**問９**　ウ
$\boxed{2}$ **問１**　ウ　**問２**　イ　**問３**　**記号**…ウ　**都道府県**…奈良県　**問４**　大宰府　**問５**　エ　**問６**　ア　**問７**　①　キ　②　エ　③　ア　**問８**　エ　**問９**　板垣退助　**問10**　エ　**問11**　ウ　$\boxed{3}$ **問１**　大日本帝国憲法　**問２**　イ　**問３**　文部科学省　**問４**　エ　**問５**　日本銀行

理　科　＜第２回試験＞（社会と合わせて60分）＜満点：100点＞

解　答

$\boxed{1}$ (1) **a**　力点　**b**　支点　**c**　作用点　(2) ①　イ　②　ア　(3) (例)　はさみ　(4) 23.5cm　(5) 39.3cm　(6) 70 g　$\boxed{2}$ **A**　石灰水　**B**　アンモニア水　**C**　食塩水　**D**　砂糖水　**E**　塩酸　**F**　炭酸水　$\boxed{3}$ (1) エ　(2) ②　(3) イ→ウ→ア　(4) ウ　(5) ウ　$\boxed{4}$ (1) イ　(2) ①　22.8　②　15.2　(3) 5.4 g　(4) ①　11.4　②　4.8　③　6.6

国　語　＜第２回試験＞（50分）＜満点：100点＞

解　答

一　① とうと　② と　③ こた　④ みくら　⑤ じゅうじゅん　⑥～⑩ 下記を参照のこと。

二　**問１**　エ　**問２**　A　カ　B　ウ　C　イ　D　ア　**問３**　イ　**問４**　ことばを記憶する能力　**問５**　（例）　成長のどこかの段階で，本やお話が「たのしいこと」でなくなっていくから。　**問６**　エ　**問７**　（例）　その都度何か新しい発見をし，そのときどきに必要としているものを本から得ている。　**問８**　ウ　**問９**　イ

三　**問１**　エ　**問２**　（例）　才能があったから有名になったのではなく，有名な画家になったから才能があったと認められたということ。　**問３**　③　エ　⑨　ア　**問４**　（例）　いろんなお話を空想しながら，交代でその続きがどうなるかっていうのを言い合うこと。　**問５**　ア　**問６**　ウ　**問７**　どうし～だろう　**問８**　（例）　女の子が綿毛をあちこちにまいたこと。　**問９**　イ

四　**問１**　①　オ　②　ア　③　イ　**問２**　①　ア　②　イ

●漢字の書き取り

一　⑥ 内閣　⑦ 看病　⑧ 孝行　⑨ 法律　⑩ 探知

Memo

Memo

2023 年度 目白研心中学校

【算　数】〈第１回試験〉（50分）〈満点：100点〉

1　次の □ にあてはまる数を求めなさい．

(1)　$466+34\times7=$ □

(2)　$4\frac{1}{2}-3\frac{3}{5}+2\frac{2}{3}=$ □

(3)　$5\frac{1}{4}\times7\frac{1}{3}\div2\frac{1}{5}=$ □

(4)　$2023\div(20-6\div$ □ $)+1=120$

(5)　$1.3\times2.7+2.6\times1.8-3.9\times0.1=$ □

(6)　時速４.２ｋｍの速さで歩いて，１９６０ｍはなれた駅に向かいます．７時１２分に着くためには，□ 時 □ 分に出発しないといけません．

(7)　ある本を，１日目に全体の $\frac{1}{2}$ を読み，２日目に残りの $\frac{1}{3}$ を読み，３日目に残りの $\frac{1}{4}$ と５ページ読んだところ，まだあと１０ページ残っています．この本は全部で □ ページあります．

(8)　[1]，[2]，[3]，[5]，[8] の５枚のカードのうち，３枚ならべて３けたの整数を作るとき，３の倍数は □ 通りできます．

(9)　２００以下の整数の中で，４で割っても６で割っても３あまる整数は □ 個あります．

(10)　分母と分子の和が３１，分母から分子を引いた差が７である分数は □ です．

2 **ある仕事を終えるのに，Ａさん１人では６時間かかり，Ｂさん１人では１２時間かかります．このとき，次の各問いに答えなさい．**

(1)　２人でいっしょに仕事をすると，何時間で仕事を終えることができますか．

(2)　Ａさんが１人で３０分仕事をしたあと，残りを２人でいっしょに仕事をすると，全部で何時間何分で仕事を終えることができますか．

(3)　はじめＡさんが１人で仕事をしていたが，途中から２人でいっしょに仕事をしたので，５時間で終わりました．２人で仕事をしたのは何時間ですか．

3 **濃さが１０％の食塩水Ａが１５０ｇ，濃さが１６％の食塩水Ｂが２００ｇあります．このとき，次の各問いに答えなさい．**

(1)　食塩水Ｂに含まれる水は何ｇですか．

(2)　食塩水Ａから水を２５ｇ蒸発させました．食塩水Ａの濃さは何％ですか．

(3)　食塩水Ｂの濃さを２０％にするには，食塩を何ｇ加えればよいですか．

４ Ａさんは車で，ＢさんとＣさんは電動アシスト自転車で２０ｋｍの距離にあるショッピングセンターへ向かいます．ＡさんとＣさんは同時に出発し，Ｂさんは２人より遅れて出発しました．ＡさんはＣさんよりも４０分早くショッピングセンターに到着し，１０分で買い物をしてショッピングセンターを出ました．また，Ｃさんは出発してから３５分後にＢさんに追い抜かれました．このとき，次の各問いに答えなさい．

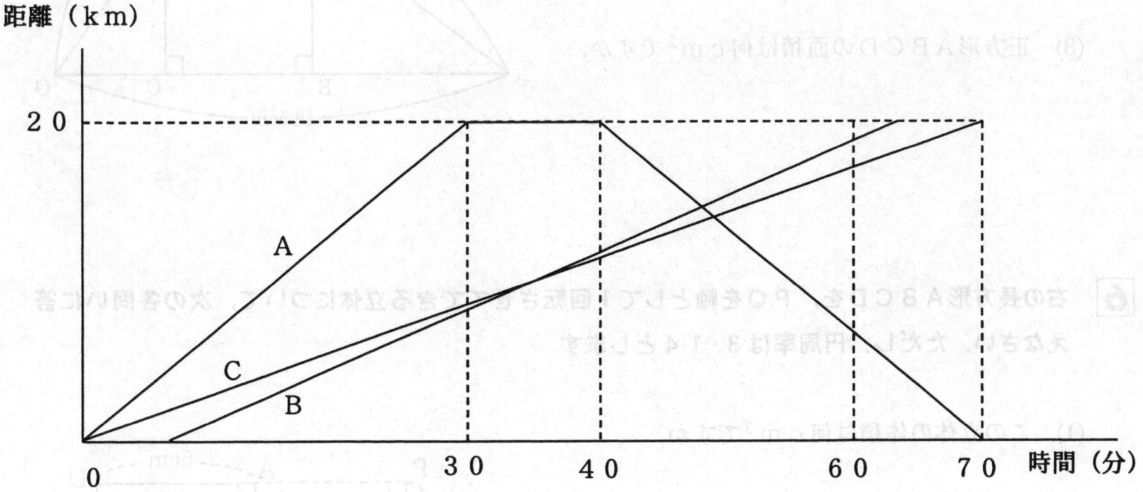

(1)　Ａさんの車の速さは時速何ｋｍですか．

(2)　ＢさんがＣさんと出会った場所は出発して何ｋｍの地点ですか．

(3)　Ａさんはショッピングセンターを出てから何分後にＣさんとすれちがいましたか．

5 **右の図で，四角形ＡＢＣＤは正方形です．次の各問いに答えなさい．**

(1)　ＥＤ：ＡＤを求めなさい．

(2)　ＥＤ：ＤＧを求めなさい．

(3)　正方形ＡＢＣＤの面積は何ｃｍ^{2}ですか．

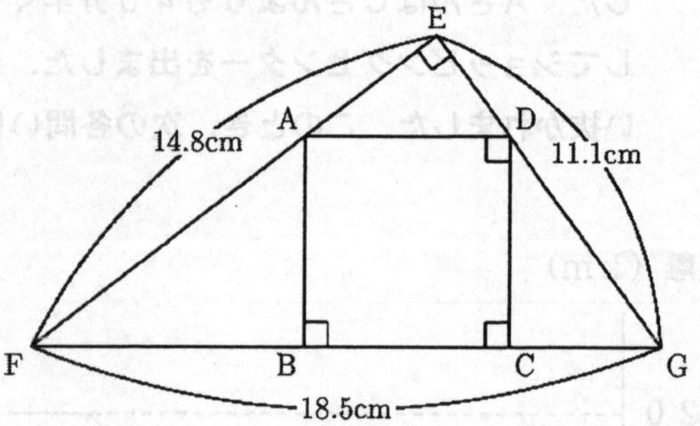

6 **右の長方形ＡＢＣＤを，ＰＱを軸として１回転させてできる立体について，次の各問いに答えなさい．ただし，円周率は３．１４とします．**

(1)　この立体の体積は何ｃｍ^{3}ですか．

(2)　この立体の表面積は何ｃｍ^{2}ですか．

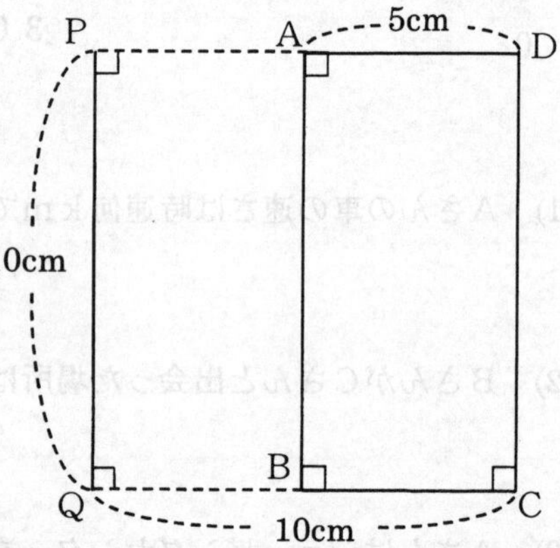

【社　会】〈第１回試験〉（理科と合わせて60分）〈満点：100点〉

〈注　意〉解答は特に漢字で答えなさいとある場合以外はひらがなで答えてもよい。

1　**〔１〕次の文章を読んで以下の問いに答えなさい。**

＜地図１＞

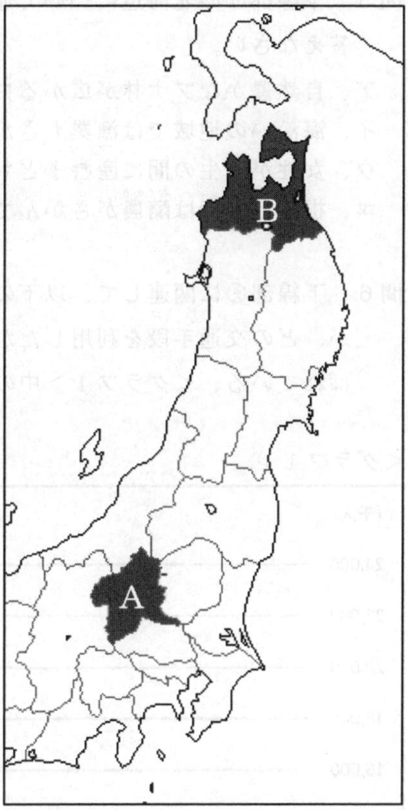

国土のおよそ（　１　）が山地からなり、また多くの島々からなる日本では、険《けわ》しい山々や海が人々の移動を困難にしてきました。しかし、橋やトンネルといった建造物がつくられるようになると、移動にかかる時間はしだいに短縮《たんしゅく》されていきました。

日本にあるトンネルの代表的なものが、(あ)＜地図１＞中の都道府県Ａと新潟県を結ぶ関越《かんえつ》トンネルです。全長は約11 キロメートルで、日本最長の山岳《さんがく》道路トンネルとなっています。

(い)＜地図１＞中の都道府県Ｂと北海道を結ぶ青函《せいかん》トンネルは、（　２　）海峡《かいきょう》の海底を通るトンネルです。このトンネルは全長 53.85 キロメートルもあり、現在世界で２番目に長い鉄道トンネルになっています。このトンネルが開業する 1988 年（昭和 63 年）までは、(う)北海道に行くためには（　２　）海峡を渡《わた》る連絡船が使われていました。(え)青函トンネルは、開通時は在来線《ざいらいせん》用のトンネルでしたが、2016 年（平成 28 年）からは北海道新幹線も走行するようになりました。

問１　文中の（　１　）に適するものを、次のア～エから選び、記号で答えなさい。

ア、95%　　イ、75%　　ウ、55%　　エ、35%

問２　下線部(あ)について、この都道府県名を**漢字**で答えなさい。

問３　下線部(い)について、右の＜写真１＞はこの都道府県で毎年行われている祭りの様子です。この祭りの呼び名を次のア～エから１つ選び記号で答えなさい。

＜写真１＞

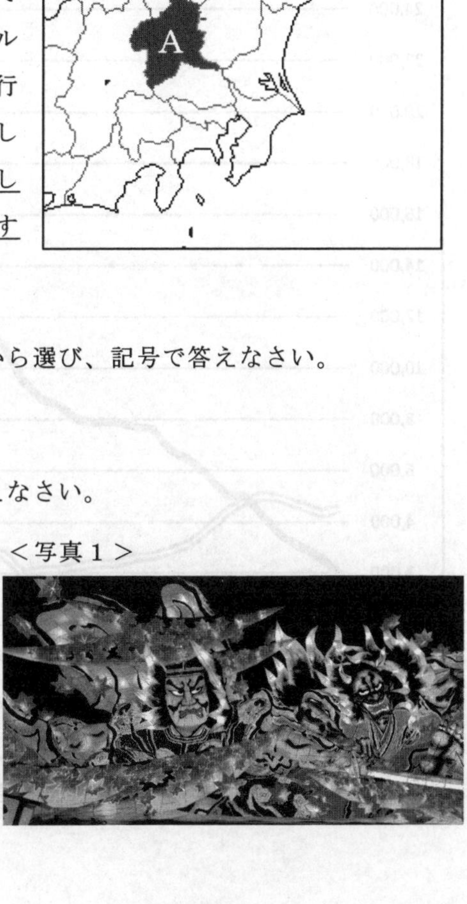

ア、ねぶたまつり　　イ、竿灯《かんとう》まつり

ウ、祇園《ぎおん》まつり　　エ、花笠《はながさ》まつり

問４　文中の（　２　）に適する海峡の名前を、次のア～エから１つ選び記号で答えなさい。

ア、佐渡《さど》　イ、対馬《つしま》　ウ、関門《かんもん》　エ、津軽《つがる》

問５　下線部㋒の北海道について述べた次のア～エの文のうち、正しいものを１つ選び記号で答えなさい。

ア、自然豊かなブナ林が広がる白神《しらかみ》山地は、世界自然遺産に登録されている。
イ、海沿いの地域では漁業もさかんで、ノリの収穫量でも日本一である。
ウ、女性が一生の間に産む子どもの数の平均が日本で最も高く、人口は増加傾向《けいこう》にある。
エ、根釧《こんせん》台地では酪農《らくのう》がさかんで、乳牛の飼育《しいく》数も北海道が日本一である。

問６　下線部㋓に関連して、以下の＜グラフ１＞は、国内の他の都府県から北海道を訪れた人が、どの交通手段を利用したかを示した図です。昭和 50 年以降で最も多くの旅行客に選ばれている、＜グラフ１＞中のＸの線で示す交通手段は何か答えなさい。

＜グラフ１＞

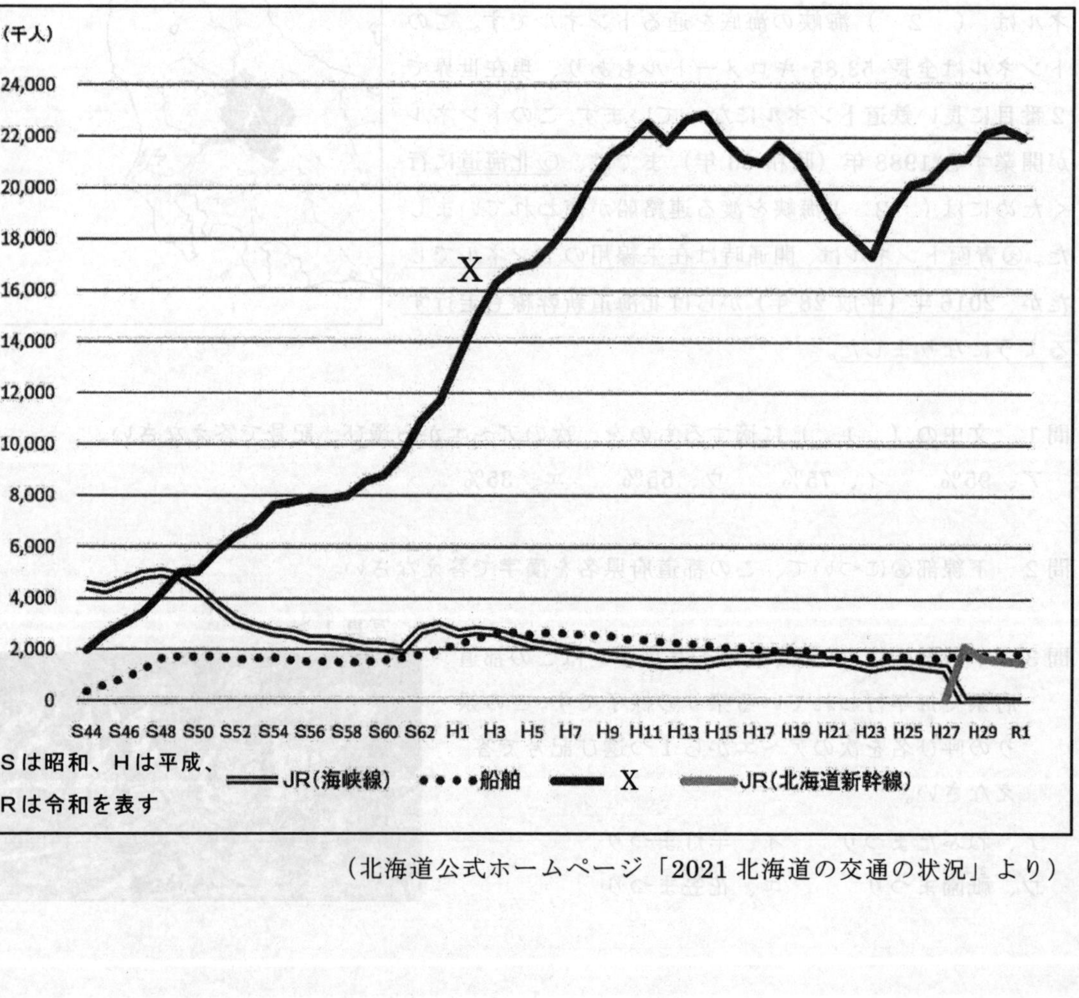

（北海道公式ホームページ「2021 北海道の交通の状況」より）

〔２〕次の文章を読んで以下の問いに答えなさい。

今から300年ほど前、18世紀中ごろの江戸時代から明治30年代にかけて、商品を売り買いしながら大阪と北海道の間を、日本海を経由してむすぶ北前船《きたまえぶね》とよばれる船がありました。

江戸時代、日本海沿岸や北海道の港から江戸や大阪に米や魚などが船で運ばれていました。船は㋔山陰《さんいん》地方の沿岸を西に進み、㋕九州と㋖本州の西の端《はし》の間をぬけ、㋗瀬戸内海《せとないかい》をとおって大阪へ向かう西廻《まわ》り航路か、北海道と本州の北の端の間をぬけ、太平洋岸を南下して江戸へ向かう東廻り航路を利用しました。北前船は西廻り航路を行き来する船でした。

現在の㋘福井県敦賀《つるが》市は北前船の寄港地《きこうち》として栄えてきました。㋙北陸《ほくりく》地方には北前船の寄港地として発展してきた都市が数多くあります。

問７　下線部㋔について、山陰地方と山陽地方を分けている、＜地図２＞中の▬▬で示された山地の名前を答えなさい。

＜地図２＞

問８　下線部㋕について、九州について説明をしている以下の文の下線部㋐～㋓には１つだけ誤りがある。**誤っているものを記号で選び、誤りを正しくなおしなさい。**

筑紫《つくし》平野は温暖な気候に恵まれ、一年に二度ちがう作物を作る㋐二毛作《にもうさく》がさかんです。春から秋にかけて稲作を行い、稲刈《か》りの後に麦の種をまきます。そして春に麦を収穫《しゅうかく》します。

宮崎平野ではビニールハウスを用いたピーマン、きゅうりなどの㋑促成栽培《そくせいさいばい》がさかんです。沖合を黒潮《くろしお》が流れていて温暖な上、日照時間も長いという好条件がそろっています。

熊本県の八代《やつしろ》平野では畳表《たたみおもて》の原料である㋒いぐさの生産がさかんです。日本で作られる９割以上が熊本県産です。

鹿児島県から宮崎県にかけての火山灰を多く含んだ水はけのよい台地を㋓カルデラ台地といいます。水を通しやすいので、水が少なくてもよく育つサツマイモや茶の生産がさかんです。

問９　下線部㋖について、本州で最も西にある都道府県名を答えなさい。

問 10　下線部(く)について、瀬戸内海の周辺の県についての説明として正しいものを以下のア～エから１つ選び記号で答えなさい。

ア、岡山県は、第二次世界大戦でアメリカにより原子爆弾を投下されている。厳島《いつくしま》神社や、原爆ドームは世界文化遺産になっている。

イ、広島県は、香川県と瀬戸《せと》大橋でつながっている。倉敷《くらしき》市には石油化学コンビナートがある。

ウ、愛媛《えひめ》県は、温暖な気候を生かした果樹《かじゅ》栽培がさかんで、ぶどうの生産量は和歌山県に次いで日本で２番目である。

エ、香川県は、雨が少ないので古くから ため池がつくられている。食べ物の名物に讃岐《さぬき》うどんがある。

問 11　下線部(け)について、敦賀市は、福井県南西部にあります。□発電所の所在地としても知られていますが、安全性の問題から廃炉《はいろ》が決まったものもあります。□にあてはまるものを以下のア～エから１つ選び記号で答えなさい。

ア、風力　　イ、水力　　ウ、原子力　　エ、地熱

問 12　下線部(こ)について、北陸地方の県には、県名と県庁所在地の都市名が同じではない県が１つある。その県を以下の＜地図３＞中のア～ウから選び記号で答えなさい。

＜地図３＞

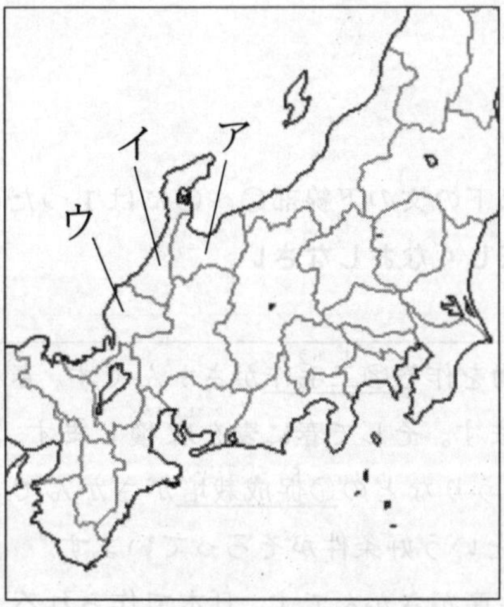

2 〔１〕**次の①～④の文章を読んで以下の問いに答えなさい。**

①　1877 年、アメリカ人の動物学者であるモースによって、㋐縄文《じょうもん》時代の貝塚が発掘されました。ここは貝がらなどのごみを捨てるだけでなく、死者を埋葬《まいそう》する場所でもありました。この時代の様子を知る上で重要な遺跡《いせき》です。

②この機関は、㋑大宝律令《たいほうりつりょう》によって置かれ、九州地方を中心に監督《かんとく》しました。この近くにある天満宮《てんまんぐう》には平安時代、この地で亡くなった菅原道真《すがわらのみちざね》がまつられており、今でも学問の神様として信仰《しんこう》をあつめています。

③　741 年に聖武《しょうむ》天皇は、仏教の力で国を治《おさ》めるために、国ごとに国分寺を建立《こんりゅう》することを命じました。㋒都では、大仏を本尊《ほんぞん》とした寺院が建てられました。

④　この地は、源頼朝《みなもとのよりとも》がはじめて㋓武士による政権をたてた場所です。ここは源氏に関係が深い土地であるだけでなく、三方を山に囲まれて、一方が海に面しているため、守りやすい地形となっています。

問１　下線部㋐について、縄文時代の人々の生活に関するものとして**誤っているもの**をア～エの中から１つ選び記号で答えなさい。

ア

イ

ウ

エ

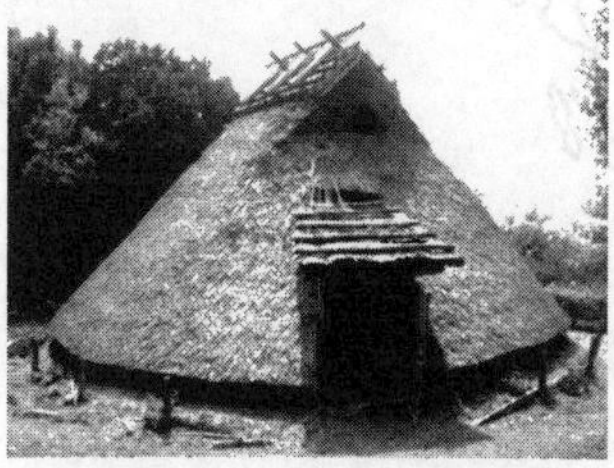

問２　下線部㋑に関連して、以下のア～エの法を**古いものから順**に正しくならべかえなさい。

ア、御成敗式目《ごせいばいしきもく》　　イ、十七条《じゅうしちじょう》の憲法《けんぽう》　　ウ、大日本帝国憲法《だいにほんていこくけんぽう》　　エ、武家諸法度《ぶけしょはっと》問３　下線部(う)について、この寺院の名称《めいしょう》を**漢字**で答えなさい。

問４　下線部(え)について、武士たちは将軍から土地を与えられる代わりに、将軍のために戦った。将軍から土地を与えられることを御恩《ごおん》と呼ぶのに対して、将軍のために戦うことを何といいますか。

問５　文章①～④に最も関係の深い場所を以下の<地図４>中のア～オの中からそれぞれ選び記号で答えなさい。

<地図４>

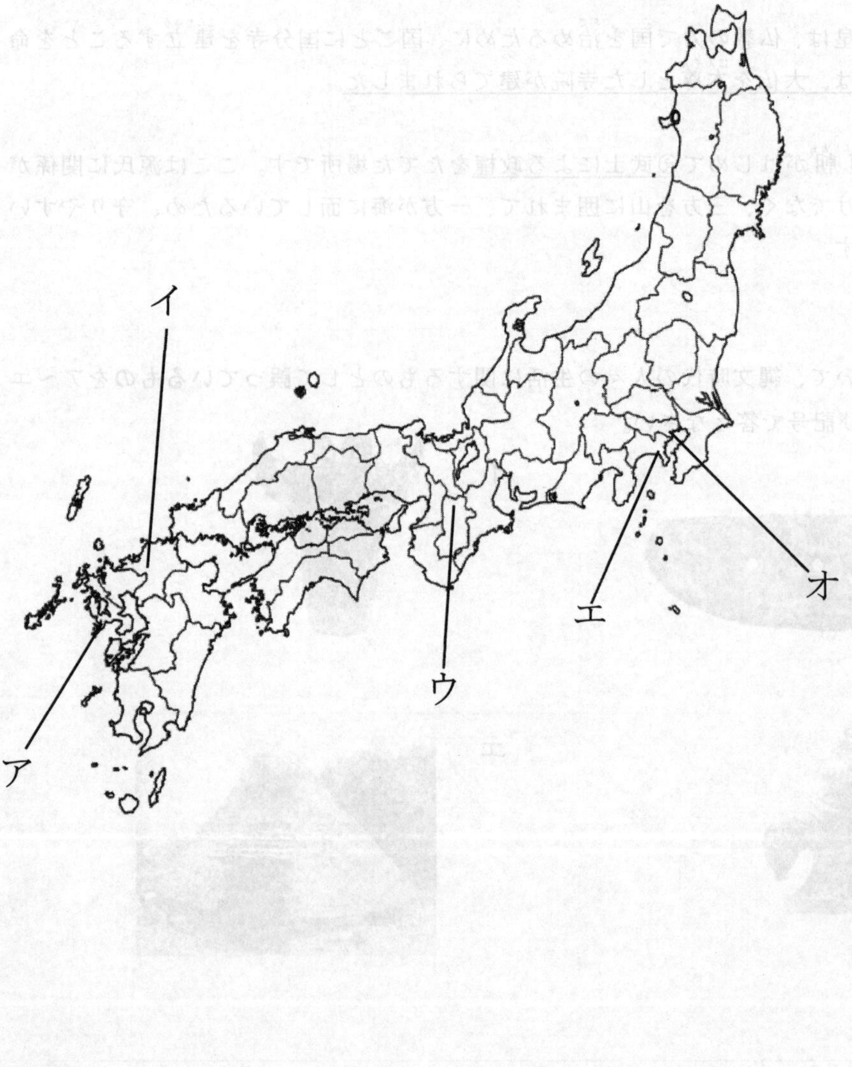

〔２〕次の文章は小学生の目白さんと先生との会話文です。この文を読み、以下の問いに答えなさい。

目白：「昨年《さくねん》、私の通っている小学校で選挙の投票がおこなわれました。日本ではいつごろから選挙が始まったのですか？」

先生：「㋔江戸時代までは、村の役人などを『入《い》れ札《ふだ》』という投票によって決める地域はありましたが、現在のような国政選挙は㋕明治時代から実施《じっし》されました。1889年、大日本帝国憲法が発布されて、翌年に日本で初めての衆議院議員選挙がおこなわれました。有権者《ゆうけんしゃ》（選挙権を持っている人）は、当初はわずかな人だけでしたが、その後の選挙法の改正とともに、有権者の数はしだいに増えていきました。下の＜グラフ２＞は、日本の選挙権の拡大をあらわしたものです。」

＜グラフ２＞

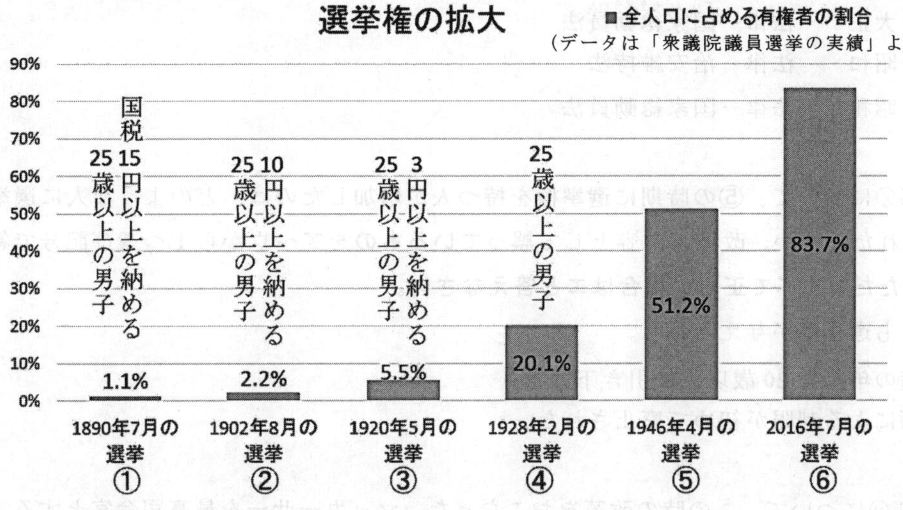

目白：「①～③の頃は選挙に参加できる人が非常に少ないですね。15円や10円なんて私でも払えそうなのに。④の時に選挙に参加できる人が増えていますね。」

先生：「現在と当時をくらべると、お金の価値が違います。①の15円以上の税金を納めることのできる男性は、当時の日本では人口の１．１％しかいませんでした。④の時に増加したのは、㋖広く国民の意見を政治に反映することを求める運動が活発におこなわれ、1925年に普通《ふつう》選挙法が成立したためです。」

目白：「㋗ ⑤の時はさらに増加していますね。」

先生：「これは、㋘第二次世界大戦後に民主化がはかられた結果ですね。」

問６　下線部(お)について、1600年に徳川家康が東軍を率《ひき》いて石田三成《みつなり》が率いる西軍を破り、江戸幕府を開くきっかけとなった戦いは何か、答えなさい。

問７　下線部(か)について、明治時代の出来事として**誤っているもの**を以下のア～エから１つ選び記号で答えなさい。

ア、朝鮮《ちょうせん》をめぐり、日清戦争が起こった。

イ、廃藩置県《はいはんちけん》により、藩が廃止された。

ウ、ペリーが浦賀《うらが》に来航し、日米和親条約が結ばれた。

エ、富岡製糸場《とみおかせいしじょう》などの官営模範《かんえいもはん》工場がつくられた。

問８　下線部(き)の運動が活発におこなわれていた当時を「○○デモクラシー」という言葉であらわすことがある。この語句にあてはまる当時の元号と、普通選挙法と同じ年に制定《せいてい》された法律の組み合わせとして正しいものをア～エから１つ選び記号で答えなさい。

ア、元号－大正　　法律－治安維持《ちあんいじ》法

イ、元号－大正　　法律－国家総動員《こっかそうどういん》法

ウ、元号－昭和　　法律－治安維持法

エ、元号－昭和　　法律－国家総動員法

問９　下線部(く)について、⑤の時期に選挙権を持つ人が増加したのは、どのような人に選挙権が与えられたためか。改革の内容として**誤っているもの**をア～ウから１つ選び記号で答えなさい。**ただしすべて正しい場合はエと答えなさい。**

ア、女性にも選挙権が与えられた。

イ、選挙権の年齢《ねんれい》を20歳以上に引き下げた。

ウ、納税額による制限が初めて廃止された。

問10　下線部(け)について、この時の改革をおこなった、マッカーサーを最高司令官とする、連合国軍最高司令官総司令部の略称《りゃくしょう》を、**アルファベット３文字**で答えなさい。

3　次の文章を読んで以下の問いに答えなさい。

日本には、国会・内閣・裁判所の３つの機関があります。あ⃝国会は、い⃝衆議院と参議院の二院制をとっています。う⃝内閣は内閣総理大臣と国務大臣で構成され、国会の制定した法律に基づき政治をおこないます。え⃝裁判所は国民の自由と権利を守るためのものであり、政治権力などの圧力を排《はい》して公正に裁判をおこなわなければなりません。

このように、国会・内閣・裁判所は、国の重要な役割を分担しており、３つの機関によってお互いに権力の行き過ぎを防ごうとしています。そのしくみを（　　）といいます。

問１　文中の空欄《くうらん》（　　）にあてはまる語句を答えなさい。

問２　下線部あ⃝について、国会議員は選挙権を持つ国民が選んだ代表者です。では、現在日本で選挙権は何歳《さい》以上の国民に認められているか答えなさい。

問３　下線部い⃝について、衆議院と参議院に関する説明として**誤っているもの**を以下のア～エから１つ選び記号で答えなさい。

ア、衆議院と参議院の議決が一致《いっち》しない場合、衆議院により強い権限が認められている。

イ、参議院は解散もなく参議院議員の任期も６年なので、長期的視野に立って審議《しんぎ》を深めることが期待されている。

ウ、衆議院議員の任期は４年であるが、解散される可能性がある。

エ、衆議院に比べて参議院のほうが議員定数は多い。

問４　下線部う⃝について、内閣のもとに置かれる省庁のうち、国民の健康や働く人の安全などに関する仕事をおこなっている省庁は何か答えなさい。

問５　下線部え⃝について、現在日本では特定の裁判において、国民から選ばれた裁判員が裁判官とともに審理《しんり》に参加する裁判員制度をとっています。この裁判員制度に関する説明として正しいものを以下のア～エから１つ選び記号で答えなさい。

ア、裁判員は国民から選ばれるが、法律に詳《くわ》しい弁護士や法学者が選ばれることが多い。

イ、裁判員裁判は地方裁判所でおこなわれている制度である。

ウ、裁判員は事実認定の話し合いには参加するが、有罪の場合には刑罰《けいばつ》の決定には参加しない。

エ、裁判員裁判は刑事裁判と民事裁判の両方で採用されている。

【理　科】〈第１回試験〉（社会と合わせて60分）〈満点：100点〉

〈注　意〉解答は特に漢字で答えなさいとある場合以外はひらがなで答えてもよい。

１ 糸の先におもりを取りつけて、図のようなふりこを作りました。ふりこが１往復する時間を次の実験手順にしたがって調べたところ、結果は表のようになりました。これについて以下の各問いに答えなさい。

〔実験手順〕

① 糸がたるまないようにおもりを引き上げ、静かに手をはなす。２往復ほどさせて、おもりがはしにきたときにストップウォッチのスタートボタンを押し、１０往復する時間を測定する。手を離す位置でのふれ幅《はば》が同じになるように注意して、これを３回くり返す。

② ３回の測定結果から１０往復する時間の平均を求める。

③ ②で求めた時間を１０で割り、１往復する時間の平均を求める。

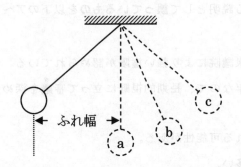

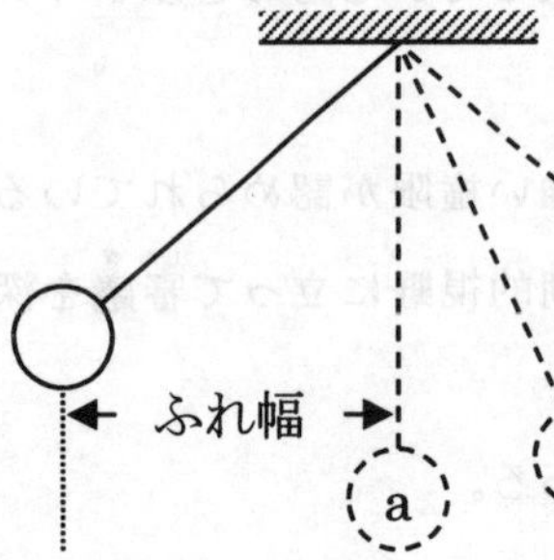

１０往復する時間〔秒〕	１回目	12
	２回目	13
	３回目	13
１０往復する時間の平均〔秒〕		(X)
１往復する時間の平均〔秒〕		(Y)

⑴ おもりの速さがもっとも速くなる位置を、図のa～cから選び記号で答えなさい。

⑵ 表の（X）（Y）の時間をそれぞれ求めなさい。ただし、小数第２位を四捨五入して、小数第１位まで答えること。

⑶　条件を変えて実験を行うとき、１往復する時間が短くなる操作として正しいものを、下から１つ選び記号で答えなさい。

　ア　おもりの質量〔g〕を大きくする。
　イ　おもりの質量〔g〕を小さくする。
　ウ　糸の長さを長くする。
　エ　糸の長さを短くする。
　オ　ふれ幅を大きくする。
　カ　ふれ幅を小さくする。

⑷　１往復する時間を直接測定せずに、１０往復する時間を測定するのはなぜですか。簡潔《かんけつ》に答えなさい。

⑸　身の回りにはふりこ時計のようにふりこの原理を利用したものがあります。他にはどのようなものがありますか。１つ答えなさい。

2　めじこちゃんとけんしんくんは、市販《しはん》のホットケーキミックスとムラサキイモパウダーを使って、むらさき色のホットケーキを作ろうとしました。ところが、完成したホットケーキはむらさき色ではなく青色になってしまいした。二人は不思議に思い、ホットケーキミックスとムラサキイモパウダーについて調べてみました。以下の会話文を読み、各問いに答えなさい。

めじこちゃん　「ムラサキイモパウダーには、アントシアニンという成分がふくまれているんだね。」

けんしんくん　「この成分は中性でむらさき色、酸性が強くなるとむらさき色から少しずつ赤色に変わり、アルカリ性が強くなるとむらさき色から少しずつ青色、そして黄色に変わるんだって。」

めじこちゃん　「じゃあ、青色は（　A　）性を示しているね。どうして（　A　）性なのかな。」

けんしんくん　「それは、ホットケーキミックスに入っている重曹《じゅうそう》が原因のようだよ。重曹は加熱すると変化して、それが水にとけると（　Ａ　）性を示すみたいだよ。また、加熱したとき重曹は、①二酸化炭素を発生するからホットケーキがふくらむんだって。」

めじこちゃん　「じゃあ、あらかじめ（　Ｂ　）を入れておくとむらさき色のホットケーキを作ることができるのかな。どれくらい入れるといいのか試してみよう。」

⑴　空欄《くうらん》（　Ａ　）には「酸」または「アルカリ」のどちらかの語句が入ります。正しい語句を答えなさい。

⑵　空欄（　Ｂ　）に入るもっとも適当なものを下から１つ選び記号で答えなさい。

ア　水　　イ　うすい食塩水　　ウ　うすいさとう水　　エ　レモン汁

⑶　下線部①の二酸化炭素の性質について、まちがっているものを下から１つ選び記号で答えなさい。

ア　水に少しとける。　　イ　においがする。
ウ　石灰水を白くにごらせる。　　エ　火のついた線香を入れると火が消える。

⑷　下線部①の二酸化炭素を実験室で発生させる操作として正しいものを、下から１つ選び記号で答えなさい。

ア　食塩水を加熱する。　　イ　塩酸を加熱する。
ウ　炭酸水を加熱する。　　エ　アンモニア水を加熱する。

3 ヘチマのつぼみを２つ選んでそれぞれにふくろをかぶせ、花がさいたら一方のめしべに筆で花粉をつけ、もう一方はそのままにしておきました。この実験について以下の各問いに答えなさい。

⑴ ヘチマにはおばなとめばながあります。花粉を集めるためには、おばなとめばなのどちらを使えばいいですか。

⑵ 実験の結果、花粉をつけた方の花のもとの部分がふくらんで実がなりましたが、ふくろをかぶせたままにした方には実はなりませんでした。このことより、実がなるために必要なことを述べなさい。

⑶ ヘチマの実の中には種子が入っています。以下よりヘチマの種子のスケッチを１つ選び記号で答えなさい。ただし、スケッチは正しい大きさで書かれたものではありません。

	あ	い	う

特徴	白と黒のしまが入っている	トンボのはねのような風を受ける膜《まく》がある	黒く平べったい形である

⑷　植物の中には、ジャガイモのように種子とは異なる部分でなかまをふやすものがあります。ジャガイモから根と芽はどのように出ますか。もっとも適当なものを下から１つ選び記号で答えなさい。

あ　　　　　　　　い　　　　　　　　う

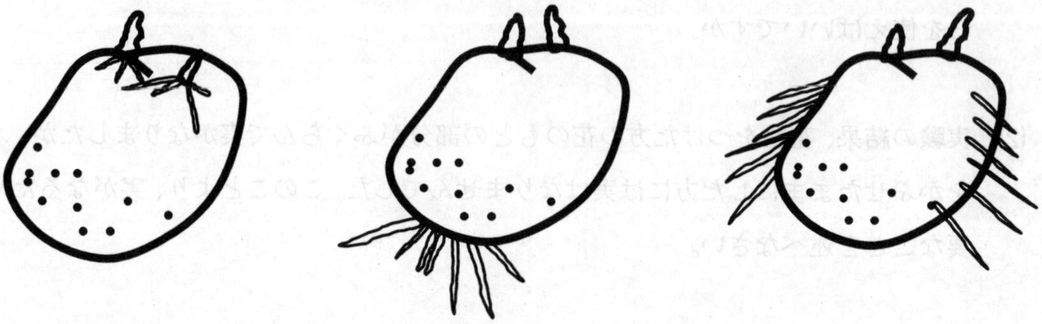

⑸　ジャガイモのいもの部分は植物のからだのどの部分に当たりますか。もっとも適当なものを下から１つ選び記号で答えなさい。

ア　根　　　イ　茎　　　ウ　葉

⑹　植物のなかまのふやし方について以下のように説明しました。空欄に当てはまる適当な語句を下から１つずつ選び記号で答えなさい。

ヘチマでは、（　①　）することで花に実ができてその中に（　②　）ができる。（②）はその後発芽して次の世代の個体となる。また、ジャガイモのように、いもの部分に、葉で（　③　）によって作られた（　④　）を養分としてたくわえるものでは、いもから発芽してこの養分を使いながら新しい個体に成長する。

ア　でんぷん　　　イ　呼吸　　　ウ　光合成　　　エ　受粉
オ　開花　　　　　カ　種子

4 下の図１は、東京の空を半球で表したものです。地面の中心に観察者がいます。点線は星や星座が時間の経過とともに移動する道すじを表しています。以下の各問いに答えなさい。

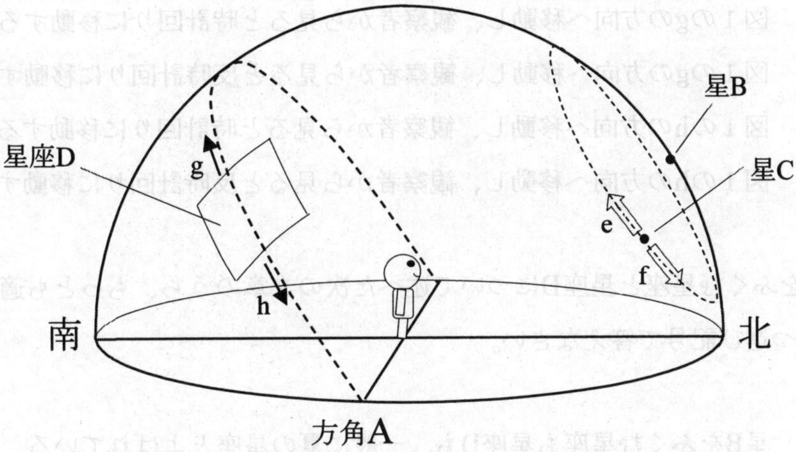

図１

⑴ 図１で方角Aは東、西のどちらですか。

⑵ 北の空には一晩中ほとんど動かない星Bがあります。この星の名前を答えなさい。

⑶ 星Cは時間の経過とともにどのように移動しますか。正しいものを下から１つ選び記号で答えなさい。ただし、観察者は北を向いているものとします。

ア 図１のeの方向へ移動し、観察者から見ると時計回りに移動する。

イ 図１のeの方向へ移動し、観察者から見ると反時計回りに移動する。

ウ 図１のfの方向へ移動し、観察者から見ると時計回りに移動する。

エ 図１のfの方向へ移動し、観察者から見ると反時計回りに移動する。

⑷ 星座Dは観察者から見ると図２のように見えます。
この星座の名前を答えなさい。

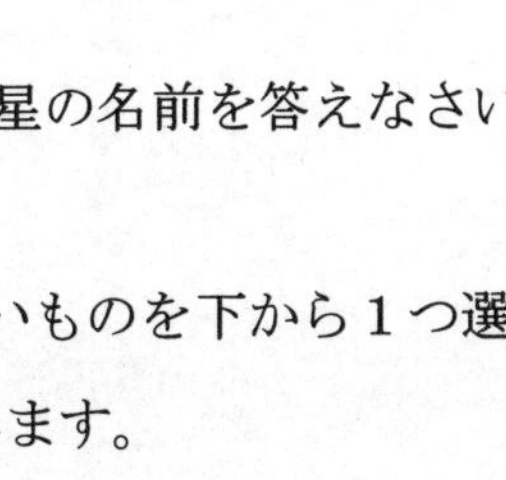

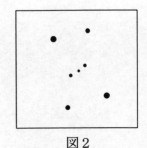

図２

⑸ 時間の経過とともに星座Dはどのように移動しますか。正しいものを下から１つ選び記号で答えなさい。ただし、観察者は南を向いているものとします。

ア　図１のgの方向へ移動し、観察者から見ると時計回りに移動する。

イ　図１のgの方向へ移動し、観察者から見ると反時計回りに移動する。

ウ　図１のhの方向へ移動し、観察者から見ると時計回りに移動する。

エ　図１のhの方向へ移動し、観察者から見ると反時計回りに移動する。

⑹ 星Bをふくむ星座と星座Dについて述べた次の文章のうち、もっとも適当なものを下から１つ選び記号で答えなさい。

ア　星Bをふくむ星座も星座Dも、一般に夏の星座とよばれている。

イ　星Bをふくむ星座も星座Dも、一般に冬の星座とよばれている。

ウ　星Bをふくむ星座は一年中見えるが、星座Dは一般に夏の星座とよばれている。

エ　星Bをふくむ星座は一年中見えるが、星座Dは一般に冬の星座とよばれている。

四 次の各問いに答えなさい。

問一 次の――線部を正しい敬語表現に書きかえなさい。

① 先生が私の絵を見る。

② 私は何時に行けばよろしいでしょうか。

問二 次の①～③の空らん□に入る語として正しいものをあとから選び、記号で答えなさい。

① □を巻く（とても感心して、驚《おどろ》く様子）

② □にあまる（度を越《こ》していて、だまって見ていられない様子）

③ □を焼く（とりあつかいに困る様子）

ア 手　イ 腹　ウ 舌　エ 目　オ 首

問二 ――線②「二匹のあわれなヌレネズミ」とありますが、これは誰《だれ》のどのような状態のことを表現していますか。二十～二十五字で答えなさい。**(句読点も数える)**

問三 ――線③「おい、みんな、おいで」とありますが、明は何を見せようと家族を集めたのですか。本文から十字以内でぬき出して答えなさい。

問四 ――線④「あら、たいへんだわ。屋根が飛んじゃったのよ。ねえ、おとうさん、梯子かけて屋根にのぼってみてよ」とありますが、なぜ日出子はそのように言ったのですか。本文の言葉を使って三十～三十五字で答えなさい。**(句読点も数える)**

問五 空らん[A]・[B]に適当な漢数字を入れ、「非常にくるしいこと」という意味を持つ四字熟語を完成させなさい。

問六 ――線⑤「でも自然って不思議ね。」とありますが、日出子はどのようなことを不思議に思っているのですか。最も適当なものを次から選び、記号で答えなさい。

ア 今までに見たこともない色の空が一面に広がっていること。
イ 暗雲の雲の上にはいつでも青空が広がっているということ。
ウ 昨日の台風の爪跡が一夜にして、跡形《あとかた》もなく消えていること。
エ 暗雲におおわれていた空が、すっかり晴れ上がっていること。

問七 ――線⑥「青空の大気を吸いこんでも晴れない疑問」とありますが、どのような疑問ですか。本文の言葉を使って二十五～三十字で答えなさい。**(句読点も数える)**

問八 ――線⑦「ゆっちゃんが出てきたらダメだ。」とありますが、ゆっちゃんが出てくるとなぜ「ダメ」なのですか。最も適当なものを次から選び、記号で答なさい。

ア ゆっちゃんに自分が「タイフウイッカ」のことを知らないことをからかわれると思ったから。
イ 以前から「タイフウイッカ」のことは自分一人だけで母に聞いておきたいと思っていたから。
ウ 本当は自分とゆっちゃんは仲が悪いということを、父や母には絶対に知られたくなかったから。
エ いじわるなゆっちゃんに、自分がずっと隠《かく》し続けていた悩みを知られてしまうことになるから。

問九 次のうち、本文の表現について説明したものとして最も適当なものを選び、記号で答えなさい。

ア 台風が来たことで明らかになった夫婦の間の溝《みぞ》が、淡々《たんたん》とした文体で描《えが》かれている。
イ 台風が過ぎた後の家族のやり取りが、簡単で親しみやすい文体で明るく描かれている。
ウ 台風が過ぎたことで安心する一家の思いが、家族一人ひとりの視点で描かれている。
エ 台風が家屋に与えた被害《ひがい》の深刻さが、情景描写《びょうしゃ》を中心にして重々しく描かれている。

いった。

　人一倍不器用な明が屋根にのぼっても、埒《らち》があかないことは、日出子がいちばんよく知っている。明は、釘《くぎ》一本打てない男だ。自転車のタイヤに空気を入れるのすら[A]苦[B]苦する。それでしまいには、イライラして放り投げてしまう。自分で風呂《ふろ》をわかしたことも、米を研《と》いだこともない。この台風に対しても、男としての力仕事は、なにひとつしなかった。「これは緊急《きんきゅう》事態だな」をくりかえし、子どもたちによけいな恐怖心《きょうふしん》を植えつけた。そんな明だからいくらおだてても、けっして屋根にはのぼらないはずだ。

「まったく、台風一過より修理よね。てっちゃん、梯子出すの手伝って」

　庭先で日出子が叫《さけ》んだ。

「ぼ、ぼくが、屋根にのぼるの？」

「明人かお兄ちゃんにのぼってもらうから、だいじょうぶよ。早く出てきて」

　てっちゃんはサンダルをつっかけ、台風の爪跡《つめあと》が生々しい庭に出た。

　見上げると、廊下《ろうか》の天井にはりついていた小さな青空が、空一面にひろがっていた。どこに、こんなにたくさんの青があったのだろう？　前日の暗雲の彼方《かなた》に、この爽《さわ》やかな青がひかえていたとは、どういうことなんだろう。てっちゃんは、不思議な青空から降り注ぐ光と大気を、胸いっぱい吸いこんだ。

「⑤でも自然って不思議ね。昨日の今日だものね。こんなに晴れるなんて、やっぱり台風一過ね」

　日出子が、明に聞こえないように、こっそり言った。てっちゃんはそれに相づちをうちたかったが、それどころではなかった。⑥青空の大気を吸いこんでも晴れない疑問が、こころの中でわだかまっていた。いまなら日出子とふたりきりなので、その疑問をはらすチャンスだ。兄や姉がそばにいると、バカにされるから聞けない。いまを逃《のが》してはならない。てっちゃんは、思い切って聞いてみることにした。

「ねえ」

言いかけたそのとき、

「あたしも手伝うよ」

　ゆっちゃんが庭へ出てきた。

　ああ、もうダメだ。⑦ゆっちゃんが出てきたらダメだ。

　てっちゃんは聞きたかった。どうしても聞きたかった。「タイフウイッカ」って、どういう一家なのか。その一家が運んできた青空って、どういうことなのか。それがわからなかった。でも、それをゆっちゃんに聞かれたら、まずい。とてもまずい。そーんなことも知らないのって、バカにされる。

　ところがだ。

　てっちゃんの疑問は、ゆっちゃんの疑問でもあったのだ。

「ねえ、おかあさん。タイフウイッカってなんのこと？　なんだか、※5清水次郎長《しみずのじろちょう》一家みたいだけど、そういうのと違《ちが》うんでしょう？」

　てっちゃんの表情が、台風一過の青空になった。

（かしわ哲『茅ヶ崎のてっちゃん』）

※1　じーんてつ……すぐに「じーん」となって泣いてしまうてっちゃんのこと
※2　心象風景……心の中のイメージ
※3　断末魔……非常に苦しいさま、死ぬときの苦痛
※4　黄昏……夕方の薄暗い時、夕暮れ
※5　清水次郎長……江戸時代の芝居の登場人物

問一　――線①「自分で脚色した不幸なシナリオ」とありますが、台風の中でてっちゃんが描いた「不幸なシナリオ」とはどのようなものですか。最も適当なものを次から選び、記号で答えなさい。

ア　台風が上陸することで、家族全員が離《はな》れ離《ばな》れになってしまうかもしれないということ。
イ　父が不在なのをいいことに、母と姉がさらに自分のことをからかいにくるということ。
ウ　恐れていた台風の影響で、兄や父が出先から帰宅できなくなってしまうということ。
エ　台風が来ることを自分が楽しみにしていたことが、この被害につながったということ。

思いこんでしまったてっちゃんは、そこから簡単には解放されず、嵐《あらし》の中を彷徨《さまよ》いつづける。

うぐぅー、たすけてー!

時刻は午後四時三十分をまわった。

※4黄昏《たそがれ》を省略してしまったのか、天から黒幕がドスンと下りて、あたりはまっ暗になった。

雨風もいちだんと激しさを増してきた。東海道線が不通にならないうちに、夫や息子たちに戻《もど》ってきてもらいたい。廊下《ろうか》の隅《すみ》につるされた手のり文鳥の籠《かご》を、放心したようにぼーっと眺《なが》めているてっちゃんが唯一《ゆいいつ》の男では、はなはだ不安だ。

男たちの帰宅を日出子が真剣《しんけん》に心配しはじめると、それを察したかのように、長男と次男が、②二匹《ひき》のあわれなヌレネズミとなって戻ってきた。その三十分後には、明も、骨がばらんばらんに壊《こわ》れた傘《かさ》を振《ふ》りまわしながら帰ってきた。

その夜、家族はロウソクの灯を囲んで、豚汁《とんじる》とにぎり飯の夕食を早々にとった。そうしようと誰《だれ》かが言いだしたわけではないが、家族は、茶の間と隣《となり》の八畳間《じょうま》にずらりとふとんをならべ、ひとかたまりになって寝《ね》ることにした。てっちゃんだけでなく、家族みんなの頭の中に、一家離散《りさん》という文字が渦巻《うずま》いていたのかもしれない。

夜通し暴れまわった台風二十二号は、ラジオで伝えられた警報どおりの激しさだった。江《え》の島に上陸した後も勢力は衰《おとろ》えず、四百ミリの豪雨《ごうう》で狩野《かの》川を決壊《けっかい》させ、関東地方をわがもの顔で縦断していった。犠牲《ぎせい》者の数は、死者・不明者を合わせると千二百名以上に達した。茅ヶ崎では幸いにも犠牲者はでなかったものの、四棟《むね》の家屋が全壊《ぜんかい》し、七十三棟が床上浸水《ゆかうえしんすい》した。

翌日の青空はみごとだった。(中略)

それで河津《かわづ》家はどうなったかといえば、全壊はまぬかれたものの、やはりかなりの被害《ひがい》をこうむった。南側の塀《へい》というか柵《さく》というか、粗末《そまつ》な竹製の囲いは全滅《ぜんめつ》。屋根瓦《やねがわら》が二十枚ほど飛ばされ、砕《くだ》け、庭に散乱した。庭木もかなりのダメージを受けたが、柿《かき》や松などの老木は、びくともしていなかった。あてにしていなかったボロ雨戸は補強が功を奏したのか、十二枚とも無事だった。しかし戸袋《とぶくろ》の板が数枚剝《は》ぎ取られ、粗土《あらつち》の内壁《ないへき》が、病巣《びょうそう》に蝕《むしば》まれた内臓のようにさらけ出された。

家の中はといえば、雨漏《あまも》りは少なくとも二十か所はあったが、それより家族が目をみはったのは、長廊下《ながろうか》のちょうどまん中だ。

「③おい、みんな、おいで」

明がいち早くそれを見つけ、家族を集めた。見上げると、天井板に、直径十センチほどの穴がぽっかりあいていた。穴はコンパスで弧《こ》を描《えが》いて切り取ったように円《まる》く、そこから、小さな青空が、清々《すがすが》しく輝《かがや》いていた。

「きれいだね」

ゆっちゃんと明人が口をそろえ、天井にはりついた円い青空を見上げた。

「まさに台風一過の青空だな」

「うーん、そうだね」

明は、長男の茂樹《しげき》と肩《かた》を並べて、小さな青空を拝んだ。

「④あら、たいへんだわ。屋根が飛んじゃったのよ。ねえ、おとうさん、梯子《はしご》かけて屋根にのぼってみてよ」

眉《まゆ》を片方だけつりあげて、日出子が言った。

「いいから、もっと見なさい。台風一過の青空とは、まさに、こういう空のことをいうんだよ。これは、なかなか見られるもんじゃない。歴史的だな」

「そんなこと言って、また雨が降ってきたらどうするの? 大工さんが来てくれるまで、応急処置をしておかないと、家の中が水浸《みずびた》しになるわよ」

「いいから、見なさい」

「はいはい」

と返事はしたものの、日出子はふたたび青空を見上げることなく、あわただしく庭へ出て

問六　空らん **X** に当てはまる四字熟語を次から選び、記号で答えなさい。

ア　用意周到《よういしゅうとう》　**イ**　心機一転　**ウ**　適材適所　**エ**　臨機応変

問七　――線⑤「知能は極めて優れた能力を持つ」とありますが、「知能の優れた能力」とはどのようなことですか。本文の言葉を使って四十～五十字で答えなさい。**（句読点も数える）**

問八　――線⑥「本能には、解答が示されているのだ。」とありますが、これはどのようなことですか。最も適当なものを次から選び、記号で答えなさい。

ア　哺乳動物は自然環境が変化したとしても、生来の力によって直感的に判断し、危機を切りぬける行動を取るということ。

イ　哺乳動物は長い進化の過程の中で、間違った行動を取ったとしても、すぐに修正する能力を身に着けてきたということ。

ウ　昆虫は親から何も教わっていなくても、決められた行動を取ることで自然界を生きのび、子孫を残してきたということ。

エ　昆虫は知能が発達していないため、本能のプログラムにエラーが生じてもなかなか修正することができないということ。

問九　次のうち、本文の内容と合っているものを一つ選び、記号で答えなさい。

ア　人間のように知能が発達した生き物は長生きをし、本能が発達したものは寿命が短い。

イ　人間は老いることができるが、その他の生き物はすべて老いる前に命を終えてしまう。

ウ　人間の目で見ればブルーシートと水面の違いはわかるが、説明するのは簡単ではない。

エ　人間は知能によって、情報やデータを分析し、常に正しい判断をすることができる。

三　次の文章を読んで、あとの問いに答えなさい。（問題作成上、本文に省略した部分があります。）

小学生のてっちゃんは神奈川《かながわ》県・茅ケ崎《ちがさき》で父（明）と母（日出子《ひでこ》）と兄二人と姉のゆっちゃんと暮らしている。ある夏の夜、台風がやってきて、ひと晩中はげしい雨風が吹き荒《ふあ》れた。以下はそれに続く場面である。

ガダガタッと、台所の窓が、突風《とっぷう》に鳴った。あたりはいちだんと暗くなってきた。横なぐりの雨も降り出した。きたきた。※1じーんてつに、涙《なみだ》がきている。もうひとこと。だめ押《お》しの、決定的なひとことで、じーんてつの瞳《ひとみ》に盛り上がった涙が、決壊《けっかい》する。

そのひとことを、日出子が、さらりと言ってのける。

「てっちゃん、短い間だったけど、あなたを子どもにもてて、幸せだったわ」

じーん、じーん。

表面張力の限界をこえた涙が、ついに、てっちゃんの瞳からこぼれた。

「あっ、泣いてる」

待ってましたとばかりに飛びはね、ゆっちゃんは、満面にほほえみ。

「えっ、えっ、まさか、ほんとうに泣いてるんじゃないでしょ？　あっ、でも泣いてるんだ。悲しいから泣いてるんだ。かわいそう、かわいそう」

てっちゃんに致命的《ちめいてき》なダメージを与《あた》えたゆっちゃんは、キャッと叫《さけ》んで、その場からすばやく逃《に》げ出す。

こんなとき、てっちゃんは、自分をからかった日出子やゆっちゃんに泣きながら暴力をふるったりしない。それは、人を恨《うら》む気持ちをもちあわせていない天使のごとき純な子どもだからではなく、①自分で脚色《きゃくしょく》した不幸なシナリオから、自力で脱出《だっしゅつ》できないからだ。

日出子とゆっちゃんに騙《だま》されたとわかっても、てっちゃんの※2心象《しんしょう》風景では、家族はいまだ濁流《だくりゅう》にのみこまれ、※3断末魔《だんまつま》の悲鳴をあげているのだ。台風対策の最中、心のどこかで台風を待ちわび、なんとなくわくわくしてしまった不謹慎《ふきんしん》な自分が、この惨事《さんじ》の元凶《げんきょう》だと

「表面がキラキラと輝いている」というだけの情報では、トンボと同じように、水面とブルーシートを区別することはできない。

「ブルーシートは青い」と定義してみても、水面が青空を映していれば区別できない。もちろん、触《さわ》ったり、めくったりすれば、簡単に区別することができる。それは私たちが、「水面はそこに手を入れることができるが、めくることはできない」という情報を持っているからである。

もっとも、触らなくても水面とブルーシートは見た目がまったく違う。しかし、簡単に区別はつくが、どこが違うかと改めて問われてみると、説明することは意外と難しい。

説明することはできないが、違うものは違うのだ。

（稲垣栄洋『生き物が老いるということ』）

※１　遡上……さかのぼること
※２　老いさらばえる……年老いてみすぼらしくなること
※３　マニュアル……手引書、説明書

問一　――線①『老いる』こともまた、人間の特徴的な性質なのだという。」とありますが、そういえるのはなぜですか。本文の言葉を使って、三十～四十字で答えなさい。**（句読点も数える）**

問二　空らん **A** ～ **D** に当てはまる語を次から選び、記号で答えなさい。

ア　すなわち　**イ**　もちろん　**ウ**　または
エ　そして　**オ**　しかも　**カ**　そのため

問三　――線②「動物にとっても、老いることは特別なことである。」とありますが、これはどのようなことですか。最も適当なものを次から選び、記号で答えなさい。

ア　人間は道具や火を使うことで、自然環境に適応し寿命を延ばしてきたが、動物たちは環境に適応できなければ絶滅《ぜつめつ》するしかないということ。
イ　人間が科学技術を発達させて、自然を変えていったことで、野生動物が生きのびる環境が破壊され、個体数が減ってしまったということ。
ウ　人間が作った環境に慣れている動物たちは長く生きのびることが可能だが、それ以外の動物は厳しい自然界で命を落とすのが普通《ふつう》だということ。
エ　人間は高度な知能を使って厳しい自然環境から身を守ってきたが、動物は本能のままに行動して生存する道を探るしかなかったということ。

問四　――線③「高度に発達した本能は、優れてはいるが欠点もある。」とありますが、「本能の欠点」とはどのようなことですか。その具体例として最も適当なものを次から二つ選び、記号で答えなさい。

ア　昆虫たちが夜になると、暗闇の中の電灯のまわりに集まってくること。
イ　トンボが遠くからでも小さな虫を区別できるほどの視力を持っていること。
ウ　狩人バチが他の昆虫などを獲物として捕らえ、巣に持ち帰ってくること。
エ　トンボが道路の水たまりや地面のブルーシートの上に卵を産みつけること。
オ　ミツバチが六角形の巣を作り、ダンスで花の蜜のありかを仲間に教えること。

問五　――線④「何食わぬ顔で」の意味として最も適当なものを次から選び、記号で答えなさい。

ア　何も気づいていない様子で　**イ**　自分とは関係がない様子で
ウ　自信に満ちあふれた様子で　**エ**　まるで理解できない様子で

　トンボは、遠くから小さな虫を獲物として捕らえるほどの視力を持っている。その目でよく見れば、そこが卵を産むべき場所でないことは、容易にわかりそうなものである。

　おそらくは「地上で陽《ひ》の光を反射させているところに卵を産む」とでもプログラムされているのだろう。その本能に従って卵を産んでしまうのである。

　アスファルトの道路やブルーシートがない時代には、そのプログラムで問題はなかったはずだ。しかし残念ながら、人工物の多い現代では、そのプログラムに適合しない場所も多い。それでもトンボたちは、生まれながらに持つ本能のプログラムに従って、正しくない場所に卵を産んでしまうのである。

　あるいは、狩人《かりうど》バチは、他の昆虫などを獲物として捕らえると、巣に持ち帰って幼虫のエサにする。だが巣に持ち帰る途中《とちゅう》でエサを落としても、捜《さが》そうともせずに、そのまま巣に飛んで帰る。

　あるいは、太陽の光で自分の位置を判断する昆虫たちは、暗闇《くらやみ》に輝《かがや》く電灯のまわりに集まってくる。

　昆虫は、本能のプログラムに従って機械的に行動するために、誤った行動をしてしまうことがあるのである。

　これが、本能の欠点である。

　決まった環境であれば、プログラムに従って、正しく行動することができる。ところが、想定外のことが起こると、対応できないのである。

　それでは、環境の変化に対応するためには、どのようにすれば良いのだろうか。

　昆虫が高度な「本能」を発達させたのに対して、生きるための手段として高度な「知能」を発達させたのが、私たち人間を含《ふく》む哺乳類である。

　「知能」を進化させた哺乳類は、自分の頭で考え、どんな環境に対しても　X　に行動することができる。どんなに環境が変化したとしても、情報を処理して、状況《じょうきょう》を分析《ぶんせき》し、最適な行動を導き出す。これこそが、「知能」のなせる業《わざ》である。

　知能を持つ哺乳動物は、ブルーシートに卵を産んでいるトンボの行動が正しくないことをすぐに判断できるし、狩人バチのようにエサを落としてしまったら、すぐに捜して拾い上げる。太陽と電灯を間違えることもない。

　このように、⑤知能は極めて優れた能力を持つのである。

　ところが、「知能」にも欠点がある。

　長い進化の過程で磨かれてきた「本能」は、多くの場合、正しい行動を導く※3マニュアルである。⑥本能には、解答が示されているのだ。

　たとえば、地球の歴史を考えれば、長い間、ブルーシートなどというものはこの地球に存在していなかった。ブルーシートさえなければ、トンボの行動がエラーを起こすことはありえないのだ。また狩人バチがエサを落とすというアクシデントが、いったいどれほどの頻度《ひんど》で起こるだろう。滅多《めった》に起こらないリスクのために、複雑なプログラムを書き換《か》えるほうが別のエラーを起こす原因となる。稀《まれ》にエサを落とした狩人バチがいたとしても、巣に帰ってから、もう一度、新たなエサを探しに行けばいいだけの話である。

　一方の知能は、自分の頭で解答を導かなければならない。

　たとえば、水面とブルーシートを識別するためには、水面とはどういうものなのか、ブルーシートとはどういうものなのかを認識し、水面とブルーシートの違いを自分の頭で理解しなければならない。

　D　、自分の頭で考えて導き出した解答が、正しいとは限らない。さんざん考え抜《ぬ》いた挙句、誤った行動を選んでしまうということは、私たち人間でもよくあることだ。

　それでは、知能が正しい判断をするためには、どのようにすれば良いのだろうか。

　状況を正しく分析するためには、データが必要である。

　たとえば、トンボにとっては同じに見えても、私たちにとって水面とブルーシートはまったく違う。

　それでは、水面とブルーシートはどこが違うのだろう。

ージがある。

ただし、自然界で野生動物が老いることは難しい。体力が落ちれば、天敵に襲《おそ》われたときに逃《に》げ切れなかったり、暑さや寒さ、飢《う》えなどを乗り越《こ》えることも難しくなる。［B］、少しでも衰《おとろ》えを見せた個体は、老いる前に死んでしまうのだ。

②動物にとっても、老いることは特別なことである。

老いることのできるのは、ペットや動物園の動物など、人間が作り出した環境《かんきょう》に暮らす動物だけである。

［C］、その特別な環境を作り出した人間も、「老いる」ことのできる特別な動物なのだ。

火を手に入れ、道具を扱《あつか》うように、人間は「老いる」ことを獲得《かくとく》したのだ。

ペットとして飼っているイヌやネコは年老いるが、ペットとして飼っているカブトムシは老いることなく死んでしまう。

それでは、どんな生き物が老いるのだろうか。

金魚などの魚はどうだろう。金魚は年を取ると動きが鈍《にぶ》くなったりするが、イヌやネコのように※2老いさらばえるようなことはない。

カメやトカゲ、ヘビなどの爬虫類《はちゅうるい》をペットとして飼っている人もいるだろう。

爬虫類も体が大きくなるが、哺乳類《ほにゅうるい》のような老化は見られない。

鳥はどうだろう。

セキセイインコやオウムは、老いる感じがする。

どうやら、鳥類や哺乳類は老いるようだ。

それでは、どうして鳥類や哺乳類は老いるのだろうか。

じつは、「老いる」ということには、生物の進化が関係している。

ここで、昆虫《こんちゅう》の生存戦略と、哺乳類の生存戦略を比較《ひかく》してみることにしよう。

昆虫の生存戦略の基本となるのが、「本能」である。

「本能」を高度に発達させたのが昆虫で、親から何も教わらなくても生きていくことができる。

たとえば、卵から生まれたばかりのカマキリの赤ちゃんは、誰《だれ》に教わらなくても鎌《かま》を振《ふ》り上げて小さな虫を捕《と》らえて食べる。ミツバチは、誰に教わらなくても六角形の巣を作ることができる。そして、教わったわけでもないのにダンスをして仲間に花の蜜《みつ》のありかを伝えるのだ。

虫たちは、「本能」という仕組みだけで、誰に教わらなくても生きていくために必要な行動を取ることができるのである。

それに比《くら》べると、私たち哺乳動物はずいぶん面倒《めんどう》である。

何しろ、生まれたばかりの赤ちゃんは、一人では生きていくことができない。かろうじておっぱいを飲むことくらいは教わらなくてもできるが、人間が本能でできるのはこれくらいである。

ライオンやオオカミなどの肉食動物の子どもは、親から獲物《えもの》の捕り方を教わらなければ、狩《か》りをすることさえできない。シマウマなどの草食動物も同じである。親が逃《に》げればいっしょに逃げるが、そうでなければ、何が危険なのかさえわからない。

私たち哺乳動物にも本能はあるが、昆虫ほど完璧《かんぺき》にプログラムされた本能は持ち合わせていない。教わらなければ何もできないのである。

どうして、私たち哺乳類は、昆虫のように本能で生きるような仕組みを発達させてこなかったのだろう。哺乳類は昆虫よりも、劣《おと》った存在なのだろうか？

③高度に発達した本能は、優《すぐ》れてはいるが欠点もある。

たとえば、今にも干上《ひあ》がりそうな道路の水たまりに、トンボが卵を産みつけていることがある。そんなところに卵を産めば、幼虫や卵が干上がってしまうのではないかと心配してしまうが、トンボは④何食わぬ顔で平気で卵を産んでいく。

それどころか、地面に敷《し》かれたブルーシートの上に卵を産むことさえある。水面と間違えてしまっているのだろうか。

2023年度

目白研心中学校

【国語】〈第一回試験〉（五〇分）〈満点：一〇〇点〉

一 次の――線①～⑤の漢字には読みをひらがなで記し、――線⑥～⑩のカタカナは漢字に直しなさい。

① 大学で経済学を修める。
② 返事を保留する。
③ この薬はよく効く。
④ 山の頂に到着《とうちゃく》する。
⑤ 縮尺百分の一の地図。
⑥ 中学でエンゲキ部に入った。
⑦ 世界ジョウセイに関心を持つ。
⑧ 卒業式でシュクジを述べる。
⑨ 読書にヨネンがない。
⑩ 国家をサイコウする。

二 次の文章を読んで、あとの問いに答えなさい。（問題作成上、本文に省略した部分があります。）

人間の特徴《とくちょう》とは何だろうか？　そして、人間を人間として発達させたものは何だろう？
火や道具を使うようになったことは、間違《まちが》いなく、その一つだろう。
あるいは、言葉や文字を使うようになったことも、そうだろう。
しかし、意外なことに①「老いる」こともまた、人間の特徴的な性質なのだという。
これは、どういうことだろう？
私たちは「老いて死ぬ」ことは当たり前だと思っているが、じつは、老いることのできる生物は少ない。
考えてみてほしい。
たとえば、セミは夏が終わると死んでしまう。この間まで元気に鳴いていたかと思うと、次の日には命が尽《っ》きてしまうのだ。カブトムシもトンボも若々しいときの姿そのままに、突然《とつぜん》、寿命《じゅみょう》が尽きてしまう。
魚はどうだろう。
サケは卵を産むために、川を※1遡上《そじょう》することが知られている。しかし、あんなに力強く川を遡上してきたはずなのに、卵を産み終えるとあっけなく死んでしまう。
サケには「老いの時間」はないのだ。
こうして、多くの生物が、卵を産み落とし子孫を残すと、その寿命を終えるのである。
一方、私たち人間は老いる。老いて死ぬことは、特別なことなのだ。
［A］、次のように思う方もいらっしゃるだろう。
「老いることは、人間の特徴だというが、ペットとして飼っているイヌやネコも年老いていくではないか」
その通りである。そういえば、動物園のゾウやライオンも、長生きして年老いていくイメ

2023年度
目白研心中学校　▶解説と解答

算　数　＜第１回試験＞（50分）＜満点：100点＞

解　答

[1] (1) 704　(2) $3\frac{17}{30}$　(3) $17\frac{1}{2}$　(4) 2　(5) 7.8　(6) ６時44分　(7) 60ページ　(8) 24通り　(9) 17個　(10) $\frac{12}{19}$　[2] (1) ４時間　(2) ４時間10分　(3) ２時間　[3] (1) 168ｇ　(2) 12％　(3) 10ｇ　[4] (1) 時速40km　(2) 10km　(3) ９分後　[5] (1) ３：５　(2) 12：25　(3) $36cm^2$　[6] (1) $2355cm^3$　(2) $1413cm^2$

解　説

[1] 四則計算，逆算，計算のくふう，速さ，相当算，場合の数，倍数，和差算

(1) $466+34\times7=466+238=704$

(2) $4\frac{1}{2}-3\frac{3}{5}+2\frac{2}{3}=4\frac{15}{30}-3\frac{18}{30}+2\frac{20}{30}=3\frac{45}{30}-3\frac{18}{30}+2\frac{20}{30}=\frac{27}{30}+2\frac{20}{30}=2\frac{47}{30}=3\frac{17}{30}$

(3) $5\frac{1}{4}\times7\frac{1}{3}\div2\frac{1}{5}=\frac{21}{4}\times\frac{22}{3}\div\frac{11}{5}=\frac{21}{4}\times\frac{22}{3}\times\frac{5}{11}=\frac{35}{2}=17\frac{1}{2}$

(4) $2023\div(20-6\div\square)+1=120$より，$2023\div(20-6\div\square)=120-1=119$，$20-6\div\square=2023\div119=17$，$6\div\square=20-17=3$　よって，$\square=6\div3=2$

(5) $1.3\times2.7+2.6\times1.8-3.9\times0.1=1.3\times2.7+1.3\times2\times1.8-1.3\times3\times0.1=1.3\times2.7+1.3\times3.6-1.3\times0.3=1.3\times(2.7+3.6-0.3)=1.3\times6=7.8$

(6) 時速4.2kmは，60分で4200ｍ進む速さだから，分速に直すと，4200÷60＝70(ｍ)になる。すると，1960ｍ進むのに，1960÷70＝28(分)かかるので，７時12分に駅に着くためには，７時12分－28分＝６時44分に出発すればよい。

(7) ２日目に読んだ残りの，$1-\frac{1}{4}=\frac{3}{4}$が，５＋10＝15(ページ)になるので，２日目に読んだ残りは，$15\div\frac{3}{4}=20$(ページ)である。すると，１日目に読んだ残りの，$1-\frac{1}{3}=\frac{2}{3}$が20ページにあたるから，１日目に読んだ残りは，$20\div\frac{2}{3}=30$(ページ)となる。よって，全体のページ数の，$1-\frac{1}{2}=\frac{1}{2}$が30ページなので，全体のページ数は，$30\div\frac{1}{2}=60$(ページ)とわかる。

(8) ３の倍数は，それぞれの位の数の和が３の倍数になるので，３枚のカードの数の和が３の倍数になる組み合わせを考える。和が６になる組み合わせは(１，２，３)，和が９になる組み合わせは(１，３，５)，和が12になる組み合わせは(１，３，８)，和が15になる組み合わせは(２，５，８)で，和が18以上になる組み合わせはない。このうち，(１，２，３)を並べてできる３けたの数は，123，132，213，231，312，321の６通りあり，ほかの組み合わせも，並べてできる３けたの数は６通りずつある。よって，３の倍数は全部で，６×４＝24(通り)できる。

(9) ４で割っても６で割っても３あまる整数のうち，最も小さい数は３である。また，両方に共通する整数は，４と６の最小公倍数である12ずつ大きくなる。よって，$(200-3)\div12=197\div12=16$あまり５より，４で割っても６で割っても３あまる整数は，最初の３をふくめると，$16+1=17$(個)ある。

⑽　右の図のように表せる。すると，分子の２倍が，$31-7=24$だから，分子は，$24\div2=12$で，分母は，$12+7=19$となる。よって，求める分数は$\frac{12}{19}$とわかる。

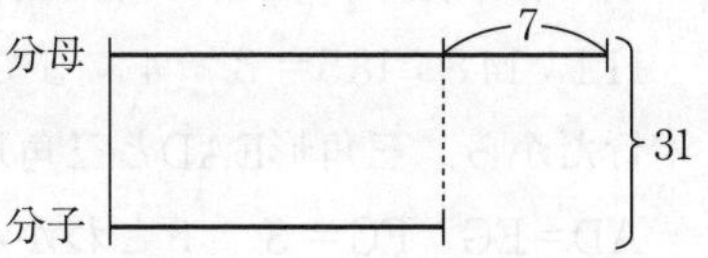

2　仕事算

⑴　この仕事全体の量を１とすると，Ａさん１人では１時間あたり，$1\div6=\frac{1}{6}$，Ｂさん１人では１時間あたり，$1\div12=\frac{1}{12}$の仕事ができる。よって，２人でいっしょにすると，１時間に，$\frac{1}{6}+\frac{1}{12}=\frac{1}{4}$の仕事ができるから，$1\div\frac{1}{4}=4$(時間)で終えることができる。

⑵　Ａさんが１人で30分仕事をすると，$\frac{1}{6}\times\frac{30}{60}=\frac{1}{12}$の仕事ができる。残りの量は，$1-\frac{1}{12}=\frac{11}{12}$だから，残りの仕事を２人でいっしょにすると，$\frac{11}{12}\div\frac{1}{4}=\frac{11}{3}=3\frac{2}{3}$(時間)かかる。$60\times\frac{2}{3}=40$(分)より，これは３時間40分だから，かかる時間は全部で，30分＋３時間40分＝４時間10分とわかる。

⑶　Ａさんは５時間仕事をしたので，Ａさんがした仕事の量は，$\frac{1}{6}\times5=\frac{5}{6}$である。よって，Ｂさんがした仕事の量は，$1-\frac{5}{6}=\frac{1}{6}$だから，Ｂさんが仕事をした時間は，$\frac{1}{6}\div\frac{1}{12}=2$(時間)とわかる。つまり，２人で仕事をした時間は２時間である。

3　濃度《のうど》

⑴　濃《こ》さが16％の食塩水Ｂ200ｇには食塩が，$200\times0.16=32$(ｇ)含《ふく》まれる。すると，食塩水Ｂに含まれる水は，$200-32=168$(ｇ)とわかる。

⑵　濃さが10％の食塩水Ａ150ｇには食塩が，$150\times0.1=15$(ｇ)含まれる。また，水を25ｇ蒸発させると，食塩水の重さは，$150-25=125$(ｇ)になり，食塩の重さは15ｇのままである。よって，このときの濃さは，$15\div125\times100=12$(％)となる。

⑶　食塩水Ｂの濃さが20％になるとき，食塩水Ｂに含まれる水の割合は，$100-20=80$(％)になる。また，食塩を加えても水の重さは168ｇのままである。よって，食塩を加えた後の食塩水の重さを□ｇとすると，$\square\times0.8=168$(ｇ)より，$\square=168\div0.8=210$(ｇ)と求められる。よって，加える食塩の重さは，$210-200=10$(ｇ)とわかる。

4　グラフ―速さ，旅人算

⑴　問題文中のグラフより，Ａさんは20kmを30分で進むから，Ａさんの速さは分速，$20\div30=\frac{2}{3}$(km)とわかる。これを時速に直すと，$\frac{2}{3}\times60=40$(km)となる。

⑵　Ｃさんは20kmを70分で進むから，Ｃさんの速さは分速，$20\div70=\frac{2}{7}$(km)である。また，Ｃさんは出発してから35分後にＢさんに追い抜《ぬ》かれたので，そのときまでにＣさんが進んだ距離《きょり》は，$\frac{2}{7}\times35=10$(km)となる。よって，ＢさんがＣさんと出会った場所は，出発して10kmの地点とわかる。

⑶　Ａさんがショッピングセンターを出たのは出発してから40分後で，このときまでにＣさんは，$\frac{2}{7}\times40=\frac{80}{7}$(km)進んでいる。すると，このときのＡさんとＣさんの間の距離は，$20-\frac{80}{7}=\frac{60}{7}$(km)となる。この後，２人の距離は１分間に，$\frac{2}{3}+\frac{2}{7}=\frac{20}{21}$(km)の割合で縮まるから，Ａさんはショッ

ピングセンターを出てから，$\frac{60}{7}\div\frac{20}{21}=9$（分後）にCさんとすれちがう。

5　平面図形―相似，面積

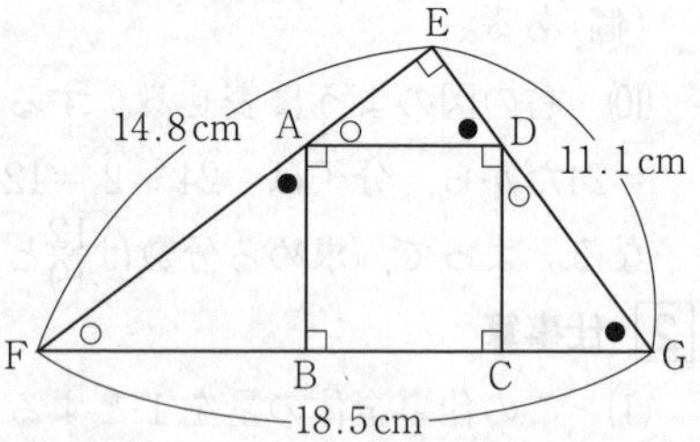

⑴　右の図で，直角三角形EFGの３つの辺の長さの比は，11.1：14.8：18.5＝３：４：５である。また，ADとFGは平行だから，三角形EADと三角形EFGは相似になり，ED：AD＝EG：FG＝３：５とわかる。

⑵　図で，●＋○＝90（度）となるから，同じ印をつけた角の大きさは等しくなる。すると，三角形CDGと三角形EFGは相似になり，CD：DG＝４：５とわかる。また，ED：AD＝３：５で，ADとCDは同じ長さなので，AD（CD）の長さを４と５の最小公倍数の20とすると，$ED=20\times\frac{3}{5}=12$，$DG=20\times\frac{5}{4}=25$になる。したがって，ED：DG＝12：25である。

⑶　⑵より，EDの長さは，$11.1\times\frac{12}{12+25}=3.6$（cm）だから，ADの長さは，$3.6\times\frac{5}{3}=6$（cm）とわかる。よって，正方形ABCDの面積は，$6\times6=36$（cm^2）と求められる。

6　立体図形―体積，表面積

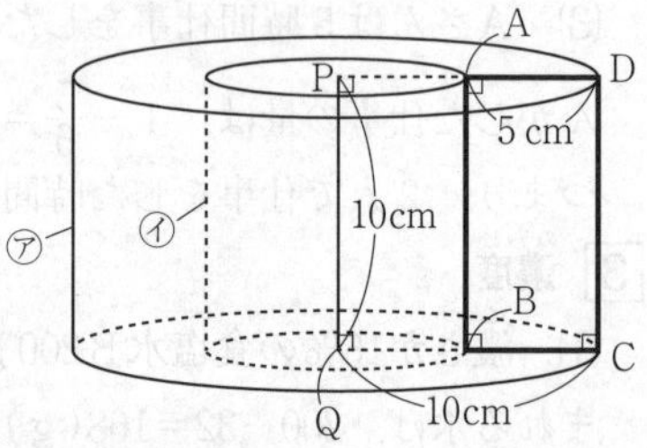

⑴　右の図のような，大きい円柱から小さい円柱をくり抜いた形の立体ができる。大きい円柱は底面の半径が10cmで，高さが10cmになるから，体積は，$(10\times10\times3.14)\times10=1000\times3.14$（$cm^3$）である。また，AP＝10－５＝５（cm）だから，小さい円柱は底面の半径が５cmで，高さが10cmとなり，体積は，$(5\times5\times3.14)\times10=250\times3.14$（$cm^3$）とわかる。よって，この立体の体積は，$1000\times3.14-250\times3.14=750\times3.14=2355$（$cm^3$）と求められる。

⑵　この立体の表面積は，底面２つの面積の和と，大きい円柱の側面㋐の面積と，小さい円柱の側面㋑の面積の和になる。底面は半径10cmの円から半径５cmの円を除いた形なので，底面２つの面積の和は，$(10\times10\times3.14-5\times5\times3.14)\times2=(100-25)\times3.14\times2=150\times3.14$（$cm^2$）となる。また，㋐の部分の面積は，縦が10cmで横が（10×２×3.14）cmの長方形の面積と等しいから，$10\times(10\times2\times3.14)=200\times3.14$（$cm^2$）である。同様に，㋑の部分の面積は，$10\times(5\times2\times3.14)=100\times3.14$（$cm^2$）となる。よって，表面積は，$150\times3.14+200\times3.14+100\times3.14=450\times3.14=1413$（$cm^2$）と求められる。

社　会　＜第１回試験＞（理科と合わせて60分）＜満点：100点＞

解　答

1　問１　イ　　問２　群馬県　　問３　ア　　問４　エ　　問５　エ　　問６　航空機　　問７　中国山地　　問８　㋓，シラス　　問９　山口県　　問10　エ　　問11　ウ　　問12　イ

2　問１　ア　　問２　イ→ア→エ→ウ　　問３　東大寺　　問４　奉公　　問５　①　オ　②　イ　③　ウ　④　エ　　問６　関ケ原の戦い　　問７　ウ　　問８　ア　　問９　ウ　　問10　GHQ

3　問１　三権分立　　問２　18（歳以上）　　問３　エ　　問４　厚生労働

省　問５　イ

解説

1 日本の国土と自然，産業などについての問題

問１　日本列島は標高の高い山々や火山が連なる山がちな地形で，国土のおよそ75％を山地が占《し》める。

問２　関越トンネルで新潟県と結ばれているのは，関東地方北部に位置する〈地図１〉中の都道府県Ａの群馬県である。群馬県の形は鶴《つる》が羽を広げて飛んでいる姿にたとえられる。

問３　〈地図１〉中の都道府県Ｂは，青函《せいかん》トンネルで北海道と結ばれている青森県である。青森市では８月上旬にねぶた祭が開催《かいさい》され，武者絵などを描《えが》いた大きな張子の人形を屋台にのせ，中に灯をともして街なかを練り歩くもので，多くの観光客でにぎわう。なお，イは秋田県，ウは京都府，エは山形県で行われる祭り。

問４　青森県と北海道をつなぐ青函トンネルが通っているのは津軽海峡である。なお，アは佐渡島と本州，イは朝鮮半島と九州，ウは本州と九州の間にある海峡。

問５　北海道東部の根釧台地は火山灰土におおわれた養分の少ない台地で，夏には濃霧が発生するなど農業には不向きであったが，第二次世界大戦後にパイロットファーム(大型機械を使った近代経営の実験農場)がつくられたことをきっかけに，大規模な酪農が行われるようになった。なお，アの白神山地は青森県と秋田県の県境に位置している。イは佐賀県，ウは沖縄県について述べている。

問６　昭和50年以降で最も多くの旅行客に選ばれている交通手段は航空機である。北海道は東京都などの大都市圏から離《はな》れていることなどから，飛行機で訪れる人が多い。

問７　山陰地方と山陽地方を分けている山地は中国山地である。中国山地は冬の北西季節風をさえぎるため，瀬戸内地方の冬の降水量が少なくなっている。

問８　鹿児島県から宮崎県にかけて，シラスとよばれる火山灰土の台地が広がっている。このシラス台地は水持ちが悪く水田に不向きなため，畑作や茶の栽培，畜産業などがさかん行われている。なお，カルデラは火山が噴火した後に火口付近が落ちこんでできたくぼ地のこと。

問９　本州で最も西にある都道府県は山口県である。山口県下関市が本州の最も西にあたる。

問10　ア　第二次世界大戦でアメリカによって原子爆弾を投下されたのは広島県である。　イ　瀬戸大橋は岡山県倉敷市と香川県坂出市をつないでいる。　ウ　愛媛県で温暖な気候を生かして栽培され，和歌山県に次ぐ全国２位の生産量の果樹はみかんである。　エ　香川県は瀬戸内の気候の特徴で雨が比較的少なく，満濃池のように古くからため池がつくられていたことで知られている。また，雨が少ない気候が小麦の栽培に向き，日照時間の長さが塩づくりに向いていたことから讃岐《さぬき》うどんが名物となった。

問11　敦賀《つるが》市(福井県)に設置されている廃炉《はいろ》が決まった発電所は敦賀第一原子力発電所である。敦賀第一原子力発電所の施設《しせつ》が活断層の上に位置するため，地震が起こる可能性があることから廃炉が決められた。

問12　北陸地方で，県名と県庁所在地の都市名が同じではない県は，イの石川県で，県庁所在地は金沢市である。なお，アは富山県，ウは福井県を示している。

2 各時代の歴史的なことがらについての問題

問１　石包丁は田に実った稲などの穀物《こくもつ》の穂をつみとるための道具で，水稲《すいとう》農耕が行われ始めた弥生時代から使われていた。なお，イは縄文土器，ウは土偶，エは竪穴住居。

問２　アは1232年，イは604年，ウは1889年，エは1615年に定められたので，古いものから順にイ→ア→エ→ウとなる。

問３　８世紀の中ごろ，仏教を厚く信仰した聖武天皇は仏教の力で国を安らかに治めようと考え，地方の国ごとに国分寺・国分尼寺を建てさせ，都の平城京には総国分寺として東大寺と大仏をつくらせた。

問４　鎌倉時代，将軍と御家人は土地を仲立ちとした御恩と奉公の関係で結ばれていた。このうち御恩とは，将軍が御家人の持っている先祖伝来の領地を保護・保障したり，手がらを立てた者に新しい領地や役職をあたえたりすることをいう。これに対し，御家人は鎌倉や京都の警護をし，戦のさいには命がけで将軍のために戦うという奉公で，将軍の御恩に報いた。

問５　①　アメリカ人の動物学者であるモースが発掘した大森貝塚のことが書かれている。大森貝塚は東京都にあるため，オが選べる。　②　九州地方を中心に監督《かんとく》した機関である大宰府のことが書かれている。大宰府は福岡県にあるため，イがあてはまる。　③　聖武天皇が都としていたのはウの奈良県にある平城京である。　④　源頼朝が開いた武士による政権である鎌倉幕府のことが書かれている。鎌倉は神奈川県にあるため，エが選べる。

問６　1600年，天下分け目の戦いとよばれる関ケ原の戦いが行われ，徳川家康の東軍が石田三成ら豊臣方の西軍を破った。天下の実権をにぎった家康は，1603年に征夷大将軍に任命され，江戸に幕府を開いた。

問７　江戸時代末期の1853年，日本に来航して江戸幕府に開国を要求したアメリカ使節のペリーは，翌54年に再び来航し，江戸幕府との間で日米和親条約を結んだ。なお，アは1894年，イは1871年の出来事である。エの富岡製糸場は1872年に開設した。

問８　広く国民の意見を政治に反映することを求める運動は，特に大正時代に広まり，1925年にそれまで納税額によって制限されていた選挙権を納税額にかかわりなくすべての男性にあたえるようにする普通選挙法が実現した。このような社会の傾向を大正デモクラシーという。また，1925年に制定されたのは治安維持法で，普通選挙法の制定によって社会主義や共産主義が広まることを防ぐために，社会主義者や共産主義者などの活動を取り締《し》まる目的で定められた。

問９　第二次世界大戦後の1945年12月，衆議院議員選挙法が改正され，20歳以上の男女すべてに選挙権が認められた。そして，翌46年４月に行われた戦後初の総選挙では39名の女性議員が誕生した。納税額による制限は1925年の普通選挙法の制定によって廃止されていた。

問10　マッカーサーを最高司令官とする連合国軍最高司令官総司令部の略称はGHQである。マッカーサーはアメリカの陸軍元帥《げんすい》で，第二次世界大戦では対日戦を指揮し，1945年８月に日本が無条件降伏《こうふく》すると，GHQの最高司令官として来日し，日本の民主化政策を進めていった。

3 国会，内閣，裁判員制度についての問題

問１　日本では，国の権力を立法権，行政権，司法権の三つに分け，それぞれを国会・内閣・裁判所の独立した機関に任せて権力の行き過ぎを防ごうとする仕組みがとられている。これを三権分立という。

問２　日本ではそれまで20歳以上の国民に選挙権があたえられていたが，2016年に公職選挙法が改正されて選挙権年齢が18歳以上に引き下げられた。

問３　ア　衆議院は参議院と比べて，解散があり，任期が短いことから，国民の意思をより反映しやすいと考えられている。そのため，国会の仕事の一部で衆議院の優越が認められている。　イ　参議院には解散がなく議員の任期も衆議院より長い６年であるため，長期的視野で法案や政策を審議する役割が求められている。　ウ　衆議院議員の任期は４年で，解散がある。　エ　衆議院議員定数は465人，参議院議員定数は248人のため，衆議院議員定数の方が多い（2023年３月現在）。よって，誤っている。

問４　国民の健康や働く人の安全に関する仕事をおこなっている省庁は厚生労働省である。厚生労働省は社会福祉，社会保障，公衆衛生，雇用の確保，労働条件の整備などをになっている。

問５　ア　裁判員は選挙権を持つ国民の中からくじなどによって選ばれるが，弁護士や法学者などの一部の人は裁判員になることができない。　イ　裁判員裁判は地方裁判所における重大な刑事裁判の第１審で行われるので正しい。　ウ　裁判員は裁判官とともに議論して有罪無罪のほか，有罪の場合は刑罰《けいばつ》も決定する。　エ　裁判員裁判は地方裁判所で行われる重大な刑事裁判のみで採用されている。

理　科　＜第１回試験＞（社会と合わせて60分）＜満点：100点＞

解　答

[1] (1)　a　(2)　**X**　12.7　**Y**　1.3　(3)　エ　(4)　（例）　測定時間に対する誤差の割合を小さくするため。　(5)　（例）　メトロノーム　[2] (1)　アルカリ　(2)　エ　(3)　イ　(4)　ウ　[3] (1)　おばな　(2)　（例）　花粉がめばなにつくこと。　(3)　う　(4)　あ　(5)　イ　(6)　①　エ　②　カ　③　ウ　④　ア　[4] (1)　東　(2)　北極星　(3)　イ　(4)　オリオン座　(5)　ア　(6)　エ

解　説

[1]　ふりこについての問題

(1)　おもりが動く速さは高さの変化によって決まる。ふりこの運動で，ふりこをふり始めた位置からの高さの変化が最も大きくなるのはおもりがａにきたときなので，このときおもりの速さが最も速くなる。

(2)　**X**　３回の測定結果から平均を求めるので，ふりこが10往復するのにかかる時間の平均は，(12＋13＋13)÷３＝12.66…より，12.7秒となる。　**Y**　ふりこが10往復する時間の平均が12.7秒なので，１往復する時間の平均は，12.7÷10＝1.27より，1.3秒となる。

(3)　ふりこが１往復する時間は，ふりこの長さのみで決まるので，ふりこの糸の長さを短くすると１往復する時間が短くなる。

(4)　ふりこのおもりがはしにきたときにストップウォッチのボタンを正確に押《お》すことは難しく，誤差がうまれてしまう。そのため，10往復する時間を測り，その値を10で割ることで，測定の誤差による影響《えいきょう》を小さくしている。

(5)　ふりこの周期が規則正しいことを利用した道具には，ふりこ時計やメトロノームなどがあり，ふりこがゆれることを利用したものにはブランコや地震《じしん》計などがある。

2　気体と水溶液《すいようえき》の性質についての問題

(1)　アントシアニンの色は，アルカリ性が強くなるとむらさき色から少しずつ青色に変化することから，青色はアルカリ性を示している。

(2)　アントシアニンの色は中性でむらさき色だと述べられている。ホットケーキミックスが水にとけたものは，ふくまれる重曹《じゅうそう》が原因でアルカリ性になっているので，アルカリ性の性質を弱めるために酸性の物質を加えて中和すれば，むらさき色になると考えられる。よって，ここでは酸性の物質をふくむレモン汁《じる》を入れるとよい。

(3)　二酸化炭素は無色無臭《むしゅう》の気体で，水に少しとけて炭酸水になる。また，ものを燃やすはたらきである助燃性も，自身が燃える可燃性もない。二酸化炭素を石灰水に通すと，水にとけにくい炭酸カルシウムができるので，白くにごる。

(4)　実験室で二酸化炭素を発生させるには，石灰石などの炭酸カルシウムをふくむ物質と塩酸を反応させることや，重曹や炭酸水を加熱することでも二酸化炭素が発生する。

3　植物のなかまのふやし方についての問題

(1)　花粉はおしべの先端《せんたん》にあるやくでつくられる。ヘチマにはおばなとめばながあり，おしべはおばなにしかついていないから，花粉を集めるにはおばなを使う必要がある。

(2)　めしべの先端の柱頭に花粉がつくことを受粉といい，受粉するとめしべのもとにある子房《しぼう》がふくらんで実ができる。

(3)　ヘチマの１つの実の中には多数の種子が入っており，黒く平べったい形をしている。なお，白と黒のしまもようが入った「あ」はヒマワリの実で，中に種子が１つ入っている。「い」はマツの種子で，風に乗って運ばれやすいはねのような形をしている。

(4)　ジャガイモはくぼみからいくつかの芽が出て，出てきた芽のつけねから根がのびてくる。

(5)　ジャガイモのいもは茎《くき》の一部である。そのため，光が当たると緑色になってかたくなってしまうため，ジャガイモは光が当たらないようにして保存する。

(6)　ヘチマが受粉すると，めしべの根元の子房がふくらんで果実になり，子房の中にあった胚珠《はいしゅ》は種子になる。また，主に植物の葉で行われる光合成によってつくられたでんぷんは，ジャガイモの場合には地下の茎の先端にあるいもに運ばれてたくわえられ，いもから発芽して次の新しい個体が成長するときに養分として使われる。

4　星の動きについての問題

(1)　中心にいる観察者が北を向いたときに，右の方向となる方角Ａは東である。

(2)　真北の方角にあって一晩中ほとんど動かないで見える星Ｂは北極星である。北極星はこぐま座にふくまれる２等星で，地球の地軸《ちじく》の延長線上にあるために，ほとんど動かないように見える。

(3)　地球の自転は西から東に向かって１日に１回転なので，地球から見える天体は東から西に向かって動いていくように見える。よって，星Ｃは東からのぼって西にしずむように動いて見えるので，図１のｅの方向に動き，北極星である星Ｂを中心にして反時計回りに移動して見える。

(4)　南の方角に見える砂時計のような形をした星座Ｄはオリオン座で，冬の代表的な星座のひとつである。

⑸　星座Ｄも東からのぼり西にしずむように動いて見えるので，図１のｇの方向に動き，観察者からは時計回りに移動して見える。

⑹　北の方角に見える星Ｂをふくむこぐま座はほぼ一年中見えるが，星座Ｄのオリオン座は冬の真夜中に観察できるので冬の星座とよばれている。

国語　＜第１回試験＞（50分）＜満点：100点＞

解答

一　①　おさ　②　ほりゅう　③　き　④　いただき　⑤　しゅくしゃく　⑥～⑩　下記を参照のこと。　二　問１　（例）　多くの生物が，卵を産み落とし子孫を残すと寿命を終えるが，人間は老いるから。　問２　Ａ　イ　Ｂ　カ　Ｃ　エ　Ｄ　オ　問３　ウ　問４　ア，エ　問５　イ　問６　エ　問７　（例）　どんなに環境が変化しても，情報を処理して，状況を分析し，最適な行動を導き出すということ。　問８　ウ　問９　ウ

三　問１　エ　問２　（例）　二人の兄が台風の雨にぬれてしまっている状態。　問３　台風一過の青空　問４　（例）　台風によってこわれた屋根の応急処置を早くしなければと思ったから。　問５　Ａ　四　Ｂ　八　問６　エ　問７　（例）　青空を運んできたタイフウイッカとはどういう一家かという疑問。　問８　ア　問９　イ　四　問１　①　ご覧になる　②　うかがえば(参れば)　問２　①　ウ　②　エ　③　ア

●漢字の書き取り

一　⑥　演劇　⑦　情勢　⑧　祝辞　⑨　余念　⑩　再興

解説

一　漢字の読みと書き取り

①　学んで身につけること。　②　決定せずに，いったん待つこと。　③　音読みは「コウ」で，「効果」などの熟語がある。　④　音読みは「チョウ」で，「頂上」などの熟語がある。　⑤　地図などが，縮めてつくられる場合の一定の比率。　⑥　舞台《ぶたい》で劇を演じること。　⑦　変化しているものごとの現在の状況《じょうきょう》。　⑧　お祝いの言葉。　⑨　「余念がない」は，一つのことに集中するようす。　⑩　おとろえた国などを，再び盛んにすること。

二　出典は稲垣栄洋《いながきひでひろ》の『生き物が老いるということ―死と長寿《ちょうじゅ》の進化論』による。人間の特徴《とくちょう》的な性質として「老いて死ぬ」ことをあげたうえで，これがどれだけ特別なことであるかを，昆虫《こんちゅう》や魚と対比しながら説明している。

問１　セミや魚の具体例からもわかるように，多くの生物は，「卵を産み落とし子孫を残すと，その寿命《じゅみょう》を終える」ため，「老いる」ことができない。よって，「老いる」ことは，人間の特徴的な性質だといえるのである。

問２　Ａ　前では，「老いて死ぬこと」が「特別なこと」であると述べられている。後では，「ペットとして飼っているイヌやネコも年老いていくではないか」という反論をあげている。よって，“当然のことながら”という意味を表す「もちろん」があてはまる。　Ｂ　前では，野生動物が老いると「天敵に襲《おそ》われたときに逃《に》げ切れなかったり，暑さや寒さ，飢《う》えなどを乗り越《こ》え」られな

かったりすることが述べられている。後では，野生動物が「老いる前に死んでしまう」ことが述べられている。よって，前の文が理由となって後ろの文の内容になることを示す「そのため」がよい。**C**　前では，「老いること」ができるのは「人間が作り出した環境《かんきょう》」で生きる動物だけであることが述べられ，，後では，その人間も「『老いる』ことのできる特別な動物」であることが述べられているので，前の内容に後の内容がそのままつながる「そして」がふさわしい。　**D**　前では「水面とブルーシートの違《ちが》いを自分の頭で理解しなければならない」と述べられている。後では，「自分の頭で考えて導き出した解答が，正しいとは限らない」と述べられている。よって，前の内容に別の内容を加えて，主張を強調する「しかも」が入る。

問３　直前に「少しでも衰《おとろ》えを見せた個体は，老いる前に死んでしまう」とある。動物にとって老いることが特別だといえるのは，自然界では少しの衰えが，容易に死と結びついてしまうからである。

問４　高度な本能を持つ昆虫の欠点として，人工的な環境に適応できない可能性があることが，挙げられている。それはたとえば，トンボが「地面に敷《し》かれたブルーシートの上に卵を産む」ことや，あるいは，昆虫が「暗闇《くらやみ》に輝《かがや》く電灯のまわりに集まってくる」ことである。よって，アとエが選べる。

問５　「何食わぬ顔」とは，自分のしたことや思っていることが人に知られては困るとき，注意をそらすために平然とふるまうさま。ここでは，トンボが，「そんなところに卵を産めば，幼虫や卵が干上《ひあ》がってしまうのではないかと心配」されるような所に，まったく気にしていないようすで産卵することを表している。

問６　「本能」にしたがう昆虫が「機械的」に行動するのに対して，「『知能』を進化させた哺乳《ほにゅう》類《るい》」は，その場に応じた行動ができるのである。よって，そのときその場に応じて，適切な手段をとることを表す「臨機応変」があてはまる。なお，「用意周到《しゅうとう》」は，用意が行き届いて，手ぬかりがないこと。「心機一転」は，あることをきっかけに，気持ちがすっかり変わること，また，変えること。「適材適所」は，その人の適性や能力に応じて，それにふさわしい地位や仕事につかせること。

問７　昆虫は，「本能」を高度に発達させ，「本能のプログラムに従って機械的に行動する」ので，「誤った行動」をすることもある。一方，「『知能』を進化させた哺乳類」は，自分の頭で考えて行動することで，「どんなに環境が変化したとしても，情報を処理して，状況を分析《ぶんせき》し，最適な行動を導き出す」ことができる。これが「本能」とちがった知能の「優《すぐ》れた能力」である。

問８　「長い進化の過程で磨《みが》かれてきた『本能』」によって，多くの場合「正しい行動」を取ることができる。このことを，筆者は，「本能には，解答が示されている」と表現している。

問９　最後から二番目の段落に，人間にとって，「水面とブルーシート」を区別することは簡単だが，「どこが違うか」を「説明することは意外と難しい」とあるので，ウが正しい。

三　**出典はかしわ哲《てつ》の『茅ヶ崎《ちがさき》のてっちゃん』による。**台風で屋根が飛ばされてしまうという深刻な被害《ひがい》に見《み》舞《ま》われたてっちゃんの家族が，それぞれの思いを胸に「台風一過」の青空をながめる場面。

問１　てっちゃんは，台風対策の最中，「心のどこかで台風を待ちわび，なんとなくわくわくしてしまった不謹慎《ふきんしん》な自分が，この惨事《さんじ》の元凶《げんきょう》だ」と思い込《こ》んでしまっていた。このことを作者は，「自分で脚色《きゃくしょく》した不幸なシナリオ」と表現している。

問２　「二匹《にひき》」とは，てっちゃんの兄である「長男と次男」の二人である。また，「ヌレネズミ」とは，びしょぬれになっている状態のことである。

問３　明が「おい，みんな，おいで」と呼んだのは，天井《てんじょう》板に「直径十センチほどの穴がぽっかりあいて」いて，その穴から「小さな青空が，清々《すがすが》しく輝いて」いるのが見えたからである。明は家族に「台風一過の青空」を見せたかったのである。

問４　日出子は「応急処置をしておかないと，家の中が水浸《みずびた》しになる」と言っている。明に屋根にのぼるようにたのんでいるのは，雨が再び降って来る前に，屋根を修理してもらうためだと考えられる。

問５　「四苦八苦」は，とても苦しむこと。ここでは，明が自転車のタイヤに空気を入れることさえうまくできず，たいそう苦労するほど不器用だということを表している。

問６　日出子は「自然って不思議ね」と言った後，「昨日の今日だものね。こんなに晴れるなんて，やっぱり台風一過ね」と言っている。日出子は，前日の台風がウソのように，空が青く晴れていたことを「不思議」と言ったものと考えられる。

問７　てっちゃんは，日出子が言った「タイフウイッカ」という言葉の意味がわからず，「どういう一家なのか。その一家が運んできた青空って，どういうことなのか」と，不思議に思ったのである。「青空の大気を吸い込んでも晴れない疑問」とは，この疑問である。

問８　てっちゃんは「タイフウイッカ」の意味を知りたかったが，ゆっちゃんのいるところで質問すると，「そーんなことも知らないの」とバカにされてしまうので，質問することができないのである。

問９　この場面では，台風で屋根が飛ばされても，明るくマイペースに過ごすてっちゃん一家の日常が，簡潔な文体で明るく描《えが》かれている。

四　語句・文法の問題

問１　①「見る」のは「先生(＝相手)」なので，「尊敬語」の「ご覧になる」を使う。　②「行く」のは「私」なので，「謙譲《けんじょう》語」の「うかがう」「参る」を使う。

問２　①「舌を巻く」は，“うでまえに感心する”という意味。　②「目にあまる」は，“相手の行動がひどくて見過ごせない”という意味。　③「手を焼く」は，“どうあつかっていいかわからず，苦労する”という意味。

Dr.福井の 入試に勝つ！脳とからだのウルトラ科学

意外！　こんなに役立つ“替え歌勉強法”

病気やケガで脳の左側（左脳）にダメージを受けると，字を読むことも書くことも，話すこともできなくなる。言葉を使うときには左脳が必要だからだ。ところが，ふしぎなことに，左脳にダメージを受けた人でも，歌を歌う（つまり言葉を使う）ことができる。それは，歌のメロディーが右脳に記憶されると同時に，歌詞も右脳に記憶されるからだ。ただし，歌詞は言葉としてではなく，音として右脳に記憶される。

そこで，右脳が左脳の10倍以上も記憶できるという特長を利用して，暗記することがらを歌にして右脳で覚える“替え歌勉強法”にトライしてみよう！

歌のメロディーには，自分がよく知っている曲を選ぶとよい。キミが好きな歌手の曲でもいいし，学校で習うようなものでもいい。あとは，覚えたいことがらをメロディーに乗せて替え歌をつくり，覚えるだけだ。メロディーにあった歌詞をつくるのは少し面倒かもしれないが，つくる楽しみもあって，スムーズに暗記できるはずだ。

替え歌をICレコーダーなどに録音し，それを何度もくり返し聞くようにすると，さらに効果的に覚えることができる。

音楽が苦手だったりして替え歌がうまくつくれない人は，かわりに俳句（川柳）をつくってみよう。五七五のリズムに乗って覚えてしまうわけだ。たとえば，「サソリ君，一番まっ赤は，あんたです」（さそり座の１等星アンタレスは赤色──イメージとしては，運動会の競走でまっ赤な顔をして走ったサソリ君が一番でゴールした場面）というように。

Dr.福井（福井《ふくい》一成《かずしげ》）…医学博士。開成中・高から東大・文Ⅱに入学後，再受験して翌年東大・理Ⅲに合格。同大医学部卒。さまざまな勉強法や脳科学に関する著書多数。

2023年度 目白研心中学校

【算　数】〈第２回試験〉（50分）〈満点：100点〉

１　次の □ にあてはまる数を求めなさい．

(1)　$(45-5\times3)\div3=$ □

(2)　$3\frac{5}{12}-2\frac{11}{18}+1\frac{14}{15}=$ □

(3)　$4\frac{4}{5}\div5\frac{1}{3}\times2\frac{1}{7}=$ □

(4)　$(2023-13\times$ □ $+10)\div90=21$

(5)　$8.1\times3.9+2.7\times5.5+3.6\times2.1+4.5\times8=$ □

(6)　０.１３m^3＋６７L＋３００cm^3＝ □ dL

(7)　ノート７冊とえんぴつ６本で１８７０円，ノート３冊とえんぴつ９本で１６５０円です．えんぴつ１本は □ 円です．

(8)　［0］，［1］，［1］，［1］，［2］，［3］の６枚のカードのうち，３枚を並べて３けたの整数をつくると，全部で □ 種類の整数をつくることができます．

(9)　３けたの整数のうち，４で割っても７で割っても３あまる数は □ 個あります．

(10)　原価が □ 円の商品に３割の利益をみこんで定価をつけましたが，売れなかったので，定価の１５％引きで販売したところ，利益が１２６円でした．ただし，消費税は考えないものとします．

2 **ある水そうをいっぱいにするのに，Ａ管では６時間かかり，Ｂ管では１２時間かかります．このとき，次の各問いに答えなさい．**

(1) Ａ管とＢ管を使用して水を入れると，何時間で水そうはいっぱいになりますか．

(2) Ａ管とＢ管を使用して３時間水を入れた後，Ａ管だけを止めました．あと何時間で水そうはいっぱいになりますか．

(3) Ａ管とＢ管を使用して水を入れ始めましたが，途中でＢ管が故障して３時間水が出ませんでした．水そうがいっぱいになるのに全部で何時間かかりましたか．

3 **濃さが１２％の食塩水Ａが７００ｇ，濃さが１８％の食塩水Ｂが３５０ｇあります．このとき，次の各問いに答えなさい．**

(1) 食塩水Ａには何ｇの食塩が溶けていますか．

(2) 食塩水Ａと食塩水Ｂをすべて混ぜると何％の食塩水ができますか．

(3) 食塩水Ａを何ｇかと食塩水Ｂを２００ｇ混ぜると濃さが１６％の食塩水ができました．食塩水Ａを何ｇ混ぜましたか．

4 **時速５０ｋｍの速さで走る電車①がＡ駅を出発してから３０分後に踏切Ｂを通過して，Ｃ駅に向かいます．Ａ駅から踏切Ｂまでにかかる時間と踏切ＢからＣ駅までにかかる時間の比が５：２であるとき，次の各問いに答えなさい．**

(1) Ａ駅からＣ駅までにかかる時間は何分ですか．

(2) 踏切ＢからＣ駅までの距離は何ｋｍですか．

(3) 電車②は，午前８時にＡ駅を出発してＣ駅まで行き，Ｃ駅で１０分停車したあとＡ駅に午前９時２０分に戻りました．電車②の速さは時速何ｋｍですか．

5 **次の各問いに答えなさい．**

(1)　右の図は一辺８ｃｍの正五角形と扇形を組み合わせた図形です．斜線部分の面積は何ｃｍ^{2}ですか．ただし，円周率は３．１４とします．

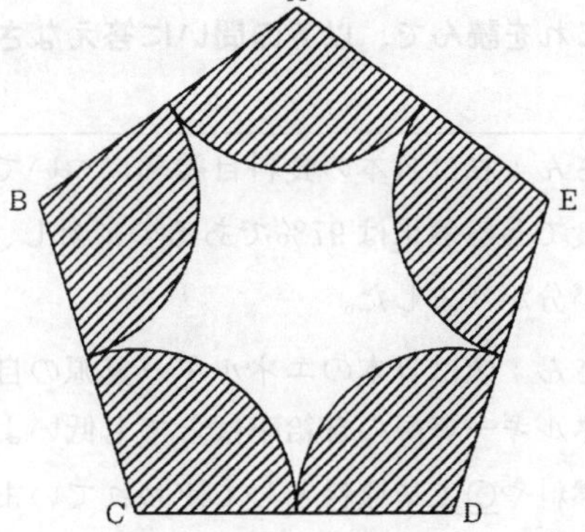

(2)　四角形ＡＢＣＤは一辺が８ｃｍの正方形です．斜線部分の面積は何ｃｍ^{2}ですか．

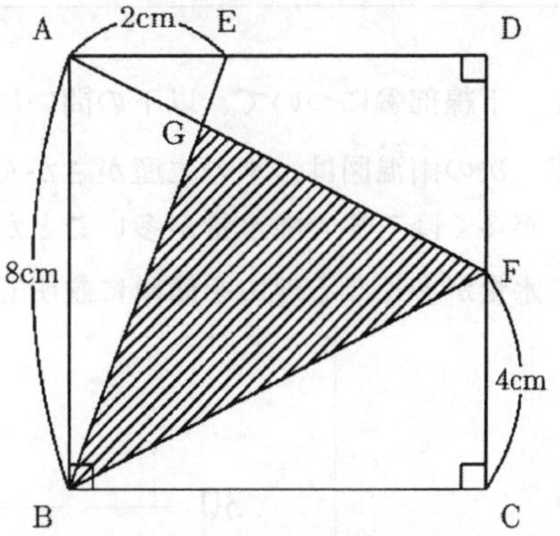

6 **右の図形について，次の各問いに答えなさい．**
ただし，円周率は３．１４とします．

(1)　ＡＢを軸として１回転させてできる立体の体積は何ｃｍ^{3}ですか．

(2)　ＢＣを軸として１回転させてできる立体の表面積は何ｃｍ^{2}ですか．

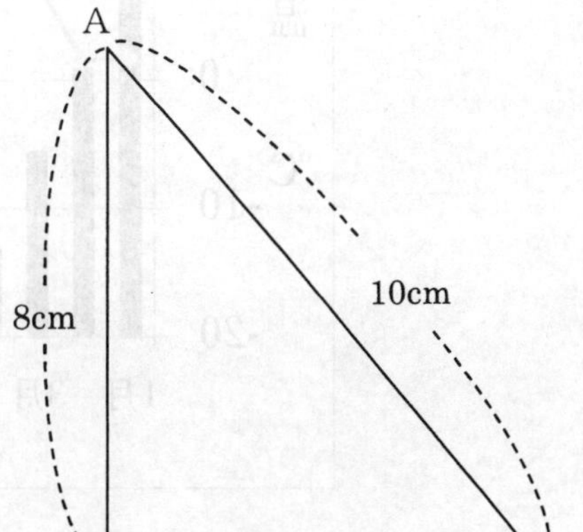

【社　会】〈第２回試験〉（理科と合わせて60分）〈満点：100点〉

〈注　意〉解答は特に漢字で答えなさいとある場合以外はひらがなで答えてもよい。

1　**〔１〕次の文章は、日本の自給率をテーマに調べ学習をしているＡさんとＢさんの会話です。これを読んで、以下の問いに答えなさい。**

Ａさん：私は日本の食料自給率について調べてきました。食料自給率を品目別で見ると日本人の主食である(あ)米は97％であるのに対し、大豆と小麦はそれぞれ６％と16％であり、特に低いことが分かりました。

Ｂさん：僕《ぼく》は日本のエネルギー資源の自給率を調べてみました。石炭や石油、天然ガスといったエネルギー資源の自給率はとても低いようです。これらの資源は化石燃料とよばれ、(い)火力発電の燃料や(う)工業原料として使われています。

Ａさん：食料やエネルギー資源は私たちの生活に欠かせないものなので、自給率が低いと心配ですね。

Ｂさん：(え)では、どうすれば自給率が高まるのかを考えて発表しましょう。

問１　下線部(あ)について、以下の問いに答えなさい。

①　次の雨温図《うおんず》は、米の生産がさかんな新潟県上越《じょうえつ》市のものである。この雨温図を見ると、雪が多く降る冬の降水量が多いことが読み取れる。このように日本海側の地域において、冬に降水量が多くなる理由を簡単に説明しなさい。

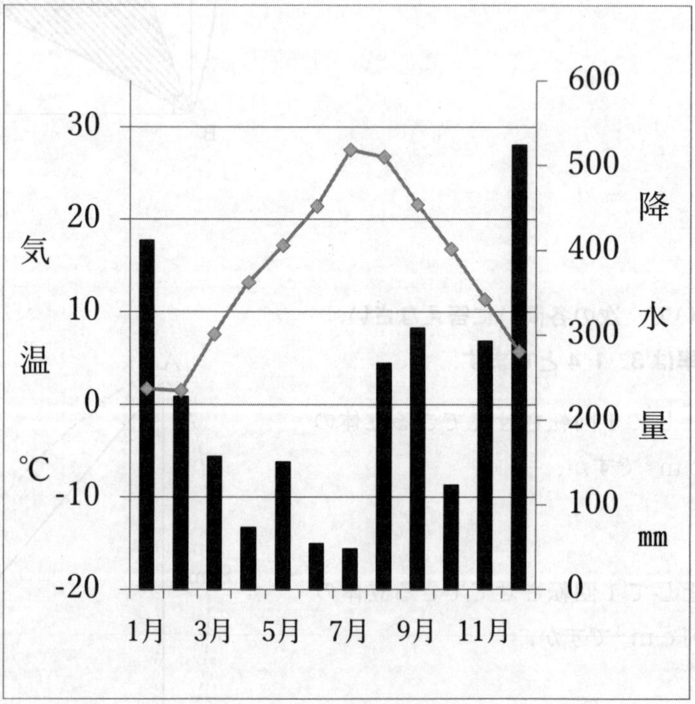

（気象庁ホームページより作成）

②日本では 1970 年代から米の生産量が消費量を上回り、米が余るようになった。そのため、政府は水田を減らして米の生産量をおさえる政策を行っていた。2018 年に廃止となったこの政策を何というか答えなさい。

問２　下線部い⃝について、下の＜地図１＞は主な原子力発電所・火力発電所・水力発電所の分布を示したものである。火力発電所の分布を示すしるしを＜地図１＞中のア～ウから１つ選び記号で答えなさい。

＜地図１＞

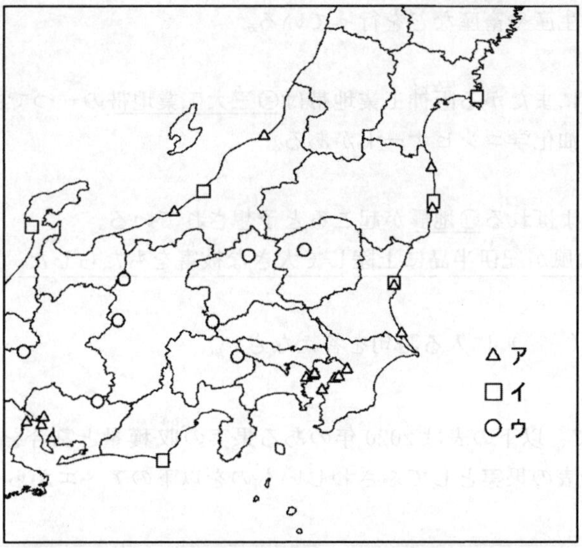

（『電気事業便覧 2017 年版』より作成）

問３　下線部う⃝について、次の文章の[　　]にあてはまる語句を以下のア～エから１つ選び記号で答えなさい。

かつての日本では原材料（工業原料）を輸入し、製品に加工して輸出する加工貿易がさかんであった。しかし、1980 年代後半から海外の安い労働力を求めて、海外へ工場を移す企業《きぎょう》が増えた。その結果、国内の工場が減って国内の生産や雇用《こよう》がおとろえる産業の[　　]が起こった。

ア、ドーナツ化　　イ、過疎《かそ》化　　ウ、空洞《くうどう》化　　エ、高齢《こうれい》化

問４　下線部え⃝について、Ａさんは食料自給率をあげるためには、地元で生産された食材をその地域で消費することが大切だと考えた。この動きを何というか。**漢字4字**で答えなさい。

〔２〕次の＜メモ＞は、ある生徒が日本の地理について学習したときのものです。この＜メモ＞から以下の問いに答えなさい。

＜メモ＞

○自然環境《かんきょう》 ・滋賀県にある（　　）は日本で一番大きい湖である。 ・太平洋側の地域は風向きや台風の影響《えいきょう》で夏に降水量が多い。 ○農林水産業 ・㋔果樹栽培《さいばい》がさかんな地域がある。 ・平野部では野菜の生産や畜産《ちくさん》などを行っている。 ○工業 ・大阪府と㋕兵庫県にまたがる阪神《はんしん》工業地帯は㋖三大工業地帯の一つである。 ・㋗四日市《よっかいち》市には石油化学コンビナートがある。 ○災害 ・南海トラフ地震《じしん》とよばれる㋘地震が起こると予想されている。 ・2011 年、大型の台風が紀伊《きい》半島に上陸して大きな被害《ひがい》をもたらした。

問５　＜メモ＞の中の（　　）に入る語句を答えなさい。

問６　下線部㋔について、以下の表は 2020 年のある果実の収穫《しゅうかく》量と割合を都道府県別にあらわしたものである。この表の果実としてふさわしいものを以下のア～エから１つ選び記号で答えなさい。

都道府県	生産量（トン）	全国の収穫量に対する割合（%）
山梨県	30,400	30.7
福島県	22,800	23.1
長野県	10,300	10.4
山形県	8,510	8.6
和歌山県	6,620	6.7
全国	98,900	100.0

（『日本のすがた 2022』より）

ア、みかん　　イ、なし　　ウ、りんご　　エ、もも

問７　下線部㋕について、兵庫県の説明として正しいものを以下のア～エから１つ選び記号で答えなさい。

ア、淡路島《あわじしま》で玉ねぎの生産がさかんである。

イ、清水焼《きよみずやき》や西陣織《にしじんおり》などの伝統工芸品が有名である。

ウ、志摩半島《しまはんとう》の英虞《あご》湾《わん》では真珠《しんじゅ》の養殖《ようしょく》が行われている。

エ、集積回路の輸出入が多い関西国際空港がある。

問８　下線部(き)について、以下のグラフは三大工業地帯の工業出荷額割合のうつりかわりを示したものであり、ア～ウには阪神工業地帯、京浜《けいひん》工業地帯、中京《ちゅうきょう》工業地帯のいずれかが入る。ア～ウのうち、阪神工業地帯にあてはまるものを１つ選び記号で答えなさい。

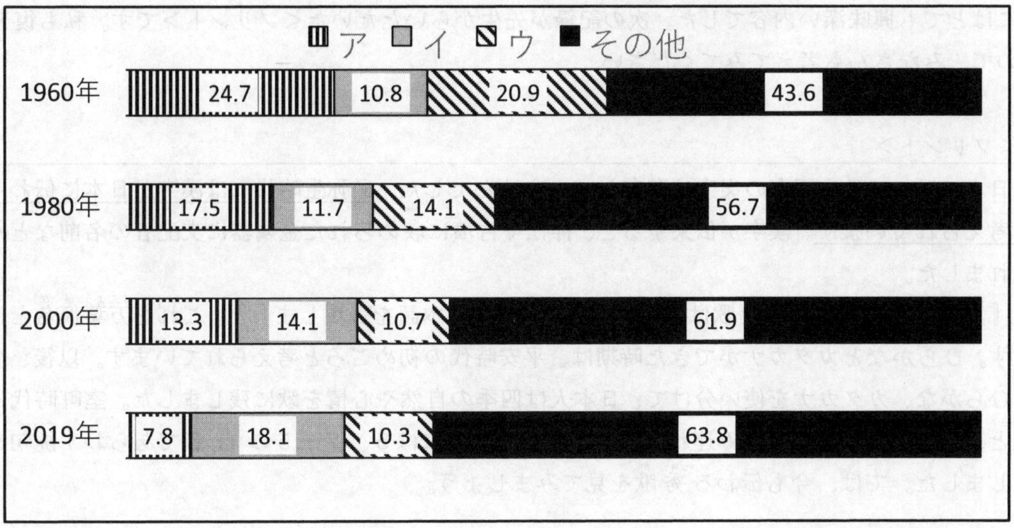

（『日本のすがた 2022』より）

問９　下線部(く)について、中京工業地帯の中心地の１つである四日市《よっかいち》市の位置を以下の<地図２>中のア～エから１つ選び記号で答えなさい。

<地図２>

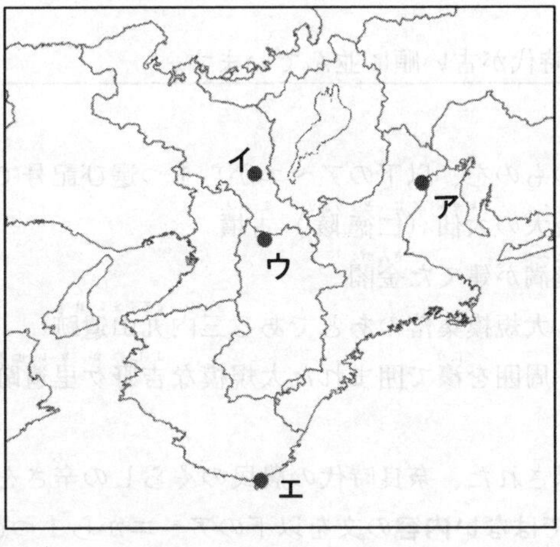

問 10　下線部(け)について述べた次の文ａ・ｂの正誤の組み合わせとして適切なものを、以下のア～エより１つ選び、記号で答えなさい。

ａ　突然《とつぜん》の災害に備えてあらかじめ避難《ひなん》場所を調べておくことが大切である。
ｂ　インターネットを使って何でも調べられるので避難訓練は必要ない。

ア、ａとｂは両方とも正しい。　　イ、ａは正しいがｂは誤っている。
ウ、ａは誤っているがｂは正しい。　エ、ａとｂは両方とも誤っている。

2 〔１〕次の文章を読んで以下の問いに答えなさい。

今日の授業は社会と国語を一緒《いっしょ》に学ぶ内容でした。少し難しかったですが、社会も国語も好きな私にはとても興味深い内容でした。次の記録が先生からいただいた＜プリント＞です。私も復習するので、みなさんも考えてみてください。

＜プリント＞

日本には、はじめ固有の文字は存在していませんでした。(あ)弥生時代には漢字が日本に伝わったと考えられています。漢字が伝来すると、神社や古墳《こふん》に収められた金属器に支配者の名前などが刻まれました。

『万葉集《まんようしゅう》』に収められた歌は、漢字に音を借りて日本語を表現しました。これを万葉仮名《まんようがな》と言います。ひらがなとカタカナができた時期は、平安時代の初めごろと考えられています。以後、漢字とひらがな、カタカナを使い分けて、日本人は四季の自然や心情を歌に残しました。室町時代に入ると、和歌を複数の人で詠《よ》み連ねる連歌《れんが》が、江戸時代には５・７・５の 17 音であらわす俳句《はいく》が成立しました。では、今も伝わる秀歌《しゅうか》を見てみましょう。

① 世間《よのなか》を　憂《う》しとやさしと　思へ《え》ども　飛び立ちかねつ　鳥にしあらねば
② この世をば　わが世とぞ思ふ《う》　望月《もちづき》の　欠けたることも　なしと思へ《え》ば
③ 見渡せば　花も紅葉《もみじ》も　なかりけり　浦《うら》の苫屋《とまや》の　秋の夕暮れ
④ 夏草や　兵《つわもの》どもが　夢のあと

①から④の歌はつくられた時代が古い順に並んでいます。

問１　下線部(あ)と同じ時期のものを、以下のア～エから１つ選び記号で答えなさい。
ア、大阪にある、日本最大の大仙《だいせん》（仁徳陵《にんとくりょう》）古墳《こふん》
イ、京都にある、足利義満《あしかがよしみつ》が建てた金閣《きんかく》
ウ、青森で見つかった、大規模集落のあとである三内丸山遺跡《さんないまるやまいせき》
エ、九州で見つかった、周囲を濠《ほり》で囲まれた大規模な吉野ケ里遺跡《よしのがりいせき》

問２　①は『万葉集』に収録された、奈良時代の農民のくらしの辛《つら》さを詠んだ歌です（原文は万葉仮名）。**この時代のことではない内容**の文を以下のア～エから１つ選び記号で答えなさい。
ア、新たにつくられた平城京《へいじょうきょう》は、東西南北にのびる道路で碁盤《ごばん》の目のように区切られていた。
イ、日本に正式な仏教を広めるために、中国から鑑真《がんじん》が招かれた。
ウ、上級の貴族は寝殿造《しんでんづくり》の住居にくらし、男性貴族は束帯《そくたい》、女性貴族は十二単《じゅうにひとえ》を正装《せいそう》とした。
エ、正倉院《しょうそういん》には聖武《しょうむ》天皇が使っていた道具や、遣唐使《けんとうし》によって日本にもたらされた大陸の文物が収められた。

問３　②は平安時代に娘《むすめ》４人が次々と天皇と結婚したことで、当時他に比べられないほどの栄誉《えいよ》栄華《えいが》を誇《ほこ》った歌です。この歌を詠んだ人物を**漢字**で答えなさい。

問４　③は鎌倉時代に藤原定家《ふじわらのていか》が詠んだものです。このころのできごとを説明した以下のア～エの文の中から**誤った内容のもの**を１つ選び記号で答えなさい。

ア、力をつけてきた源氏《げんじ》と平氏《へいし》が戦い、源義経《みなもとのよしつね》の働きもあって源氏が勝利した。

イ、源頼朝《みなもとのよりとも》は朝廷《ちょうてい》から征夷大将軍《せいいたいしょうぐん》に任ぜられ、はじめて武家による政権をうちたてた。

ウ、後鳥羽上皇《ごとばじょうこう》は承久《じょうきゅう》の乱で北条氏《ほうじょうし》を破り、北条氏の勢力を衰退《すいたい》させた。

エ、モンゴル軍が朝鮮《ちょうせん》の兵を連れて日本に二度攻め込んだが、御家人が奮闘《ふんとう》してこれを撃退《げきたい》した。

問５　④は江戸時代に松尾芭蕉が、奥州《おうしゅう》藤原氏が滅びた地である現在の岩手県平泉《ひらいずみ》を訪れて詠んだ俳句です。この地に現在も残る寺院と収められた仏像を以下のア～エから１つ選び記号で答えなさい。

ア

イ

ウ

エ

問６　「春過ぎて　夏来《き》にけらし　白妙《しろたえ》の　衣《ころも》干《ほ》すてふ《ちょう》　天《あま》の香具山《かぐやま》」。この歌は天武《てんむ》天皇の皇后《こうごう》であった持統《じとう》天皇が７世紀の末ごろに藤原京《ふじわらきょう》で詠み、のちに百人一首にも収録されています。①から④の歌のどの前に入れるとつくられた時代として正しい順番になりますか。**「○番の前」**の形で答えなさい。

〔２〕次のキリスト教と日本の歴史に関する年表を見て以下の問いに答えなさい。

年号	できごと
1549年	イエズス会宣教師《せんきょうし》の（　１　）が日本に初めてキリスト教を伝える
1587年	(い)豊臣秀吉がバテレン※1追放令を出す
1613年	(う)江戸幕府が日本全国にキリスト教の信仰《しんこう》を禁止する法令を出す
1639年	江戸幕府が(え)鎖国《さこく》政策の一環《いっかん》として、（　２　）船の来航を禁止する
	↕ ①
1864年	長崎にキリスト教の建築物である大浦天主堂《おおうらてんしゅどう》が建てられる
	↕ ②
1981年	ローマ教皇《きょうこう》※2ヨハネ・パウロ２世が教皇として日本を初めて訪問する

※1 バテレン：キリスト教の宣教師のこと

※2 ローマ教皇：キリスト教の最大宗派であるカトリック教会の最高指導者のこと

問７　年表中の空欄《くうらん》（　１　）・（　２　）にあてはまる語句の組み合わせとして正しいものをア～エの中から１つ選び、記号で答えなさい。

ア、（　１　）ペリー　（　２　）ポルトガル　イ、（　１　）ペリー　（　２　）スペイン

ウ、（　１　）ザビエル（　２　）ポルトガル　エ、（　１　）ザビエル（　２　）スペイン

問８　下線部(い)に関連して、豊臣秀吉が城を築いて本拠地《ほんきょち》とした場所を下の＜地図３＞中のア～エから１つ選び記号で答えなさい。

＜地図３＞

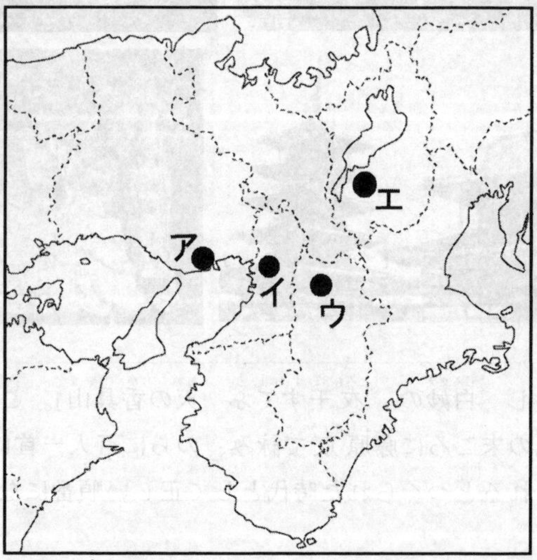

問9　下線部⑤に関連して、次のア～エは江戸時代の政治についての説明です。ア～エのうち**下線部が誤っているものを１つ選び記号で答え、その誤りを正しい言葉に直しなさい。**

ア、田沼意次《たぬまおきつぐ》は、幕府の財政をたて直すため、株仲間《かぶなかま》を奨励《しょうれい》した。
イ、徳川綱吉《つなよし》は、生類憐《しょうるいあわれ》みの令という極端《きょくたん》な動物愛護令を出した。
ウ、新井白石《はくせき》は、長崎での貿易を制限して、金や銀が海外に流出するのを防ごうとした。
エ、徳川吉宗《よしむね》は、目安箱を設置するなど寛政《かんせい》の改革を行った。

問10　下線部㋤について、鎖国中の日本と貿易ができたヨーロッパの国はオランダだけでした。『解体新書』はオランダ語の解剖《かいぼう》書を翻訳《ほんやく》して書かれた本です。その翻訳に関わった人物を１人答えなさい。

問11　年表中の①の時期に起こったできごとを以下のア～エから１つ選び記号で答えなさい。

ア、新渡戸稲造《にとべいなぞう》が国際連盟の事務局次長を務めた。
イ、天草四郎《あまくさしろう》を中心に島原《しまばら》・天草一揆《あまくさいっき》が起こった。
ウ、小村寿太郎《こむらじゅたろう》が不平等条約の改正に尽力《じんりょく》した。
エ、もと役人の大塩平八郎《おおしおへいはちろう》が反乱を起こした。

問12　以下のア～エは年表中の②の時期に起こったできごとです。ア～エを古い順にならべかえたとき、**３番目となるもの**を選び、記号で答えなさい。

ア、連合国と日本の間でサンフランシスコ平和条約が結ばれた。
イ、日本国憲法が施行《しこう》された。
ウ、伊藤博文が内閣総理大臣に就任した。
エ、沖縄がアメリカから日本に返還《へんかん》された。

3 次の文章を読んで以下の問いに答えなさい。

日本における人権保障のしくみは、昔と今とではかなり違います。戦前における日本の憲法は、大日本帝国憲法でした。この時代は主権が（　）にあり、国民の権利はかなり制限されていました。しかし、現在は(あ)国民主権の時代です。今日の(い)日本国憲法では、（　）は日本国の象徴とされるようになりました。そして、私たち国民の権利が最大限尊重されるしくみになっています。また日本国憲法では、国民が守らなくてはならない義務も定められています。

問1　文中の空欄《くうらん》（　）にあてはまる語句を**漢字**で答えなさい。

問2　下線部(あ)について、国民主権の内容として**誤っているもの**を以下のア～エから1つ選び記号で答えなさい。

ア、国会に対して、選挙で議員を選ぶことができる。

イ、地方公共団体に対して、首長や議員の選挙、条例の改正、首長や議員を解職する請求をすることができる。

ウ、最高裁判所に対して、最高裁判所裁判官としてふさわしい働きをしているか判断する弾劾《だんがい》裁判をすることができる。

エ、憲法の改正をするときに国民投票をすることができる。

問3　①　下線部(い)について、日本国憲法の3つの原則は、国民主権の他に何があるか。あとの**2つ**を答えなさい。

②　下線部(い)について、日本国憲法第25条でいわれている「健康で文化的な最低限度の生活を営む権利」のことを何権というか、**漢字**で答えなさい。

問4　次の①～⑥は国民の権利か義務のどちらかをあらわしています。権利にあてはまるものにはア、義務にあてはまるものにはイ、と記号で答えなさい。

①　教育を受ける　　②　仕事に就いて働く　　③　税金を納める

④　労働者が団結する　　⑤　子どもに教育を受けさせる　　⑥　裁判を受ける

【理　科】〈第２回試験〉（社会と合わせて60分）〈満点：100点〉

〈注　意〉解答は特に漢字で答えなさいとある場合以外はひらがなで答えてもよい。

1　電池と豆電球を用いて、回路A～Dを作りました。これについて以下の各問いに答えなさい。ただし、回路に用いた電池と豆電球はすべて同じものであるとします。

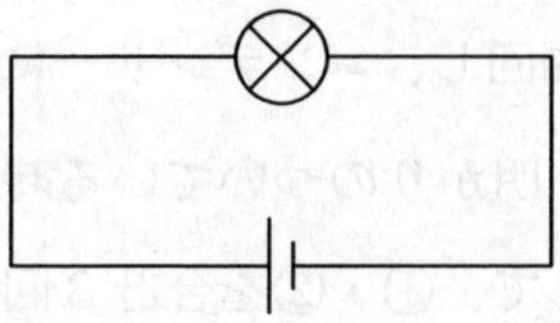

回路A

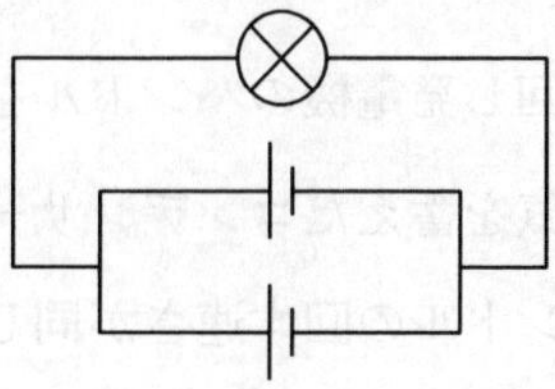

回路B

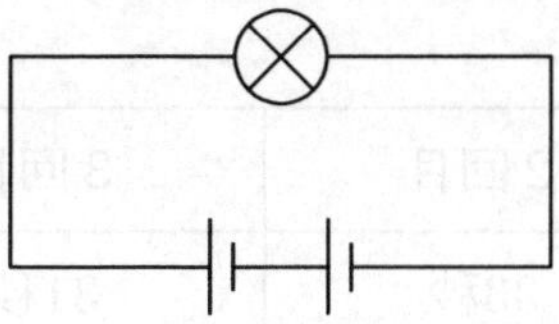

回路C

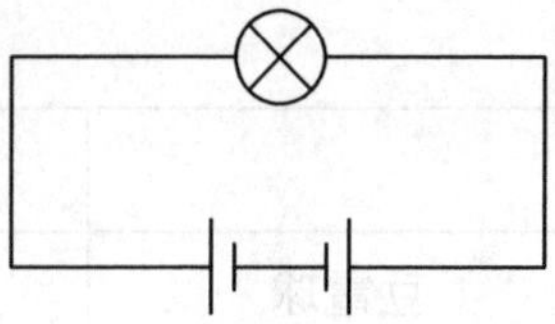

回路D

⑴　回路Bの電池のつなぎ方を何つなぎといいますか。

⑵　豆電球がもっとも明るく光るのはどの回路ですか。A～Dの記号で答えなさい。

⑶　回路Cに流れる電流を、検流計を用いて調べたい。検流計をどのようにつないだらよいですか。導線を実線「 ― 」、検流計を「 Ⓐ 」として回路図を完成させなさい。ただし、解答用紙の図の点線「 ---- 」は元の回路Cの導線を表しています。

近年、発光ダイオード（LED）という明かりが様々なところで使用されるようになりました。豆電球と発光ダイオードの性質の違いを調べるために次のような実験を行いました。表はこの結果を表しています。

〔実験手順〕

① 手回し発電機のハンドルを一定の速さで30秒間回し、コンデンサーに電気を蓄《たくわ》える。

② 電気を蓄えたコンデンサーを豆電球につなぎ、明かりのついている時間を測定する。

③ ハンドルの回す速さが同じになるように注意して、①・②を合計３回行う。

④ ①～③と同様の操作を発光ダイオードに対しても行う。このときも、手回し発電機のハンドルを回す速さが、豆電球に対して行った３回と同じになるように注意する。

	１回目	２回目	３回目
豆電球	30秒	33秒	31秒
発光ダイオード	3分以上	3分以上	3分以上

⑷ 実験結果からどのようなことがわかりますか。正しいものを下から１つ選び記号で答えなさい。

ア 豆電球の方が発光ダイオードよりも明るい。
イ 発光ダイオードの方が豆電球よりも明るい。
ウ 豆電球の方が発光ダイオードよりもたくさん電気を使う。
エ 発光ダイオードの方が豆電球よりもたくさん電気を使う。

⑸ 実験結果から、豆電球と発光ダイオードをそれぞれ手回し発電機に直接つないでハンドルを回すと、どのような違いがあると予想できますか。「発光ダイオードの方が…」という書き出しに続けて、簡単に説明しなさい。

2 下の図A～Cのように底のない集気びんの中にろうそくを入れました。以下の各問いに答えなさい。

図A　　　図B　　　図C

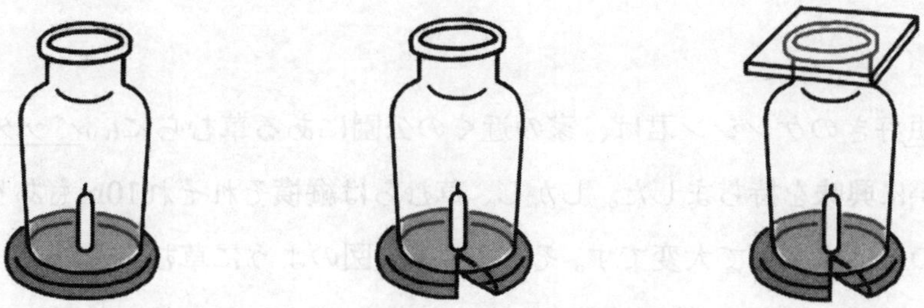

ふたなし
底は閉じている

ふたなし
底はすき間あり

ふたあり
底はすき間あり

⑴　下の図Dは、上の図Bのろうそくが燃えている状態を表しています。びんの中を通る空気の流れの向きとして正しいものをア・イ・ウ・エから２つ選び記号で答えなさい。

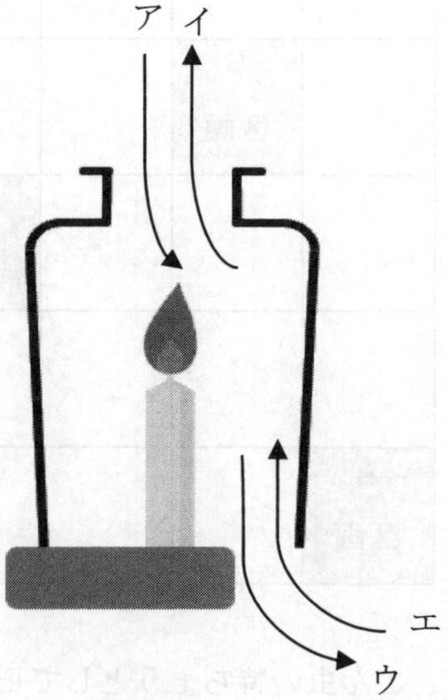

図D

⑵　ろうそくに火をつけて燃やし続けると、最初に火が消えてしまうのは図A～Cのうちどれですか。正しいものを１つ答えなさい。またその理由を書きなさい。

⑶　ろうそくが燃え続けるために必要な気体の名前を答えなさい。

(4) 空気中には様々な気体がふくまれています。空気中の体積の割合がもっとも大きい気体を下から1つ選び記号で答えなさい。

ア 二酸化炭素　　イ 酸素　　ウ ちっ素　　エ アルゴン

3 (あ)こん虫好きのケンシン君は、家の近くの公園にある草むらに(い)バッタが何びき生息しているのかに興味を持ちました。しかし、草むらは縦横それぞれ10mもあり、全域でバッタを数えるのには広すぎて大変です。そこで、下の図のように草むらを2mごとに区切り、A～Cの3区画に住むバッタの数だけ数えてみることにしました。その結果、A区画には3びき、B区画には2ひき、C区画には4ひきのバッタが生息していました。

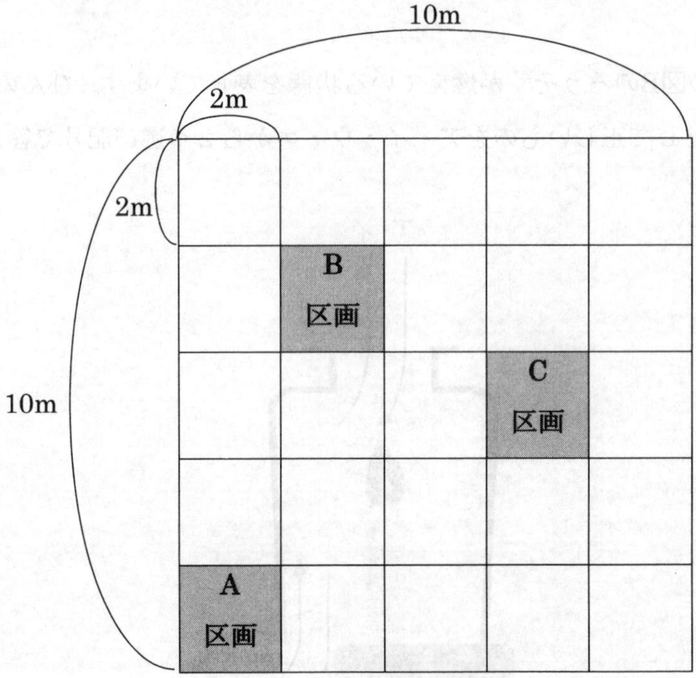

(1) 下線部(あ)について、こん虫の特ちょうとして正しいものを下から1つ選び記号で答えなさい。

ア 頭、胸、腹に分かれており、胸からはねが、腹からあしが生えている。
イ 空気が出入りする気門が腹にあり、からだの中の気管につながっている。
ウ たまごを生まず、母親が子どもを直接出産する。
エ 生まれた子どもを、親が保護して母乳で育てる。

⑵　下線部(い)について、バッタにはさなぎの期間がなく、幼虫から成虫へ変わります。このようなこん虫の育ち方を何といいますか。

⑶　図中A～Cの３か所の区画に生息するバッタの個体数は、平均何びきですか。

⑷　A～Cの３か所の区画以外でも、⑶で答えた個体数が均等にいると仮定した場合、この草むら全体で何びきのバッタがいると推定できますか。

　ケンシン君は、タブレットを使って海外のこん虫について調べていたところ、サバクトビバッタという種類のバッタがいることを知りました。このバッタは、その地域に生息する個体の数が少ないときにはタイプ**X**のバッタが、多いときはタイプ**Y**のバッタが出現しやすいということが書かれていました。

【タイプX】 バッタの個体数が少ないとき 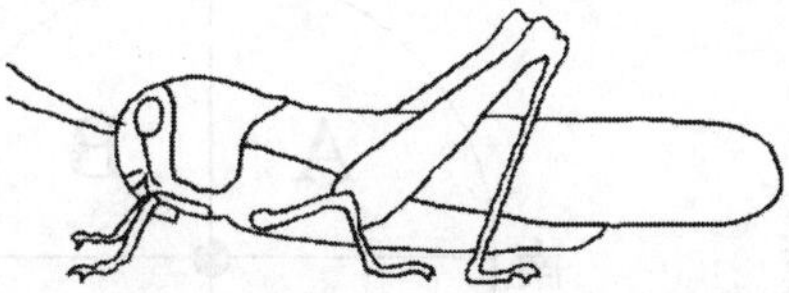		【タイプY】 バッタの個体数が多いとき 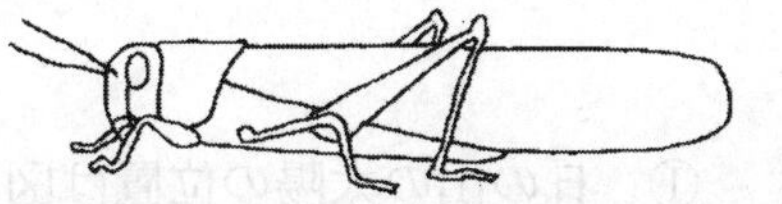
緑色	色	茶色
大きい	体の大きさ	小さい
短い	体長に対する はねの長さ	長い
長い	体長に対する あしの長さ	短い

⑸　個体数が多いとき、その地域に生えているエサの植物が不足します。その際、エサを確保するためには、タイプ**Y**の形態がタイプ**X**より優れています。どのような点で優れているかを上の表の内容を参考に、「タイプ**Y**の方が…」という書き出しに続けて、理由とともに説明しなさい。

4 下の図１は、東京における冬至《とうじ》の日と、夏至《げし》の日の太陽の通り道を表しています。地面の中央には地面に対して垂直に棒を立ててあります。また、図２は図１を真上から見た図です。これについて以下の各問いに答えなさい。

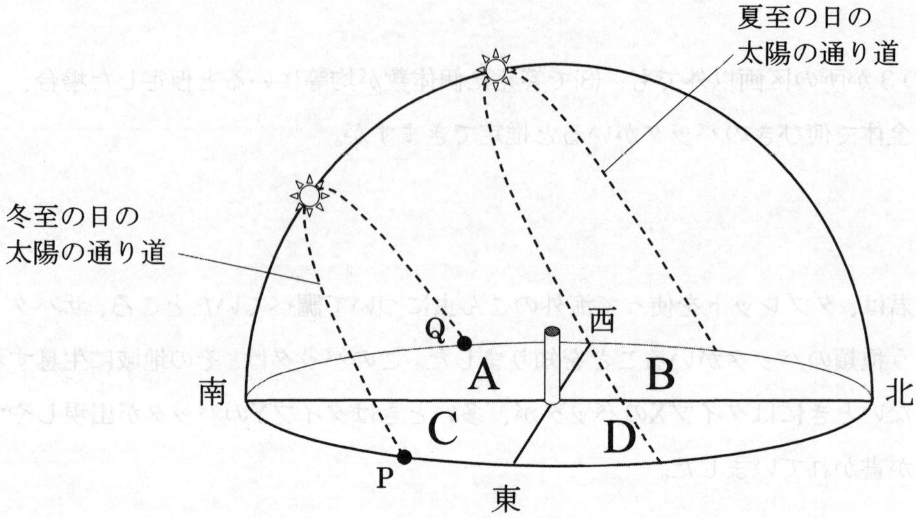

図１

(1) 冬至の日の太陽と、棒のかげについて①、②に答えなさい。

① 日の出の太陽の位置は図１のP、Qのどちらですか。

② 日の出の太陽がつくる棒のかげは、図２のA～Dのどの部分にできますか。

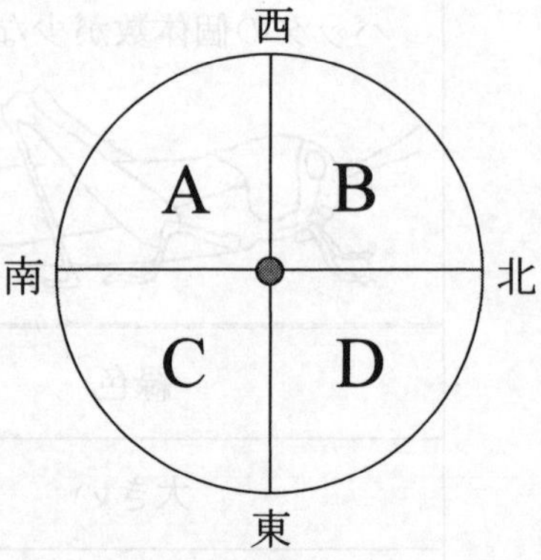

図２

(2) 夏至の日には棒のかげはどこにできますか。下の文章の空欄《くうらん》に図２のA～Dから適する記号をそれぞれ答えなさい。ただし、同じ記号を２度用いてはいけません。

日の出のころには図２の（　①　）にかげができる。その後、だんだんと（　②　）へ移動し、午後には（　③　）へと移動する。さらに日没《ぼつ》のころには（　④　）へと移動する。

⑶　１日でもっとも棒のかげが短くなるのは、太陽がどの方位にあるときですか。下から1つ選び記号で答えなさい。

ア 東　　イ 西　　ウ 南　　エ 北

⑷　１年でもっとも棒のかげが短くなるのはいつですか。下から１つ選び記号で答えなさい。

ア　冬至の日の午前10時ごろ
イ　冬至の日の正午ごろ
ウ　夏至の日の午前10時ごろ
エ　夏至の日の正午ごろ

⑸　下図のように、教室の南側に窓がある場合、正午ごろ南の窓から太陽の光が、教室の床のもっとも北側までさしこむのは１年のいつですか。下から１つ選び記号で答えなさい。

ア　春分の日　　イ　夏至の日　　ウ　秋分の日　　エ　冬至の日

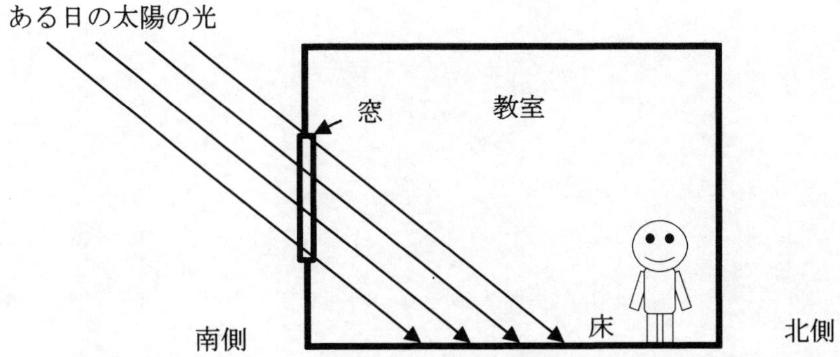

四 次の各問いに答えなさい。

問一 次のことわざの意味として正しいものをあとから選び、記号で答えなさい。

① 二階から目薬

ア 回りくどくて効果が得られないこと。
イ とても良い結果を期待できること。
ウ 今までに例がなくめずらしいこと。

② 白羽《しらは》の矢が立つ

ア 先生より教え子の方がすぐれていること。
イ すぐれた人物は幼い時から才能を表すこと。
ウ たくさんの人の中から選び出されること。

問二 次の――線部「の」と同じ用法のものをあとから選び、記号で答えなさい。

① 言うのは簡単だ。
② これが祖父の会社だ。
③ 兄の書いた手紙。

ア 私の消しゴムはどこですか。
イ 走るのなら任せて。
ウ 彼《かれ》のかいた絵は上手だ。

問四 ――線④「てっきり何かいわれるだろうと思っていた」とありますが、「僕」は上別府にどのようなことをされると思っていたのですか。本文のこれより前の部分の言葉を使って、三十五～四十字で答えなさい。**（句読点も数える）**

問五 ――線⑤「なんだかくすぐったい気分だった。」とありますが、「僕」はどのようなことに対してこう思ったのですか。本文の言葉を使って、二十五～三十字で答えなさい。**（句読点も数える）**

問六 ――線⑥「他愛《たあい》もないこと」の本文中の意味として最も適当なものを次から選び、記号で答えなさい。

ア 友情とはいえないこと
イ 今までの経験にないこと
ウ あまりうれしくないこと
エ 取るに足りないこと

問七 ――線⑦「ほんとうは思い切って告白したつもりだった。」とありますが、その時の「僕」の心情の説明として最も適当なものを次から選び、記号で答えなさい。

ア 本屋で一緒だった女の子について、上別府に聞かれる前に言ってしまおうと思った。
イ 本屋で一緒だった女の子について、趣味が「渋い」と言われたことに反論したかった。
ウ 本屋で出会った女の子に対して、いつか自分の思いを打ち明けようと考えていた。
エ 本屋で出会った女の子が、上別府に好意を持っているのではないかと不安になった。

問八 ――線⑧「そう推測して結論づけることにした。」とありますが、「僕」はなぜそうしたのですか。最も適当なものを次から選び、記号で答えなさい。

ア 本屋でいっしょにいた女の子が上別府には見えていないことを知り、上別府は豪快ではあるが鈍感《どんかん》な人間であると気づいてしまったから。
イ 本屋でいっしょにいた女の子が上別府には見えていないことを知り、自分が特異な体験をしているとすぐに認めることができなかったから。
ウ 本屋でいっしょにいた女の子が自分だけに見えていたとわかり、見てはいけないものを見てしまったという恐怖《きょうふ》をすぐに消したかったから。
エ 本屋でいっしょにいた女の子が自分だけに見えていたとわかり、いつまでもその話をし続けると、上別府にばかにされるだろうと思ったから。

問九 次のうち、本文の内容に合っているものを一つ選び、記号で答えなさい。

ア 「僕」は本屋で偶然《ぐうぜん》会った彼女が気になり、好きになってもらうために何度も本屋に足を運び、愛読している重松清の本を紹介《しょうかい》した。
イ 転校生である「僕」に見向きもしなかった上別府に女の子と一緒にいるところを指摘《してき》されたことで、「僕」と上別府は仲良くなった。
ウ 「僕」は彼女がどこの誰であるかということよりも、彼女がすすめてくれる様々な本の存在が自分にとって大切であると考えている。
エ 「中村」と名乗る彼女と本屋で会ったり話したりしたことは、誰にも見えておらず、すべて自分の錯覚《さっかく》であったと「僕」は結論づけた。

「一緒にいた子？　誰《だれ》だそれ」

僕は上別府の日に焼けた顔をしげしげと見た。わざと話をはぐらかしているのだろうか。

「ほら、黒いセーラー服の、同じ歳《とし》くらいの子」

「黒いセーラー服って、今どきないだろ。どこの古めかしい学校だよ」

今度は僕がきょとんとする番だった。そういわれてみれば、セーラー服を着ている子自体を見かけない。うちの学校も白いシャツにグレーのスカートだ。もう少し寒くなれば、その上にブレザー。

「じゃあ、あれはどこの制服なんだろう」

僕がいうと、

「何いってんだおまえ」

上別府は声を上げて笑い、鞄を肩《かた》にかけて部活に行ってしまった。

その夜、僕はぼんやりと考えた。もしかしたら、彼女は遠距離通学をしている高校生なのかもしれない。ほとんど根拠《こんきょ》はないが、⑧そう推測して結論づけることにした。もしも彼女が何らかの理由で自分の学校の制服を着ているのではないのだとしても、その理由はわからなかった。考えてもしかたがない。それよりも、彼女のすすめてくれた本はどれもおもしろかった。そのことが大事なんだと思った。思おうとした。

（宮下奈都『つぼみ』所収「なつかしいひと」）

※1　後ろめたさ……良心がとがめる感じ
※2　重松清……有名な小説家
※3　嘲おう……ばかにしよう
※4　感慨……心に深く感じてしみじみとした気持ちになること
※5　『その日のまえに』……重松清の短編小説集

問一　――線①「浮かんだ疑問はゆらゆらっとどこかへ消えてしまった」とありますが、「僕」がこのように感じたのはなぜですか。最も適当なものを次から選び、記号で答えなさい。

ア　自分に妹がいることを以前彼女に話したはずなのに、今まで忘れていたから。
イ　知り合ったばかりの彼女に母さんのことを話すことが、つらく思えたから。
ウ　どこかで彼女のような笑いかたをするひとを見たことがあると思ったから。
エ　彼女のうれしそうな声を聞いたことで、気持ちが舞い上がってしまったから。

問二　――線②「ぶっきらぼうないい方になった。」とありますが、「僕」がぶっきらぼうないい方になったのはなぜですか。最も適当なものを次から選び、記号で答えなさい。

ア　「僕」が今の学校に友達が一人もいないことを、彼女にはどうしても知られたくなかったから。
イ　「僕」が学校の中心人物である上別府のことを怖がっていると、彼女に思われたくなかったから。
ウ　転校生である「僕」が女の子と一緒にいることで、上別府に興味を持たれることを警戒《けいかい》したから。
エ　転校生である「僕」が勉強好きだということを、優等生の上別府に知られることが嫌《いや》だったから。

問三　――線③「直感がささやいていた。」と同じ表現方法の例文として最も適当なものを次から選び、記号で答えなさい。

ア　それは、稲妻《いなずま》に打たれたような感覚だった。
イ　生きることは旅に出ることに似ている。
ウ　一歩外に出ると、北風が頬《ほお》を刺《さ》した。
エ　大谷翔平《しょうへい》選手は野球の神様である。

上別府はふしぎそうに僕を見た。

「おもしろい本」

僕がいうと、ああ、と表情を崩《くず》した。

「わかった。読んでみる」

そういってうなずいた。

放課後、にぎやかな生徒玄関《げんかん》で靴《くつ》を履《は》き替えていたところに、白い体操服の上別府たちが来た。これから部活でランニングでもするのだろう。下駄箱《げたばこ》に伸《の》ばしかけていた手を引いて先を譲《ゆず》ると、小さく、サンキュ、といって笑った。

たったそれだけのことだ。だけど、びっくりした。サンキュといって笑うだけで、上別府が僕を※3嘲《あざわら》おうとはしていないことがいっぺんにわかった。

僕はゆっくりと歩きながら、走っていく上別府たちの後ろ姿を見た。

その週はいろいろ忙《いそが》しかった。

まず、中間テストがあった。答案はすぐに採点されて戻ってきた。学年で一番の成績だったけれど、達成感もよろこびもない。何の※4感慨《かんがい》もなく、僕は答案を鞄《かばん》にしまった。

テストが終わると球技大会だった。球技大会といっても、生徒数が少なくて、各学年でバレーとバスケットのチームをひとつずつつくったら、それでおしまい。公平のため、部活にない種目で競うことになっているそうだけれど、経験者がいないから試合らしい試合にもならなかった。

僕はバレーにもバスケットにも縁《えん》がなかった。それでも、前の中学にいた頃《ころ》、転校直前まで体育の授業はずっとバレーだった。どちらかには出なければならないというので、バレーを選択《せんたく》した。チームのキャプテンは、上別府だった。

上別府は、運動神経がよかった。同じコートの中にいると、それがよくわかった。リーダーシップもあった。彼《かれ》の指示で、僕たちは動いた。もっとも、動いているつもりで身体《からだ》は全然ついていけなかったのだけど。

僕がボールを拾えなくても、サーブをネットに引っかけてしまっても、上別府は、怒《おこ》らなかった。疲《つか》れてぼんやりしていたときだけ、ボール見ようぜ、と声をかけられたくらいだ。

「セッターに向いてるんじゃないか」

大会の後で上別府にいわれたときは、何の話かわからなかった。

「手首がやわらかいから、コントロールがいい」

上別府がほめるものだから、まわりのやつも同調した。園田の上げたボールは打ちやすいとか、頭がいいから指示役のセッターにはちょうど向いているのだとか。

もちろん、真《ま》に受けたわけではない。驚《おどろ》いたし、そんなはずはないとも思った。けれど、⑤なんだかくすぐったい気分だった。ほんとうにセッターに向いているかどうかは別として、同級生たちとの距離《きょり》が一気に縮まった感じがした。

本屋にはなかなか行けなかった。

本を読む以外にもやることがある。それは、新鮮《しんせん》な驚きだった。登下校のときに誘《さそ》われたり、休み時間に話しかけられたり、⑥他愛《たあい》もないことばかりだったけれど。

「重松清、読んだよ」

上別府がいった。

「え、もう？」

「兄貴が文庫で一冊持ってた。※5『その日のまえに』っていうんだ。すげえよかった」

僕は黙《だま》ってうなずいた。（中略）

「しっかし、渋《しぶ》いよな。親父の趣味《しゅみ》か？」

いや、と僕は首を振った。父さんは小説を読まない。

「こないだ、本屋の前で会ったときに一緒にいた子。あの子に教えてもらった」

なにげなさそうに話したけれど、⑦ほんとうは思い切って告白したつもりだった。

しかし上別府は首を傾《かし》げた。

でも、目の前にいる彼女が弾《はず》んだ声で話すので、僕の心は浮き立った。①浮かんだ疑問はゆらゆらっとどこかへ消えてしまった。

どうして彼女からはこんなになつかしい匂《にお》いがするんだろう。彼女の横顔をこっそりと盗《ぬす》み見ながら考えた。なつかしさがどんな成分でできているのか知らないけれど、うれしいとか、よろこばしい、たのしい、肯定的《こうていてき》な気持ちに、せつない、はずかしい、といった身を縮めたくなるような感情も混じっているのだと思う。少なくとも、僕には、彼女になつかしさを感じてしまったことに対する妙《みょう》な※1後ろめたさがあった。

（中略）

「ええと、名前、なんていうの？」

思い切って聞くと、ほんの少し間が空いた。

「平凡《へいぼん》な名前。つまんないよ。中村っていうの」

中村さん。すごく平凡だというわけでもないけれど、たしかにこの町には中村さんが多いようだった。クラスにも中村がいて、先生の中にも中村はいた。

そのとき、歩道の向こう側を、こちらをちらちら見ながら歩いてくる学生服姿が見えた。がっしりしていて、髪《かみ》がくろぐろと多い。そうだ、たしか上別府《かみべっぷ》というやつだ。同じクラスにいながら口をきいたこともない。日焼けした顔に太い眉毛《まゆげ》、声が野太《のぶと》くて、豪快《ごうかい》に笑う。いかにも運動部の人間らしく、いつも友達に囲まれてクラスの中心にいた。

「どうかした？」

彼女が僕の視線を追って振り返る。

「なんでもないよ」

②ぶっきらぼうないい方になった。女の子といるところを見られるのは決まりが悪い。いろいろとまずい、と③直感がささやいていた。中二の秋になって転校してきて、東京の言葉を使い、馴染《なじ》もうともしない、ひょろっとした転校生。僕になど、いま通っていった上別府は興味もないだろう。しかし、放課後、商店街を女の子と歩いているとなれば、好奇心《こうきしん》を刺激《しげき》されたとしてもおかしくない。

（中略）

翌日、昼休みに図書館へ行こうと廊下《ろうか》へ出たところで、上別府に呼び止められた。

「園田、昨日本屋の前にいたろ」

やっぱり。面倒《めんどう》くさいことになった。

放っておいてくれ。そういいたかったけれど、いわなかった。

「いたよ」

いたのは事実だ。本屋の前で、中村さんと話していた。それをひやかしたり、からかったりされるのはいやだ。だけど、堂々としていようと思った。堂々としていなければ、彼女に悪いような気がした。

「店から出てきたところを見てた」

「そうか」

それは僕も知っていた。僕たちのほうをちらちら見ていたじゃないか。

「何を買ったんだ」

「なんでもいいだろ」

愛想《あいそ》のない口調《くちょう》だったと自分でも思う。上別府は鼻の頭に皺《しわ》を寄せた。

「そりゃ、なんでもいいけど。おもしろい本があったら、普通《ふつう》に教えてくれたっていいんじゃね」

そういうと、教室へ入っていってしまった。

彼女のことはいわれなかった。④てっきり何かいわれるだろうと思っていたから、拍子抜《ひょうしぬ》けした気分だった。

廊下を戻《もど》り、教室へ入った。真田《さなだ》や中村たちと話している上別府に、後ろから声をかけた。

「※2重松清《しげまつきよし》」

「え」

ウ　対立する二者の話にまどわされ、どちらを正解とするか決められないこと。
エ　対立する二者の言い分に耳をかたむけて、良いと思った方に加勢すること。

問七　――線⑥「うまく卸がさばいている」とありますが、それはどのようなことですか。最も適当なものを次から選び、記号で答えなさい。
ア　売り手の高い値段への要望と買い手の安く買いたいという要望を取り入れ、卸に最も利益がでるようにすること。
イ　卸が売り手と買い手の間に入り、生産者と仲卸、小売店の双方が納得できるように値段や数量を決めること。
ウ　消費者が買いたいと思うような安い値段を、卸が予想して生産者に教えることで商品の値段が決まっていくこと。
エ　卸自体に関わる多くの費用を回収しつつ、利益が出るように生産者と消費者を説得して納得してもらうこと。

問八　次のうち、本文の内容と合っているものを一つ選び、記号で答えなさい。
ア　商品の旬が過ぎる前は、多くの人が新鮮なものを求めるため値段が変わりやすい。
イ　卸が生産者から委託されて販売する場合は、より利益を出すために手数料をもらう。
ウ　できるだけ費用を抑えて収入を増やし、利益を出すことが生産者には大切である。
エ　卸は、負担が多く、利益を確保しにくい条件のもとで市場の重要な役割を担っている。

問九　本文からは次の一文がぬけ落ちています。入れるのに最も適当な場所を本文の【ア】～【エ】から選び、記号で答えなさい。

その意味で、市場は時間との勝負の場でもあります。

三

次の文章を読んで、あとの問いに答えなさい。（問題作成上、本文に省略した部分があります。）

中学二年生の園田太一（僕《ぼく》）は両親と妹と東京で暮らしていたが、母が亡くなり、九州にある母の実家・中村家でお世話になることになる。ある日、読書好きの僕は本屋で見慣れない制服を着た女の子に出会い、本を紹介してもらう。それ以降彼女《かのじょ》に会いたくなり、再び本屋に足を運ぶ。本文はそれに続く場面である。

次に会ったのは、翌週の月曜だった。
「もう全部読んだの？」
彼女はうれしそうに笑った。うーん、じゃあ、今度はどうしようかなあ、などといいながら棚《たな》の間をまわってゆく。僕も一緒《いっしょ》に歩いた。どんな本が好きかぽつぽつと話しながら店内を一周すると、彼女の腕《うで》には何冊かの本が抱《かか》えられていた。文庫が三冊にハードカバーが一冊。ハードカバーか。お年玉からお金を持ってきたから、買えないわけじゃない。だけど、ちょっと困った。
「これ、女ものじゃない？」
「女ものって」
彼女は首を振《ふ》って笑った。ふと、どこかでこんな笑い方をするひとを見たことがある、という思いが頭をかすめた。
「洋服じゃないんだから、本に男ものも女ものもないと思うよ。でも、もしも気に入らなかったら、妹さんにでもあげて」
そうか、妹にか、と思うのとほぼ同時に疑問が浮《う》かんだ。妹がいることを話したっけ。話していない、と瞬時《しゅんじ》に思う。妹のことを話す暇《ひま》はなかった。妹に限らず、家族のことは話していなかった。だって家族の話をしたら、母さんのことを話さなければならなくなってしまう。

そこを⑥うまく卸がさばいていると見ることもできます。

生産者は販売した収入で費用を回収しなければなりません。卸が生産者から仕入れる値段は、確実に費用が回収され利益が出るように設定されています。逆に仲卸、小売店は、高くすると消費者が買ってくれなくなりますから、できれば安い値段でなければ買いません。こうして、すべてを売り切り、取引を完了《かんりょう》させるためには、最終的にぎりぎり生産者が納得し、買い手側も納得できる線、高すぎもせず、安すぎもしない値段を決めなければなりません。仮に、安すぎる値段で買い手に卸すと生産者に損が出てしまうかもしれないし、高すぎる値段だと、小売店が持ち帰っても、消費者が買ってくれないかもしれない。だからぎりぎりで間を取るのです。綱引というよりは、なかなか微妙《びみょう》な綱渡《つなわた》りとも言えます。

卸自身も利益を追求する企業であることには変わりがありません。そのために、できるだけ費用を抑《おさ》えて、収入を多くすることで利益を出したい。しかし、生産者からの仕入金額は、卸にとっては費用です。一方、仲卸・小売店への販売額は収入になります。ところが、費用である仕入金額に比べて、収入である販売額をそれほど高くできません。おまけに、商品をトラックなどで運搬《うんぱん》する輸送費用、入荷した商品の整理、分配、事前に商品の品質、規格、数量などを伝える仕事など、卸自身に関わる費用も多く、もちろん自ら負担しなければなりません。こうして、卸は高い利益を確保しにくい状況になってしまうのです。

卸が、このような厳しい条件のもとで、要となる役割を果していることを私たちは知る必要があります。

(徳田賢二『値段がわかれば社会がわかる』)

※1 花卉……観賞用になるような美しい花をつける植物の総称
※2 前章……本文は第4章である
※3 相対……売り手と買い手が一対一で価格や数量を決める取引のこと
※4 迅速……物事の進行がきわめて速いさま
※5 規格……この場合は、商品の寸法や形状などの基準の取り決めを文章化したもの
※6 双方……両方

問一 空らん A ～ C に当てはまる語を次から選び、記号で答えなさい。

ア したがって　**イ** また　**ウ** 例えば
エ すなわち　**オ** では　**カ** しかし

問二 ――線①「この難しい状況」とありますが、どのような状況ですか。本文の言葉を使って三十五～四十字で答えなさい。**(句読点も数える)**

問三 ――線②「綱引関係に似ています。」とありますが、どのような点が綱引と似ているのですか。最も適当なものを次から選び、記号で答えなさい。

ア 売り手と買い手と卸が、主導権を取り合って取引が進んでいく点。
イ 卸が審判役として間に入って主導権を握り、商品の値段を決める点。
ウ 売り手と買い手のどちらが主導権を握るかで、交渉が決まる点。
エ 買い手が主導権を持たないと、旬の時期が過ぎて値段が下がる点。

問四 ――線③「委託」とありますが、どのようなことですか。解答らんに続くように二十六字でぬき出して答えなさい。**(句読点も数える)**

問五 ――線④「実は生産者と同じでなるべく高く卸したいと考えています。」とありますが、なぜ安く卸してはいけないのですか。本文の言葉を使って三十五～四十字で答えなさい。**(句読点も数える)**

問六 ――線⑤「板挟み」の意味を次から選び、記号で答えなさい。

ア 対立する二者の間に立って、どちらにつくこともできずに苦しむこと。
イ 対立する二者の両方が協力できるように、まとめていこうとすること。

B 市場には事前に決まった値段はありません。値段は、すべて売り手である卸と買い手である仲卸、小売店との間の取引交渉《こうしょう》で決まってくるものなのです。相対取引も同じです。それは、生産者から入荷する品目、数量も、買い手が希望する品目、数量も、日々変わり、したがって、両者が納得して合意できる値段も常に変わるからです。【エ】

売り手と買い手の間の取引交渉は難しいものです。売る側はもちろん高い値段で売りたい。買う側は安い値段で買いたいと、全く逆の希望を持っています。またお互《たが》いの手の内ももちろんわかりません。卸は①この難しい状況《じょうきょう》をどう解決するのでしょうか。

だからこそ、卸という間に入る審判《しんぱん》役が必要になるとも言えます。一般《いっぱん》的には、売り手と買い手との間の取引交渉は、どちらが引っ張る力が強いかという、②綱引《つなひき》関係に似ています。

売り手と買い手のどっちが引っ張る力が強いか、それとも同じか。売り手の方がどうしても売りたければ、値段を下げてでも売り切りたい。この場合は買い手の方が引っ張る力が強く、主導権を握《にぎ》っています。

逆に買い手の方がどうしても買いたければ、値段が高くなっても買いたい。この場合は、売り手が主導権を握り、引っ張る力も強くなります。

※6双方《そうほう》の引っ張る力が同じなら、主導権の取り合いで値段も簡単には動かなくなります。

C イチゴは出始めからしばらくは、出荷量が増えても値段はあまり動かないのですが、それは、その時期の売り手と買い手の引っ張る力が釣《つ》り合っているからです。逆に、旬《しゅん》の時期を過ぎて、値段が急激に下がっていくのは、買い手側が主導権を握り、値段が下がらなければ買わなくなっているからです。こうして見ると、イチゴの場合は、結局は買い手が綱引の主導権を握り、それが値段に反映し、下がっていくことがわかります。

綱引の審判が最終的に勝負の決着を見極めるように、卸は、審判役として、売り手と買い手の双方が受け入れられる値段と数量を決める役割を果しています。

しかし、卸には、生産者と買い手との間をさばく審判役としての難しさもあります。それは、厳密に言うと、卸と生産者の間には、二つの取引のかたちがあるからです。

一つは、生産者から手数料と引き換《か》えに買い手への販売を頼《たの》まれる、つまり委託《いたく》される場合。卸から買い手に品物を渡《わた》すことを「卸《おろ》す」といいますが、この場合はただ生産者の代わりになって、商品を卸すだけなのです。もう一つ、卸が生産者から購入《こうにゅう》することを「仕入」と言いますが、これは、生産者から仕入れて、さらに買い手に卸す場合です。言い換えれば、卸が生産者から購入したものを、再び買い手に販売するかたちです。

いずれの場合も、卸は生産者と買い手との間の真ん中にいることには変わりはありません。ただ、その立場は実際にはまったく異なります。その違《ちが》いを明らかにしてみましょう。

最初の③委託される場合、卸は高く売ってほしい生産者と、できれば安く買いたい買い手との間に立っています。双方が納得するように、そこまで高くなく、安くなりすぎないところで決着することだけを考えていればいい。自分は既《すで》に生産者から手数料を受けとっているので、いずれにしろ自分のふところは傷《いた》みません。だから自分には損得は出てこないのです。

しかし、もう一つの買い取る場合は、うまくさばかないと自分のふところが傷み、損が出てしまいます。生産者から一旦《いったん》購入して、それを卸し、売りさばくわけですから、そこで損を出すわけにはいきません。購入した値段よりも安く卸すわけには決していきません。例えば、生産者から５００円で仕入れて、７００円で卸せば、２００円の利益が出てくるから問題ありませんが、仮に３００円で卸すことになると２００円の損が出てきます。したがって、真ん中にいるとは言っても、④実は生産者と同じでなるべく高く卸したいと考えています。買い手のなるべく安く買いたいという要望には応えにくい難しい立場にいることがわかります。

こうして見ると、卸は審判役というよりも、高く売りたい売り手と安く買いたい買い手との間に入って⑤板挟《いたばさ》みの状態にあると言えないこともありません。

いずれにしろ、卸は生産者側のより高い値段への要望と買い手側のより安い値段への要望に同時に応えなければなりません。通常は、安く買って高く売ることで利益を出すものなのですが、この場合はまったくその逆になっています。日々決着が着いているということは、

2023年度 目白研心中学校

【国語】〈第二回試験〉（五〇分）〈満点：一〇〇点〉

一 次の――線①～⑤の漢字には読みをひらがなで記し、――線⑥～⑩のカタカナは漢字に直しなさい。

① 勇気を奮う。
② 雑木林を歩く。
③ 的外れな指導。
④ 屋外で遊ぶ。
⑤ 強い志を持つ。
⑥ 友人を家にショウタイする。
⑦ コガタの自動車を買う。
⑧ ハクネツした試合になった。
⑨ クラス委員としてのイシキ。
⑩ あの町まで鉄道がノびる。

二 次の文章を読んで、あとの問いに答えなさい。（問題作成上、本文に省略した部分があります。）

私たちのまちや多くの都市にも、「卸売市場《おろしうりしじょう》」と呼ばれる市場があります。これは、野菜、果物といった青果物、水産物、※1花卉《かき》の企業《きぎょう》同士の売買を行う市場です（卸売市場を以下「市場」と呼びます）。この市場に参加しているのは、※2前章でサプライチェーンと呼んだ、生産者と消費者をつなぎ、中継《なかつ》ぎをする企業群です。【ア】

A、生産者から生産物を仕入れる卸《おろし》（卸売業者）、卸から生産物を仕入れて小売店に販売《はんばい》する仲卸《なかおろし》（仲卸業者）、さらに仲卸または卸から競りまたは※3相対《あいたい》で仕入れる小売店から構成されています。

市場の朝は早い。前日の夕方から取引当日の早朝に、全国から大量、多種類の商品が卸のもとに集まってきます。小売店には、当日朝の開店に間に合わせなければならないという事情があります。したがって、卸は、仲卸または小売店との売り買いを、できるだけ早く終わらせなければなりません。生鮮品《せいせん》は、時間が経《た》つと鮮度が落ち、商品価値も落ちてきます。

【イ】

この市場のおかげで、私たち消費者は前日または前々日に私たちの知らないところで生産された生鮮品を、今日の食卓《しょくたく》に並べることができるのです。

（中略）

市場の要《かなめ》にいるのが、卸です。卸は、全国の生産者から集まってくる商品を集荷して、仲卸や小売店に分配、販売します。その過程で、売る側と買う側の間に入って、生産者と仲卸、小売店の両方が納得《なっとく》できるように、値段と取引量を調整します。【ウ】

市場内では、すべての取引を※4迅速《じんそく》に終わらせる必要があります。そのために、卸は、仲卸、小売店が取引の準備ができるように、入荷した商品の品目、数量や※5規格などを事前に公開しています。

2023年度

目白研心中学校　▶解　答

※　編集上の都合により，第２回試験の解説は省略させていただきました。

算　数　＜第２回試験＞（50分）＜満点：100点＞

解　答

1 (1) 10　(2) $2\frac{133}{180}$　(3) $1\frac{13}{14}$　(4) 11　(5) 90　(6) 1973dL　(7) 132円　(8) 27種類　(9) 32個　(10) 1200円　2 (1) ４時間　(2) ３時間　(3) ５時間
3 (1) 84g　(2) 14％　(3) 100g　4 (1) 42分　(2) 10km　(3) 時速60km
5 (1) $75.36cm^2$　(2) $24\frac{8}{9}cm^2$　6 (1) $301.44cm^3$　(2) $452.16cm^2$

社　会　＜第２回試験＞（理科と合わせて60分）＜満点：100点＞

解　答

1 **問１**　①（例）北西からの季節風が吹くため。　②　減反政策　**問２**　ア　**問３**　ウ　**問４**　地産地消　**問５**　琵琶湖　**問６**　エ　**問７**　ア　**問８**　ウ　**問９**　ア　**問10**　イ　2 **問１**　エ　**問２**　ウ　**問３**　藤原道長　**問４**　ウ　**問５**　ア　**問６**　①(番の前)　**問７**　ウ　**問８**　イ　**問９**　エ，享保の改革　**問10**　杉田玄白(前野良沢)　**問11**　エ　**問12**　ア　3 **問１**　天皇　**問２**　ウ　**問３**　①　基本的人権の尊重，平和主義　②　生存権　**問４**　①　ア　②　ア(イ)　③　イ　④　ア　⑤　イ　⑥　ア

理　科　＜第２回試験＞（社会と合わせて60分）＜満点：100点＞

解　答

1 (1) 並列つなぎ　(2) C　(3)（例）右の図　(4) ウ　(5)（例）（発光ダイオードの方が）ハンドルを回す手ごたえが軽い。

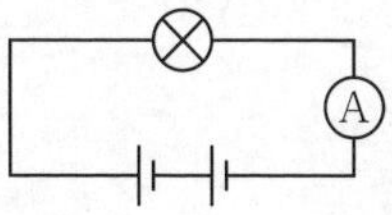

2 (1) イ，エ　(2) C／**理由**…(例)　新しい空気が入ってこないから。　(3) 酸素　(4) ウ　3 (1) イ　(2) 不完全変態　(3) ３びき　(4) 75ひき　(5)（例）（タイプYの方が）体が小さくはねが長いため，えさのある場所へ飛んで移動しやすい点が優れている。　4 (1) ①　P　②　B　(2) ①　A　②　B　③　D　④　C　(3) ウ　(4) エ　(5) エ

国　語　＜第２回試験＞（50分）＜満点：100点＞

解　答

一　①　ふる　②　ぞうき　③　まとはず　④　おくがい　⑤　こころざし　⑥～⑩　下記を参照のこと。　二　問１　Ａ　エ　Ｂ　カ　Ｃ　ウ　問２　（例）　売る側と買う側が逆の希望を持っているうえに，お互いの手の内がわからない状況。　問３　ウ　問４　生産者から手数料と引き換えに買い手への販売を頼まれる（こと。）　問５　（例）　生産者から購入し，それをうまくさばかないと，自分のふところが痛み，損が出るから。　問６　ア　問７　イ　問８　エ　問９　イ　三　問１　エ　問２　ウ　問３　ウ　問４　（例）　本屋の前で中村さんと話していたことをひやかされたり，からかったりされること。　問５　（例）　上別府や同級生からセッターに向いているとほめられたこと。　問６　エ　問７　ア　問８　イ　問９　ウ　四　問１　①　ア　②　ウ　問２　①　イ　②　ア　③　ウ

●漢字の書き取り

一　⑥　招待　⑦　小型　⑧　白熱　⑨　意識　⑩　延

Memo

Memo

2022年度　目白研心中学校

〔電　話〕　(03) 5996－3133
〔所在地〕　〒161－8522　東京都新宿区中落合４－31－１
〔交　通〕　西武新宿線・都営大江戸線 ―「中井駅」より徒歩８分
都営大江戸線 ―「落合南長崎駅」より徒歩10分
東京メトロ東西線 ―「落合駅」より徒歩12分

【算　数】〈第１回試験〉（50分）〈満点：100点〉

1 **次の □ にあてはまる数を求めなさい．**

(1)　$394-94\div 2=$ □

(2)　$4\frac{1}{4}-2\frac{2}{3}+1\frac{3}{5}=$ □

(3)　$3\frac{3}{4}\div 3\frac{1}{2}\times 4\frac{2}{3}=$ □

(4)　$2022\div\left(400-\square\times 9\right)=6$

(5)　$3.2\times 5.12+3.2\times 2.76+1.6\times 2.24=$ □

(6)　$3.21\,\mathrm{m}^3=$ □ cm^3

(7)　５０００円で仕入れた品物に２割の利益を見込んで定価をつけました．この品物を定価の２０％引きで売ると，売値は □ 円です．ただし，消費税は考えないものとします．

(8)　$\boxed{1}$，$\boxed{1}$，$\boxed{2}$，$\boxed{2}$，$\boxed{3}$ の５枚のカードのうち，３枚を並べて３けたの整数をつくると，全部で □ 種類の整数をつくることができます．

(9)　２００以下の整数の中で，２で割り切れるが３で割り切れない整数は □ 個あります．

(10)　チョコレートを何人かの生徒に分けるのに，１人に６個ずつ分けると４個あまり，１人に８個ずつ分けると１４個足りません．生徒の人数は □ 人です．

2　**水そうに水が２４０Ｌ入っています．この水そうに毎分１０Ｌの割合で水を入れながら，ポンプ１個で水を抜き出すと，８０分で水そうは空になりました．このとき，次の各問いに答えなさい．**

(1)　８０分間でこの水そうに入れられた水は何Ｌですか．

(2)　ポンプは毎分何Ｌの水を抜き出しますか．

(3)　ポンプを２個にして水を抜き出すと，水そうは何分で空になりますか．

3　**濃さが５％の食塩水Ａが３００ｇ，濃さが１０％の食塩水Ｂが２００ｇあります．このとき，次の各問いに答えなさい．**

(1)　食塩水Ａには何ｇの食塩が溶けていますか．

(2)　食塩水Ａと食塩水Ｂをすべて混ぜると何％の食塩水ができますか．

(3)　食塩水Ｂの濃さを４％にするためには何ｇの水を加えたらよいですか．

4　**太郎君はホームで電車を待っています．そこに長さ１６０ｍの急行列車Ａが秒速２０ｍの速さでホームを通過しました．このとき，次の各問いに答えなさい．**

(1)　急行列車Ａが太郎君の前を通過するのにかかる時間は何秒ですか．

(2)　秒速２５ｍの速さの特急列車Ｂが，急行列車Ａとすれちがうのに８秒かかりました．特急列車Ｂの長さは何ｍですか．

(3)　急行列車Ａが長さ３００ｍのホームに入ってから完全に出るまでにかかる時間は何秒ですか．

5 **右の長方形ＡＢＣＤについて，次の各問いに答えなさい．**

(1)　ＥＩ：ＩＣを求めなさい．

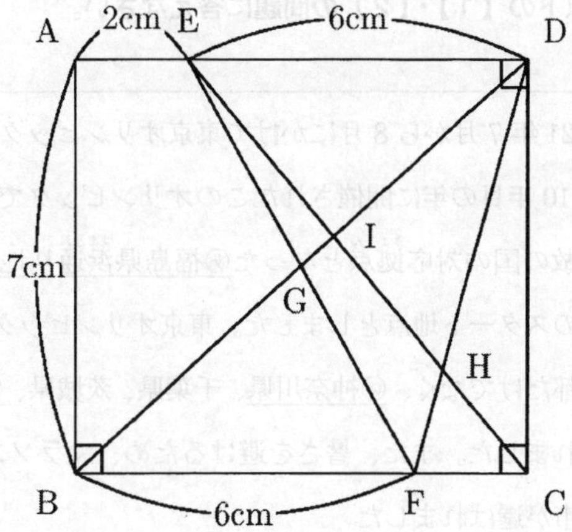

(2)　ＥＨ：ＨＣを求めなさい．

(3)　三角形ＤＩＨの面積は何ｃｍ^{2}ですか．

6 **長方形ＡＢＣＤを，ＡＢを軸として１回転してできる立体の体積が１２５．６ｃｍ^{3}であるとき，次の各問いに答えなさい．ただし，円周率は３．１４とします．**

(1)　ＡＢの長さは何ｃｍですか．

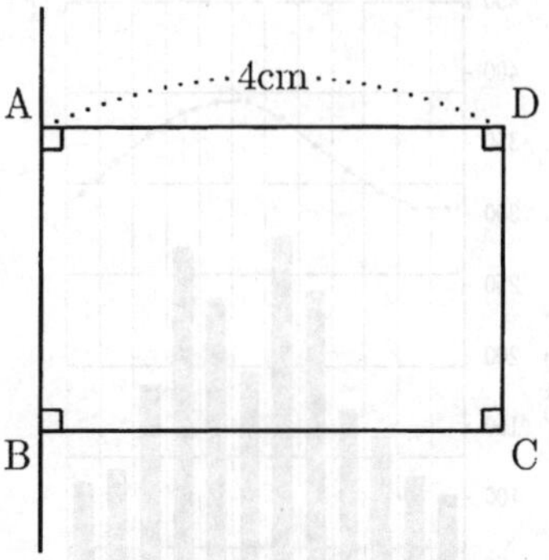

(2)　この立体の表面積は何ｃｍ^{2}ですか．

【社　会】〈第１回試験〉（理科と合わせて60分）〈満点：100点〉

〈注　意〉解答は特に漢字で答えなさいとある場合以外はひらがなで答えてもよい。

1　**以下の【１】・【２】の問題に答えなさい。**

【１】

2021年７月から８月にかけて東京オリンピックが開催《かいさい》されました。東日本大震災から10年目の年に開催されたこのオリンピックでは、震災時の避難所《ひなんじょ》や原子力発電所事故の国の対応拠点《きょてん》となった(あ)福島県浜通《はまどお》り地区にあるＪ《ジェイ》ヴィレッジを聖火リレーのスタート地点としました。東京オリンピックではさまざまな競技を行うため、東京都だけでなく、(い)神奈川県、千葉県、茨城県、(う)静岡県などの近隣《きんりん》県も会場に指定されました。また、暑さを避《さ》けるため、マラソンと競歩の競技会場には(え)北海道札幌《さっぽろ》市が選ばれました。

<地図１>

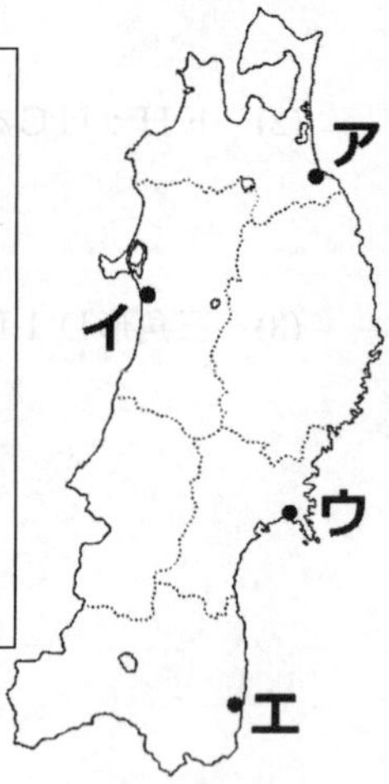

問１　下線部(あ)について以下の問いに答えなさい。

①　下線部(あ)の場所を右の<地図１>中のア～エから１つ選び記号で答えなさい。

②　下線部(あ)の地域の雨温図として最もふさわしいものを以下のア～ウから１つ選び記号で答えなさい。

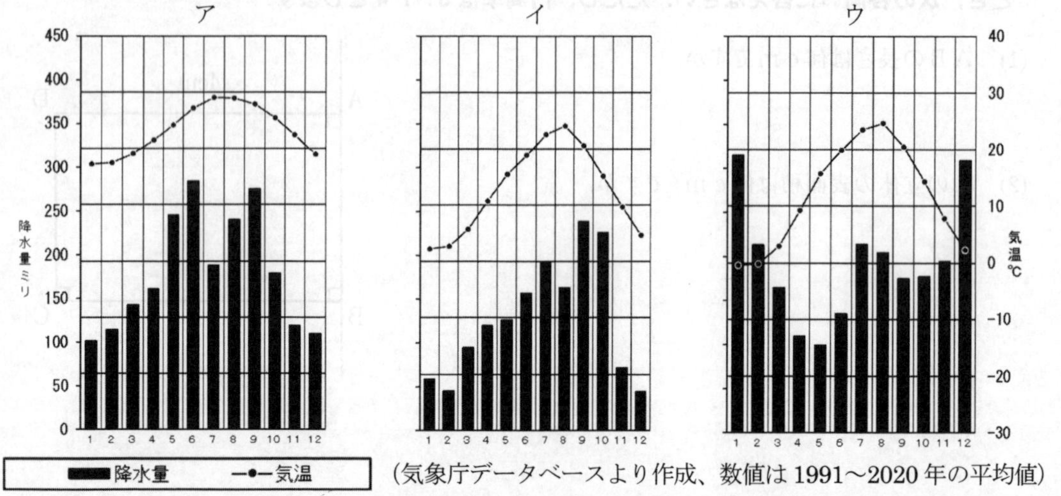

（気象庁データベースより作成、数値は1991～2020年の平均値）

問２　下線部(い)に関連して、東京都と神奈川県にまたがる工業地帯は何か。**漢字**で答えなさい。

問３　下線部(う)に関連して、静岡県内を流れる川はどれか。以下のア～エから１つ選び記号で答えなさい。

ア、木曽《きそ》川　　イ、天竜《てんりゅう》川

ウ、利根《とね》川　　エ、信濃《しなの》川

<写真１>

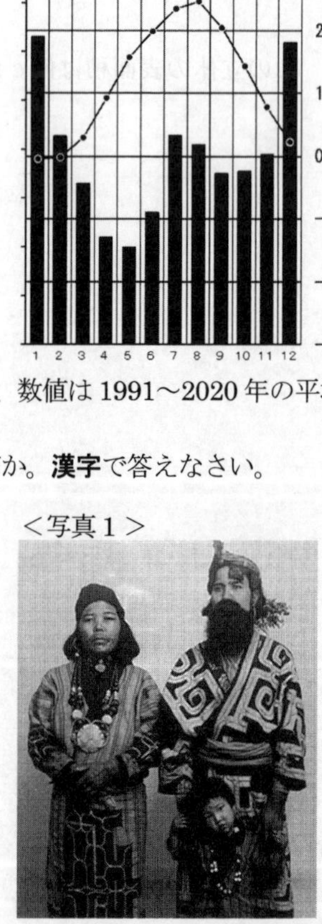

問４　下線部(え)に関連して、右の<写真１>は北海道を中心とする日本列島北部に暮らす日本の先住民族を写したものである。この先住民族は何と呼ばれるか答えなさい。

【２】

＜図１＞

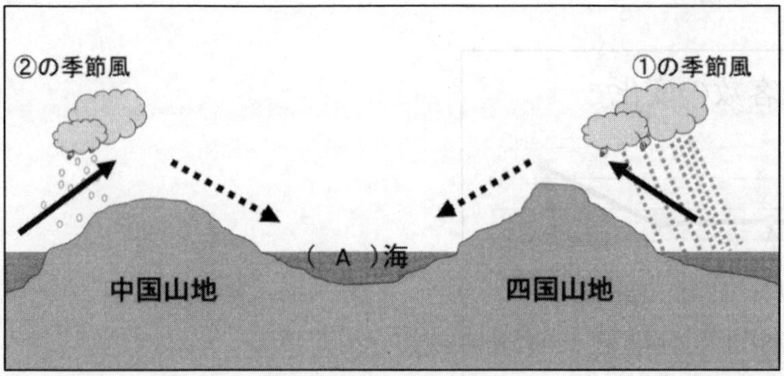

上の＜図１＞は、中国・四国地方の断面《だんめん》をあらわしたものです。

中国山地と四国山地にはさまれた（　Ａ　）海では、夏には ① の季節風が、冬には ② の季節風がそれぞれ山地を越《こ》えることで雨を降らせ、 ③ 風となることから、１年を通して晴天《せいてん》の日が多いことで知られます。この気候を活かして（　Ａ　）海沿岸では㋔果樹栽培《かじゅさいばい》がさかんにおこなわれています。

日本海側の地域（山陰地方）では、冬には ② の季節風により雨や雪が多くもたらされます。そのためこの地域にある㋕出雲大社《いずもたいしゃ》では、冬になると社殿《しゃでん》に雪が積もった光景を見ることもできます。

四国山地の南側は南四国とよばれます。四国山地は㋖周囲を流れる川が深い谷をつくっているため、けわしい山地であることが特徴《とくちょう》的です。夏には ① の季節風により多く雨が降ります。

問５　 ① ～ ③ にあてはまる語句の組み合わせとして正しいものを以下のア～エから１つ選び記号で答えなさい。

ア、　①　－　南東　　②　－　北西　　③　－　乾いた
イ、　①　－　南東　　②　－　北西　　③　－　湿った
ウ、　①　－　北西　　②　－　南東　　③　－　乾いた
エ、　①　－　北西　　②　－　南東　　③　－　湿った

問６　（　Ａ　）にあてはまる語句を答えなさい。

問７　下線部㋔について、以下の表はある果実の年間収穫量《しゅうかくりょう》と全国生産量に対する割合をあらわしたものである。この表が示す果実としてふさわしいものを以下のア～エから１つ選び記号で答えなさい。

順位	都道府県	収穫量（トン）	割合（％）
1	広島県	4,790	58.0
2	愛媛県	1,897	23.0
3	和歌山県	580	7.0
4	熊本県	247	3.0
5	宮崎県	133	1.6

（データは農林水産省資料より）

ア、梅　　イ、なし　　ウ、りんご　　エ、レモン

問８　下線部㋕について、以下のグラフは出雲大社がある県の観光客数の推移《すいい》を表したものである。
この県の県名を答えなさい。

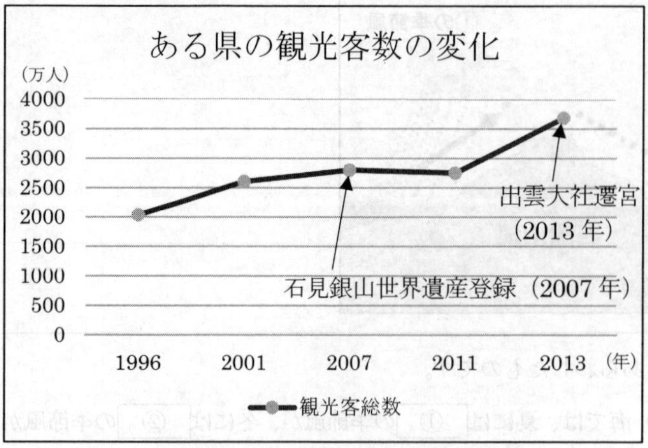

（データは該当《がいとう》の県の観光動態《どうたい》調査より）

問９　下線部㋖について、以下の＜地図２＞の X 川の名称と、川の流れの向きの組み合わせとして正しいものを以下のア～エから１つ選び記号で答えなさい。

＜地図２＞

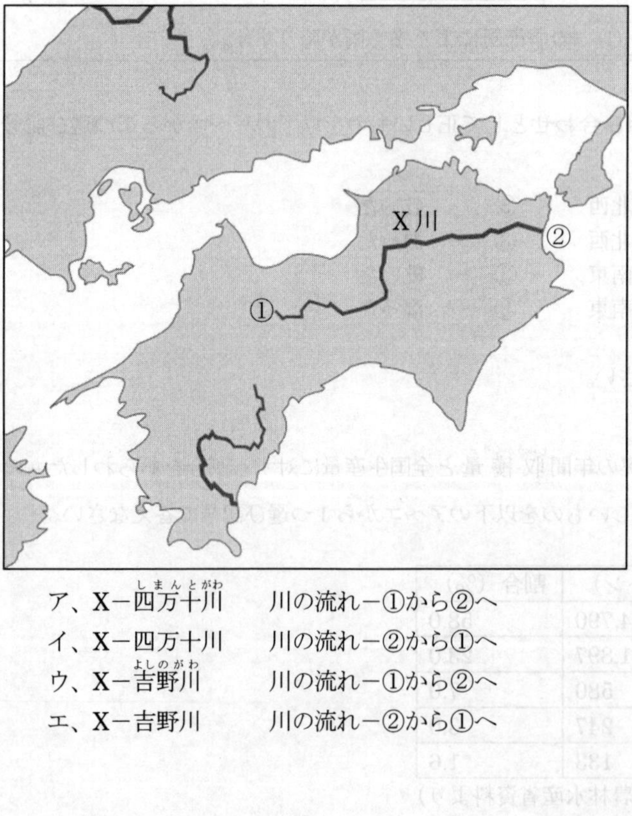

ア、X－四万十川《しまんとがわ》　　川の流れ－①から②へ
イ、X－四万十川　　川の流れ－②から①へ
ウ、X－吉野川《よしのがわ》　　川の流れ－①から②へ
エ、X－吉野川　　川の流れ－②から①へ

2 以下の【１】・【２】の問題に答えなさい。

【１】以下の文章を読んで問いに答えなさい。

① **私**は、現在の千葉県で、漁師の子として生まれました。比叡山延暦寺《ひえいざんえんりゃくじ》をはじめ、いくつかの寺で修行をする中で、法華経《ほけきょう》こそが最高の経典《きょうてん》であるとし「南無妙法蓮華経《なむみょうほうれんげきょう》」と唱えて仏の教えを信じることのみが、救われる道だと説きました。幕府にも、この教えを信じないと日本に大変なことが起こる、と伝えたのですが、受け入れてもらえませんでした。しかしその後、私が予言した通り、（あ）モンゴルの兵が日本に攻めてきて、大変な混乱になったのです。

② **私**は、私のあとをつぐ子がいなかったので弟を養子にしましたが、その後まもなく子どもが生まれたのです。妻は子どもを将軍にしたいと実力者を味方につけたので、弟もそれに対抗したのです。あとつぎ争いが起こっていた他の武将も巻き込んで、11 年にもわたる争いになってしまいました。この争いは応仁の乱と呼ばれています。この後に私は、（い）京都の東山という地域に別荘《べっそう》を建てましたが、戦乱によって京都は焼け野原になってしまいました。

③ **私**は、寺院の勢力が強くなりすぎたことや新たな気持ちで政治をすることを目的に、およそ 70 年余り続いた都を**新しい都**に移しました。この都は一時的に他の場所へ動いたこともあるものの、1000 年あまり続きました。私が政治をしていた時期には、（う）現在の東北地方のあたりに政府に従わない人々がいたので、坂上田村麻呂を征伐《せいばつ》に行かせました。

問１　①②③の**私**とはだれですか。以下からそれぞれ選び、記号で書きなさい。

①　ア、空海《くうかい》　イ、鑑真《がんじん》　ウ、雪舟《せっしゅう》　エ、日蓮《にちれん》

②　ア、平清盛《たいらのきよもり》　イ、足利義政《あしかがよしまさ》　ウ、源頼朝《みなもとのよりとも》　エ、北条時政《ほうじょうときまさ》

③　ア、天武天皇《てんむてんのう》　イ、推古天皇《すいこてんのう》　ウ、桓武天皇《かんむてんのう》　エ、後醍醐《ごだいご》天皇

問２　文中の下線部（あ）（い）（う）をそれぞれ何といいますか。（あ）は攻めてきた事件の名前、（い）は別荘の名前、（う）は人々の呼び名を答えなさい。

問３　①②③を時代の古い順に並《なら》べ直し、番号を解答欄《らん》に入れなさい。

問４　**新しい都**の位置を右の＜地図３＞から選び記号で答えなさい。

＜地図３＞

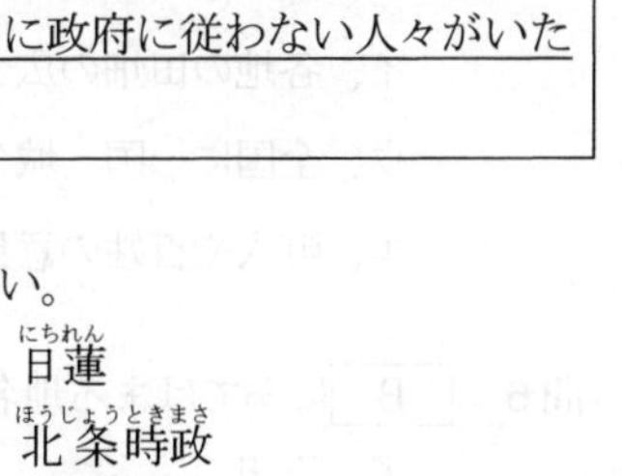

【2】　以下の文章を読んで問いに答えなさい。

2022年で日本と中国との国交が正常化して50周年になります。日本と中国は古代から密接《みっせつ》な結びつきを持っていますが、一方でたびたび戦いをくり返してきました。天下統一を成しとげた[A]は中国（明《みん》）を征服《せいふく》しようと2度にわたって日本から朝鮮《ちょうせん》半島に軍を送りましたが、[A]の病死により戦いは途中で終結しました。その後中国におこった清《しん》と江戸幕府は、外国船の出入りが許された[B]の港を通じて(え)鎖国《さこく》中も貿易を行いました。しかし、明治時代になると、朝鮮半島へ勢力《せいりょく》をのばそうとする日本と清との間で(お)日清戦争がおこりました。清が滅んだあとにおこった中華民国《ちゅうかみんこく》とも日中戦争が発生しています。この戦争は決着がつかないまま(か)第二次世界大戦へと拡大し、15年にもわたる長い戦いとなってしまいました。現在は日中の間で平和友好条約が結ばれており、人の行き来もさかんです。両国の文化的・経済的な結びつきが今後ますます深まることが期待されています。

問5　[A]の人物が行ったこととしてふさわしいものはどれか。以下のア～エから1つ選び記号で答えなさい。

ア、城下町でだれでも自由に商売することを認める楽市《らくいち》・楽座《らくざ》をはじめた。

イ、各地の田畑の広さや土地の良しあしを調べる太閤《たいこう》検地を行った。

ウ、全国に一国一城令を発布して大名から余分な軍事力をうばった。

エ、町人や百姓の意見を政治に取り入れるため目安箱を設置した。

問6　[B]にあてはまる地名としてふさわしいものを以下のア～エから1つ選び記号で答えなさい。

ア、下田　　イ、堺　　ウ、横浜　　エ、長崎

問7　下線部(え)を始めたのは、参勤《さんきん》交代の制度を武家諸法度《ぶけしょはっと》に追加した将軍である。この将軍とはだれか。**漢字**で答えなさい。

問8　下線部(お)に勝利して獲得《かくとく》した賠償《ばいしょう》金を用いて、日本は1901年に官営の製鉄工場をつくりました。これについて以下の問いに答えなさい。

①　この工場の名前を答えなさい。

②　この工場が置かれた場所はどこか。

右の＜地図4＞中のア～エからふさわしいものを1つ選び記号で答えなさい。

＜地図4＞

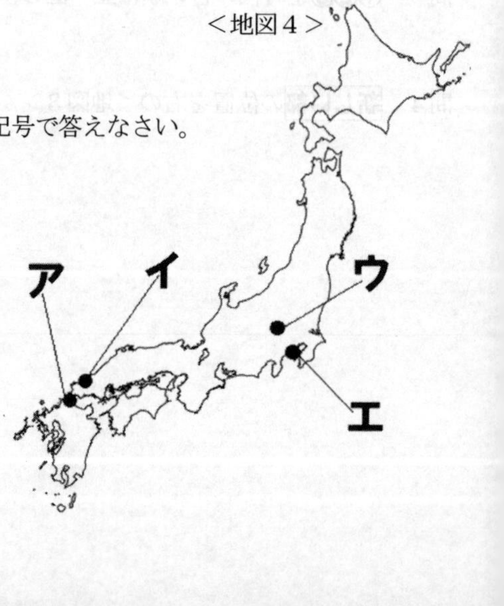

問9　下線部(か)が終結したのはいつか。以下のア～エから最もふさわしい日付を1つ選び記号で答えなさい。

ア、1941年8月6日

イ、1941年8月15日

ウ、1945年8月6日

エ、1945年8月15日

3　以下の文章を読んで問いに答えなさい。

日本における三権分立は、(あ)国会・(い)内閣・(う)裁判所の三つの機関によって権力の集中を防ごうとする制度です。

国会は日本国憲法で「国権の最高機関」と定められており、衆議院と（　１　）から構成されます。内閣は内閣総理大臣とその他の（　２　）大臣で組織される国の政治を行う機関です。

また、裁判所は公平な裁判を通じて、憲法で保障されている私たちの権利や自由を守る役割を担う重要な機関です。(え)日本の裁判所は国会との関係で、法律が憲法に違反《いはん》していないかどうかを判断する権限をもっています。

問１　文中の（　１　）・（　２　）にあてはまる語句をそれぞれ**漢字**で答えなさい。

問２　下線部(あ)について、日本の国会についての説明として**誤っているもの**を以下のア～エから１つ選び記号で答えなさい。

ア、国会議員の中から内閣総理大臣を指名する。
イ、国の法律を制定する。
ウ、外国との条約を締結《ていけつ》する。
エ、裁判官を裁く裁判所を設置する。

問３　下線部(い)について、憲法に明記されている内閣が総辞職しなければならない場合として**誤っているもの**を以下のア～エから１つ選び記号で答えなさい。

ア、内閣不信任案が衆議院で可決され、10日以内に内閣が衆議院を解散しなかった場合。
イ、衆議院総選挙が行われた後、初めて国会が召集《しょうしゅう》される場合。
ウ、内閣総理大臣が欠けた場合。
エ、天皇が退位し、新天皇が即位《そくい》した場合。

問４　下線部(う)について、日本の裁判所についての説明として**正しいもの**を以下のア～エから１つ選び記号で答えなさい。

ア、最高裁判所の長官は内閣によって任命される。
イ、裁判の結果に不服があるときは、同じ事件について３回まで裁判を受けることができる。
ウ、下級裁判所とは、高等裁判所、地方裁判所、家庭裁判所の３種類である。
エ、裁判の種類は大きく分けて、民事裁判と家庭裁判がある。

問５　下線部(え)について、このような権限を何といいますか。**漢字**で答えなさい。

【理　科】〈第１回試験〉（社会と合わせて60分）〈満点：100点〉

〈注　意〉解答は特に漢字で答えなさいとある場合以外はひらがなで答えてもよい。

1　光には次の①～③のような性質があります。これについて以下の各問いに答えなさい。ただし、図中の角度は正しい大きさでえがかれているとは限りません。

①　光は空気中を（　ア　）進む。

②　光は鏡などで反射させることができる。反射させた後の光も（　ア　）進む。

③　図１のように反射面に垂直な線を考えたとき、この線と入射する光のなす角度を入射角という。また、この線と反射する光のなす角度を反射角という。光が反射するとき、入射角と反射角は等しくなる。

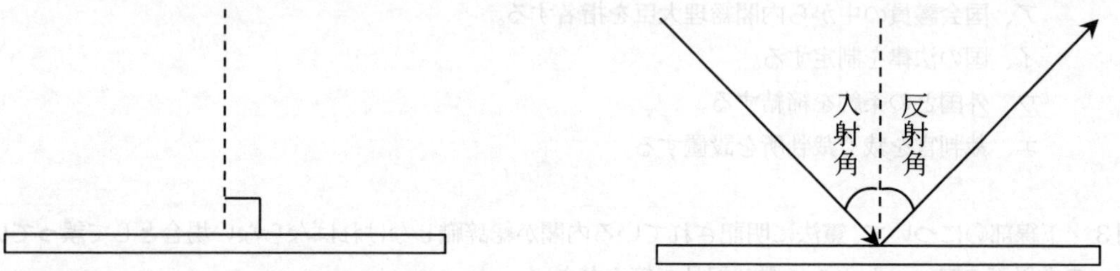

図１

⑴　（　ア　）に適する語句を答えなさい。

⑵　図２のように光が入射するとき、反射角は何度になりますか。

⑶　図３のように反射面を反時計回りに15°回転させたとき、反射角は何度になりますか。ただし、光は図２と同じように入射するものとします。

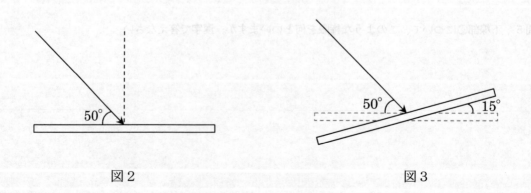

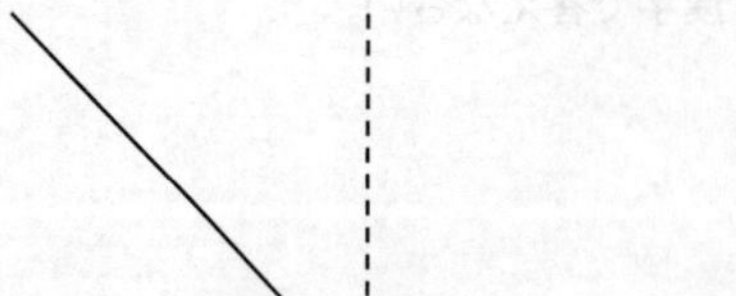

図２

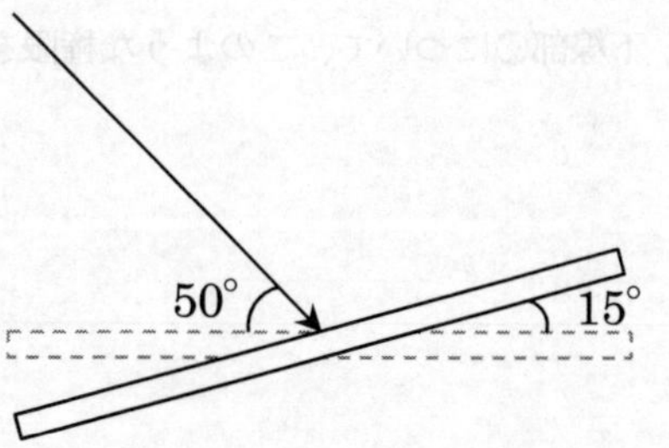

図３

次に、図４のように、方眼紙の上に鏡を垂直に立てかけます。図５、図６はこれを真上から見た図です。

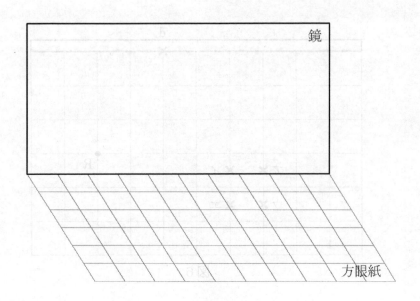

図４

⑷　図５において、方眼紙上の点Ｐから出た光が鏡面上のある点で反射して点Ｑに届きました。このとき、光は鏡面上の点ア～オのうちどの点で反射したと考えられますか。

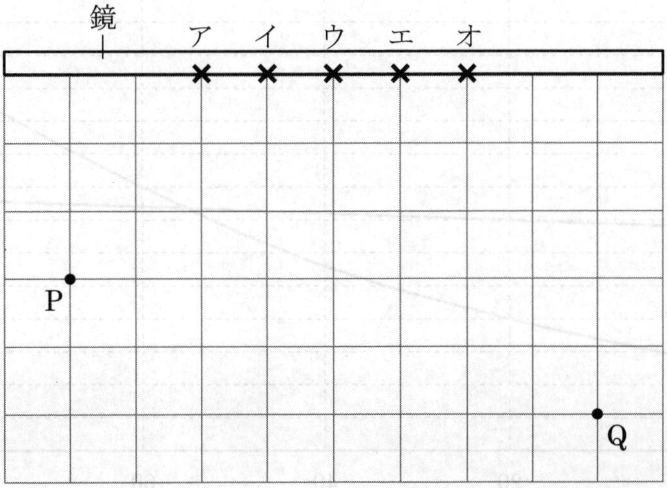

図５

⑸　図６において、鏡面上の点 d で反射した光が点 R に届くようにするためには、方眼紙上の点ア～エのうちどの点から光を鏡に入射させればよいですか。

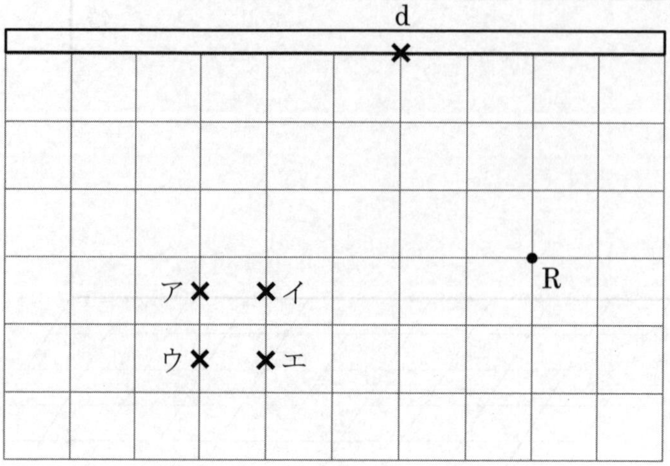

図６

2　次のグラフは、0℃から 100℃までの水 100 g に固体 A と固体 B をとけるだけとかしたときの質量を示しています。以下の各問いに答えなさい。

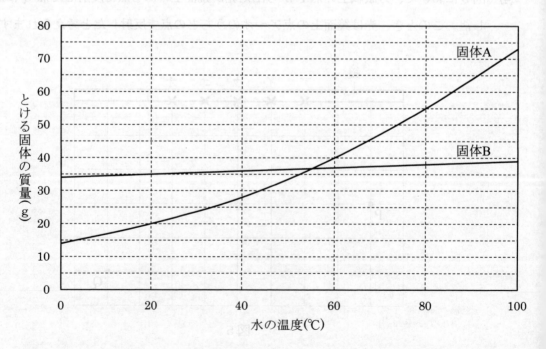

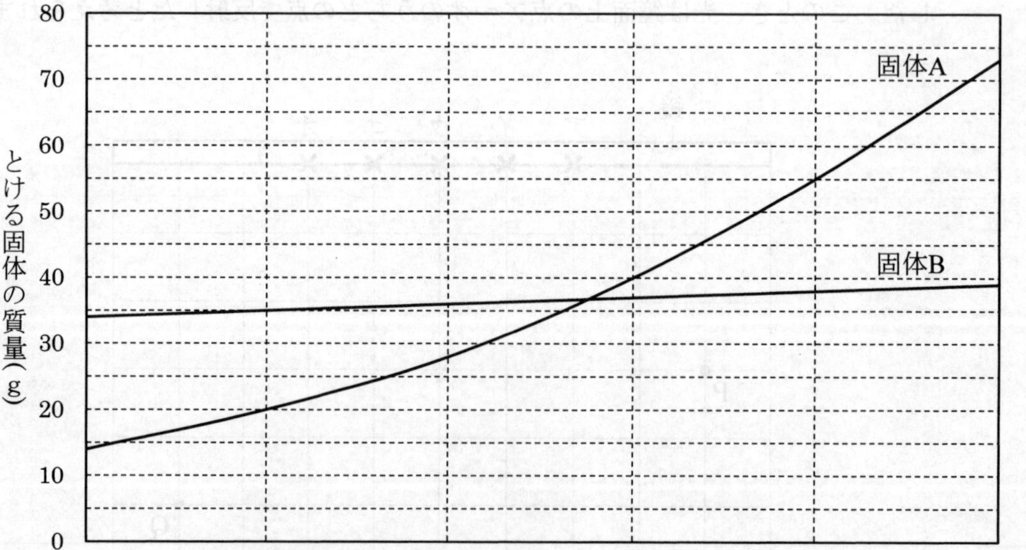

⑴　20℃の水 100 g に固体 A をとけるだけとかしたとき、何 g までとけますか。

⑵　７gの固体Bを20℃の水で完全にとかすには、最低何gの水が必要ですか。

⑶　80℃の水100 gに固体Aをとけるだけとかしたときの水よう液の濃度は何%ですか。小数第一位を四捨五入して、整数値で答えなさい。

⑷　80℃の水100gに固体Aをとけるだけとかした水よう液を20℃に冷やしたとき、出てくる固体Aの質量は何gですか。

⑸　固体Bのように、温度によるとけ方の変化が小さい物質を水よう液から取り出す方法として、もっとも適するものを下から１つ選び記号で答えなさい。

ア　水よう液を冷やす。　　　イ　水よう液をろ過する。
ウ　水を蒸発させる。　　　　エ　水を加える。

3　生物は(A)食べる・食べられるという関係でつながっています。以下のように矢印の左の生物が右の生物に食べられるようすを表しました。セミ・モンシロチョウ・バッタなどの(B)こん虫は、(C)植物を食べ、カエルなどに食べられるため「草食動物」に分類されます。また、セミ・モンシロチョウ・バッタにはそれぞれ(D)異なる特ちょうも存在しています。

植物　→　草食動物　→　肉食動物

これらのことについて以下の各問いに答えなさい。

⑴　下線部（A）の関係を何といいますか。

⑵　下線部（B）のこん虫について正しく述べているものを下から１つ選び記号で答えなさい。

ア　こん虫には成長の過程でさなぎの時期があるものとないものがあり、セミにはさなぎの時期がある。

イ　こん虫の体は、頭・胸・腹の３つの部分からなり、８本のあしは胸についている。

ウ　さなぎの時期がない育ち方を「完全変態」という。

エ　モンシロチョウは幼虫のえさとなるアブラナやキャベツなどの葉に卵を産む。

オ　こん虫にはかならず４枚のはねがある。

⑶　下線部（C）の植物が行っているはたらきについて以下のように説明しました。空らんに当てはまるもっとも適当な語句を答えなさい。

植物は、光を利用してでんぷんなどの養分をつくっている。このはたらきを（　あ　）という。この反応では、根から吸収した水と空気中から取り入れた（　い　）とを反応させてでんぷんなどをつくり、酸素を放出している。

⑷　ある地域にいる生物では、いっぱんに、食べる生物よりも食べられる生物の数量の方が多くなっています。何らかの原因で植物が増加したとすると、そのあとどのような変化がおきるか、次のように推測しました。空らんに「増える」または「減る」のいずれかを入れて文章を完成させなさい。

植物が増えると、それを食べる草食動物が（　あ　）。草食動物が（あ）と、草食動物に食べられる植物は（　い　）。また、草食動物を食べる肉食動物は（　う　）。すると草食動物が（　え　）。ある地域にいる生物の数量は、長い期間ではほぼ一定に保たれる。

⑸　下線部（D）について、こん虫の種類によって食物が異なると口の形も異なります。セミ・モンシロチョウ・バッタのうち、成虫が花のみつを吸うのに適した口の形をしているものを１つ選びその名前を答えなさい。

4 下のグラフは、東京の７月８日および７月９日の気温の変化を表したものです。以下の各問いに答えなさい。

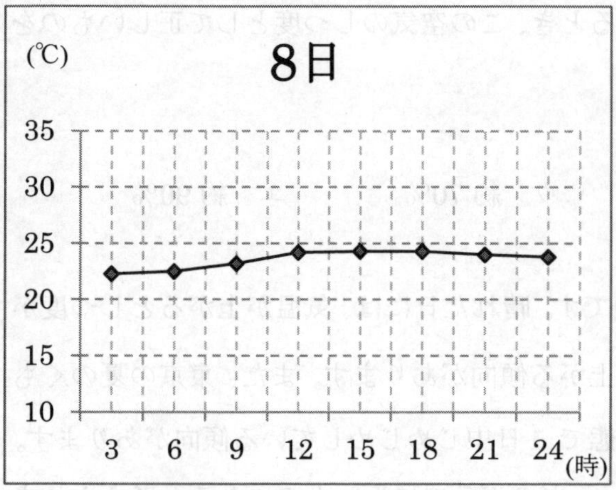

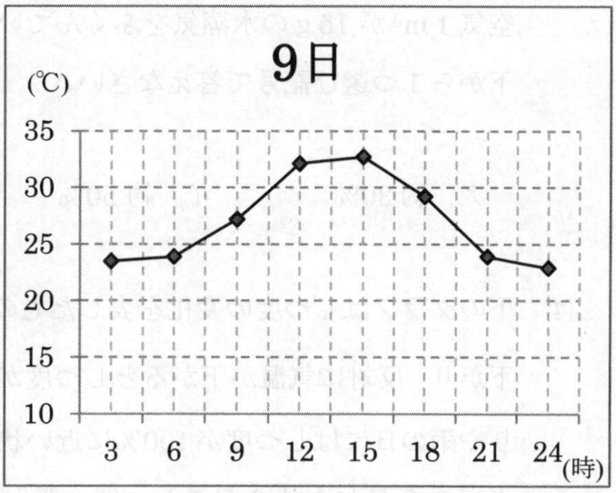

⑴　上の２つのグラフから考えられる８日と９日の天気について、もっとも適するものを下から１つ選び記号で答えなさい。

ア　８日は晴れで、９日は激しい雷雨《らいう》だったと考えられる。
イ　８日は晴れで、９日は昼間晴れたが朝夕は雨だったと考えられる。
ウ　８日はくもりか雨で、９日は晴れだったと考えられる。
エ　８日はくもりか雨で、９日は昼間雨だったと考えられる。

⑵　９日のできごととして正しいものを下から１つ選び記号で答えなさい。

ア　最高気温となったのは正午である。
イ　最低気温となったのは日の入りのころである。
ウ　最低気温が夜間も25℃を上回る熱帯夜となった。
エ　最高気温となった時刻よりも前に、太陽がもっとも高くのぼった。

⑶　気温が 30℃のとき、空気１m³がふくむことができる最大の水蒸気の量は約 30g です。水蒸気を最大の量までふくんでいるとき空気のしつ度は 100%と表し、反対にまったく水蒸気をふくんでいないとき空気のしつ度は０%と表します。では、気温が 30℃で、空気１m³が 15ｇの水蒸気をふくんでいるとき、この空気のしつ度として正しいものを下から１つ選び記号で答えなさい。

ア　約 30%　　　イ　約 50%　　　ウ　約 70%　　　エ　約 90%

⑷　下のグラフはしつ度の変化を表したものです。晴れた日には、気温が上がるとしつ度が下がり、反対に気温が下がるとしつ度が上がる傾向《けいこう》があります。また、東京の夏のくもりや雨の日にはしつ度が 100%に近い状態で、1日中じめじめしている傾向があります。東京の８日および９日のしつ度の変化は、どのグラフに近いものになると考えられますか。下からそれぞれ１つ選び記号で答えなさい。

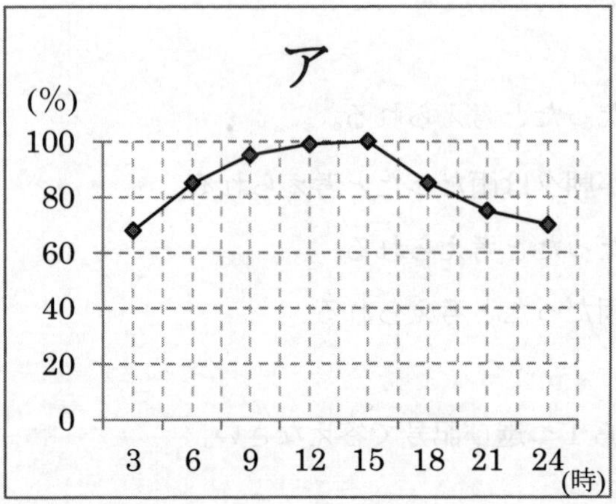

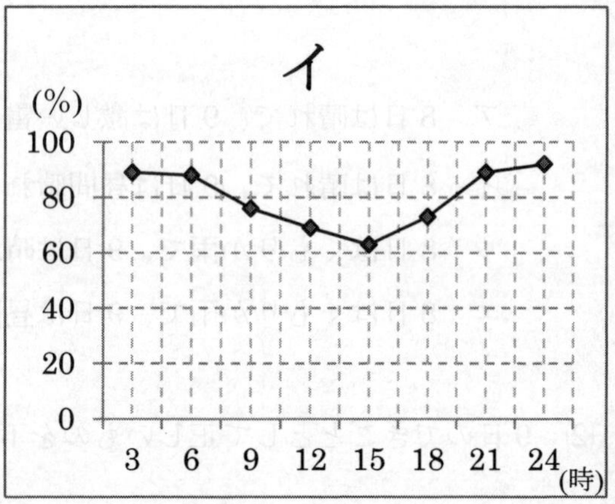

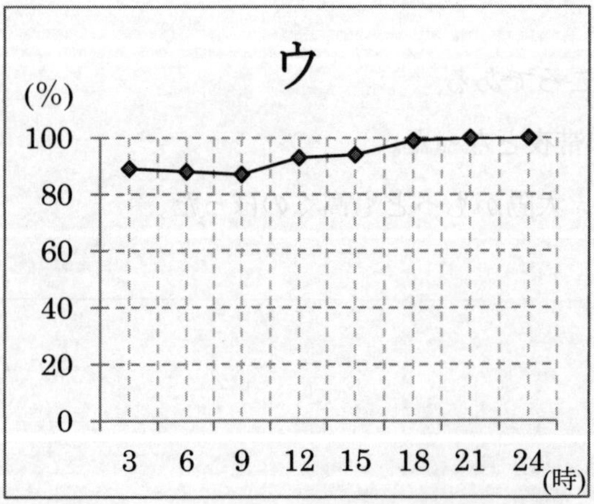

(5) 気温の測り方として正しいものを下から1つ選び記号で答えなさい。

ア　地面から 1.2 m ～ 1.5 m 上の、風通しのよい日かげに温度計を設置して測る。

イ　乾燥《かんそう》した日かげの地面の上に、温度計をねかせて測る。

ウ　教室の中で、直射日光が当たらない机の上に温度計をねかせて測る。

エ　アスファルトの道路から 1 m 上の、風通しのよい日なたに温度計を設置して測る。

四 次の各問いに答えなさい。

問一

1 次の——線と同じ意味・用法のものをあとから選び、番号で答えなさい。

人にぶつかりそうになった。

① 明日は雨が降るそうだ。
② そうだ、今日は映画に行こう。
③ この本はおもしろそうだ。
④ この店は明日は休みだそうだ。

2 昨日、西小と試合をしました。

① あなたの家はこの先でしたね。
② 鋭くとがった鉛筆で書く。
③ 私は中学生の時に英語を習い始めた。
④ かべにかけた絵は有名な画家のものです。

問二 次の①～③の空らん□に入る打ち消しの語として正しいものをあとから選び、記号で答えなさい。

① □受験（受験していない）
② □制限（制限していない）
③ □規則（規則的ではない）

ア 非　イ 不　ウ 未　エ 無

問二　――線②「ぶしつけ」の意味として最も適当なものを次から選び、記号で答えなさい。

ア　礼を欠くこと　イ　一生懸命《けんめい》なこと　ウ　とまどうこと　エ　堂々とすること

問三　――線③「俺の意見」とありますが、それはどのようなものですか。最も適当なものを次から選び、記号で答えなさい。

ア　組体操の事故のニュースがテレビで取り上げられるようになったこと。

イ　大きいタワーを作るというのが今の時代に合っていないということ。

ウ　受験をするので自分は右手を怪我するわけにはいかないということ。

エ　組体操への反対で受験の内申書に差し障らないようにしたいということ。

問四　――線④「桜丘小はすごくいい学校だと思うよ。」と澪が言うのはなぜですか。その理由が述べられた部分を、本文から解答らんに合うように、十～十五字でぬき出しなさい。

（句読点も数える）

問五　――線⑤「単純」と反対の意味の言葉を次から選び、記号で答えなさい。

ア　正直　イ　明朗　ウ　複雑　エ　難解

問六　――線⑥「上の人には選択肢がある。下の人にはそれがない。圧倒的に、上にのる人が有利だよ。」とありますが、このことは何を表していると澪は言っていますか。本文から八字でぬき出しなさい。

問七　――線⑦「薄ら笑いが消えていた。」とありますが、青木から薄ら笑いが消えたのはなぜですか。その理由として、最も適当なものを次から選び、記号で答えなさい。

ア　他のみんなが支持しない国貞さんの意見に共感した言い方だったから。

イ　クラスで力を持つ国貞さんの一方的な意見に反発した言い方だったから。

ウ　主観的に見えた国貞さんの意見を論理的に説明した言い方だったから。

エ　土台になる国貞さんに対する優しさが感じられる言い方だったから。

問八　本文の表現の特徴《とくちょう》について説明した文として、最も適当なものを次から選び、記号で答えなさい。

ア　情景描写《びょうしゃ》を多用することで、登場人物の心情と重なり合うように描《えが》かれている。

イ　行事に対する大人と子どもの考え方の違いが、感情を交えずに冷静に描かれている。

ウ　青木の発言にあおられて、学校への不信感を強める澪の心情の変化が描かれている。

エ　行事をめぐってクラスメートの感情がぶつかり合う様子を、澪の視点から描いている。

問九　次のうち、本文の内容に合うものを一つ選び、記号で答えなさい。

ア　組体操の演目を皆が異様にほめたたえるので、人間タワーに反対しなければよかったと澪は後悔《こうかい》した。

イ　クラスでのディベートに対する青木の意見を聞いて、親の受け売りであっても青木の知識に澪は感心した。

ウ　沖田先生が人間タワーを作りたいために、熱しやすく単純な男子を利用したことに対し、澪は失望した。

エ　人間タワーの上と下になることについての違いを澪が明確にしたので、青木は自分よりできる澪に腹を立てた。

「いい憲法だと思うよ」

本心だった。前の学校の先生に、こういうやり方があるんだよ、と教えてあげたかった。学校で憲法を作って、一年生の時からきちんと守らせれば、学級崩壊《ほうかい》になんてならなかったかもしれない。

だけども、今日の話し合いで、澪は※3落胆《らくたん》した。

沖田先生が、熱しやすく⑤単純な男子をうまく利用して、やりたくない派の子たちを吊《つる》し上げたのだ。

澪は、規律をしっかり守らせる沖田先生の統率力を気に入っていたから、その沖田先生の汚いところを見てしまったように感じて、※4暗澹《あんたん》とした気持ちになった。と同時に、沖田先生がこれほどタワーを作りたがっているのに、うかうかと「反対」に手を挙げてしまったことを悔《く》やんだ。今日、※5母親からの手紙を沖田先生に渡《わた》さなくて良かったと、心から思った。

「国貞《くにさだ》がばかなことを言ったせいで、賛成派を勢いづかせたと思わない？」

青木は顔をしかめて言った。

「おまけに泣き出すしさ。あいつ、ディベートのやり方、分かってないな。痛いとか重いとか、主観的なことばっかり言うんじゃなくて、組体操の事故が何件起きているとか、ある自治体は組体操を禁止したとか、客観的な事実を言えば良かったんだよ」

「そうかな。わたしは、どんな客観的な事実より、国貞さんの言ったことが、人間タワーの本質をついていたと思うけど」

「あれが、本質？」

青木が薄《うす》ら笑いを浮かべた。

「うん。そう思う。国貞さんが『下は重くて痛い』って言ったら、『上にのるのだって怖いんだよ』って言い返した子たちがいたけれど、『痛い』と『怖い』は別物だもの。『痛い』は肉体的なもので、『怖い』は精神的なものでしょ」

「だから？」

「その二つは比べられないっていうこと」

「そうかなあ」

「あとね、国貞さんが言っていたとおり、土台になる下の人は、上の人に、やられっぱなしだよ。何もできない。背中をぐらぐら揺《ゆ》するとかできるけど、それで万が一潰《つぶ》れちゃったら、自分の方が怪我するでしょ。だから、下の人は平たくて丈夫《じょうぶ》な背中をただ上の人のために差し出さなきゃならない。重くて、痛いのに。でも、上の人は、自分の気持ちひとつで、どんなふうにものれるでしょ。思いやりをもってそっとのることもできるし、わざと踏《ふ》みつけることもできる。⑥上の人には選択肢《せんたくし》がある。下の人にはそれがない。圧倒《あっとう》的に、上にのる人が有利だよ。そういう仕組みになってるんだよ、人間がつくるピラミッドって」

青木が急に立ち止まった。青木はまっすぐ澪を見ていた。⑦薄ら笑いが消えていた。

「すげえ。安田さん、それ、みんなの前で言えばよかったのに」

青木は真顔でそう言った。

青木の意外な素直さに動揺《どうよう》して、「言わないよ。わたしは上にのる側だから」つっけんどんに澪は言った。

とたん、大きな声で、

「ひどいな、おまえ！」

青木は言った。

澪は慌《あわ》てたが、青木は笑っていた。その笑顔は、さっぱりしていて、裏がなかった。

（朝比奈あすか『人間タワー』）

※1　安堵……………物事がうまく行って安心すること
※2　秩序……………物事の正しい順序・筋道。社会などが整った状態にあるための条理
※3　落胆……………気力をおとしてがっかりすること
※4　暗澹……………見通しが立たず、希望が持てないさま
※5　母親からの手紙…自分の子供（澪）は受験をするので、怪我をしたりすると困るから、人間タワーを作ることに反対するという内容の手紙

問一　――線①「澪は奇妙な安堵をおぼえた。」とありますが、澪がそう思ったのはなぜですか。その理由を本文の言葉を使って四十～五十字で答えなさい。**（句読点も数える）**

「言っても無駄《むだ》だよ。あいつら、聞く耳持たないじゃん。近藤《こんどう》とかさ」

「ふうん」

「でも俺、今日のアンケートに意見書いたから」

得意げに、青木は胸を張る。

「どんな意見？」

「どんなっていうか、反対意見だよ、もちろん。今、テレビでも組体操の事故のニュースとかやってるじゃん。知らない？　自治体の中では組体操禁止にしようってところもあるし、二百キロの負荷がかかるっていう話もあるし。それなのにあんなでかいタワーを作るっていうのが、時代に逆行しているっていうこと。危ないだろ。何かあったら、誰《だれ》が責任とるの。俺たち受験するのにさ、もし右手を怪我《けが》したら、責任とれるの。もちろんそんなこと、そのまま書かないけどね。もっとマイルドに書いた。受験の内申書に差し障《さわ》らない程度に、うまくさ」

「ふうん」

「でも、どうせ③俺の意見なんか無視されて、やることになるんだろうな、タワー。沖田はやる気マックスだし、あとのふたりは沖田の部下だし、デベソとか近藤とか、あいつら死ぬほどばかだし」

「ばかは『悪い言葉』だよ」

「学校の外でなら言ってもいいんだよ」

「ふうん」

電車が塾《じゅく》の最寄り駅に到着《とうちゃく》した。青木と澪は一緒《いっしょ》におりて、ホームを歩いた。

「安田さんさー、引っ越してきて、桜丘小ってレベル低いと思わなかった？」

青木が訊いてきた。

「レベル？」

「今日の話し合い、すげーレベル低かったな。俺が応援《おうえん》団長だから何？　応援団長は絶対に人間タワーに賛成しなきゃいけないのかよ。言論統制かよ。そんな決まりあるのかよ」

澪の肩のあたりを眺めながらひとりでぶつぶつ不満を言っている青木に、澪は、

「青木くんは桜丘小以外の学校を知ってるの」

と訊いてみた。

「どういう意味」

「転校とか、したことあるの」

「ない」

「そう」

澪は、青木をほほえましく感じた。おそらくは親の受け売りだろう内容をとくとくと喋《しゃべ》って満足しているが、いきがったところで世間を知らないのだ。自分の学校がどれだけましか、分かっていない。

澪は桜丘小が好きだ。※2秩序《ちつじょ》があり、統制が取れている。みんなが先生の言うことに従う。どの小学校もそうだと思ったら大間違いだ。

前の学校には怖《こわ》い子がいた。常に獲物《えもの》を探していて、誰かを傷つけることをよろこぶような子。澪はそういう子を見抜《ぬ》くのが昔から早かったし、そういう子の目から隠《かく》れて生きるのが得意だったから、あまりひどい目に遭《あ》うことはなかった。だけど、クラスのいじめを見て見ぬふりをすることに、心はすっかり疲《つか》れていた。

怖い子がいないだけではない。桜丘小は授業中に歩き回るような子がいない。テスト用紙をまるめて投げる子がいない。授業の始まりのチャイムが鳴ると、皆ちゃんと席につく。掃除《そうじ》の時間だって、たまにふざける男子はいるが、おおむねみんなきちんとやっている。誰かに押《お》しつけてサボる子がいない。前の学校では、考えられないことだった。

「④桜丘小はすごくいい学校だと思うよ。話し合いになっても、憲法があるから悪い言葉を言う子がいないよね。それだけでもすごいことだと思う」

「そうかなあ」

あんなに貶《けな》していたのに、自分の学校を褒《ほ》められると青木はくすぐったそうな顔をする。

「桜丘憲法ってさ、塾のやつらに日本国憲法の真似じゃんて、ばかにされたけどな」

三 次の文章を読んで、あとの問いに答えなさい。

（問題の作成上、本文に省略した部分があります）

澪《みお》は、都心のタワーマンションから母の実家のある町に引っ越《こ》し、桜丘《さくらおか》小学校に転校した。この小学校では、毎年六年生が運動会の組体操で「人間タワー」という演目を行うが、賛成派と反対派がいて、クラスごとに話し合いが行われていた。ある日、中学受験をする澪と青木は放課後、塾《じゅく》へ行く途中《とちゅう》でばったり会う。

ホームに佇《たたず》む青木の姿があった。すんでのところで前の電車に行かれてしまったようだ。

青木は、「あ」という顔をして澪《みお》を見た。澪はちいさく会釈《えしゃく》し、ちょうどホームに入ってきた電車に、青木とは別のドアから乗った。

扉《とびら》の横に立ち、リュックから漢字テスト用の練習プリントをとりだした。今日のテストに向けて最終確認をしておこう。構想、容易、準備、肥満、再起。一度間違《まちが》えた漢字にだけチェックがついている。そこだけ確認しておけばよい。構想、容易、準備、肥満、再起……。間違えたところにはしっかりシルシをしなさい。母に何度も言われたことだ。

ふと顔を上げると、民家が中心の平べったい街並みが振動《しんどう》とともに後ろへ後ろへ流されて、その向こうに薄《うす》くのばしたようなグレーの雲があった。

雲は町全体を覆《おお》っていて、太陽光をゆるやかに遮《さえぎ》っていた。

澪は漢字のプリントを手にしたまま、ぼんやりと外を眺《なが》めていた。

この景色を見ると、澪はいつも不思議な気分になった。どの家にも窓がある。窓の中には人がいる。わたしが一生会うことのない人々。その全員がそれぞれ違《ちが》う小学校や中学校や高校や大学に通っている。お父さんもいるだろうし、お母さんもいるだろう。皆《みな》、別々の会社に勤めていて、別々の生活がある。いりくんだ世界のあちこちに、無数の人生があるのだと思うと、①澪は奇妙《きみょう》な安堵《あんど》※1をおぼえた。自分はその無数の人生の中のひとつなのだ。だったら、特別なものでなくてもいいはずだ。そんなふうに思うことで、澪の気持ちはいつも少しだけ軽くなる。

「安田さん」

ふいに肩《かた》の後ろから声をかけられた。青木だった。

澪はびっくりしたが、顔に出さず、「何」と静かに訊《き》いた。

「反対に手を挙げてたよね」

青木が言った。

挨拶《あいさつ》もなく、②ぶしつけに本題に入る青木のこどもっぽさに、澪は内心でいらだった。

無表情のまま見返すと、

「俺《おれ》も反対した」

と青木は言った。

「知ってる」

桜丘タワー、みんなが「人間タワー」と呼んでいる、組体操の演目のことだ。

澪は人間タワーを見たことがない。この春、都心のタワーマンションからこの町に引っ越《こ》してきたばかりなので、去年の運動会に参加していないからだ。桜丘小の伝統だとか、一度見たら忘れられないとか、皆が異様にほめたたえるけれど、どんなものなのかイメージがわかないし、内心で、特別な訓練を受けているわけでもない小学生たちが作るものなどタカが知れてると思っているから、さほど興味も湧《わ》かない。

「青木くん、タワー練習の最後に手を挙げてたよね。反対意見、言おうとしてたんでしょ」

澪が言うと、青木の目に共感を迫《せま》るような色が浮《う》かんだ。

「うん。そうなんだよ。なのに、デベソたちがうるさくて、発言できなかった」

「でべそ？」

「出畑のことだよ」

「あだ名、だめなんでしょ」

「みんな言ってるよ。幼稚園《ようちえん》の時から。あいつ実際デベソだし」

「青木くん、なんで反対意見を帰りの会で言わなかったの」

問六　本文中の空らん［　A　］に入る内容として最も適当なものを次から選び、記号で答えなさい。

ア　日本列島の太平洋側と日本海側とおなじような気候の違《ちが》いを持つ

イ　日本列島を垂直に立てたとおなじくらいに、気候がかわる

ウ　島の北側では雨が多く降り、南側では太陽がよく照っている

エ　亜寒帯の地域も亜熱帯の地域もある点が北海道と似ている

問七　――線⑥「植物の種類に変化がおこったのです。」とありますが、どのような変化がおこったのですか。次の空らん［　］に十字程度の言葉を入れ、説明文を完成させなさい。

照葉樹林から［　　　　］に変わった。

問八　――線⑦「ひときわ大きな屋久杉」とありますが、屋久杉の特徴《とくちょう》として最も適当なものを次から選び、記号で答えなさい。

ア　屋久杉というのは屋久島でしか伐採することができない特別な杉の種類であり、くさりにくく強いという性質を持つ。

イ　屋久杉はとてもいい木材であるため、五百年ほど前からさかんに伐採されてしまい、現在ではほとんど残っていない。

ウ　屋久杉はかんたんに割れるという性質を持っているため、ためし切りをした跡《あと》の残ったままの木材が市場に流通している。

エ　異様な形状をした屋久杉ばかり残されているのは、材木に適さないと判断されたものが取り残されたためである。

問九　――線⑧「縄文杉にはもう会いにいかない。」とありますが、どのような気持ちからの発言ですか。最も適当なものを次から選び、記号で答えなさい。

ア　大勢の人が縄文杉を見に行くようになり、自分だけの縄文杉ではなくなってしまったことを不満に思う気持ち。

イ　大勢の人が見に行くことで森があらされ、縄文杉がしだいに弱ってかれていく姿を見るのをつらいと思う気持ち。

ウ　大勢の人が見に行くことで環境《かんきょう》が変わり、縄文杉を取り巻く景観が変わってしまったことを残念に思う気持ち。

エ　大勢の人が見に行くことで世間の注目を浴び、最初に縄文杉を見たときの感動が薄《うす》まることを悲しく思う気持ち。

にかつがれていったのです。かんたんにわれる樹がいい材だとされました。

現在のこっている屋久杉の多くに、ためし切りのあとがついています。いい材かどうかをしらべたのです。屋久杉の多くがねじれたりまがったり異様な形をしているのは、材木に適さない樹がのこされたということです。

大きな樹がたおされるのは、まわりの樹にとってはチャンスがまわってきたということです。森の上にあながあき、太陽の光がはいってきます。大きくそだつ空間ができたのです。

江戸時代《えどじだい》に伐採された切りかぶのまわりに、りっぱなスギがそだっています。たおれた巨木《きょぼく》の上にたねがおち、こやしとなってわかい樹をそだてる倒木更新《とうぼくこうしん》は、いたるところで見ることができます。

人間のものとはちがう時間が、森にはながれているのです。人間にとっては永遠ともいうべき時間です。

樹の根や岩でできたきゅうな山道を、一歩一歩とからだをはこびあげていきます。自分もこの地球の上にいるひとつの命なのだというよろこびが、からだのおくからわいてきます。

ふいに、わたしは巨大な生命にだかれたようにかんじました。きりのなかを歩いてきたため、わたしは縄文杉《じょうもんすぎ》とよばれている屋久島で最大の杉のすぐまえにきているのだと気づかなかったのです。歳月《さいげつ》をきざんだこぶだらけの幹の上で、えだが腕《うで》をひろげるようにひろがっていました。

「会いにきました。」

思わずこんなことばがわたしの口からでました。遠い遠い時間をこえて生きながらえている命と、わたしはむきあっているのです。一説によると、樹齢は七千二百年ということです。これがどんな時間なのか、想像するだけで気が遠くなります。

「⑧縄文杉にはもう会いにいかない。」

屋久島にすむわたしの友人は、縄文杉を愛するあまりこんなことをいいます。かれのいうとおり、縄文杉はかなしそうでもあります。

かつてはうっそうとした森で、ほかの樹との区別がつかないほどえだがしげりあったなかに、縄文杉はあったといいます。たくさんの人がやってきてまわりの樹や草はきられたりかれたりし、いまでは縄文杉だけがぽつんと立っているのです。縄文杉は一本の樹だけで森のようではありますが、やはりさびしそうです。

（立松和平『縄文杉に会う』）

問一 ――線①「緑の島」とありますが、別の言い方をしている部分を本文から十字でぬき出しなさい。

問二 ――線②「一か月に三十三日雨がふる」とありますが、これは「何」の「どのようなこと」を表現したものですか。本文の言葉を使って十五～二十字で答えなさい。**（句読点も数える）**

問三 ――線③「魚は森につく」とありますが、これはどのようなことをいっていますか。本文からその内容がわかる連続した二文を探し、初めと終わりの五字をぬき出しなさい。**（句読点も数える）**

問四 ――線④「すべてのはじまりは森なのです。」とありますが、どのような意味ですか。最も適当なものを次から選び、記号で答えなさい。

ア 自然界に押《お》し寄せる世界的に大きな変動は森から始まっているということ。

イ 川の源流は森の中にあり、食物連鎖はそこから海まで続いているということ。

ウ 島全体が緑にあふれる森であるために、色々な生物が集まってくるということ。

エ 森は全ての生きものに命をふきこむことができる神聖な場所であるということ。

問五 ――線⑤「そこには魚が多いのです。」とありますが、それはなぜですか。その理由をこれより前の本文の言葉を使って三十五～四十五字で答えなさい。**（句読点も数える）**

食べる食べられるの関係が、生物の世界ではくさりの輪のように森のなかから海までつづいているのです。これを食物連鎖《しょくもつれんさ》といいます。

④すべてのはじまりは森なのです。

わたしは漁船にのせてもらいました。海があれないかぎり毎日沖にでている漁師は、ぽつりとこんなふうにつぶやきました。

「むかしはねぇ、島全体に緑があふれていて、はげているところなんかなかったとです。いまは開発だ道路工事だといって、つぎはぎだらけでしょうが。海岸にはびっしり松が生えておった。その松めざして、トビウオが産卵によってきたとですたい。」

トビウオがむれをなし海をまっ黒にそめて浜に産卵におしよせたものでしたが、いまはもうそんな光景は見られません。島の自然は確実にかわっているのです。

海岸の松がかれたのは、マツクイムシが原因となっています。ふせぎようがないほどたくさんかれるので、植物の世界にも大きな変動の波がおしよせているのだという人もいます。

河口には魚やエビがたくさんいます。おだやかながれの河口は、川でもなく海でもないところです。川と海のさかいなのです。

満ち潮になって海の力が強くなると、海の水が上流にむかっていきます。引き潮になると川の力が強くなり、海の水はうしろに引いて、川の水が河口にやってきます。その水のうごきとともに、海の魚や川の魚がいったりきたりします。どちらでも生活できる魚もいます。時間によって水の状態がかわることにより、少しでも多くの生物がくらせるようにできているのです。時間によってすみ分けをしているといってもよいでしょう。

海水と淡水《たんすい》のまじるところを汽水域といいますが、⑤そこには魚が多いのです。人の力ではとてもつくれない、自然のバランスといえます。

（中略）

山の高さによって植物の種類がかわります。これを植物の垂直分布といいます。下は亜熱帯《あねったい》でも、二千メートル近い宮之浦岳頂上あたりは亜寒帯で、北海道の北部とおなじ気象条件となります。

屋久島は［A］のです。

カシやシイやツバキやサザンカなど、葉があつくて表面がてかてかし、冬になってもかれておちない樹木を、照葉樹とよびます。屋久島では標高百メートルから千メートルのあいだが、照葉樹林帯となります。

東アジア全域から日本列島の半分までをおおっていた照葉樹林は、人にきられていまやもうほとんどのこっておらず、屋久島が世界最大となってしまいました。ドングリをたくさんみのらせる照葉樹林は、サルなどの動物には生きる場所なのです。

屋久島でいちばん大切なのはこの照葉樹林なのだという人はたくさんいます。

森のなかからなにかに見つめられているようにかんじることがあります。かすかなけはいのほうを見ると、シカの視線と出会います。ヤクジカです。

「サル二万、シカ二万、人二万。」

むかしからつたわっていることばです。屋久島でくらすということは、野生とともに生きるということなのです。

山道をすすんでいくと、森の風景がかわっていくことに気づきます。⑥植物の種類に変化がおこったのです。

葉がほそながくて一年じゅう緑色の針葉樹と葉がひろく冬になればかれておちる広葉樹の混交林になりました。いろんな種類の樹にまじって、⑦ひときわ大きな屋久杉があります。いっぱんに樹齢《じゅれい》千年以上のスギを屋久杉とよび、それ以下を小杉といいます。千年たたないと大人にならないという意味なのです。

屋久杉という特別の種類があるわけではありません。スギは日本の特産種で、どこに生えているスギでもおなじものです。屋久島は雨が多いので、水をこのむスギには生きやすい環境《かんきょう》です。花崗岩《かこうがん》でできているので土が少なく、とぼしい栄養しかありません。そだちがおそいために、緻密《ちみつ》で脂分《しぶん》の多い材質になり、くさりにくく強いのです。

木目のつんだいい材木がとれるので、屋久杉は五百年ほどまえからさかんに伐採《ばっさい》されてきました。大きなままで材木をはこびだすことができないため、刃物《はもの》で手わりにされ、人の背

二〇二二年度 目白研心中学校

【国語】〈第一回試験〉（五〇分）〈満点：一〇〇点〉

一 次の――線①～⑤の漢字には読みをひらがなで記し、――線⑥～⑩のカタカナは漢字に直しなさい。

① 判断を委ねる。
② 糸を垂らす。
③ 額にけがをする。
④ 成功を収める。
⑤ 合言葉を唱える。
⑥ チソウの年代を調べる。
⑦ 短時間で仕事がスんだ。
⑧ 川がゾウスイする。
⑨ 安全な場所へミチビく。
⑩ 健康ホケン証を見せる。

二 次の文章を読んで、あとの問いに答えなさい。（問題作成上、本文に省略した部分があります。）

沖縄《おきなわ》から東京にむかって飛行機にのっているときのことです。まどから外をながめていたわたしは、海のなかからもりあがるようにしてある①緑の島に目をとめました。峰《みね》は切り立ち、谷は入り組み、まわりはサンゴ礁《しょう》の海にかこまれています。

ここにはどのくらいの生命体があるのだろう。この島がひとつの惑星《わくせい》のように思えてきました。水にうかぶ小さな地球だとわたしはかんじたのです。

その島の名を屋久島といいます。

あれから何年もたってしまったのですが、ようやくわたしは屋久島に上陸することができました。雨がふっていました。九州でいちばん高い、標高一九三五メートルの宮之浦岳《みやのうらだけ》が中央にそびえる屋久島は、まわりの海から湿気《しっけ》をあつめるため、雨が多い島なのです。②一か月に三十三日雨がふるとさえいわれています。

この雨は、命のみなもとです。

海のほうから屋久島をながめてみます。黒潮のながれのなかにあるこの島は、海のなかにも生命があふれています。浜《はま》にアオウミガメとアカウミガメが産卵にやってくるのです。ウミガメは神経質ともいえるくらい用心ぶかい生きものなのですが、産卵をはじめるとわれをわすれてしまいます。卵を産むことに集中して、人が近づいてもうごこうとはしません。涙《なみだ》をながして産卵することもあります。いっしょうけんめいなのです。

「③魚は森につく」

むかしの人は海と森の関係をこう表現しました。森がよければ水がたくさんわきだし、海をきれいにします。するとそこに魚があつまってくるのです。

森のなかの源流の一滴《いってき》から命ははじまります。微生物《びせいぶつ》がいれば、それは昆虫《こんちゅう》のえさになり、昆虫は魚に食べられます。小さい魚は大きい魚のえさとなり、大きい魚も卵や稚魚《ちぎょ》のときにはもっと大きな魚に食べられてしまいます。

2022年度

目白研心中学校　▶解説と解答

算数　＜第１回試験＞（50分）＜満点：100点＞

解答

1 (1) 347　(2) $3\frac{11}{60}$　(3) 5　(4) 7　(5) 28.8　(6) 3210000cm^3　(7) 4800円　(8) 18種類　(9) 67個　(10) 9人　2 (1) 800Ｌ　(2) 毎分13Ｌ　(3) 15分　3 (1) 15ｇ　(2) 7％　(3) 300ｇ　4 (1) 8秒　(2) 200ｍ　(3) 23秒　5 (1) 3：4　(2) 3：1　(3) $6\frac{3}{4}\text{cm}^2$　6 (1) 2.5cm　(2) 163.28cm^2

解説

1 四則計算，逆算，計算のくふう，単位の計算，売買損益，場合の数，倍数，過不足算

(1)　394－94÷２＝394－47＝347

(2)　$4\frac{1}{4}-2\frac{2}{3}+1\frac{3}{5}=4\frac{15}{60}-2\frac{40}{60}+1\frac{36}{60}=3\frac{75}{60}-2\frac{40}{60}+1\frac{36}{60}=1\frac{35}{60}+1\frac{36}{60}=2\frac{71}{60}=3\frac{11}{60}$

(3)　$3\frac{3}{4}\div3\frac{1}{2}\times4\frac{2}{3}=\frac{15}{4}\div\frac{7}{2}\times\frac{14}{3}=\frac{15}{4}\times\frac{2}{7}\times\frac{14}{3}=5$

(4)　2022÷（400－□×９）＝６より，400－□×９＝2022÷６＝337，□×９＝400－337＝63　よって，□＝63÷９＝７

(5)　3.2×5.12＋3.2×2.76＋1.6×2.24＝3.2×5.12＋3.2×2.76＋1.6×２×1.12＝3.2×5.12＋3.2×2.76＋3.2×1.12＝3.2×（5.12＋2.76＋1.12）＝3.2×９＝28.8

(6)　１m^3は１辺が１ｍ（100cm）の立方体の体積だから，100×100×100＝1000000（cm^3）となる。よって，3.21m^3は，3.21×1000000＝3210000（cm^3）である。

(7)　２割＝0.2より，２割の利益を見込《みこ》んで定価をつけると，定価は仕入れ値の，１＋0.2＝1.2（倍）になるので，5000×1.2＝6000（円）となる。さらに，20％＝0.2より，定価の20％引きで売ると，売値は定価の，１－0.2＝0.8（倍）になるから，6000×0.8＝4800（円）となる。

(8)　百の位が１のとき，右の図のように，十の位は１か２か３になる。十の位が１のとき，一の位は２か３の２通り，十の位が２のとき，一の位は１か２か３の３通り，十の位が３のとき，一の位は１か２の２通りだから，３けたの整数は，２＋３＋２＝７（種類）できる。同様に，百の位が２のときは７種類，百の位が３のときは４種類できるから，全部で，７＋７＋４＝18（種類）の整数をつくることができる。

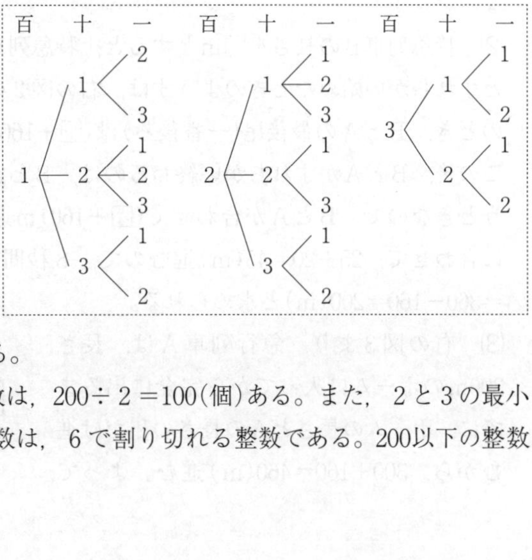

(9)　200以下の整数の中で，２で割り切れる整数は，200÷２＝100（個）ある。また，２と３の最小公倍数は６だから，２でも３でも割り切れる整数は，６で割り切れる整数である。200以下の整数

で，６で割り切れる整数は，200÷６＝33あまり２より，33個あるから，２で割り切れるが３で割り切れない整数は，100−33＝67(個)ある。

⑽　１人に６個ずつ分けるときと１人に８個ずつ分けるときで，必要な個数の差は，４＋14＝18(個)となる。これは，１人あたり，８−６＝２(個)の差が生徒の人数分だけ集まったものだから，生徒の人数は，18÷２＝９(人)とわかる。

2 ニュートン算

⑴　毎分10Ｌの割合で水を入れたので，80分間で入れられた水は，10×80＝800(Ｌ)になる。

⑵　80分で水そうが空になったので，はじめに水そうに入っていた240Ｌと，80分間で入れられた800Ｌを80分で抜《ぬ》き出したことになる。よって，ポンプは80分間で，240＋800＝1040(Ｌ)の水を抜き出すから，毎分，1040÷80＝13(Ｌ)の水を抜き出す。

⑶　ポンプを２個にすると，毎分，13×２＝26(Ｌ)の水を抜き出す。また，毎分10Ｌの水を入れるから，１分間に水そうの水は，26−10＝16(Ｌ)減る。よって，水そうは，240÷16＝15(分)で空になる。

3 濃度《のうど》

⑴　濃《こ》さが５％の食塩水Ａ300ｇには，300ｇの５％にあたる食塩が溶《と》けている。よって，食塩は，300×0.05＝15(ｇ)溶けている。

⑵　濃さが10％の食塩水Ｂ200ｇには食塩が，200×0.1＝20(ｇ)溶けている。よって，食塩水Ａと食塩水Ｂをすべて混ぜると，食塩水の重さは，300＋200＝500(ｇ)で，溶けている食塩の重さは，15＋20＝35(ｇ)になるから，濃さは，35÷500＝0.07より，７％になる。

⑶　食塩水Ｂに水を加えても，溶けている食塩の重さは20ｇのままで変わらない。よって，水を加えて濃さが４％になったときの食塩水Ｂの重さを□ｇとすると，□×0.04＝20(ｇ)と表せる。したがって，□＝20÷0.04＝500(ｇ)だから，加える水の重さは，500−200＝300(ｇ)と求められる。

4 通過算

⑴　急行列車Ａが太郎君の前を通過するようすは，右の図１のようになる。図１より，Ａは太郎君の前を通過する間に，Ａの長さだけ進むので，160m進む。よって，かかる時間は，160÷20＝８(秒)となる。

図１

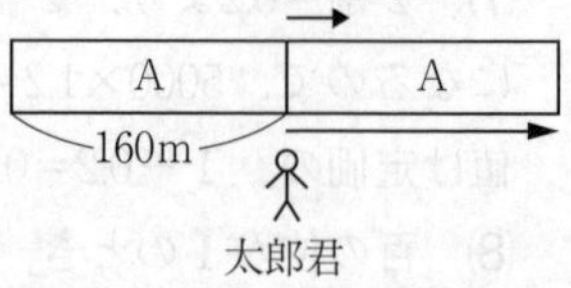

⑵　特急列車Ｂの長さを□mとすると，特急列車Ｂが急行列車Ａとすれちがい始めたときのようすは，右の図２のようになり，このとき，ＢとＡの最後尾《さいこうび》(一番後ろ)は(□＋160)mはなれている。この後，ＢとＡがすれちがい終わるのは，ＢとＡの最後尾が出会うときなので，ＢとＡが合わせて(□＋160)m進むのに８秒かかったことになる。ＢとＡは１秒間に合わせて，25＋20＝45(m)進むので，８秒間では合わせて，45×８＝360(m)進む。よって，□＝360−160＝200(m)と求められる。

図２

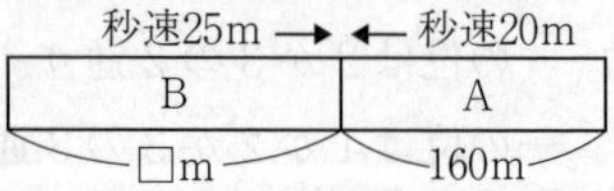

⑶　右の図３より，急行列車Ａは，長さ300mのホームに入ってから完全に出るまでに，ホームの長さとＡの長さの和だけ進むから，300＋160＝460(m)進む。よって，

図３

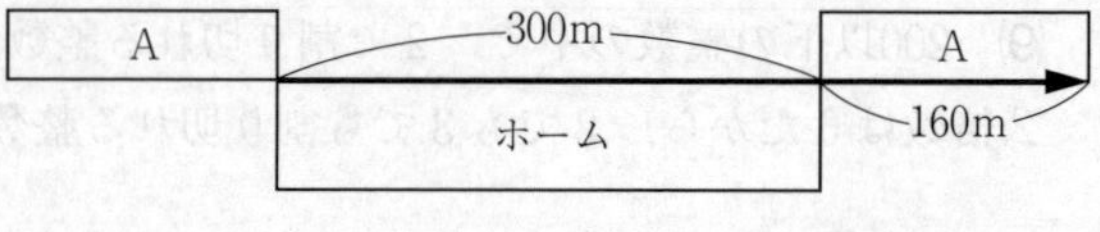

かかる時間は，460÷20＝23（秒）とわかる。

5　平面図形―相似，辺の比と面積の比

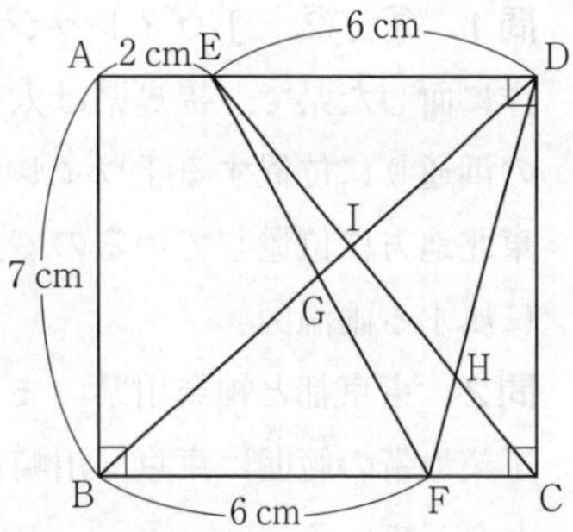

⑴　右の図で，BCの長さは，ADの長さと等しいから，２＋６＝８（cm）である。また，EDとBCは平行なので，三角形EIDと三角形CIBは相似となる。よって，EI：IC＝ED：BC＝６：８＝３：４とわかる。

⑵　⑴と同様に，三角形EHDと三角形CHFは相似となり，CFの長さは，８－６＝２（cm）になるから，EH：HC＝ED：CF＝６：２＝３：１である。

⑶　三角形DIHの面積は，三角形CIDの面積から三角形CHDの面積をひくと求められる。まず，三角形EDCの面積は，６×７÷２＝21（cm^2）である。また，⑴より，EI：IC＝３：４で，三角形EIDと三角形CIDは，底辺をそれぞれEI，ICとすると，高さが等しいから，面積の比はEI：ICと等しく，３：４になる。よって，三角形CIDの面積は，$21\times\frac{4}{3+4}=12$（cm^2）とわかる。同様に，三角形EHDと三角形CHDの面積の比は，EH：HCと等しいので，３：１となり，三角形CHDの面積は，$21\times\frac{1}{3+1}=\frac{21}{4}=5\frac{1}{4}$（$cm^2$）とわかる。したがって，三角形DIHの面積は，$12-5\frac{1}{4}=6\frac{3}{4}$（$cm^2$）と求められる。

6　立体図形―長さ，表面積

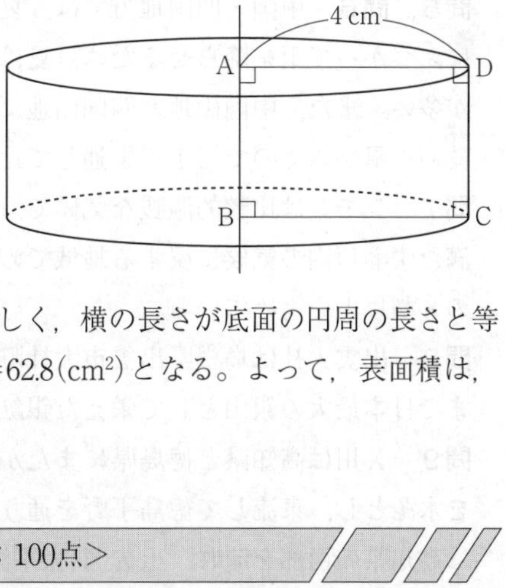

⑴　長方形ABCDを，ABを軸《じく》として１回転してできる立体は，右の図のような円柱となる。この円柱の底面積は，４×４×3.14＝50.24（cm^2）だから，円柱の高さ，つまり，ABの長さは，125.6÷50.24＝2.5（cm）と求められる。

⑵　円柱の表面積は，底面積２つ分と側面積の和となる。円柱の側面は切り開くと，縦の長さが円柱の高さと等しく，横の長さが底面の円周の長さと等しい長方形になるので，側面積は，2.5×（４×２×3.14）＝62.8（cm^2）となる。よって，表面積は，50.24×２＋62.8＝100.48＋62.8＝163.28（cm^2）と求められる。

社　会　＜第１回試験＞（理科と合わせて60分）＜満点：100点＞

解　答

1　**問１**　①　エ　②　イ　**問２**　京浜工業地帯　**問３**　イ　**問４**　アイヌ（民族）　**問５**　ア　**問６**　瀬戸内　**問７**　エ　**問８**　島根県　**問９**　ウ　**2**　**問１**　①　エ　②　イ　③　ウ　**問２**　Ⓐ　元寇（蒙古襲来）　Ⓘ　慈照寺銀閣（銀閣寺）　Ⓤ　蝦夷　**問３**　③→①→②　**問４**　ア　**問５**　イ　**問６**　エ　**問７**　徳川家光　**問８**　①　八幡製鉄所　②　ア　**問９**　エ　**3**　**問１**　**１**　参議院　**２**　国務　**問２**　ウ　**問３**　エ　**問４**　イ　**問５**　違憲立法審査権

解　説

1　日本の自然と産業，文化についての問題

問１　①，②　Ｊヴィレッジのある福島県は，〈地図１〉で示された東北地方の最も南にある太平洋に面した県で，福島県は太平洋側から浜通り，中通り，会津の３つの地方に分けられる。福島県の浜通りに位置するＪヴィレッジは，太平洋側の気候に属しているため，夏の降水量が多い。また，東北地方に位置しているので，冬の気温は低い。なお，アは南西諸島の気候，ウは日本海側の気候に属する雨温図。

問２　東京都と神奈川県にまたがる工業地帯は京浜工業地帯である。日本の三大工業地帯の１つで，工業地帯の範囲《はんい》は東京，川崎，横浜を中心として東京湾沿いに広がっており，太平洋ベルトの一部となっている。

問３　天竜川は長野県の中央部に位置する諏訪《すわ》湖を水源とし，赤石山脈(南アルプス)と木曽山脈(中央アルプス)の間にある伊那《いな》盆地を通って南に流れ，静岡県浜松市の東で遠州灘《なだ》(太平洋)に注いでいる。

問４　北海道を中心とする日本列島北部に暮らす日本の先住民族はアイヌ民族である。伝統的に狩りや漁などを生活の中心とし，独自の言語や文化を持つが，明治時代以降は日本の文化に同化する政策がとられてきたために，伝統が薄《うす》れているのではないかと問題視されてきた。2020年にアイヌ文化を復興・発展させる拠点《きょてん》としてウポポイ(民族共生象徴《しょうちょう》空間)が開業した。

問５，問６　中国・四国地方では，夏は南東の季節風が四国山地に，冬は北西の季節風が中国山地にぶつかって雨を降らせるため，夏は太平洋側の南四国地方で，冬は日本海側の山陰地方で降水量が多い。また，中国山地と四国山地にはさまれた瀬戸内海のある瀬戸内地方は，雨を降らせた後の乾《かわ》いた風がふくので，１年を通して比較《ひかく》的降水量が少ない。

問７　レモンは比較的温暖な気候で，水はけが良い場所での栽培が向いている。そのため，条件を満たす瀬戸内の気候に属する地域での栽培がさかんで，広島県と愛媛県の２県で日本国内の生産量の８割以上を占《し》めている。

問８　出雲大社は島根県出雲市大社町にある神社，石見銀山は島根県大田市大森町にある江戸時代まで日本最大の銀山として栄えた銀鉱山である。

問９　Ｘ川は高知県と徳島県にまたがって流れている吉野川である。吉野川は，四国山地の瓶ヶ森《かめがもり》を水源とし，東流して徳島平野を通り，徳島市で紀伊水道(太平洋)に注いでいる。なお，四万十川は高知県の西部を流れ，土佐湾(太平洋)に注ぐ四国地方最長の河川である。

2　各時代の歴史的なことがらについての問題

問１　①「南無妙法蓮華経《なむみょうほうれんげきょう》」と唱えて仏の教えを信じることのみが救われる道であると説き，鎌倉時代に日蓮宗(法華宗)を開いたのは日蓮である。　②　1467～77年に起こった応仁の乱は，室町幕府第８代将軍の足利義政のあとつぎ争いに，有力守護大名の細川氏と山名氏の対立などがからんで起こった戦乱で，主戦場となった京都の大半は焼け野原となり，幕府の権力がおとろえ戦国時代に入るきっかけとなった。　③　律令政治の立て直しをはかるため寺院勢力の強い奈良の平城京を離れ，794年に都を平安京に移したのは，桓武天皇である。平安京には明治時代に天皇が東京に移るまで朝廷が置かれていた。

問２　㋐　鎌倉時代にモンゴルの兵が日本に攻めてきたことは元寇《げんこう》(蒙古《もうこ》襲来)といい，1274年の文永の役，1281年の弘安の役の２回にわたった。　(い)　足利義政が京都の東山に建てた別荘は慈照寺銀閣(銀閣寺)である。慈照寺銀閣に用いられた建築様式は，禅宗の書斎の影響から，ふすま・あかり障子などを用い，床の間や違い棚を備えた書院造とよばれるもので，今日の和風住宅のもととなった。　(う)　古代の東北地方を中心とする地域には，中央と異なる文化を持ち，朝廷の支配に従わない蝦夷《えみし》とよばれる人々が住んでおり，律令制の確立とともに，しばしば朝廷の征討を受けるようになった。

問３　①は鎌倉時代，②は室町時代，③は奈良時代から平安時代のできごとなので，時代の古い順に③→①→②となる。

問４　794年に桓武天皇によって移された平安京は，現在の京都府に位置している。

問５　明(中国)の征服をくわだて，その道筋にあたる朝鮮に協力を求めたが断られたため，1592～93年の文禄の役と1597～98年の慶長の役の２度にわたり朝鮮に大軍を送ったのは豊臣秀吉である。秀吉は年貢を確実に取り立てることを目的に，ものさしやますを統一して全国の田畑の面積や等級を定める太閤検地を行った。なお，アは織田信長，ウは徳川秀忠，エは徳川吉宗の政策。

問６　江戸幕府は1639年にポルトガル船の来航を禁止して，鎖国を完成させると，貿易による利益と外国から得られる情報を独占するために，長崎を唯一《ゆいいつ》の貿易港として，キリスト教の布教に関係のないオランダと清(中国)に限り幕府と貿易することを許した。

問７　大名を統制するための法令である武家諸法度を改定し，参勤交代を制度化したのは江戸幕府の第３代将軍徳川家光である。これにより，大名は１年おきに江戸と領地に住むことを義務づけられ，大名の妻子は人質として江戸に置くことを命じられた。この参勤交代で大名は経済的に大きな負担を強いられることになり，幕府にそむくことが難しくなった。

問８　1894～95年に起こった日清戦争に勝利して得た賠償《ばいしょう》金でつくられた官営の製鉄工場は，1901年に操業を開始した八幡製鉄所である。明治政府の富国強兵政策の一環《いっかん》としてつくられ，日本の鉄鋼業の発展において中心的な役割をはたした。八幡製鉄所は福岡県にある筑豊炭田から石炭を，中国から鉄鉱石を入手していたため，どちらからも距離の近い福岡県北九州市にあった。

問９　日本は1945年８月14日にポツダム宣言を受諾《じゅだく》して無条件降伏《こうふく》した。翌15日には天皇が国民に敗戦を伝えるラジオ放送(玉音放送)があったために，日本の終戦記念日は８月15日となっている。

3 日本の政治についての問題

問１　日本国憲法には「国会は，衆議院及《およ》び参議院の両議院でこれを構成する」(第42条)と定められており，日本は衆議院と参議院の二院制をとっている。また，内閣については「その首長たる内閣総理大臣及びその他の国務大臣でこれを組織する」(第66条)としている。

問２　外国との条約を締結《ていけつ》するのは内閣の仕事である。国会は内閣が締結する条約を事前もしくは事後に承認する。

問３　日本国憲法には，天皇が退位して新天皇が即位した場合に内閣が総辞職する規定はない。

問４　ア　最高裁判所の長官は，内閣の指名に基づいて天皇によって任命される。　イ　日本では，裁判の結果に不服があるときは同じ事件について３回まで裁判を受けることができる三審制を採用している。よって正しい。　ウ　下級裁判所とは高等裁判所，地方裁判所，家庭裁判所，簡易裁判所の４つである。　エ　裁判の種類は大きく分けて，私人間の係争について扱う民事裁判と，殺人や強盗などの犯罪行為について有罪・無罪を決定する刑事裁判がある。

問５　裁判所が持つ，法律が憲法に違反していないかどうか判断する権限のことを違憲立法審査権という。

理　科　＜第１回試験＞（社会と合わせて60分）＜満点：100点＞

解　答

1 ⑴　まっすぐ　⑵　40度　⑶　25度　⑷　イ　⑸　ウ　**2** ⑴　20ｇ　⑵　20ｇ　⑶　35％　⑷　35ｇ　⑸　ウ　**3** ⑴　食物連さ　⑵　エ　⑶　**あ**　光合成　**い**　二酸化炭素　⑷　**あ**　増える　**い**　減る　**う**　増える　**え**　減る　⑸　モンシロチョウ　**4** ⑴　ウ　⑵　エ　⑶　イ　⑷　**８日**…ウ　**９日**…イ　⑸　ア

解　説

1　光の進み方についての問題

⑴　光が空気やガラス，水などの１つの物質の中をまっすぐ進む性質を，光の直進という。

⑵　入射角は，入射する光と反射面に垂直な直線とがなす角度なので，図２では，90－50＝40(度)である。光が反射するとき，入射角と反射角は等しくなることから，反射角も40度となる。

⑶　図３において，入射する光と反射面のなす角は，50＋15＝65(度)である。よって，入射角は，90－65＝25(度)で，反射角も25度とわかる。

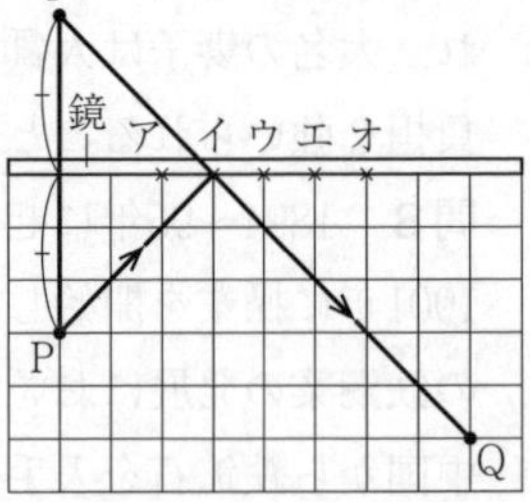

⑷　右の図のように，点Ｐの像は鏡面に対して線対称《たいしょう》の位置の点Ｐ′にできる。点Ｑからは，点Ｐが点Ｐ′にあるように見えるから，点Ｐ′と点Ｑを直線で結んだ線が鏡面と交わる点イで光は反射する。

⑸　点ｄで反射した光が点Ｒに届くので，点ｄで反射した光(dR)の反射角と，入射させたところと点ｄを結んだ入射光の入射角が等しくなる点ウを選ぶ。

2　もののとけ方についての問題

⑴　グラフから，20℃の水100ｇにおける固体Ａがとける質量は最大20ｇと読み取れる。

⑵　20℃の水100ｇに固体Ｂは35ｇまでとける。水の重さととける固体の質量は比例するので，７ｇの固体Ｂを完全にとかすために必要な水の重さは，最低，$100\times\frac{7}{35}=20$(g)である。

⑶　80℃の水100ｇには固体Ａが最大55ｇとけるので，このときの水よう液の濃《のう》度は，$\frac{55}{100+55}\times100=35.4\cdots$より，35％となる。

⑷　80℃の水100ｇにとけるだけとかした固体Ａの質量は55ｇであり，20℃の水100ｇにとけるだけとかした固体Ａの質量は20ｇであることから，水よう液を80℃から20℃に冷やしたときに出てくる固体Ａの質量は，55－20＝35(ｇ)とわかる。

⑸　固体Ｂのように温度によるとけ方の変化が小さい物質は，水よう液を冷やしても出てくる固体の質量が少ないため，水よう液を加熱して水を蒸発させることで固体を取り出す方法が適している。

3　生物のつながりについての問題

⑴　自然界の生物どうしの間で成り立っている，食べる・食べられるという関係を食物連さという。

(2)　ア　セミはこん虫のなかまではあるが，さなぎの時期のない不完全変態の育ち方をする。

イ　こん虫の体は頭・胸・腹の３つの部分に分かれているが，胸についているあしは６本である。

ウ　こん虫の育ち方のうち，さなぎの時期のある育ち方を完全変態，さなぎの時期のない育ち方を不完全変態という。　　エ　モンシロチョウは，幼虫のえさとなるアブラナやキャベツのようなアブラナ科の植物の葉の裏に卵を産みつける。　　オ　ふつうこん虫には胸に４枚のはねがあるが，カやアブ，ハエのようにはねが２枚のこん虫や，はたらきアリやノミのようにはねをもたないこん虫もいる。

(3)　植物は光のエネルギーを利用することで，根から吸収した水と空気中から取り入れた二酸化炭素を材料として，養分をつくりだす光合成を行っている。このとき，でんぷんなどの養分とともにつくられる酸素を気こうから空気中へ放出する。

(4)　植物を草食動物が食べ，草食動物を肉食動物が食べるという関係がある。植物が増えると，植物を食べる草食動物の数が増加する。草食動物が増加すると，草食動物を食べる肉食動物が増加し，草食動物に食べられる植物は減少する。すると，肉食動物が増加したこと，植物が減少したことにより，増えた草食動物の数は減少してもとにもどり，結果的にこの地域にいる生き物の数はほぼ一定に保たれる。

(5)　セミの成虫はさして吸う口を木の幹にさして樹液を吸っている。バッタは左右に広がるかむ口でイネの葉などをかじって食べる。モンシロチョウの成虫の口は細長いストローのような形をしていて，花のみつを吸うのに適している。

４　気温の変化についての問題

(1)　８日の気温は１日を通して約23℃前後で変化が少ないので，くもりか雨だったと考えられる。一方，９日は最低気温が約23℃，最高気温が33℃ほどで，１日のうちの気温の変化が大きくなっているので，晴れだったと考えられる。

(2)　９日のグラフから，最高気温となったのは15時ごろとわかる。東京で太陽がもっとも高くのぼる時刻は12時より少し前なので，最高気温となった時刻よりも前である。

(3)　しつ度は，空気がふくむことができる最大の水蒸気の量に対する，実際にふくんでいる水蒸気の量の割合で求められる。したがって，30℃の空気１m^3が15ｇの水蒸気をふくんでいるときのしつ度は，$\frac{15}{30}\times100=50(\%)$となる。

(4)　気温の変化のグラフから，８日はくもりか雨であったと考えられるので，しつ度のグラフは一日中100％に近い状態のウを選ぶ。また，晴れていたと考えられる９日のしつ度は，気温が最高になった15時ごろに最低になるので，イのグラフが適当である。

(5)　気温を測るときには，周囲に建物のない風通しのよい場所で，温度計に直射日光が当たらないようにしながら，地面から1.2～1.5ｍの高さになるようにして測定する。なお，測る場所はアスファルトの近くではなく，しばふなどが植えられたところがよい。

国語 ＜第１回試験＞（50分）＜満点：100点＞

解答

一 ① ゆだ　② た　③ ひたい　④ おさ　⑤ とな　⑥～⑩ 下記を参照のこと。　二 問１ 水にうかぶ小さな地球　問２ （例） 屋久島はとても雨が多い島だということ。　問３ 森がよけれ～るのです。　問４ イ　問５ （例） 潮の満ち引きとともに海水と川の水が入りまじり，海の魚と川の魚の両方が行き来するから。　問６ イ　問７ （例） 針葉樹と広葉樹の混交林　問８ エ　問９ ウ　三 問１ （例） 世界のあちこちに無数の人生があり，自分はその中の一部であり，特別なものでなくてもいいと思ったから。　問２ ア　問３ イ　問４ 秩序があり，統制が取れている(から。)　問５ ウ　問６ 人間タワーの本質　問７ ウ　問８ エ　問９ ウ　四 問１ １ ③　２ ③　問２ ① ウ　② エ　③ イ

●漢字の書き取り

一 ⑥ 地層　⑦ 済　⑧ 増水　⑨ 導　⑩ 保険

解説

一 漢字の読みと書き取り

① 音読みは「イ」で，「委任」などの熟語がある。　② 音読みは「スイ」で，「垂線」などの熟語がある。　③ 音読みは「ガク」で，「額面」などの熟語がある。　④ 音読みは「シュウ」で，「収納」などの熟語がある。　⑤ 音読みは「ショウ」で，「合唱」などの熟語がある。　⑥ 地面に石や砂，泥《どろ》などが堆積《たいせき》してできた層。　⑦ 音読みは「サイ」で，「返済」などの熟語がある。　⑧ 雨や台風などにより，主に川の水量が増すこと。　⑨ 音読みは「ドウ」で，「指導」などの熟語がある。　⑩ 万が一の事態が起きたとき，加入者全員で支《し》払《はら》っている保険料から保険金を受け取ることができる仕組み。

二 出典は立松和平《たてまつわへい》の『縄文杉《じょうもんすぎ》に会う』による。緑豊かで雨の多い屋久島で，森からわいた川が海となって生物たちの食物連鎖《れんさ》をなすさまや，多様な植物が生息すること，森では人間のものとは異なる悠久《ゆうきゅう》の時間がながれることなどを説明している。

問１ 「緑の島」とは屋久島を指しており，「サンゴ礁《しょう》の海にかこまれ」て豊かな「生命体」をかかえるそのさまを，筆者は次の段落で「水にうかぶ小さな地球」と表現している。

問２ 一か月は最大でも三十一日しかないところを「三十三日雨がふる」と書くことで，屋久島で雨の降る頻度《ひんど》が非常に高いことを表している。

問３ ぼう線③の直後の段落で筆者は，魚と森の関係について，「森がよければ水がたくさんわきだし，海をきれいにします。するとそこに魚があつまってくるのです」と説明している。

問４ ぼう線④の前の部分で筆者は，「森のなかの源流の一滴《いってき》」から「命」が「はじまり」，微《び》生物から昆虫，小さい魚，大きい魚へと，「森のなかから海までつづく」食物連鎖をなしていくと述べている。ぼう線④の「すべてのはじまりは森なのです」という言葉は，このことを端的《たんてき》に言い表したものであるため，イがふさわしい。

問５ ぼう線⑤の前の部分で筆者は，「川と海のさかい」である「河口」では，「潮」の満ち引きに

よって海の水と川の水が入りまじり，それにともなって「海の魚」と「川の魚」の両方が行き来することを説明している。このことが，「汽水域」と呼ばれるところに「魚やエビ」などがたくさんいる理由であると読み取れる。

問６　空欄《くうらん》Ａの直前で筆者は，屋久島では標高が低い場所は「亜《あ》熱帯」，標高が高い場所は「北海道の北部とおなじ気象条件」である「亜寒帯」となり，高度によって気候や生息する「植物の種類」がかわると述べている。したがって，イがふさわしい。ここでは接する海ではなく緯度《いど》が問題となっているため，アはふさわしくない。筆者は島の北側や南側の天気の違《ちが》いを説明しているわけではないため，ウは誤り。北海道は亜熱帯ではないため，エは誤り。なお，亜熱帯とは熱帯に次いで温暖な気候を指し，沖縄県などが含《ふく》まれる。

問７　続く部分に，照葉樹にかわって「葉がほそながくて一年じゅう緑色の針葉樹」と，「葉がひろく冬になればかれておちる広葉樹」の「混交林」があらわれたとある。この部分をまとめればよい。

問８　ぼう線⑦の三つ後の段落に，「屋久杉の多くがねじれたりまがったり異様な形をしているのは，材木に適さない樹《き》がのこされたということ」とある。よって，エが正しい。なお，アは，屋久杉については「特別の種類があるわけでは」なく，日本の「どこに生えているスギでもおなじもの」だとあるため，誤り。イは，本文には「現在のこっている屋久杉の多くに，ためし切りのあとがついて」いることが書かれており，屋久杉がほとんど残っていないことは読み取れないので，正しくない。ウは，「ためし切りのあとがついてい」るのは，「材木に適さない」と判断されて屋久島に残された「樹」のことであり，市場に流通しているものではないので，適切ではない。

問９　本文の最後の段落で，かつては「うっそうとした森」のなかにあった縄文杉も，「たくさんの人」が訪《おとず》れるうちに「まわりの樹や草」が「きられたりかれたりし」た結果，一本だけ「ぽつんと立っている」状態となり，そのようすは「かなしそう」だと書かれている。したがって，ウがふさわしい。

三　**出典は朝比奈《あさひな》あすかの『人間タワー』による。**主人公の澪《みお》の通う小学校で，組体操の演目「人間タワー」の実施《じっし》をめぐってクラスや担任の教師らの意見が対立するさまが，澪のクラスメートである青木との会話を通じて描《えが》かれている。

問１　ぼう線①の前後で，澪は電車の窓から民家の並ぶ街並みをながめるうちに，「あちこち」の家庭でくらすたくさんの人たちが，それぞれ「別々の」人生を送っていることに思いをはせ，「自分はその無数の人生の中のひとつ」にすぎないのだから，「特別」である必要はないのだと思い至っている。この部分をまとめるとよい。

問２　青木が澪に挨拶《あいさつ》もせず，自分のききたいことをいきなりぶつける失礼なさまを「ぶしつけ」と表現しているため，アがふさわしい。

問３　ぼう線③の前の部分で，青木は自分が「人間タワー」に反対する理由として，「組体操の事故のニュース」がメディアでも報道されており，自治体で組体操を禁止にする動きがあることや，二百キロの負荷《ふか》がかかるという説があることなどを根拠《こんきょ》にあげた後，「人間タワー」をつくることは「時代に逆行している」と結論づけている。よって，イがふさわしい。

問４　ぼう線④の前の部分で澪は，転校したことがなく桜丘小学校しか知らない青木のことを「世間を知らない」，「自分の学校がどれだけましか，分かっていない」と考えている。そして，桜丘小学校には「怖《こわ》い子」,「授業中に歩き回るような子」,「テスト用紙をまるめて投げる子」,掃除《そうじ》を「誰《だれ》かに押《お》しつけてサボる子」がおらず，それは「前の学校では，考えられないこと」だとしている。このように，澪は前の学校と比較《ひかく》したうえで，桜丘小学校の「秩序《ちつじょ》があり，統制が取れている」点を好ましく思っているのである。

問５　ここでは，クラスの男子たちの性格や考え方にこみいったところがなく，感情のままに動くさまを「単純」という言葉で表現している。したがって，複数の要素がこみいっているさまを表す「複雑」が対義語となる。なお，アの「正直」は，うそがなく素直《すなお》なこと。イの「明朗」は，明るくほがらかであるさま。エの「難解」は，内容や言葉などが難しくてわかりにくいこと。

問６　ぼう線⑥の前の部分で澪は，国貞《くにさだ》がクラスの話し合いで述べた，人間タワーの「下」にいる人は「重くて痛い」という意見について，「人間タワーの本質をついていた」と指摘《してき》したうえで，下の人が上の人に「やられっぱなし」で「何もできない」という仕組みを説明している。

問７　青木は国貞の意見を「主観的なことばっかり」だと話し，「薄《うす》ら笑い」を浮《う》かべて軽《かろ》んじていたが，澪の説明を受けて「急に立ち止ま」り，顔から「薄ら笑いが消え」ている。このようすから，青木が澪の説明に納得《なっとく》し，認識《にんしき》を改めたことが読み取れるため，ウがふさわしい。

問８　「人間タワー」という運動会の組体操の演目について，青木や国貞らの反対派と沖田先生らの賛成派の対立するようすが，澪の視点から描かれている。よって，エが正しい。なお，アは，本文中では情景描写《びょうしゃ》が多用されているとはいえないため，誤り。イは，意見が賛成と反対に分かれて対立するさまは描かれているが，青木は母親の意見の影響《えいきょう》を受けていると澪が判断していることからもわかるように，大人と子どもに分かれて対立しているわけではないので，ふさわしくない。ウは，澪は青木に対して冷静に自分の意見を述べており，あおられているようすはないので，適切ではない。

問９　「今日の話し合い」で，沖田先生が「熱しやすく単純な男子をうまく利用して，やりたくない派の子たちを吊《つる》し上げた」のを見て，澪は，「沖田先生の汚いところを見てしまったように感じて，暗澹《あんたん》とした気持ちになった」とある。よって，ウが正しい。なお，アは，澪が人間タワーに反対したことを後悔《こうかい》したのは，皆《みな》が演目を異様にほめたたえたからではなく，沖田先生の人間タワーに対する熱意を実感したためなので，誤り。イは，青木の意見を聞いた澪は「いきがったところで世間を知らない」と評価しており，感心しているようすはないので，不適切。エは，青木は澪の説明を受けて感心し，「みんなの前で言えばよかったのに」と話しており，腹を立てているようすはないので，ふさわしくない。

四　品詞の用法，打ち消しの意味のことば

問１　**１**　話し手の推測を表す「そうだ」であるため，③が合う。①，④は伝聞の意味を持ち，②は感嘆《かんたん》詞である。　**２**　過去のことを表す「た」であるため，③がよい。①，②，④はいずれも現在も続いていることを表している。

問２　①　まだ受験していないことを「未受験」という。　②　制限のない状態を「無制限」という。　③　規則性のないさまを「不規則」という。

2022年度　目白研心中学校

〔電　話〕　(03) 5996－3133
〔所在地〕　〒161－8522　東京都新宿区中落合４－31－１
〔交　通〕　西武新宿線・都営大江戸線 ―「中井駅」より徒歩８分
都営大江戸線 ―「落合南長崎駅」より徒歩10分
東京メトロ東西線 ―「落合駅」より徒歩12分

【算　数】〈第２回試験〉(50分)〈満点：100点〉

1　**次の □ にあてはまる数を求めなさい．**

(1)　$2022-22\div2=\square$

(2)　$3\frac{1}{5}-1\frac{1}{2}+2\frac{1}{3}=\square$

(3)　$1\frac{3}{5}\times3\frac{3}{4}\div3\frac{1}{2}=\square$

(4)　$987-(240+\square\times9)=720$

(5)　$140\times\left(1\frac{1}{2}+\frac{4}{5}+\frac{3}{7}\right)=\square$

(6)　４５ｄＬ＝ □ ｍＬ

(7)　５０００円で仕入れた品物に３割増しの定価をつけて販売しました．消費税を１０％加えた値段は □ 円です．

(8)　赤，青，黄，緑，黒の５色のペンが１本ずつあります．この中から２色を選ぶ選び方は □ 通りあります．

(9)　３けたの整数のうち，４と５と６の公倍数は □ 個あります．

(10)　ボールを何人かの生徒に分けるのに，１人に３個ずつ分けると４個あまり，１人に４個ずつ分けると３個足りません．生徒の人数は □ 人です．

２ **ある仕事を終えるのに，Ａさん１人では３時間，Ｂさん１人では４時間３０分かかります．このとき，次の各問いに答えなさい．**

(1)　Ａさんは１時間に全体のどれだけの仕事を終わらせますか．

(2)　２人でいっしょに仕事をすると，何時間何分で仕事を終えることができますか．

(3)　ＡさんとＢさんの２人で１５時から仕事を始めました．途中でＢさんが帰ったため，残りはＡさん１人だけで仕事をしたところ，１７時に仕事が終わりました．Ｂさんが帰ったのは何時何分ですか．

３ **濃さが２１％の食塩水Ａが２００ｇと，濃さのわからない食塩水Ｂが３００ｇと，濃さが９％の食塩水Ｃがあります．このとき，次の各問いに答えなさい．**

(1)　食塩水Ａには何ｇの食塩が溶けていますか．

(2)　食塩水Ａと食塩水Ｂを混ぜたところ１５％の食塩水ができました．食塩水Ｂの濃さは何％ですか．

(3)　食塩水Ａに食塩水Ｃを加えて，濃さを１７％にするには，食塩水Ｃを何ｇ加えるとよいですか．

4 **太郎君は毎日，池のまわりを走っています．いつも１６時にＡ地点をスタートして，分速１８０ｍの速さで走り，１６時２５分にＡ地点にもどってきます．このとき，次の各問いに答えなさい．**

(1)　池のまわりは何ｋｍですか．

(2)　次郎君が池のまわりを１６時にＡ地点から太郎君とは反対方向に分速１２０ｍの速さで走り始めました．２人がすれちがうのは何時何分ですか．

(3)　ある日，太郎君は分速２００ｍの速さで１６時にＡ地点をスタートしましたが，途中のＢ地点から分速１５０ｍの速さで走ったところ，１６時２５分にＡ地点に戻ってきました．分速２００ｍの速さで走った道のりは何ｍですか．

5 **右の図のように，半径２ｃｍの円Ｏが長方形ＡＢＣＤの外側にそって１周します．このとき次の各問いに答えなさい．ただし，円周率は３．１４とします．**

(1)　円Ｏの面積は何ｃｍ^{2}ですか．

(2)　円Ｏの中心が移動した距離は何ｃｍですか．

(3)　円Ｏが通過した部分の面積は何ｃｍ^{2}ですか．

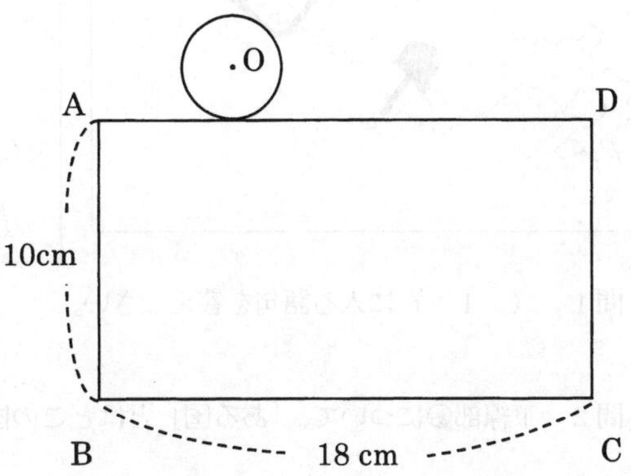

6 **底面積が１００ｃｍ^{2}で高さが１０ｃｍの水そうに水が入っています．この水そうに底面が一辺５ｃｍの正方形で高さが１０ｃｍの四角柱Ａを入れたところ，水はこぼれずに，水面が２ｃｍ上がりました．このとき，次の各問いに答えなさい．**

(1)　四角柱Ａの体積は何ｃｍ^{3}ですか．

(2)　水そうに入っている水の体積は何ｃｍ^{3}ですか．

【社　会】〈第２回試験〉（理科と合わせて60分）〈満点：100点〉

〈注　意〉解答は特に漢字で答えなさいとある場合以外はひらがなで答えてもよい。

１　以下の【１】・【２】の問題に答えなさい。

【１】

以下の＜地図１＞～＜地図３＞は東日本の一部を表している地図です。

＜地図１＞中のAは、日本有数の畑作地帯がある（　１　）平野です。この平野では、異なる種類の作物を同じ畑に一定の順序で栽培《さいばい》する輪作《りんさく》が盛んに行われています。＜地図１＞中のBは、㋐現在も「ある国」が占《せん》拠《きょ》し続けている島々です。日本は、これらの島々の返還《へんかん》を求めています。

＜地図２＞中のCは、この県の県庁所在地がある都市です。この都市は、穀物《こくもつ》の豊作などを願う「竿燈《かんとう》まつり」で有名です。

＜地図３＞中のD（鹿嶋《かしま》市）、E（君津《きみつ》市）の工場には㋑「ある原料（鉱産資源《こうさんしげん》）」とコークスを熱で溶かす高炉《こうろ》があります。「ある原料（鉱産資源）」は非常に重いため、船で工場に運ばれます。

＜地図１＞

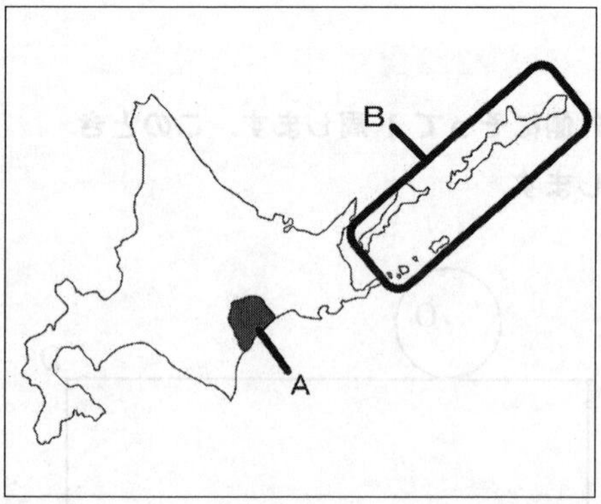

＜地図２＞

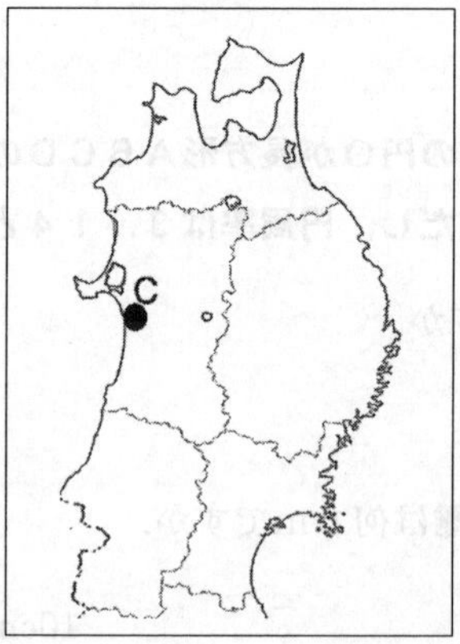

＜地図３＞

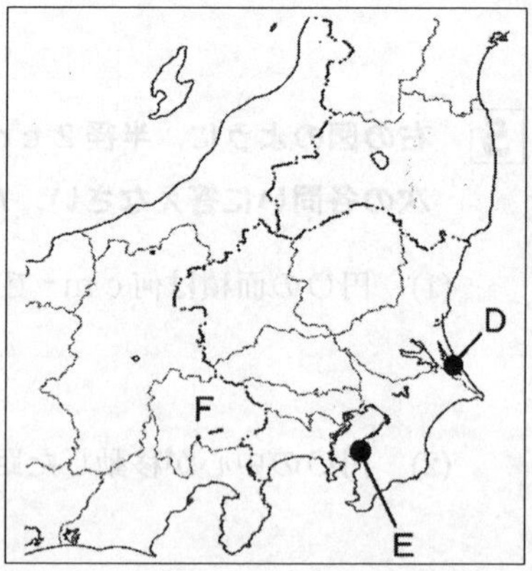

問１　（　１　）に入る語句を答えなさい。

問２　下線部㋐について、「ある国」とはどこの国か答えなさい。

問３　＜地図２＞中の「Ｃ」の場所の雨温図を以下のア～ウから１つ選び記号で答えなさい。

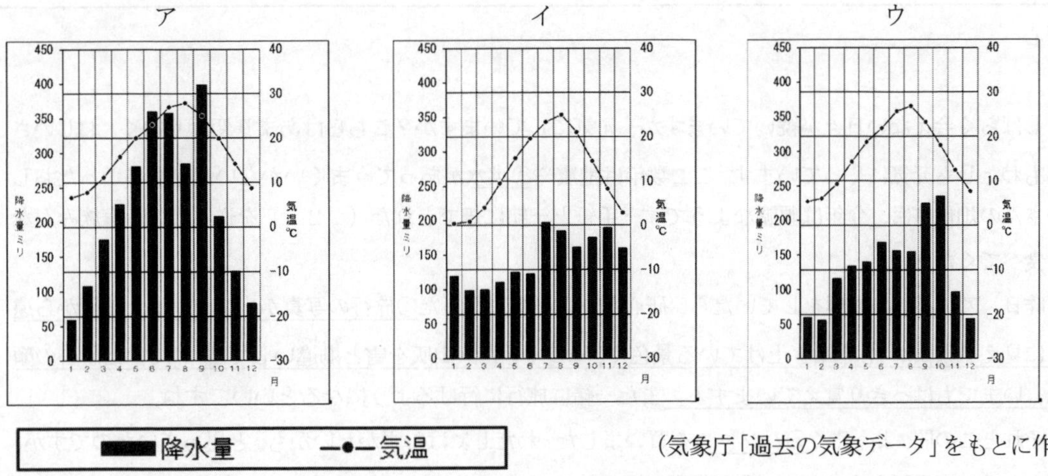

（気象庁「過去の気象データ」をもとに作成）

問４　下線部㋑について、以下のグラフは、日本の「ある原料（鉱産資源）」の輸入《ゆにゅう》相手国を示したものである。ある原料とは何か、以下のア～エから１つ選び記号で答えなさい。

ア、ダイヤモンド

イ、金

ウ、鉄鉱石

エ、銅

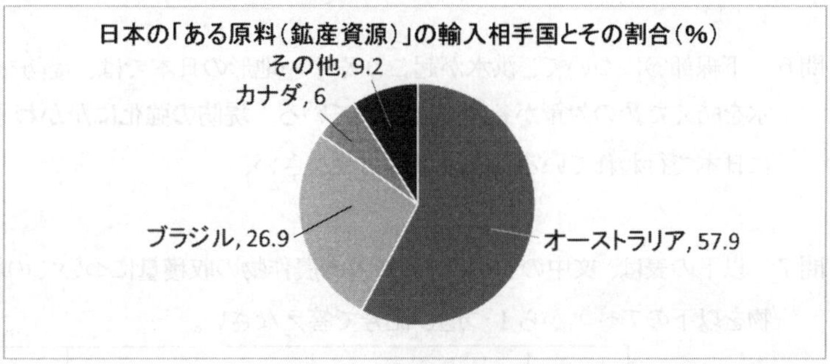

（「日本国勢図会　2021」より）

問５　＜地図３＞中の「Ｆ」の県の説明として正しいものを以下のア～エから１つ選び記号で答えなさい。

ア、水はけのよいシラス台地が広がっている。

イ、1960 年代以降、政府の計画に基づいて、筑波《つくば》研究学園都市が建設された。

ウ、有田焼《ありたやき》などの伝統工芸品が有名である。

エ、盆地《ぼんち》の扇状《せんじょう》地《ち》では、ぶどう・もも の栽培が盛んである。

【２】　ある日研心くんのもとに、熊本県に住んでいるおばあさんから手紙が届きました。以下の手紙の文章を読んで問いに答えなさい。

研心へ

しばらく会えない日々が続いていますが、元気にしていますか？こちらはあまり変わりなく、おじいさんもわたしも元気にやっています。ここ数年は地震や㋒洪水《こうずい》があってうまくいかないことも多かったおじいさんの畑仕事も、今年は順調なようです。手紙と一緒に畑でとれた（　２　）を送るので、家族みんなで食べてください。

昨日、アルバムの整理をしていたら、研心たちと一緒に行った㋓旅行の写真が出てきました。街から遠くに見える火山が煙《けむり》を噴《ふ》き上げている景色や、降ってきた火山灰を雪と勘違《かんちが》いして驚《おどろ》いていた研心の顔は、いまでもはっきり覚えていますよ。また一緒に旅行に行けるようになるといいですね。

それとこの間、ようやく㋔パソコンを買いました。わたしにはむずかしいかも、と思っていたのですが、研心とテレビ電話をするため、㋕区役所で開かれるパソコン教室に通い、使い方を勉強しています。やり方を覚えたら、お話しにつきあってくださいね。

また会える日まで、お互い身体に気を付けて過ごしましょう。

問６　下線部㋒について、洪水が起こりやすい地形の日本では、堤防《ていぼう》を高くしたり、頑丈《がんじょう》にしたりなど、洪水を防ぐための対策が各地でとられている。**堤防の強化にかかわる対策以外で**、洪水の発生を防ぐために日本で行われている工夫を１つあげなさい。

問７　以下の表は、文中の（　２　）に入る農作物の収穫量についての統計です。この統計で表されている作物を以下のア～エから１つ選び記号で答えなさい。

	都道府県	収穫量（トン）	全国の収穫量に対する割合（%）
1位	熊本県	46,900	14.6
2位	千葉県	41,400	12.9
3位	山形県	32,400	10.1
4位	新潟県	17,700	5.5
5位	長野県	17,500	5.5

（「日本のすがた 2020」より作成）

ア、もも　　イ、すいか　　ウ、みかん　　エ、りんご

問８　下線部㋓について、次のページの＜写真１＞には、この旅行で研心くんとおばあさんが見た火山が写っています。＜地図４＞中に▲で示されている、この火山の名前を答えなさい。

＜写真１＞

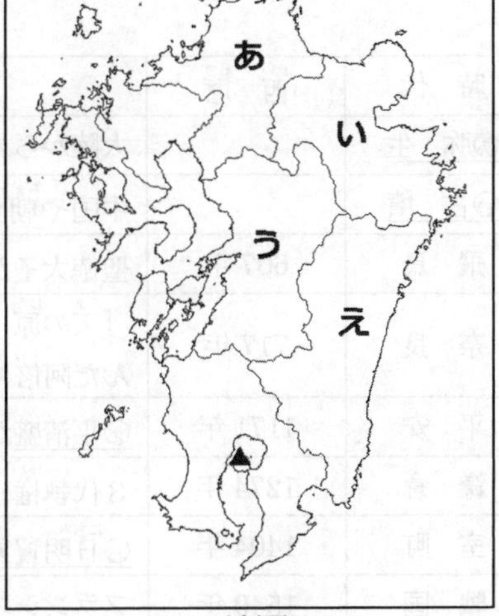

＜地図４＞

問９　下線部㋔に関連して、以下は日本における家電製品の普及率《ふきゅうりつ》を表したグラフです。グラフ中の家電Ａ・家電Ｂ・家電Ｃの線は、「スマートフォン」・「カラーテレビ」・「パソコン」のいずれかを表しています。家電Ａと家電Ｂの組み合わせとして正しいものを以下のア～エから１つ選び記号で答えなさい。

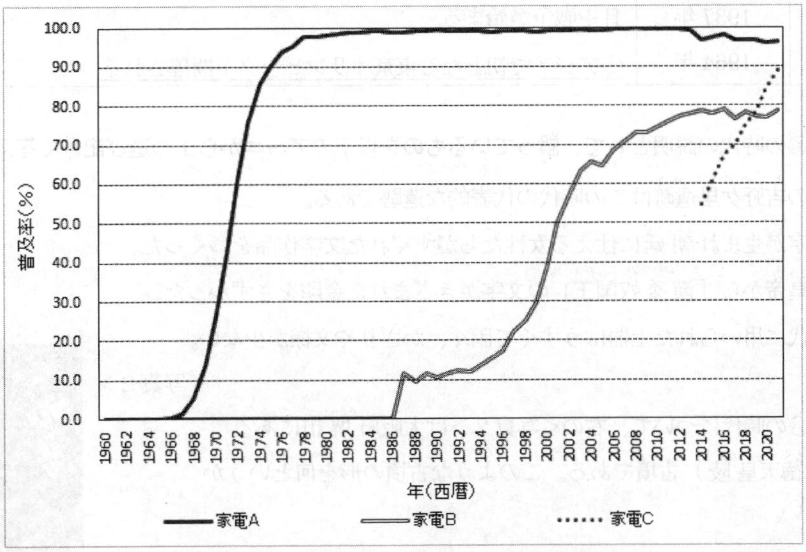

（グラフは内閣府「消費動向調査」2021年８月調査結果より作成）

ア、家電Ａがカラーテレビ・家電Ｂがスマートフォン　イ、家電Ａがカラーテレビ・家電Ｂがパソコン

ウ、家電Ａがパソコン・家電Ｂがカラーテレビ　　　　エ、家電Ａがパソコン・家電Ｂがスマートフォン

問10　下線部㋕について、おばあさんの住む熊本市は、2011年に政令指定都市に指定されました。九州地方で政令指定都市となっている都市を、**熊本市以外**に１つ答えなさい。

問11　おばあさんの住む熊本県の位置を＜地図４＞中の「あ」～「え」から選び記号で答えなさい。

2 **次の日本と海外のつながりについての年表から問いに答えなさい。**

時代	西暦《せいれき》	できごと
(あ)弥生		大陸から米づくりや金属器が伝えられる
(い)古墳		中国や朝鮮《ちょうせん》半島から日本に渡来人《とらいじん》が多く移り住む
飛鳥	607年	聖徳太子が（　１　）を遣隋使《けんずいし》として送る
奈良	717年	「天《あま》の原《はら》 ふりさけみれば 春日《かすが》なる 三笠《みかさ》の山に 出《い》でし月かも」の歌をよんだ阿倍仲麻呂《あべのなかまろ》が(う)遣唐使《けんとうし》に同行して唐にわたる
平安	1171年	(え)平清盛が娘《むすめ》の徳子《とくこ》を天皇のきさきとする
鎌倉	1274年	８代執権《しっけん》（　２　）の時代にモンゴル軍が襲来《しゅうらい》
室町	1404年	(お)日明《にちみん》貿易が始まる
戦国	1549年	フランシスコ・ザビエルにより(か)キリスト教が伝わる
江戸	1641年	(き)鎖国《さこく》の体制が固《かた》まる
	1854年	(く)開国を求めてきたアメリカと条約を結び鎖国の状態が終わる
(け)明治	1871年	不平等条約の改正のため岩倉使節団が欧米に送られる
大正	1914年	第一次世界大戦が始まる
昭和	1937年	日中戦争が始まる
	1964年	(こ)アジアで初となる東京オリンピックが開催《かいさい》される

問１　下線部(あ)の時代の説明として、**誤っているもの**を以下のア～エから１つ選び記号で答えなさい。

ア、佐賀県の吉野ケ里遺跡《よしのがりいせき》はこの時代の代表的な遺跡である。

イ、かな文字が生まれ朝廷《ちょうてい》に仕える女性たちがすぐれた文学作品をつくった。

ウ、中国の皇帝《こうてい》から「漢委奴国王《かんのわのなのこくおう》」の文字がきざまれた金印をさずかった。

エ、この時代に用いられた土器はうすくて固く、かざりや文様が少ない。

＜写真２＞

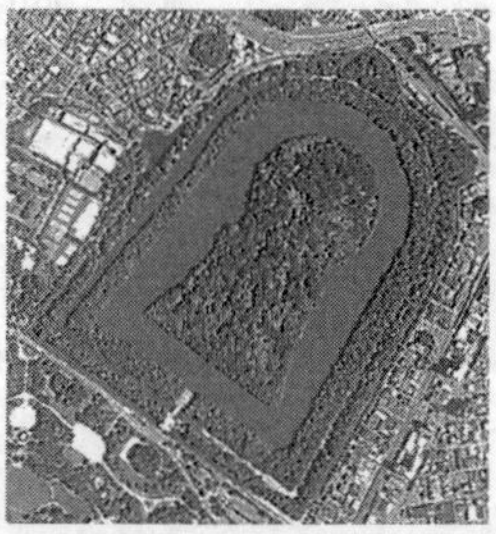

国土地理院 地図・空中写真閲覧サービスの空中写真をもとに作成

問２　下線部(い)の時代について、右の＜写真２＞は大阪府堺《さかい》市にある大仙《だいせん》（仁徳《にんとく》天皇陵《りょう》）古墳である。このような古墳の形を何というか答えなさい。

問３　年表中の（　１　）に入る適切な名前を**漢字**で答えなさい。

問４　下線部(う)の人々がもたらした文物の影響もあって、国際色豊かな天平文化が栄えた。この文化が最も栄えた時代の天皇と、その政策として正しい内容の文を以下のア～エから１つ選び記号で答えなさい。

ア、天智天皇が坂上田村麻呂を征夷大将軍《せいいたいしょうぐん》に任命した。

イ、天智天皇が国ごとに国分寺・国分尼寺《こくぶんにじ》の建立《こんりゅう》を指示した。

ウ、聖武天皇が坂上田村麻呂を征夷大将軍に任命した。

エ、聖武天皇が国ごとに国分寺・国分尼寺の建立を指示した。

問５　下線部㋓の人物についての説明として**誤っているもの**を以下のア～エから１つ選び記号で答えなさい。

ア、平治《へいじ》の乱《らん》に勝利し、武士として初めて政権をにぎった。

イ、武士として初めて太政大臣に任じられた。

ウ、一族の繁栄《はんえい》を願って厳島《いつくしま》神社を熱心に信仰した。

エ、壇ノ浦《だんのうら》の戦いで西国《さいごく》に源氏《げんじ》を追いつめ滅ぼした。

問６　年表中の（　２　）に入る適切な名前を**漢字で**答えなさい。

問７　下線部㋔について、この時代には中国と正式な国交を結び、朝貢《ちょうこう》貿易を行った。倭寇《わこう》と呼ばれる海賊《かいぞく》と見分けるために正式な貿易船には「割札《わりふだ》」が与えられたことから、この貿易を別名何と呼ぶか、「割札」の名称を明らかにして答えなさい。

問８　下線部㋕について、江戸時代になると、幕府はキリスト教の信仰を禁止した。九州ではキリスト教の信者を中心に重い年貢《ねんぐ》に苦しんだ人々が島原《しまばら》・天草一揆《あまくさいっき》をおこしたが、この一揆を率いた人物はだれか答えなさい。

問９　下線部㋖に関連して、この時代には日本独特の社会・文化が成立した。その説明として**誤っているもの**を以下のア～エから１つ選び記号で答えなさい。

ア、井原西鶴《いはらさいかく》が町人の生活などを描いた浮世草子《うきよぞうし》を書いた。

イ、松尾芭蕉《まつおばしょう》の紀行文として有名な『奥《おく》の細道《ほそみち》』が書かれた。

ウ、運慶《うんけい》・快慶《かいけい》らによって東大寺南大門の金剛力士像《こんごうりきしぞう》が作られた。

エ、本居宣長《もとおりのりなが》が『古事記伝《こじきでん》』を執筆《しっぴつ》し、国学を大成した。

問10　下線部㋗について、ペリー来航の翌年となるこの時に結んだ条約を何というか答えなさい。

問11　下線部㋘の時代に起きた出来事として**誤っているもの**を以下のア～エから１つ選び記号で答えなさい。

ア、五箇条《ごかじょう》の御誓文《ごせいもん》が発表され、政治の基本方針がしめされた。

イ、人々の間に民主主義への意識が高まり、25才以上の男子すべてが選挙権を持った。

ウ、西郷隆盛を中心に、政府の方針に反発した士族らによる西南戦争が起こった。

エ、日露戦争に勝利し、アメリカの仲介でポーツマス条約が結ばれた。

問12　下線部㋙の出来事よりも後に起きた出来事を以下のア～エから１つ選び記号で答えなさい。

ア、東日本大震災が起こった。

イ、朝鮮戦争が起こった。

ウ、日本が国際連合に加盟した。

エ、第五福竜丸《ふくりゅうまる》事件が起こった。

3 **以下の文章を読んで問いに答えなさい。**

(あ)日本国憲法は、「国民主権」・「基本的人権の尊重」・「平和主義」を原則としています。大日本帝国憲法下では、国民主権ではなく(い)天皇が主権をもつとされていました。基本的人権とは、日本国憲法第２５条に「健康で（　　　）な最低限度の生活を営む権利」と書かれているように、人間が人間らしく尊厳《そんげん》をもって生きるためになくてはならない権利です。(う)平和主義の理念は、日本国憲法の前文や第９条に示されています。また、憲法改正の手続きに関しては、(え)第９６条で定めています。

問１　文中の（　　　）に入る語句を**漢字**で答えなさい。

問２　下線部(あ)が施行《しこう》されたのは、１９４７年の何月何日か答えなさい。

問３　下線部(い)に関連して、天皇の国事行為《こうい》に関する次の文中（　１　）・（　２　）にあてはまる語句の組み合わせとして**正しいもの**を以下のア～エから１つ選び記号で答えなさい。

第３条　天皇の国事に関するすべての行為には、内閣の（　１　）と（　２　）を必要とし、内閣が、その責任を負《お》ふ《う》。

ア、（　１　）指導　（　２　）許可　　イ、（　１　）助言　（　２　）許可
ウ、（　１　）指導　（　２　）承認　　エ、（　１　）助言　（　２　）承認

問４　下線部(う)に関連して、日本政府が核《かく》兵器について定めた政策を非核三原則という。この非核三原則の内容を、「核兵器を～」の形に続くように答えなさい。

問５　下線部(え)で定められている憲法改正手続きについて述べた次の文中の（　３　）・（　４　）にあてはまる語句の組み合わせとして**正しいもの**を以下のア～エから１つ選び記号で答えなさい。

日本国憲法第９６条では、憲法改正の手続きについて「各議院の総議員の（　３　）以上の賛成で国会が発議して、国民投票で（　４　）の賛成が必要」と定めています。

ア、（　３　）２分の１　（　４　）過半数　　イ、（　３　）２分の１　（　４　）３分の２以上
ウ、（　３　）３分の２　（　４　）３分の２以上　エ、（　３　）３分の２　（　４　）過半数

【理　科】〈第２回試験〉（社会と合わせて60分）〈満点：100点〉

〈注　意〉解答は特に漢字で答えなさいとある場合以外はひらがなで答えてもよい。

1 長さとのび方の異なる２種類のばねA・Bとおもりを使って、おもりの質量とばねの長さの関係を調べたところ表のようになりました。これについて以下の各問いに答えなさい。ただし、ばね自体の質量は考えなくてよいものとします。

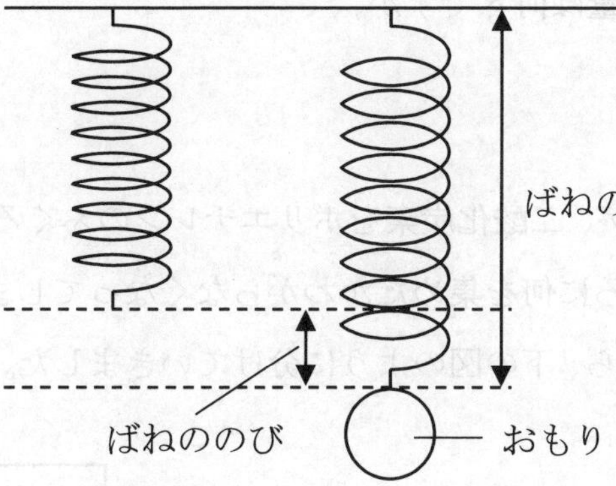

図　ばねののびとばねの長さ

おもりの質量	10 g	20 g	30 g	40 g	50 g
ばねAの長さ〔cm〕	16 cm	18 cm	20 cm	22 cm	24 cm
ばねBの長さ〔cm〕	25 cm	26 cm	27 cm	28 cm	29 cm

表　おもりの質量とばねの長さの関係

⑴　ばねAのもとの長さは何cmですか。

⑵　ばねAについて、取り付けたおもりの質量とばねののびを解答用紙のグラフに表しなさい。ただし、定規は使わず手がきで解答すること。

⑶　ばねBに75 gのおもりを取り付けるとばねBの長さは何cmになりますか。

⑷　あるおもりXをばねAとばねBにそれぞれ取り付けると、ばねAとばねBの長さは等しくなりました。おもりXの質量は何gですか。

(5)　２本のばねを縦につなぎおもりを取り付けると、それぞれのばねは単独《たんどく》でおもりをつけたときと同じだけのびます。例えば、10 g のおもりを取り付けたとき 1 cm のびるばねが２本あります。このばねを縦につなぎ 10 g のおもりを取り付けると２本のばねはそれぞれ 1 cm ずつのび、ばね全体の伸びは 2 cm になります。いま、ばねＡとばねＢを縦につなぎあるおもりを取り付けたところ、ばね全体の長さは 74 cm になりました。取り付けたおもりの質量は何 g ですか。

2　酸素、ちっ素、アンモニア、二酸化炭素をポリエチレンのふくろＡ～Ｄにそれぞれ集めました。ところが、どのふくろに何を集めたかわからなくなってしまいました。そこで、ふくろの気体の性質を調べながら、下の図のように分けていきました。以下の各問いに答えなさい。

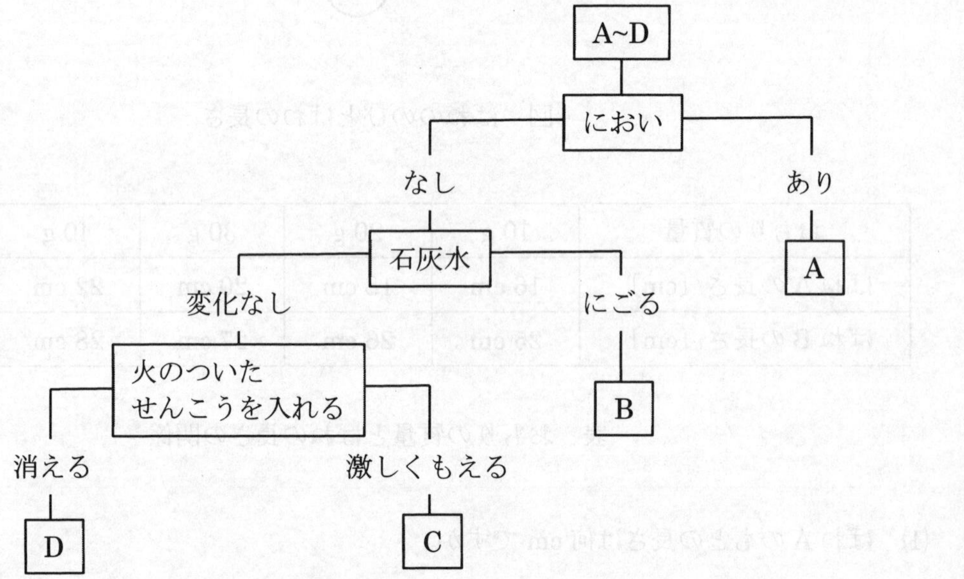

(1)　Ａ～Ｄのふくろに入っている気体の名前をそれぞれ答えなさい。

⑵ においがあること以外で、A～D の中から A のふくろに入っている気体を選びだすことができる方法はどれですか。下から１つ選び記号で答えなさい。

ア　マッチの火を近づける。

イ　せんこうの火を近づける。

ウ　水でしめらせた赤色リトマス紙を近づける。

エ　水でしめらせた青色リトマス紙を近づける。

⑶ B の気体を発生させるためには、何と何をまぜるとよいですか。下から２つ選び記号で答えなさい。

ア　二酸化マンガン　　イ　アンモニア水　　ウ　うすい塩酸

エ　石灰石　　オ　アルミニウム　　カ　鉄粉

3 学校の近くの公園の水をすくって、けんび鏡で観察したところ２種類の水中び生物が観察できました。図かんで調べたところこの２種類は、ゾウリムシと、その仲間であるヒメゾウリムシであり、両方とも同じエサを食べる競争関係にあることがわかりました。以下の各問いに答えなさい。

⑴ 次のア～オは、けんび鏡を使って観察するときの手順を示したものです。ただし、順番通りに並んでいません。これらの手順を正しい順番に並べかえなさい。

ア　接眼レンズをのぞいて、プレパラートを対物レンズから遠ざけながら、ピントを合わせる。

イ　視野全体が明るく見えるように、反射鏡やしぼりを調節する。

ウ　プレパラートをステージにのせ、クリップでとめる。

エ　横から見ながら、プレパラートを対物レンズにできるだけ近づける。

オ　けんび鏡を直射日光の当たらない、水平な場所に置く。

⑵　以下の図は、けんび鏡でゾウリムシをスケッチしたものです。スケッチとして適切でないのはどちらの図ですか。その理由とともに答えなさい。

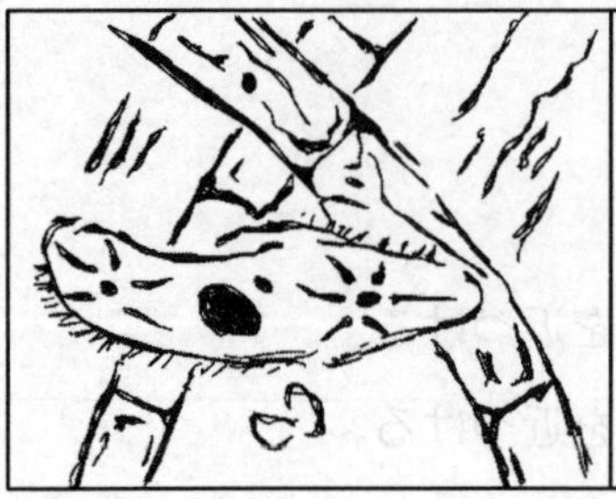
図１

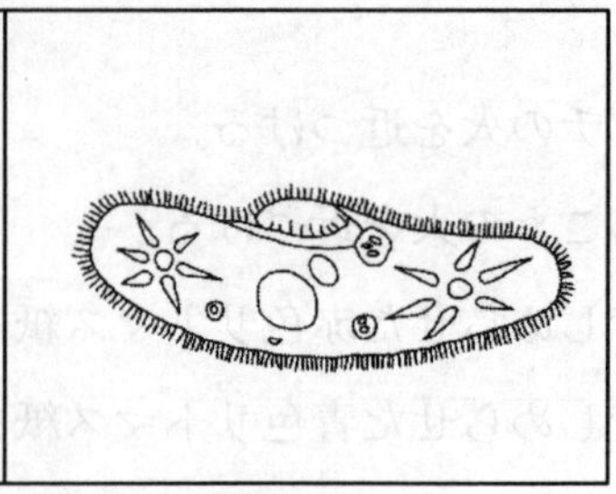
図２

⑶　ゾウリムシの特ちょうとして、正しいものを下から１つ選び記号で答えなさい。

ア　石にくっついて動かず、エサを食べて消化する。

イ　石にくっついて動かず、光合成をする。

ウ　エサを求めて動いて、エサを食べて消化する。

エ　光の当たる方向へ動いて、光合成をする。

２種類のゾウリムシを使って、次の実験①～③を行いました。グラフ１～３はそれぞれ実験①～③でのゾウリムシもしくはヒメゾウリムシの数の変化を示したものです。

【実験①】池の水からゾウリムシだけを水そうに移し、最初に一定量のエサをあたえ、水温などの条件を常に一定にして飼育した。

【実験②】　池の水からヒメゾウリムシだけを水そうに移し、最初に一定量のエサをあたえ、水温などの条件を常に一定にして飼育した。

【実験③】　池の水からゾウリムシとヒメゾウリムシの両方を水そうに移し、最初に一定量のエサをあたえ、水温などの条件を常に一定にして飼育した。

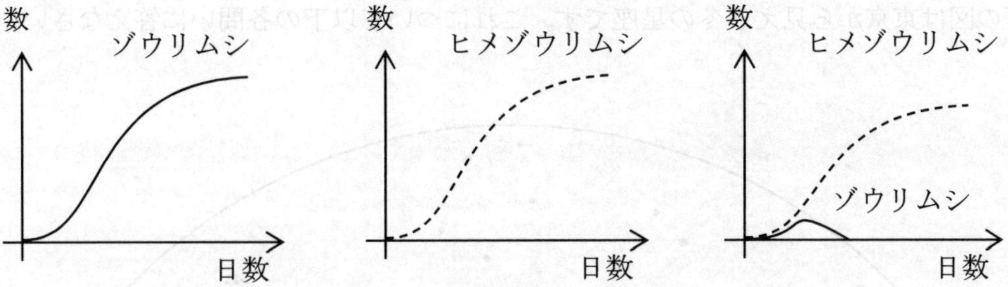

グラフ１　　グラフ２　　グラフ３

⑷　グラフ１と２で、ゾウリムシやヒメゾウリムシが、ある日数を過ぎると数が増えにくくなるのはなぜでしょうか。考えられる原因として誤っているものを下から１つ選び記号で答えなさい。

ア　最初に入れたエサが不足しはじめた。

イ　数が増えすぎて、住む場所が足りなくなった。

ウ　はいせつ物がたまりはじめて、水質が悪化した。

エ　他の生物と争いがおきて、水温が上昇した。

⑸　グラフ３の結果から考えられることとして、正しいものを下から１つ選び記号で答えなさい。

ア　ゾウリムシだけ途中から減少したのは、エサや住む場所をヒメゾウリムシにとられてしまったためである。

イ　ヒメゾウリムシが途中から増えなくなったのは、ゾウリムシがいることで早く死ぬようになったためである。

ウ　この水そうの中で、ゾウリムシとヒメゾウリムシは、エサや住む場所を分け合って、おたがいに助け合って共存している。

エ　この水そうの中で、ゾウリムシとヒメゾウリムシは、おたがいに関わりをもたないように、分散して生活している。

4 下の図は東京から見える冬の星座です。これについて以下の各問いに答えなさい。

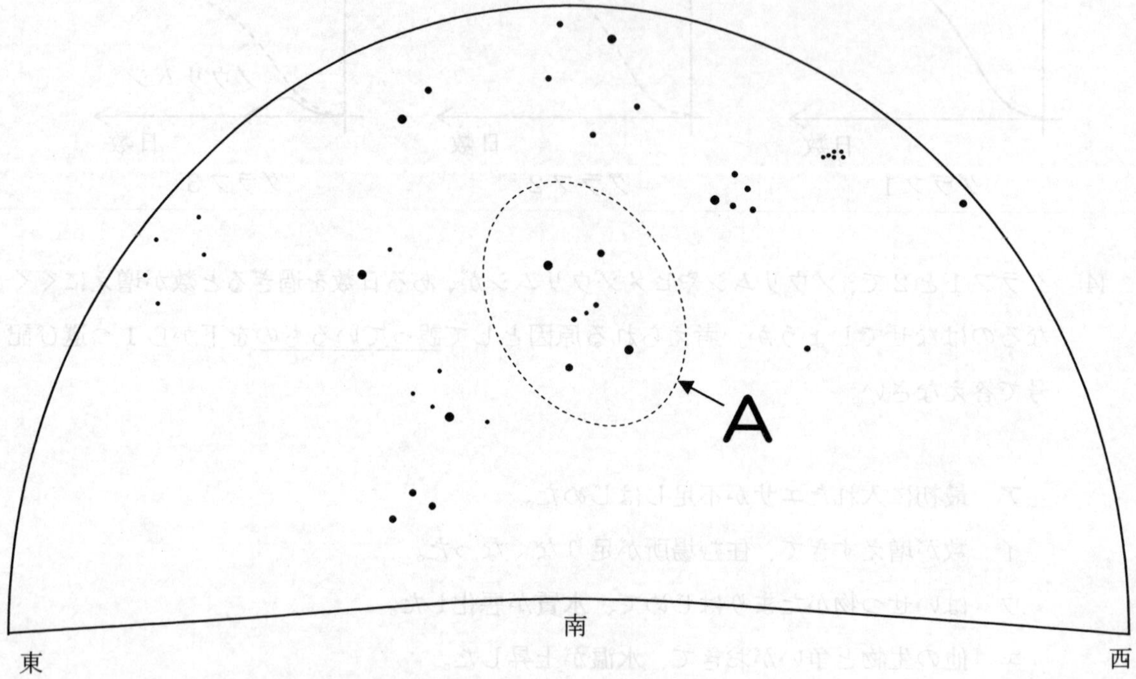

⑴ 上の図において、点線で囲まれた星座Aの名前を答えなさい。

⑵ 星座Aにはベテルギウスとリゲルという2つの明るい星がふくまれます。これらの星に共通していることとして正しいものを下から1つ選び記号で答えなさい。

ア 太陽のようにみずから輝《かがや》いている。

イ 月のように太陽の光を反射して輝いている。

ウ 地球のように太陽のまわりを回っている。

エ 望遠鏡で見るとハレーすい星のように尾を出している。

(3)　ベテルギウスとリゲルの色について正しいものを下から１つ選び記号で答えなさい。

ア　ベテルギウスもリゲルも赤く輝いている。
イ　ベテルギウスもリゲルも青白く輝いている。
ウ　ベテルギウスもリゲルも黄色く輝いている。
エ　ベテルギウスはやや赤く、リゲルは青白く輝いている。

(4)　ベテルギウスやリゲルなどの星の色を決めているものは何ですか。正しいものを下から１つ選び記号で答えなさい。

ア　太陽からの距離
イ　星の直径
ウ　星の表面温度
エ　星の自転の速さ

(5)　一晩星座を観察すると、少しずつ西へ移動することがわかります。１時間で何度移動しますか。地球が１回自転をするのに24時間かかるものとして計算しなさい。

問五 ――線⑤「ほんの少し申し訳なさそうな顔になった。」とありますが、フミちゃんがこのような態度を取ったのはなぜですか。その理由として最も適当なものを次から選び、記号で答えなさい。

ア 自分が突然《とつぜん》出てきてしまったことによって、怖がりなユウキに恐怖を与えてしまったのではないかと思ったから。

イ 二人と仲良くなりたかったため、友達のようなふるまいをしていたが、逆に避《さ》けられていることに気づいたから。

ウ 自分が星のかけらの場所を的確に言い当てたことで、ユウキとマサヤの楽しみをうばってしまったと思ったから。

エ 星のかけらを探しているという二人に興味を持ち、勝手に名前や経歴を調べていたことが知られてしまったから。

問六 ――線⑥「怖いのに目をそらすことができない。」とありますが、怖がりのユウキがフミちゃんのことを見ていられたのはなぜですか。その理由として最も適当なものを本文から一文で探し、はじめと終わりの五字を答えなさい。**（句読点も数える）**

問七 空らん[　　]に当てはまる体の一部を表す語を、漢字一字で答えなさい。

問八 ――線⑦「マサヤは、不意に『うそっ』と声をあげた。」とありますが、それはなぜですか。その理由を本文の言葉を使って四十～五十字で答えなさい。**（句読点も数える）**

問九 次のうち、本文の内容と合っているものを一つ選び、記号で答えなさい。

ア マサヤはフミちゃんに話しかけられるまで、フミちゃんのことを一度も直接自分の目で確認できたことはなかった。

イ フミちゃんはユウキとマサヤが星のかけらの上手《じょうず》な探し方を知りたいと言うので、ていねいに二人に教えてあげた。

ウ ユウキはフミちゃんと打ち解けた後、最初に横断歩道の向こうにいたのではないかと質問し、いたという回答を得た。

エ ユウキとマサヤが懸命《けんめい》に集めた星のかけらは合計十個近かったが、残念ながらそれらはすべてニセモノだった。

四 次の各問いに答えなさい。

問一 次の各文の（　）に入れる言葉として、最も適当なものをあとから選び、記号で答えなさい。

1 今回の成績は（　　）よいとは言えない。

ア あたかも　**イ** とうてい　**ウ** きっと　**エ** たとえ

2（　　）今夜は雨が降るだろう。

ア まったく　**イ** まさか　**ウ** まるで　**エ** たぶん

問二 次の――線部の述語に対する主語をぬき出して答えなさい。

① わたしは 弟が 親せきの 家から 帰ってくるのを 駅で 待っていた。

② わたしは 友人が 貸してくれた 本を ひと晩で 読み終えた。

③ 学校の 運動場は 子供たちの 声で にぎやかだ。

いた星のかけらを渡した。

「……おんなじじゃん」

マサヤは手のひらに載《の》せた星のかけらを見つめて言った。横から覗《のぞ》き込むぼくもうなずいた。フミちゃんが持っていたのも、ぼくたちが拾ったのと変わらないフロントガラスの破片だ。首をかしげながら街灯の明かりに破片をかざした⑦マサヤは、不意に「うそっ」と声をあげた。

ぼくも見た。複雑な断片で割れたガラスを通った光は、ぼくたちの目の前でぼうっと広がって、まばゆいスクリーンになって、そこに、ひとの姿が浮《う》かび上がっていた。

お父さんとお母さんと子ども――両親に挟《はさ》まれて笑っているのは、フミちゃん。

「これが、ホンモノの星のかけら」

フミちゃんはそう言って、寂《さび》しそうに笑った。

（重松　清『星のかけら』）

※１　中央分離帯……車道を往復の方向別に分離するために、中央に設けられた地帯

※２　怪訝……不思議でなっとくのいかない様子

問一　――線①「念を押して訊くと」とありますが、それはどのような状態ですか。最も適当なものを次から選び、記号で答えなさい。

ア　相手のうそにだまされないように、注意深く何度も相手の言うことをくり返したということ。

イ　本当にまちがいがないかどうか、もう一度しっかりと確かめるように聞いたということ。

ウ　相手のまちがいを指摘《してき》するための前段階として、慎重《しんちょう》に言葉を選びながら聞いたということ。

エ　自分が余計なことを言ったせいで相手を傷つけないように、遠慮《えんりょ》がちに聞いたということ。

問二　――線②「息を呑んだ。」とありますが、この時のユウキの心情として最も適当なものを次から選び、記号で答えなさい。

ア　女の子が自分たちを見つけるやいなや、すごい勢いで追いかけてきたため、恐怖《きょうふ》で身動きが取れないでいる。

イ　自分たちの方にうれしそうに近づいてくる女の子に不気味さを感じ、すぐに逃げなくてはとあせっている。

ウ　女の子の姿を見つけた瞬間に、交差点に出る幽霊だとわかり、見つからないようにしなければと思っている。

エ　すっかり消えてしまったと思っていた女の子の姿を、再び横断歩道で見つけたため、とても驚《おどろ》いている。

問三　――線③「ぼくとマサヤは顔を見合わせた。」とありますが、この時の二人の心情として最も適当なものを次から選び、記号で答えなさい。

ア　以前に会ったことも話したこともない女の子が、自分たちがここにいる目的をお見通しだったと知り、二人とも動揺《どうよう》をかくせないでいる。

イ　いきなり現れた知らない女の子が、昔からの知り合いのように話しかけてきたため、二人とも必死に誰だったかを思い出そうとしている。

ウ　初対面の小さな女の子が、まるで年上のような話し方でいきなり不思議で怪《あや》しい話をしてきたため、二人とも強い警戒心《けいかいしん》を抱《いだ》いている。

エ　知らない女の子が自分たちしか知らないはずの星のかけらの話をし始めたため、二人ともどうやってしらを切るべきかを考えている。

問四　――線④「不思議だ。やっぱりおかしい。」とありますが、ユウキには具体的にはどのようなことがそう感じられたのですか。本文の言葉を使って三十五～四十字で答えなさい。**（句読点も数える）**

マサヤは「テキトーなこと言ってるだろ、おまえ」と女の子をにらみつけた。

「信じないんだったら、植え込み、探してみれば？　そこだから、そこ、サツキの花びらにひっかかってるから、星のかけら」

ムッとした顔のまま、マサヤは植え込みに入っていった。女の子は「そこの先の花……違《ちが》う、もっと先のほう……そうそう、そのあたり、ちょっとよく探してみて」と言って、ぼくに向き直る。

「ユウキくん、だよね？」

なんで――？

「で、怒りっぽい子が、マサヤくん」

なんで――？

「わたし、フミっていうの」

わからない。顔にも、名前にも、とにかくすべて、まったく覚えがない。

それに、なにより――。

「あの……さっき、あっちにいなかった？」

どきどきする。「ううん」と言われたらぞっとするし、「うん、いたよ」という答えが返ってきたら、もっと、ぞっとする。

そんなぼくの胸の内が伝わったのか、フミちゃんは⑤ほんの少し申し訳なさそうな顔になった。

「ユウキくんって怖《こわ》がりで、臆病《おくびょう》？」

「……わりと」

「ごめんね、わたし、ときどきおせっかいになっちゃって」

「はあ？」

「ほんとうはずーっとあっちにいなくちゃいけないんだけど」

あっち――のところで、フミちゃんは夜空を指差した。

そして、もう一度ぼくを見て、「怖がりの子の前に出てきて、ごめんね」と笑った。「でも、ユウキくんを見てると、ちょっとほっとけなくて」

ぼくは呆然としてフミちゃんを見つめた。声が出ない。⑥怖いのに、目をそらすことができない。

フミちゃんは「そういうこと」と言って、植え込みに声をかけた。

「ねえ、あったでしょ？」

マサヤは植え込みの中に立ったまま、こっちを見ていた。

「おまえ……幽霊《ゆうれい》なの？」

マサヤの耳にも、フミちゃんの言葉は届いたようだ。

「怖い？」

からかうようにフミちゃんが言うと、マサヤはまたムッとして「べつにぃ」と言い返した。

無理している。強がっている。その証拠《しょうこ》に、声が震《ふる》えていた。

でも、ぼくもそうだけど、小さな子どもの頃《ころ》に幽霊が出ることを想像して、一人でおしっこに行けなくなったほどには、怖くない。フミちゃんの姿はちっとも恐《おそ》ろしげではなかったし、恨《うら》めしそうでもなかったから。

「ねえ、マサヤくん、星のかけら見つかった？」

マサヤは右手をゆっくりと胸の前まで上げて、手のひらを開いた。

「……あったよ」

手のひらの上で、割れたフロントガラスの破片《はへん》が光っていた。

横断歩道の信号が青になるたびに、交差点に入って星のかけらを拾い集めた。

ぼくとマサヤ、合計して十個近いかけらが集まった。

でも、かけらの落ちている場所を次々に教えてくれたフミちゃんは、ぼくたちが集めたかけらをじっと見つめて、ため息をついた。

「これも星のかけらだけど……ホンモノじゃなかったみたい。残念でした」

「ホンモノとかニセモノとか、どうやってわかるんだよ」

□をとがらせるマサヤに、フミちゃんは「これ、見せてあげる」と自分が持って

「ユウキ、いいかげんにしろよ」

顔を上げたマサヤは、ぼくの視線が自分を素通りしているのに気づくと、「なんなんだよ……」と後ろを振り向いた。

「こっちに渡ってくる女の子、いるだろ」

「うん、いる」

「見えるの？」

「あたりまえじゃん、いるんだから」

今度は見間違いではない。女の子は、ちゃんと、実際に、いる。信号が青の点滅から赤に変わっても駆け出したりせず、にこにこ笑ったまま歩いている。

「あの子……さっきは、向こう側にいたんだ」

「はあ？」

「いたんだよ、ほんとに……」

つぶやくぼくの声をかき消して、信号待ちの車の最前列にいた大型トラックが、重たげなエンジンの音をあげて発進した。

女の子は、最後にぴょんと軽くジャンプするような足取りで、ぼくたちのいる中央分離帯に着いた。

「こんばんは！」

ちょっと舌足らずな甘《あま》えた声であいさつをした。

初対面だ。女の子の顔に見覚えはない。しゃがんでいたマサヤも、きょとんとして立ち上がった。

でも、女の子は、まるでついさっきまで一緒《いっしょ》におしゃべりをしていたような調子でつづけた。

「あなたたちも、星のかけらを探しに来たの？」

③ぼくとマサヤは顔を見合わせた。

いつもは余裕《よゆう》たっぷりのマサヤも、さすがに戸惑《とまど》った様子で、「なんでわかるの？」と女の子に訊いた。

「だって、しゃがんでたから」

女の子はあっさりと答え、「星のかけらを探すひとは、みんなそうするの」とつづけた。体はちっちゃいくせに、年上のような話し方をする子だ。

「でも、あんな探し方だと見つからないよ。もっと姿勢を低くして、顔を道路にくっつけるようにしないとだめだし、意外と、ちょっと離《はな》れたところからのほうが、光ってるのがよくわかるんだから」

車はひっきりなしに行き交っている。女の子は特に声を張り上げているという感じでもない。でも、言葉はくっきりと聞こえる。耳に、というより頭の中に直接流れ込んでくるみたいだ。

「だから、あんな探し方だと、朝までやっても見つけられないと思うよ」

ぼくは素直にうなずいたけど、マサヤは自分のやり方ではだめだと言われてカチンと来たのか、「なんでおまえがそんなこと知ってるんだよ」と言い返した。

「知ってちゃ悪い？」

「……おまえ、まだ低学年だろ、こんな時間に一人でなにやってるんだよ」

女の子はちょっとうつむいて、「一人ってわけじゃないんだけどなあ……」とつぶやき、まあいいや、と顔を上げた。④不思議《ふしぎ》だ。やっぱりおかしい。ちょうどトラックが中央分離帯を挟《はさ》んですれ違ったところで、あんなつぶやき声が聞こえるわけないのに。

「あのね、星のかけらが落ちてる場所、教えてあげる。今度信号が青になったら拾いに行けば？」

そう言って、女の子は車道を指差した。

「あそこに落ちてる」

伸《の》ばした人差し指は、交差点の真ん中に移った。

「あそこにも」

さらに中央分離帯の植え込みも指差して、「そこにもあるから、すぐに拾えるよ」と笑う。

「死んじゃったんだな、誰《だれ》か……」

つぶやくぼくの声は少し震《ふる》えてしまった。交通事故の現場を目にするのは初めてだったし、誰かが死んだ場所を訪れるのも初めてだ。

「ここからだとわかんないなあ、星のかけら」

マサヤの言うとおり、路上に散らばっているはずの星のかけらは、歩道からではどこにあるのかわからない。片側三車線のバイパスは、夜になっても車が途切れなく行き交《か》っている。星のかけらを拾うには、横断歩道の信号が青のうちに交差点の真ん中までダッシュして、急いで探して、急いで拾って、ダッシュで歩道に駆《か》け戻《もど》って……。

マサヤも同じことを考えていたのだろう、「一発じゃ無理だな、間に合わない」と言った。

「どうする？」

「とりあえず中央分離帯のところまで行って、探して、横断歩道が赤になったらそこに残って、青になるのを待とう」

バイパスの信号が黄色から赤に変わった。しばらく灯《とも》っていた右折用の矢印の信号も消えて、やっと横断歩道の向こう側が見渡《みわた》せた。

誰か、いる。

女の子が一人で立っている。

小学二年生か三年生ぐらいの女の子だ。お父さんやお母さんの姿は見えない。

どうしたんだろう……と※2怪訝《けげん》に思っていたら、マサヤに背中を叩《たた》かれた。

「おい、青だぞ、行くぞ」

あわててダッシュした。

女の子はまだ向こう側の歩道に立っていた。ぼくたちに気づくと、にっこりと、うれしそうに笑って――その姿が、不意に消えた。

嘘《うそ》だ、嘘だ、嘘だ。

なにかの見間違《みまちが》いに決まっている。

中央分離帯に駆け込んで、ゼエゼエと息を切らせながら、向こう側に女の子の姿を探した。いない。歩道のどこかを歩いているかと思ったけど、やっぱり、いない。ということは、見間違い以外にはありえない。でも……。

「なにやってんだよ、早く探そうぜ」

マサヤはさっそくその場にしゃがみ込んで、路面を見つめた。横断歩道の信号が赤に変わるまでの短い時間が勝負だ。

でも、ぼくは呆然《ぼうぜん》としてその場にたたずんだまま、さっき女の子が立っていた場所から目を動かせなかった。

「おい、ユウキ、ぼーっとしてる暇《ひま》ないって言ってるだろ」

「……いま、女の子見なかった？　道路の向こう側で、信号待ちしてたんだけど」

「はあ？」

マサヤが先に横断歩道を渡ったのだから、あの子がほんとうにいたのなら、マサヤが気づかないはずがない。「いなかった？」と①念を押《お》して訊《き》くと、「なにワケのわかんないこと言ってんだよ。時間ないんだから早くしろよ」と怒《おこ》られた。

だいじょうぶ。

やっぱり、あれはぼくの勘違《かんちが》いだったんだ。

ほっとして、「ごめんごめん」とマサヤを振《ふ》り向いた、その瞬間《しゅんかん》――。

②息を呑《の》んだ。

声にならない悲鳴が、喉《のど》につっかえた。

ぼくたちが渡ってきた方から、つまりぼくたちと同じ向きで横断歩道を歩いてくる人影《ひとかげ》がある。女の子だ。小学二年生か三年生ぐらいの、さっきと同じ……服装も髪形《かみがた》も、ぼくと目が合ってにっこり笑う顔も、さっきの子と同じ……。

別の横断歩道でバイパスを渡った？　近くに横断歩道はない。歩道橋とか、地下道？　そんなもの、どこにもない。

横断歩道の青信号が点滅《てんめつ》を始めた。でも、女の子にあせった様子はなく、ゆっくりと、笑顔のまま、こっちに向かってくる。

問六　――線⑤「大きな問題」とありますが、どのような順序で問題が発生すると述べられていますか。次の文章を並べかえ、記号で答えなさい。

ア　対立や争いの末、世界中で貧困や飢餓などで苦しむ人が増える。
イ　貧富の格差が生まれ、対立することで争いが生まれる。
ウ　グローバル化されることにより、世界規模で利益の取り合いになる。
エ　自分の利益を守るために、他のグループを非難したり、攻撃したりする。

問七　――線⑥「おもしろい話」とありますが、どのようなところがおもしろいのですか。最も適当なものを次から選び、記号で答えなさい。

ア　作者の大学在学時代の話なので、かなり古く話の出所はわかっていないにも関わらず、広く知られているというところ。
イ　日本の商社員がどこか遠い南の国に行って、けんめいに働いて、南の国の人と話しているという現実離《ばな》れしているところ。
ウ　南の国の人が忙《いそが》しく働かなくても、日本の商社員の理想の暮らしである、のんびりと豊かな生活をはじめからしているところ。
エ　日本の商社員が毎日働いて、お金を貯めて土地を買い、別荘を建てるという目標を南の国の人が全く理解できないところ。

問八　――線⑦「あくせく」の意味として最も適当なものを次から選び、記号で答えなさい。

ア　物事がどうなるかと気をもんで、いらだつさま。
イ　あれこれとうるさく文句や理屈《りくつ》を言うさま。
ウ　お互《たが》いの心にしみ入り、打ちとけて物静かなさま。
エ　ゆとりがなく、いそがしく事を行うさま。

問九　空らん［Ｘ］に当てはまる語を次から選び、記号で答えなさい。

ア　一生　　イ　容易
ウ　困難　　エ　解決

問十　次のうち、本文の内容と合っているものを一つ選び、記号で答えなさい。

ア　『君たちはどう生きるか』という本の中でコペル君とコペル君の叔父《おじ》さんは、大きな海に行って自分を見つめ直したことで、新たな発見をした。
イ　子どもの間はさまざまなことにチャレンジし、自分の可能性を実現し、自分の世界を広げることができるが、大人になるとそれができなくなる。
ウ　日々努力することはとても尊いことだが、生きる意欲が、欲望に変わってしまう可能性があり、すると他の人を思いやることもできなくなってしまう。
エ　何をめざして生きていけばよいのか、という問いはなかなかむずかしく、そう簡単には答えを見つけることができないので、あきらめることも大事だ。

三

次の文章を読んで、あとの問いに答えなさい。（問題の作成上、本文に省略した部分があります）

小学六年生のユウキとマサヤは、それを持っていればどんなことにも耐《た》えられるといわれている「星のかけら」というお守りを探している。以下は、そのお守りが落ちているとされる交通事故現場のバイパスで、二人が「星のかけら」を探す場面である。

市民会館の前まで来ると、「あそこだな」とマサヤは植え込《こ》みのある※1中央分離帯《ぶんりたい》を指差した。交差点で分離帯が途切《とぎ》れるところのガードレールが、ぐにゃりと曲がっている。そこには小さな花束も置いてあった。

先ほど『君たちはどう生きるか』という本との関わりで、大きな視点から見ることが大切なのだということを言いましたが、たとえば欲望に振《ふ》りまわされている自分を見つめ直すこともその一つだと言えるでしょう。差別や偏見《へんけん》で苦しむ人々や、内戦などのために生きる術《すべ》を失ったり、命を落としたりした人々のことを考えることもとても大切なことです。それも大きな視点から見ることの一例になるでしょう。

このような問題について考えるときに浮《う》かびあがってくるのは、そもそもわたしたちは何のために生きているのか、という根本の問いです。わたしたちは何をめざして生きているのでしょうか。あるいは何をめざして生きていけばよいのでしょうか。

かなり以前、わたしがまだ大学に籍《せき》を置いていた頃《ころ》でしたが、⑥おもしろい話を耳にしたことがあります。出所は不明ですが、かなり広く知られていた話でした。ある日本の商社員が、どこか遠い南の国に行って、けんめいに働いていたら、現地の人から「なぜ毎日そんなに⑦あくせくと働くのか」と尋《たず》ねられたという話です。それに対して、「よい成績を残し、昇進《しょうしん》して、お金を貯《た》めるためだ」と答えると、「お金を貯めてどうするのか」と尋ねられます。「退職後、どこか風景の美しいところに土地を買って、別荘《べっそう》でも建てる」と答えますと、さらに「そうしてどうするのか」と問われます。「そこでハンモックでもつってゆっくり昼寝《ひるね》をする」と答えると、現地の人が、「われわれは最初からそうしている」と答えたという笑い話です。

わたしたちであれば、「何のために働くのか」という問いを出されたとき、どう答えるでしょうか。みなさんもぜひ自分自身の問題として考えてみてください。

この問いや、「何をめざして生きていけばよいのか」という問いは、あらためて考えてみると、なかなかむずかしい問いで簡単には答を見つけることができません。ただ、誰《だれ》であれ、自分の人生が意味のあるものであることを願うのではないでしょうか。人生を終えるときに、自分の人生は生きるかいのあったものだと言えたら、どんなによいでしょう。それは［　X　］ではないかもしれませんが、できればそういう人生を歩んでみたいと思います。

（藤田　正勝『はじめての哲学』）

※１　排斥……………押《お》しのけ、しりぞけること
※２　迫害……………弱い立場の者などを追いつめて、苦しめること

問一　空らん［　A　］～［　D　］に入る語として正しいものを次から選び、記号で答えなさい。

ア　もちろん　　**イ**　しかし　　**ウ**　したがって
エ　たとえば　　**オ**　おそらく

問二　――線①「君たちはどう生きるか」では何が重要だと述べられているのですか。本文のこれより後から二十五字以内でぬき出し、初めと終わりの五字で答えなさい。**（句読点も数える）**

問三　――線②「自己中心的」とありますが、その具体例として**あてはまらないもの**を次から一つ選び、記号で答えなさい。

ア　映画館で他の観客がたくさんいるときに、ずっと大声でしゃべっている。
イ　グループで話し合いをしているときに、意見が出ないので自分の意見を言う。
ウ　友だち同士で出かけたときに、周囲の考えを聞かずに、自分の行きたいところへ行く。
エ　放課後のそうじの時間に、当番の人が断りもせず部活にいってしまった。

問四　――線③「自分を中心にしてものごとを見ること自体が悪いわけではありません。」とありますが、それはわたしたち人間が何を持っているからですか。本文のこれより後から二点をぬき出し、それぞれ十～十五字で答えなさい。

問五　――線④「欲望の奴隷になってしまう」とありますが、欲望にどのような性質があるためにそうなってしまうのですか。本文の言葉を使って三十五～四十字で答えなさい。**（句読点も数える）**

点から見ることがわたしたちにとって何より大切なのだというのは、作者である吉野自身の考えであったとも言えます。

その「大きな視点から見る」というのは、具体的に言うと、どういうことを指すのでしょうか。[B]それは、単により多くのことを知るということではないと思います。また、ただ詳《くわ》しく知ればよいということでもないと思います。他の人の立場に立って考えるということでもありますし、人間全体のことを（場合によっては地球全体のことを）考えて、どういう未来を作っていったらよいかを考えることでもあると思われます。[C]それは知識の問題でもありますが、それにとどまらず、自分の生き方そのものにも関わっています。よりよい生き方や、よりよい社会のあり方について深く考え、その実現をめざして努力するということも含《ふく》めて、吉野は「君たちはどう生きるか」と問いかけたのだと思います。

この「どのように生きるか」という問いは、哲学《てつがく》にとっても非常に大きな問題の一つです。そしてむずかしい問題です。簡単に答《こたえ》には行きあたりません。

先ほど、自分を中心にしてものごとを見ているだけでは、その本質が見えなくなってしまうと言いましたが、もちろん、③自分を中心にしてものごとを見ること自体が悪いわけではありません。それは非常に大切なことです。動物の子であれ、人間の子であれ、赤ん坊《ぼう》は生まれてすぐに母親のお乳を求めます。生きようとする意欲に満ちています。この自分のなかからわきあがってくる意欲がわたしたちの成長を支えています。少し大きくなれば、子どもは言葉を覚えることにとても大きな興味を示します。小学校に入学したときのことを覚えているでしょうか。子どもはそこで学ぶものに大きな関心を示し、次々に吸収し、自分の世界を広げていきます。やがてスポーツでも音楽でも、少しでもうまくなりたい、少しでも力をつけたいと考えるようになります。このよりよいものをめざす向上心がわたしたちを支えています。

わたしたちはわたしたちのなかにある生きる意欲に衝《つ》き動かされ、さまざまなことに取り組みます。さまざまなことにチャレンジし、自分の可能性を実現し、自分の世界を広げていきます。それは社会に出てからも変わりません。芸術の道に進んだ人は、自分の作品を通して、できるだけ多くの人に感動を与《あた》えたいと思うでしょう。農業に携《たずさ》わる人は、より品質の高いものを消費者に届けたいと努力しますし、会社に入って営業に携わる人はより多くの製品を販売《はんばい》して成績をあげたいと考えます。このようにして自分自身が、そして家族が豊かな生活を送れるようにがんばります。また自分の作品や仕事を通して社会に貢献《こうけん》したいと考えます。

このように日々努力することはとても尊いことです。[D]ここに一つの大きな落とし穴が待ちうけています。わたしたちの生きる意欲が、欲望に変わってしまう可能性があるのです。生きる上でさしあたって必要でないものでも、目の前にあればそれを手に入れたい、それだけでなく、できるだけ多くのものを手に入れたいと思うようになっていきます。欲望の特徴《とくちょう》は、いったんその対象になっているものを手に入れても、すぐにより多くのものを、より大きなものを追い求めようとする点にあります。欲望はいったん刺激《しげき》されると、かぎりなく大きくなっていきます。わたしたちは欲望の連鎖《れんさ》のなかに簡単にはまり込《こ》んでしまうのです。

欲望の連鎖のなかにはまり込んでしまうと、頭のなかが欲望追求のことでいっぱいになって、自分自身の中身が空っぽになってしまいますし、他の人を顧《かえり》みる余裕《よゆう》もなくなってしまいます。要するに④欲望の奴隷《どれい》になってしまうのです。自分を（あるいは自分だけを）中心にしてものごとを見ることの負の面がここに現れてきます。

それはわたし一人だけの問題ではありません。現代はグローバル化の時代です。欲望の追求が世界規模でなされています。なりふりかまわない利益追求で富を得る人とそうでない人のあいだに格差が生まれています。あるいは利益の獲得《かくとく》をめぐって対立するグループのあいだに争いが生まれたりしています。自分の利益を守るために、自分のグループ以外の人たちを非難したり、※1排斥《はいせき》したり、あるいは攻撃《こうげき》したりすることも多くなっています。そのような対立や争いの結果、世界のあちこちで貧困や飢餓《きが》、※2迫害《はくがい》などで苦しむ人が増えています。

いま世界ではそういったことが⑤大きな問題になっています。わたしたちはここで立ちどまって考えなければならないと思います。

二〇二二年度 目白研心中学校

【国語】〈第二回試験〉（五〇分）〈満点：一〇〇点〉

一 次の――線①～⑤の漢字には読みをひらがなで記し、――線⑥～⑩のカタカナは漢字に直しなさい。

① 仕事を任せる。
② 度胸のある選手。
③ 干潮を迎《むか》える。
④ 一昼夜かかって仕上げる。
⑤ 永い眠《ねむ》りにつく。
⑥ 現場をシサツする。
⑦ 学校のコウドウに集まる。
⑧ 足をコッセツする。
⑨ ムテキの勢いだ。
⑩ イチョウ薬を飲む。

二 次の文章を読んで、あとの問題に答えなさい。（問題の作成上、本文に省略した部分があります）

吉野源三郎《よしのげんざぶろう》という名前をご存知でしょうか。戦後、雑誌編集者・評論家として活躍《かつやく》し、平和運動にも力を尽《つ》くした人ですが、その吉野が一九三七年に少年少女向けに『①君たちはどう生きるか』という本を発表しています。この本は当時から、そしていまに至るまでたいへんよく読まれており、手にされた方も多いのではないでしょうか。

これはコペル君というあだ名の中学生の物語です。この本のなかで作者がとくに問題にしたのは、自分を中心としてものごとを考えたり、判断したりする②自己中心的なものの見方です。わたしたちはふだん、［A］お肉は好物で毎日でも食べたいが、野菜は口にしたくないとか、いつも楽しく話しかけてくれるあのクラスメートは好きだが、わたしのやることにいつも文句を言ってくるあの子とはもう顔もあわせたくないし、口もききたくないとか、自分を中心にすべてのことを見ています。地理にしても、わたしたちは自分の家を中心に、身近な周りの家々、住んでいる町や市などを同心円的に配置し、学校などの自分にとって必要な場所を結びつけた地図を頭のなかに入れています。

この小説に登場するコペル君の叔父《おじ》さんは、コペル君があるときデパートの屋上から霧雨《きりさめ》の降る町並み、道路の上を走る車や歩行者を眺《なが》めながら、世の中を大きな海に喩《たと》えれば、人間というのは一つの「水の分子」かもしれない、と語ったことをたいへん大切なことだと考え、ノートにコペル君へのメッセージを書き記します。かいつまんで言うと、自分を中心にして、自分の目に映るものだけを見ていては、ものごとの本質が見えなくなってしまう。大きな真理はそういう人の目には決して映らない、というのがそのメッセージです。

コペル君の経験に即《そく》して言えば、大きな海から自分を（一つの水の分子として）見つめ直すと、自分のいままで見えていなかった面が見えてくるということでしょう。それができたコペル君に、叔父さんはその大切さを強調したかったのだと思います。自分の思っていることや考えていること、あるいは自分の存在そのものを自分の視点からだけではなく、大きな視

2022年度

目白研心中学校 ▶解　答

※　編集上の都合により，第２回試験の解説は省略させていただきました。

算　数　＜第２回試験＞（50分）＜満点：100点＞

解　答

[1] (1) 2011　(2) $4\frac{1}{30}$　(3) $1\frac{5}{7}$　(4) 3　(5) 382　(6) 4500mL　(7) 7150円　(8) 10通り　(9) 15個　(10) 7人　[2] (1) $\frac{1}{3}$　(2) 1時間48分　(3) 16時30分　[3] (1) 42g　(2) 11％　(3) 100g　[4] (1) 4.5km　(2) 16時15分　(3) 3000m　[5] (1) 12.56cm^2　(2) 68.56cm　(3) 274.24cm^2　[6] (1) 250cm^3　(2) 600cm^3

社　会　＜第２回試験＞（理科と合わせて60分）＜満点：100点＞

解　答

[1] **問１**　十勝　**問２**　ロシア　**問３**　イ　**問４**　ウ　**問５**　エ　**問６**　（例）ダムや遊水池などの水をためる設備をつくる。　**問７**　イ　**問８**　桜島　**問９**　イ　**問10**　北九州市(福岡市)　**問11**　う　[2] **問１**　イ　**問２**　前方後円墳　**問３**　小野妹子　**問４**　エ　**問５**　エ　**問６**　北条時宗　**問７**　勘合貿易　**問８**　天草四郎　**問９**　ウ　**問10**　日米和親条約　**問11**　イ　**問12**　ア　[3] **問１**　文化的　**問２**　5月3日　**問３**　エ　**問４**　(核兵器を)もたず，つくらず，もちこませず　**問５**　エ

理　科　＜第２回試験＞（社会と合わせて60分）＜満点：100点＞

解　答

[1] (1) 14cm　(2) 右の図　(3) 31.5cm　(4) 100g　(5) 120g　[2] (1) **A**　アンモニア　**B**　二酸化炭素　**C**　酸素　**D**　ちっ素　(2) ウ　(3) ウ，エ　[3] (1) オ→イ→ウ→エ→ア　(2) 図１／**理由**…(例)　一本線で書いていない。　(3) ウ　(4) エ　(5) ア　[4] (1) オリオン座　(2) ア　(3) エ　(4) ウ　(5) 15度

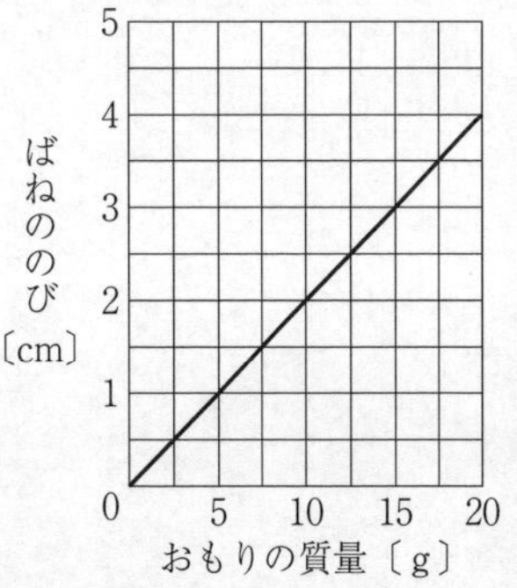

国　語　＜第２回試験＞（50分）＜満点：100点＞

解　答

一 ①　まか　②　どきょう　③　かんちょう　④　ちゅうや　⑤　なが　⑥〜⑩　下記を参照のこと。　二 問1　A　エ　B　オ　C　ウ　D　イ　問2　自分の視点〜ら見ること　問3　イ　問4　わきあがってくる意欲／よりよいものをめざす向上心　問5　（例）欲望の対象を手に入れても，すぐにより多く，大きなものを追い求めようとするから。　問6　ウ→イ→エ→ア　問7　ウ　問8　エ　問9　イ　問10　ウ　三 問1　イ　問2　エ　問3　ア　問4　（例）女の子のつぶやき声が本当は聞こえるわけがないのにしっかり聞こえたこと。　問5　ア　問6　フミちゃん〜ったから。　問7　ロ　問8　（例）マサヤは星のかけらを通った光の中に，フミちゃんとその両親が浮かび上がっているのを見て驚いたから。　問9　エ　四 問1　1　イ　2　エ　問2　①　弟が　②　わたしは　③　運動場は

●漢字の書き取り

一 ⑥　視察　⑦　講堂　⑧　骨折　⑨　無敵　⑩　胃腸

Dr.福井の 入試に勝つ！ 脳とからだのウルトラ科学

入試当日の朝食で，脳力をアップ！

朝食を食べない学生は，朝食をきちんと食べる学生に比べて成績が悪かった──という研究発表がある。まあ，ちょっと考えればわかると思うけど，朝食を食べないということは，車にガソリンを入れないで走らせようとするようなものだ。体がガス欠になった状態では，頭が十分に働くわけがない。入試当日の朝食はちゃんと食べよう！　朝食を食べた効果があらわれるように，試験開始の2時間以上前に食べるようにするとよい。

では，入試当日の朝食にふさわしいものは何か？

まず，脳の直接のエネルギー源はブドウ糖だけであるから，それを補給するためのご飯やパン，これは絶対に必要だ。また，砂糖や果物の糖分は吸収されやすく，効果が速くあらわれやすいので，パンにジャムをぬったり果物を食べたりするのもよいだろう。

次に，タンパク質。これは脳の温度を上げる作用がある。温度が低いままでは十分に働かないからね。タンパク質を多くふくむのは肉や魚，牛乳，卵，大豆などだが，ここでは大豆でできたとうふのみそ汁や納豆をオススメする。そして，記憶力がアップするDHAを多くふくんでいる青魚，つまりサバやイワシなども食べておきたい。

生野菜も忘れてはならない。その中にふくまれるビタミンBは，ブドウ糖を脳に吸収しやすくする働きを持つので，結果的に脳力アップにつながるんだ。

コーヒーや紅茶，緑茶は，カフェインという成分の作用で目覚めをうながすが，トイレが近くなってしまうので，飲みすぎに注意！　試験当日はひかえたほうがよいだろう。眠気を覚ましたいときはガムをかむといい。脳が刺激《しげき》されて活性化し，目が覚めるんだ。

Dr.福井（福井《ふくい》一成《かずしげ》）…医学博士。開成中・高から東大・文Ⅱに入学後，再受験して翌年東大・理Ⅲに合格。同大医学部卒。さまざまな勉強法や脳科学に関する著書多数。

Memo

2021年度　目白研心中学校

〔電　話〕　(03) 5996－3133
〔所在地〕　〒161－8522　東京都新宿区中落合４－31－１
〔交　通〕　西武新宿線・都営大江戸線 ―「中井駅」より徒歩８分
都営大江戸線 ―「落合南長崎駅」より徒歩10分
東京メトロ東西線 ―「落合駅」より徒歩12分

【算　数】〈第１回試験〉（50分）〈満点：100点〉

1　**次の □ にあてはまる数を求めなさい．**

(1)　$954-54\div3=$ □

(2)　$3\frac{1}{4}-2\frac{2}{5}+1\frac{1}{7}=$ □

(3)　$6\frac{2}{3}\div7\frac{1}{2}\div1\frac{2}{3}=$ □

(4)　$2021-(200-\square\times34)=1923$

(5)　$315\times\left(1\frac{1}{3}+\frac{4}{5}+\frac{4}{7}\right)=$ □

(6)　５.７ｈａ＝ □ m^2

(7)　２０００円で仕入れた品物に４割増しの定価をつけた後に，定価の２０％引きで売ると，利益は □ 円です．ただし，消費税は考えないものとします．

(8)　[1]，[2]，[3]，[4]，[5] の５枚のカードのうち，３枚を並べてできる２００以下のすべての整数の和は □ になります．

(9)　１から５００までの整数の中で，３でも４でも割り切れない数は □ 個あります．

(10)　はじめ兄と弟の所持金は５：３でしたが，兄が弟に２００円あげたので，２人の所持金は同じになりました．はじめの兄の所持金は □ 円でした．

2 **ある仕事を終えるのに１５人で１２日かかります．このとき，次の各問いに答えなさい．**

(1)　この仕事を９人ですると何日で終えることができますか．

(2)　この仕事を最初１１人で始め，途中から１４人でしたところ，１５日で仕事を終えることができました．１１人で仕事をしたのは何日間ですか．

(3)　この仕事を８人で始めましたが，７日目から１人増えました．ところが，１１日目から３人が休みました．この仕事が終わったのは，仕事を始めてから何日目ですか．

3 **濃さが１８％の食塩水Ａが２００ｇと，濃さが８％の食塩水Ｂが３００ｇあります．このとき，次の各問いに答えなさい．**

(1)　食塩水Ａには何ｇの食塩が溶けていますか．

(2)　食塩水Ａと食塩水Ｂをすべて混ぜると何％の食塩水ができますか．

(3)　(2)でできた食塩水に食塩を加えたところ，食塩水の濃さは２０％になりました．加えた食塩は何ｇですか．

4 **５０ｋｍ離れたＡ駅とＢ駅の間を往復している大型バスと小型バスがあります．Ａ駅から大型バスが，Ｂ駅から小型バスが８時に同時に出発しました．８時５０分にこの２台のバスが公園の前で初めてすれ違いました．大型バスの速さが時速３６ｋｍのとき，次の各問いに答えなさい．ただし，駅での停車時間は考えないものとします．**

(1)　Ａ駅と公園の間の道のりは何ｋｍですか．

(2)　小型バスの速さは時速何ｋｍですか．

(3)　２度目にすれ違ったのは何時何分ですか．

5 **右の図の平行四辺形ＡＢＣＤで，点Ｅは対角線ＢＤ上の点で，ＢＥ：ＥＤ＝２：３です．また，ＣＥとＡＢの交点をＦとします．ＡＢ＝１２ｃｍであるとき，次の各問いに答えなさい．**

(1)　ＡＦの長さは何ｃｍですか．

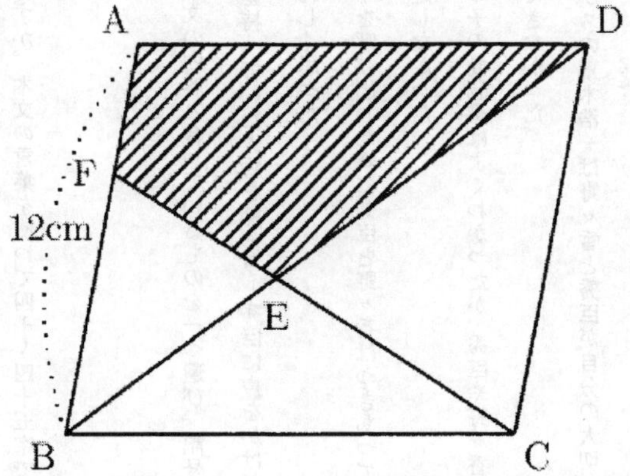

(2)　斜線部分の面積は平行四辺形ＡＢＣＤの面積の何倍ですか．

6 **下の図のような，底面の直径が８ｃｍ，高さが４ｃｍの円柱に，底面の直径が４ｃｍの円柱の穴をあけたところ，表面積が３７．６８ｃｍ^2 だけ増えました．このとき，次の各問いに答えなさい．ただし，円周率は３．１４とします．**

(1)　穴の深さは何ｃｍですか．

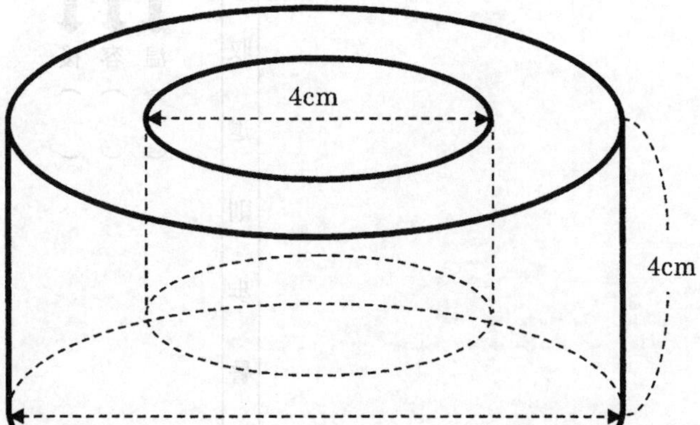

(2)　穴をあけたあとの立体の体積は何ｃｍ^{3}ですか．

問六 ――線⑥「野々香も微笑む」とありますが、それはなぜですか。その理由として最も適当なものを次から選び、記号で答えなさい。

ア 運命の人の話をすることで、前川さんの気持ちをつかむことができたと思ったから。
イ 前川さんから「親友になれる」と言われ、認められたと思い、うれしかったから。
ウ 自分も同じ文庫を読むと伝えたことで、前川さんの気持ちが和《やわ》らいだと思ったから。
エ 前川さんが笑ってくれたので、もはや対決する気持ちがなくなってしまったから。

問七 空らん［A］には、「都合悪いことや過失などを取りつくろうための説明をすること」という意味の二字の熟語が入ります。その熟語を次から選び、記号で答えなさい。

ア 弁明　**イ** 謝罪　**ウ** 説得　**エ** 抗議《こうぎ》

問八 ――線⑦「まさか。まさか」とありますが、野々香は、誰《だれ》のようなことに対して、そう思ったのですか。本文の言葉を使って四十～四十五字で答えなさい。**（句読点も数える）**

問九 次のうち、本文の内容と合っているものを一つ選び、記号で答えなさい。

ア 発売前の本を持っていた人物を探そうと秀臣に声をかけられ、一人では心細かった野々香はうれしく思った。
イ 最初の女の子を呼び出した時に秀臣と野々香はつきあっていると思われたが、野々香はあえて否定しなかった。
ウ 二人目の女の子の愛読書はよくわかったが、秀臣や野々香にとっては知りたい情報を得ることはできなかった。
エ となりのクラスの荒木浩一は野々香と秀臣が自分の大切な本を探していることを知り、長らく沈黙を貫《つらぬ》いた。

四 次の各問いに答えなさい。

問一 次の漢字の太い画は、筆順の何番目ですか。算用数字で答えなさい。

① 垂 （上から3番目の横線）
② 敵 （攵の横線）
③ 武 （最も長い横線）

問二 次の①～③の熟語について、（　）に当てはまる語を語群から選び、対義語を作りなさい。

① 前進 ⇔ 後（　）
② 困難 ⇔ 容（　）
③ 寒冷 ⇔ 温（　）

易　暖　収　退　則　歩　暑

名前は荒木《あらき》浩一《こういち》とある。

「ほんとうに言わないでくれる？　あんまり知られたくないんだ」

「うん、わかっているよ」

秀臣が間の抜《ぬ》けた声を出し、野々香はまばたきする。⑦まさか。まさか。

この、なかなか顔が覚えられそうにない、ふつうの、特別なことが何もなさそうな男の子が、文庫の持ち主？

「あれは叔父《おじ》さんからもらったんだ。読んでる途中《とちゅう》で置き忘れた」

「おじさん？」

「父さんの、弟」

「どうしてその人が、発売前の、新木真琴の本を？」

「叔父さんが、新木真琴、本人だからだよ」

何も考えられない。「本人」って、なんだっけ。荒木くんの叔父さん。荒木と新木。

「え――――――！」

（大崎　梢『だいじな本のみつけ方』）

※１　凄腕エージェント……ここでは、やり手のスパイという意味
※２　はったり……いい加減なことを大胆に本当らしく大げさに話すこと
※３　フォロー……足りないところを後から補うこと
※４　プライバシー……個人や家庭内の私事。個人の秘密
※５　高飛車……相手を一方的に押さえつけるような態度に出ること

問一　――線①「秘密にしておきたい」とありますが、どのようなことを秘密にしておきたいのですか。本文から十三字でぬき出しなさい。

問二　――線②「はぐらかされちゃう」とありますが、「はぐらかす」の意味として、最も適当なものを次から選び、記号で答えなさい。

ア　目を見ないで話をすること。　**イ**　話題を変えること。

ウ　大きな嘘でかためること。　**エ**　とまどいながら話すこと。

問三　――線③「とても気が進まなかった」とありますが、野々香がそう思ったのはなぜですか。その理由として最も適当なものを次から選び、記号で答えなさい。

ア　秀臣のことを小説の中のやり手のスパイのようだと思っていたのに、そうではなかったから。

イ　目立ちたがり屋の秀臣と組んでしまうと、自分も同じような人間だと勘違《かんちが》いされてしまうから。

ウ　秀臣の言動には、あつかましいところがあるので、相手にいやな思いをさせてしまうかもしれないから。

エ　秀臣と二人で行動してしまうと、秀臣とつきあっていると思われてしまいそうで、いやだと思ったから。

問四　――線④「秀臣の立てた作戦」とありますが、それはどのようなことですか。解答らんに合うように本文から四十字以内でぬき出し、初めと終わりの三字で答えなさい。

（句読点も数える）

問五　――線⑤「野々香を睨みつける」とありますが、前川さんが野々香を睨みつけたのはなぜですか。その理由として最も適当なものを次から選び、記号で答えなさい。

ア　自分が読んでいた本をばかにされるのではないかと思い、身構《みがま》えているから。

イ　野々香と秀臣がつきあっているのではないかと思い、うらやましかったから。

ウ　自分が持っていない本を持っていると決めつけられたと思い、不満だったから。

エ　放課後なのに呼び止められて帰るのが遅《おそ》くなると思い、腹立たしかったから。

うろたえて視線をさまよわせると、秀臣も目を丸くしている。

「前川さん、ちょっとまって。ラブリー文庫って……」

「ふたりしてこんなところに呼び出して、もっと他のを読めとすすめたいんでしょ。よけいなお世話よ。ほっといて」

思い切り動揺《どうよう》しながら、野々香は前川さんの愛読書を今知った。

まずい。すごくまずい。

「私も好きよ。『マジカル円舞曲《ワルツ》』や『金色のスピカ』、ずっと読んでるもん。他の本をすすめたいわけじゃないの。新木真琴さんの新刊を、いち早く手に入れたのがだれなのか、知りたいだけなの」

「どうして？」

えーっと。だから。

「なんていうかその、う、運命を感じたの」

前川さんの小さな目に、きらめきが宿る。

「もし本の持ち主が女の子なら親友になれる気がするし、男の子なら――」

なんだろう。

「わかった、赤い糸で結ばれているのね」

「そ、そうかもね」

まさか。そんな恥《は》ずかしいコト。と思ったけれど、前川さんがやさしく頬《ほお》をゆるめたので、⑥野々香も微笑《ほほえ》む。

「でも、あなたにはいるんじゃないの？　運命の人って。ほら、となりの」

ぼさっと突《つ》っ立っている秀臣のことを気にするように目配せするので、ここぞとばかりに否定した。

力を込《こ》め言葉をつくして［Ａ］したので前川さんの誤解はとけ、機嫌《きげん》も直してくれた。

野々香と秀臣は笑顔で手を振《ふ》り、中庭をあとにした。

「あーあ、しかし驚いたな。ラブリー文庫が出てくるとは」

「言っとくけど、前川さんがどんな本を読んでいるかは内緒《ないしょ》よ。※4プライバシーなんだからね」

「わかってるよ。当たり前だろ」

どうだか。厳しく目を光らせてやらねばと、野々香は強く、心に誓《ちか》ったのだった。

リストの四人目までが空振《からぶ》りで、疲労感《ひろうかん》は大きかった。放課後はさっさと帰ってしまいたい。早く本屋さんに寄りたい。でも、何かとしぶとい秀臣が、五人目を図書室前に呼び出した。

現れたのは初めて見る男子だった。となりの二組だそうだが記憶《きおく》にない。印象の薄い、あっさりとした顔立ちのせいだろう。次に廊下《ろうか》ですれちがっても、覚えている自信がない。無視してごめんねと、今からあやまりたい気分だ。

性格もおとなしいらしく、急な呼び出しに怒りもせず、「何か用事？」と小声で尋《たず》ねる。相手次第で態度を変える秀臣は、がぜん元気になった。手洗い場でみつけた文庫、持ち主は君だろうと※5高飛車《たかびしゃ》に言う。にせの目撃者情報も、悪びれることなく突きつけた。するととなりのクラスの子は唇《くちびる》をきゅっと結ぶ。ガツンと反論してかまわないのに、眉《まゆ》を寄せて困った顔になるだけだ。

「やっぱりそうなんだね。君のだね」

今までにない展開に、秀臣がたたみかける。相手は顔を伏《ふ》せ、沈黙《ちんもく》が流れた。

ここから先、どうなるんだっけ。打ち合わせの範囲外《はんいがい》だ。

「おい、黙《だま》ってないでなんとかいえよ」

秀臣が強気に出た。

「どうして発売前の本を持っていたのか、理由が知りたいだけなんだ。秘密にしたいなら、だれにも言わない。約束する」

となりのクラスの子が顔を上げた。野々香はいそいで例のリストを見た。

をいっても取り合わず、落ちついて、実は目撃者がいるんだと告げる。そしておだやかにほほえみ、秘密の暴露《ばくろ》を促《うなが》す。

　つまり、※2はったりだ。目撃者をでっちあげ、言い逃《のが》れできないと脅《おど》してから、白状するように詰め寄る。

　こいつが将来警察官にならないよう、神さまに念入りに祈《いの》らなくてはならない。

「そんなんでうまくいくのかな。とぼけられたら終わりだよ」

「だから、気合いを入れて一発勝負に出るんだよ。おまえも心して当たれよ。呼吸が肝心《かんじん》だ。おれが睨《にら》みをきかせ強い物言いをしたら、おまえは静かな※3フォローを入れ、反対におれがやさしく諭《さと》すように話したら、感じ悪くガツンとぶちかませ」

「ぜったいやだ。どうせ女の子にやさしいことを言うつもりでしょ。私だって嫌《きら》われたくないもん」

「バカ。目的を忘れるな」

　だれがバカだ、だれが。秀臣のせいで貧乏《びんぼう》くじを引くのはまっぴらごめん。思惑《おもわく》通りになんかしゃべってやるもんかと思いながら、野々香はしぶしぶ、リストアップされた女の子のひとりを家庭科室に呼び出した。

　口を利《き》くのは初めてだが、顔くらいは知ってる子だ。家庭科室の前に野々香だけでなく、秀臣がいるのを見て興奮した。

「わあ、びっくり。ちょっと、どういうこと。ふたりは付き合っているの？　いつから？　きゃーすごい」

「ちがうよ、ちがう」

　冗談《じょうだん》じゃない。彼女《かのじょ》の早とちりを否定するのに時間がかかり、本題に入っても話が嚙《か》み合わない。

　秀臣もがっかりしたようだが、野々香も疲《つか》れた。昼休みはひとりだけでギブアップだ。

　気を取り直し、放課後はリストのふたり目、四組の女の子に中庭まで来てもらった。

けれどこれが最初から気まずい。警戒心《けいかいしん》たっぷりに野々香と秀臣をチラ見し、目が合うとさっと下を向く。

　まったく知らない子だったので、とにかくわざわざきてくれたことに礼を言った。呼び出してごめんねとぺこぺこ頭を下げる。

　秀臣は居心地《いごこち》悪そうに口をつぐみ、いつまでたっても自信満々トークが出てこない。仕方なく、野々香が話を切り出した。

「えーっとだからね、ひょっとしてあの本、前川さんのじゃないかと思って」

　おそるおそる口にすると、前川さんというその女の子は、「キッ」と音がするような激しさで顔を上げた。⑤野々香を睨みつける。ひとえまぶたのちいさな目が刃物《はもの》のように鋭《するど》く、怒《いか》りのオーラを叩《たた》きつけられる。恐《こわ》い。

　できれば秀臣の後ろに隠れてしまいたかったが、その秀臣もすっかり腰《こし》が引けている。ほんとうにたよりにならない男だ。

「あの、前川さん？」

「私、そんな本、持ってない」

「ちがった？　だったらごめんね。でも前川さんみたいな女の子が、鞄《かばん》にしまっているのを見た人がいて」

「うそ！」

　はい。嘘《うそ》です。どこかの大馬鹿者《おおばかもの》が考えた大嘘《おおうそ》です。

「どういうつもり？　あなたたち、わたしに何が言いたいの？」

「いや、その」

「言いたいことがあるなら、はっきり言えばいいじゃない。わたしがラブリー文庫を読むのはおかしいって。どうせ笑ってるんでしょ。いくら読んだって、わたしみたいなのがお姫《ひめ》さまになれっこないし、王子さまも現れないって！」

　え？　なんの話？

三　次の文章を読んで、あとの問いに答えなさい。（問題の作成上、本文に省略した部分があります）

中学二年の中井野々香《なかいののか》はある日の放課後、学校で、まだ発売されていないはずの新木真琴《まこと》の新刊を見つける。気になっていつも行く書店にたずねると、来週発売予定だという。翌日同じ場所を見たが、本はなくなっていた。このことをクラスの図書委員、高峯秀臣《たかみねひでおみ》に話すと、本の持ち主をいっしょにさがそうということになった。

そして土日をはさんだ週明けの月曜日、移動教室で理科室に行った帰り、野々香は秀臣に呼び止められた。

「今のところ、あやしいのは五人。直接当たるから、おまえも協力しろよ」

差し出された紙には、名前とクラスが書いてあった。女子が三人、男子がふたり。なんとなく顔が浮かぶ子もいれば、まったく知らない子もいた。全員、よそのクラスだ。

「例の放課後、校内にいたらしい。加えて、本を読んでいるのを見かけたことがある、という目撃《もくげき》情報も得た。それ以上は、さぐりを入れられるような知り合いがいなくて、本人に直接聞くしかない」

「聞いても、話してくれるかな」

この前の秀臣の言葉に、野々香はあとから引っかかりをおぼえた。謎《なぞ》の人物は、中身が見えないよう、書店のカバーをかけた。それはつまり、発売前の本を持っていることを、だれにも知られたくないということでは。

秀臣も同じことを考えていたらしい。

「おまえが手洗い場でみつけた本の持ち主をおれが捜《さが》しているのは、まわりに隠《かく》していない。むしろ積極的にふれまわっている。自慢《じまん》じゃないが、おれは何かと目立つ男だ。注目を浴びやすい。いろいろ噂《うわさ》は広まっているのに、名乗り出るやつがいないのは、①秘密にしておきたいんだろうな」

野々香の心に後悔《こうかい》がよぎった。秀臣と手を組んだのは失敗だったのかもしれない。少しでも繊細《せんさい》だったり、内気だったりする人は、こんな図々《ずうずう》しい目立ちたがり屋に関わりたくないだろう。

カバーをかけてひっそり読書を楽しんでいるとしたら、それがどんな本であれ、たいへん申し訳ない。

「知られたくないのなら、聞いても②はぐらかされちゃうかもね」

「そうさせないよう、手を打つんだ」

は？

「おれとおまえで退路をふさぎ、追い詰《つ》める。その上できっちり吐《は》かせる」

なんの話だろう。得意げににやりと笑う秀臣は、まるでスパイ小説の※1凄腕《すごうで》エージェント気取りだ。

でも、まったくちっとも凄腕ではないし。エージェントでもないし。第一、相手は敵とはちがうじゃないか。

③とても気が進まなかったが、秀臣だけにまかせるのも不安だ。万が一、持ち主がみつかったとき、相手がどういう気持ちなのか考えることなく、聞きたいことをすべて聞き出そうとするに決まっている。

呼び出すのは昼休みにふたり、放課後に三人。長引いたら、あとの子は翌日にまわすというスケジュールだそうだ。④秀臣の立てた作戦は、彼の人格そのものに似て単純で荒《あら》っぽかった。

女の子は野々香が呼び出す。男の子は秀臣が呼び出す。場所は人通りの少ない移動教室のそばか、体育館に通じる階段の近く。あるいは中庭の池のほとり、焼却炉《しょうきゃくろ》の手前にある物置小屋のかげ。

放課後にみつけた謎の文庫の話をして、持ち主は君だねと最初から決めつける。相手が何

問三 ――線②「相当に意義深い理由」とありますが、古代ギリシアの神話に従った星座表が代表的なものになったのはなぜですか。その理由として最も適当なものを次から選び、記号で答えなさい。

ア　天体の運行システムから宇宙を理解するという科学としての天文学を作ったのがギリシア人であり、彼らの神話が星座の神話として標準的なものになったから。

イ　どんな古代文明にも星座に関する知識はあったが、その運行のシステムを解明する科学技術が発展しておらず、ギリシア人の知恵《ちえ》に頼るしかなかったから。

ウ　古代文明伝来の星座の見方にはいろいろなものがあったが、いずれも難解で分かりにくく、古代ギリシアの神話がわかりやすく広く知られるようになったから。

エ　科学としての天文学の基礎となる考え方を作り上げたのがギリシア人であり、そこから夜空の星座の物語が生み出され、その後世界に広まっていったから。

問四 ――線③「その振る舞いはかなり異なっています。」とありますが、「星座」と「惑星」の振る舞いはどのように異なるのですか。本文の言葉を使って、五十五～六十字で答えなさい。**（句読点も数える）**

問五 ――線④「そうした目で見えるままの世界」とありますが、どのような見方ですか。最も適当なものを次から選び、記号で答えなさい。

ア　惑星の運動を組み合わせてできる星のシステムが、太陽を中心にしてできていると考えること。

イ　地球が世界の中心にあり、地上から見ることができる星々だけを宇宙の真の姿だと考えること。

ウ　地球は太陽の周囲を回る惑星の一つで、その運行のシステムも他の惑星と同じだと考えること。

エ　夜空に輝く星や惑星を地上から見える姿のままとらえ、そこに神話の世界を重ねて考えること。

問六 ――線⑤「天動説から地動説への転換」とありますが、どのような考え方の変化ですか。本文のこれより後から三十五字以内でぬき出し、初めと終わりの三字で答えなさい。**（句読点も数える）**

問七 空らん［①］～［④］に当てはまる語の組み合わせとして最も適当なものを次から選び、記号で答えなさい。

ア　①　見えない　②　見える　③　見えない　④　見える

イ　①　見える　②　見えない　③　見る　④　見えない

ウ　①　見えない　②　見えない　③　見えない　④　見える

エ　①　見える　②　見える　③　見る　④　見える

問八 ――線⑥「それまでの素朴な美的感性」とありますが、どのようなことですか。最も適当なものを次から選び、記号で答えなさい。

ア　目に見える天の姿の背後に、実は本当の星の運動の世界があると考えること。

イ　目に見える星空の美しさから、音楽としての「調和」の美しさを感じ取ること。

ウ　目に見える星を一つの図形としてとらえ、それを星座と呼んで物語性を与《あた》えること。

エ　目に見える星の中でも特に輝きを放つものに美しさを感じ、運行に注目すること。

問九 次のうち、本文の内容と合っているものを一つ選び、記号で答えなさい。

ア　天動説から地動説への転換は、大きな思想の転換でもあり、社会に混乱をもたらした。

イ　西洋の近世の宇宙観は、惑星の運行のシステムを理解することを前提としていた。

ウ　科学としての天文学は、満天の星空を美しいと思う感性から生まれたものである。

エ　夜空の天体の動きを正しく調べるには、星座をめぐる物語を知らなければならない。

というこの作業を集中的に行って、科学としての天文学の基礎《きそ》となる考え方を作り上げたのがギリシア人たちでした。夜空の星の世界にかんする知識は、地球上のどんな古い文明にも組み込まれていて、それを題材にした物語や神話はたくさんあります。しかし、そうした地上からの天の姿の「見え方」にしたがって、宇宙を理解するという方法を思い切って捨て去って、運動する天体のシステムを別の角度から「構成してみる」。これが、科学としての天文学の出発点であり、その原型を作り上げたのがギリシア人の科学です。もちろん、ギリシア人も神話をもっており、星座をもっていました。しかし、それとは別に、科学としての天文学的知識が可能なのではないのか——彼らはこう考えたのです。

じつはここにこそ、科学の誕生《たんじょう》とともに哲学《てつがく》の誕生ということを生み出した、とても大きな思想の革命があるのです。⑤天動説から地動説への転換という、西洋の近世の最初に生じた宇宙像の転換は、それ自体が歴史的にも最大級の、非常に大きな意味をもつ思考の革命です。地球は太陽の周囲を回る星の一つにすぎず、いくつかある惑星の中の一つにすぎない。惑星のシステムの本当の中心は太陽であり、そこに本当の星どうしの運行の組み合わせがある。自分たちの住む地球を世界の中心からはずして、別の中心を認めることは、それ自体がとてつもなく大きな考え方の転換を必要としていることです。

しかしながら、この転換が生じるまえに、何よりもまず、いくつかの惑星が一つの運動のシステムを作っているという発想が、先になければなりません。そしてそのシステムは、空に見えている星の運行を素直に観察して、たくさんの記録を作り、それにいろいろなロマンティックな名前をつけていては見えてこない。むしろ、目に[①]天の姿の背後に、それよりも本当の星の運動の世界があるのではないか。そのために、目に見えている夜空の姿を一旦《いったん》は忘れて、それとは別に、それの背後に隠《かく》れている「天空の本当の姿」を探ってみる。

これが、科学としての天文学の出発であり、しかも、そのような思考の革命はただ、星座の世界とは別の星空の見方を考案するということだけではすまない、非常に複雑な思考の作業を含んでいました。それはある意味では、天動説から地動説への変換と同じくらい大げさな、きわめて驚《おどろ》くべき精神的な革命を意味しているかもしれないのです。

というのも、科学としての天文学を考案することは、星空や銀河や宇宙を、直《じか》に目に[②]姿とは別次元の、「数学」の目で見ること、つまり円や球などの図形の学問である「幾何学《きかがく》」の目で見てみることを意味します。そして、宇宙を幾何学という数学の目で見ることは、同時に、その「美しさ」について、⑥それまでの素朴《そぼく》な美的感性を捨てて、まったく別の美の意識の次元に立つことを意味します。それは目で[③]美であるよりも、むしろ、「音楽」として感じられる調和の美を理解することを意味する。その、目で[④]美しさから音楽としての美しさへと心の向きを向けかえること——それが、少なくとも古代ギリシアの人びとの天文学にたいしてもっていた理解であり、しかももう一つ驚くことに、「哲学」としての宇宙への問いが、この科学としての天文学の誕生に寄りそうようにして、生み出されたのです。

(伊藤邦武『宇宙はなぜ哲学の問題になるのか』)

※1 メソポタミア……現在のイラクの一部で、古代文明が生まれた地域
※2 フェニキア人……古代地中海で活躍した民族
※3 コペルニクス……ポーランドの天文学者
※4 ガリレイ……イタリアの天文学者

問一 空らん[A]～[D]に入る語として正しいものを次から選び、記号で答えなさい。

ア さて　**イ** すなわち　**ウ** したがって
エ たとえば　**オ** 一方　**カ** もちろん

問二 ——線①「私たちは何となくロマンティックな感じになります」とありますが、そのような気持ちになるのはなぜですか。本文の言葉を使って、四十五～五十字で答えなさい。**(句読点も数える)**

のです。

しかし、人類の古代文明伝来の星座の見方にはいろいろなものがあったのに、その中でも古代ギリシアの神話に従った星座表が代表的なものになったのはなぜでしょうか。じつは、これには②相当に意義深い理由があります。

夜空を見上げたとき、もっとも目につくのは大きく輝く星を結び合わせてできるいろいろな星座の姿ですが、もう一つ、これとはまったく別の意味で非常に目立って見える星があります。それは　B　、夕焼けの空が夜に変化していくとき、最初に光り出す「宵《よい》の明星《みょうじょう》」とか、明け方最後まで輝きを見せている「明けの明星」のように、私たちの星である地球に実際に非常に近くにあるために、特別な輝きを印象づける星です。いうまでもなく、宵の明星と明けの明星とは、本当は同じ一つの星、つまり金星の別名です。そして、金星の英語はビーナス、つまり美の女神ですし、赤い惑星《わくせい》、火星の英語はマース、木星はジュピターですから、地球を取り巻く惑星の名前にもギリシア神話の系列を引くローマ神話の神の名前がついています。

ギリシア神話に登場する神々の名前をつけた星座の世界と、同じくギリシア＝ローマ神話に登場する神々の名前をもった惑星とは、どちらも私たちが星空を見たときにすぐに目に入るという意味では同じような星であるともいえますが、③その振《ふ》る舞《ま》いはかなり異なっています。

星座で一杯《いっぱい》の星空は、一晩のうちに東の空から西の空へと回転しています。それは日中に太陽がわれわれの目から見て、東から西へと回転して見えるのとまったく同じで、北極星を中心とした天空全体の回転です。ところが、金星や火星のように、私たちが「惑星」と呼んでいる星は、夜空全体の運行とはまったく無関係に、一晩のうちにかなり複雑な軌跡《きせき》を描《えが》いています。惑星の英語はプラネットですが、これらの太陽系に属する星々は、一晩のうちに不思議な曲線を描いたり、行ったり来たりしているように見えます。そのためにこれらの星は惑《まど》う星という意味での「惑星」とか、ぶらぶら遊んでいる星という意味で「遊星」と呼ばれるのです。

　C　、地上から見上げた空に神話的な神の姿を重ねて考えることと、水星や金星と地球や太陽を含む惑星の運行の様子を、一つのシステムとして考えてみるということは、どのように違《ちが》うことなのでしょうか。それぞれの星座は、地球から見た星々の塊をその「見え方」をもとにして、一つのまとまりあるものと考えたものです。それは夜空の星の世界が、私たちの目に見えるままにできていると考えて、そこにいろいろな塊や集まりを見つけて、それに名前をつけたものです。

　D　、「惑星」や「太陽系」という考えは、④そうした目で見えるままの世界とは全然ちがう別の見方で、星の世界を考えたものです。正確にいうと、いうまでもないことですが、古代の人びとはインドであれギリシアであれ、惑星の運動を組み合わせてできる星のシステムが、太陽を中心にしてできていると考えていたわけではありません。古代の人びと、あるいは東洋でも西洋でも、中世までの人びとはみな、地球が世界の中心にあり、その周りを太陽や水星、金星、土星が回っていると考えていました。彼らはみな地球中心の考え方、つまり「天動説」を採用していました。太陽を中心にした「地動説」が認められるようになったのは、※3コペルニクスや※4ガリレイなど、西洋の近世の人びとの時代がきてからです。

しかし、天動説と地動説の比較《ひかく》もきわめて重要ですが、その前にまず、そもそも星の世界を一つの「運動のシステム」として考えようという発想が、非常に革命的《かくめいてき》だということに注意を向けたいと考えます。夜空の全体が一晩のうちに東から西へと移動していることは、それ自体が大きな運動のシステムです。しかしながら、それとは別に、その運動に逆らったようにして、いくつかの目だった星、つまり惑星が複雑な軌道を描いている。しかも、その複雑な軌道をまとめてみると、地球を中心とした（古代・中世の天動説）、あるいは太陽を中心とした（近世以降の地動説）、一つの運動のシステムが浮かび上がってくる。

いくつかの大きな星が作り出しているこの運動の軌道を、一つのシステムとしてまとめてみるとどうなるだろうか ——。地球中心の惑星の運行の軌跡を一つのシステムにまとめる、

二〇二一年度 目白研心中学校

【国語】〈第一回試験〉（五〇分）〈満点：一〇〇点〉

一 次の――線①～⑤の漢字には読みをひらがなで記し、――線⑥～⑩のカタカナは漢字に直しなさい。

① 彼《かれ》は力量不足だ。
② 経費の内訳を調べる。
③ 頭上に降る雪。
④ 親元から独り立ちをする。
⑤ 敵を退ける。
⑥ 運動会の種目をケントウする。
⑦ 実力をハッキする。
⑧ 皿に料理をモる。
⑨ 校庭にあるテツボウ。
⑩ エイエンの平和。

二 次の文章を読んで、あとの問題に答えなさい。(問題の作成上、本文に省略した部分があります)

空気のきれいな所で晴れた日の夜空を見上げてみると、星くずの溢《あふ》れる世界は本当に夢幻《むげん》の世界で、心が引き込《こ》まれそうになりますね。

私たちが星空を目にしたとき、一番はじめに思うのはどの星のことでしょうか。

［A］それは人によってさまざまでしょうが、多くの人がまっさきに、学校で教えてもらったカシオペアやオリオン星座を探そうとするのではありませんか。「星座」は天空を観察したときにすぐに目に入ってくる星の列や塊《かたまり》が作り出す図形ですが、その図形を見ると①私たちは何となくロマンティックな感じになります。星空に浮《う》かび上がるいろいろな動物や器物の形、あるいは神話に登場する人物の物語などのことを考えると、夜空の世界が地上の日常的な世界とは別の、もう一つの世界を作っているような気持ちになってきます。

星座は夜空に輝《かがや》く無数の星の中でも、きわだって目につくような星の集まりをきめて、その形に意味のある言葉を当てはめたものです。「星座」という言葉そのものが漢字でできているように、地上から見た星の集まりに名前をつけて、一つの塊として見る見方そのものは中国の古代の天文学にもありますし、中国よりももっと古い、紀元前三〇〇〇年くらいの※1メソポタミアの遺跡《いせき》やエジプトの天文学の記録にもあります。「やぎ」とか「おうし」、「壺《つぼ》」とか「竪琴《たてごと》」という星座は、いろいろな地方で使われていた星座ですが、それが指す星は異なっていたようです。そして、古代の地中海の世界で海上の商業を司《つかさど》っていた※2フェニキア人が、そのようないろいろな星座の見方をギリシアに伝えたところ、それらのいくつかとギリシア神話に登場する神々を組み合わせた形で、ギリシアの星座表もできたそうです。現在、世界の人びとの間で広く使われている星座表は、この古代ギリシア伝来のものです。そのために、カシオペア（アンドロメダの母、Wの字の形をしている）とか、ペガスス（天馬、羽をもった馬、大きな四辺形）のような、ギリシア神話に登場する神の名前が含《ふく》まれている

2021年度
目白研心中学校 ▶解　答

※　編集上の都合により，第１回試験の解説は省略させていただきました。

算　数　＜第１回試験＞（50分）＜満点：100点＞

解　答

1　(1)　936　(2)　$1\frac{139}{140}$　(3)　$\frac{8}{15}$　(4)　3　(5)　852　(6)　57000m^2　(7)　240円　(8)　1662　(9)　250個　(10)　1000円　2　(1)　20日　(2)　10日間　(3)　26日目　3　(1)　36ｇ　(2)　12％　(3)　50ｇ　4　(1)　30km　(2)　時速24km　(3)　10時30分　5　(1)　4cm　(2)　$\frac{11}{30}$倍　6　(1)　3cm　(2)　163.28cm^3

国　語　＜第１回試験＞（50分）＜満点：100点＞

解　答

一　①　りきりょう　②　うちわけ　③　ずじょう　④　ひと　⑤　しりぞ　⑥～⑩　下記を参照のこと。　二　**問１**　A　カ　B　エ　C　ア　D　オ　**問２**　（例）　夜空の世界が地上の日常的な世界とは別の，もう一つの世界を作っているような気持ちになってくるから。　**問３**　ア　**問４**　（例）　星空が一晩のうちに東の空から西の空へと回転するのに対し，惑星は一晩のうちにかなり複雑な軌跡を描いているということ。　**問５**　エ　**問６**　自分た～ること　**問７**　エ　**問８**　ウ　**問９**　イ　三　**問１**　発売前の本を持っていること　**問２**　イ　**問３**　ウ　**問４**　目撃者～め寄る(こと。)　**問５**　ア　**問６**　ウ　**問７**　ア　**問８**　（例）　荒木浩一のような，特別なことが何もなさそうな男の子が文庫本の持ち主だったということ。　**問９**　ウ　四　**問１**　①　3　②　13　③　2　**問２**　①　退　②　易　③　暖

●漢字の書き取り

一　⑥　検討　⑦　発揮　⑧　盛　⑨　鉄棒　⑩　永遠

2021年度　目白研心中学校

〔電　話〕　(03) 5996－3133
〔所在地〕　〒161－8522　東京都新宿区中落合４－31－１
〔交　通〕　西武新宿線・都営大江戸線 ―「中井駅」より徒歩８分
都営大江戸線 ―「落合南長崎駅」より徒歩10分
東京メトロ東西線 ―「落合駅」より徒歩12分

【算　数】〈第２回試験〉　(50分)　〈満点：100点〉

１ 次の □ にあてはまる数を求めなさい．

(1)　$\left(49-9\times3\right)\div2=$ □

(2)　$5\frac{1}{3}-2\frac{5}{6}+3\frac{1}{4}=$ □

(3)　$2\frac{4}{5}\div4\frac{2}{3}-1\frac{3}{5}\times\frac{1}{4}=$ □

(4)　$2021-\left(48\times$ □ $-7\right)=12$

(5)　$2.021\times80+20.21\times75+202.1\times1.7=$ □

(6)　秒速６ｍの自転車で７分５０秒進むと，移動した距離は □ ｋｍ □ ｍです．

(7)　１．５ｋｍ^2＝ □ ｍ^2

(8)　0，1，2，5，7 の５枚のカードのうち，３枚ならべて３けたの整数を作るとき，偶数は □ 通りできます．

(9)　３けたの整数で，４で割って２あまる数は □ 個あります．

(10)　９５００円の品物を３割引きで買ったときの代金は □ 円です．ただし，消費税は考えないものとします．

2 **ある仕事をするのに，Ａ君１人では６時間，Ｂ君１人では９時間かかります．このとき，次の □ にあてはまる数を求めなさい．**

(1)　Ａ君１人では１時間あたり全体の □ だけ仕事をすることができます．

(2)　Ａ君とＢ君が一緒に仕事をすると， □ 時間 □ 分で仕事を終わらせることができます．

(3)　はじめにＡ君だけで仕事をして，途中からＡ君とＢ君の２人で仕事をしたところ，ちょうど５時間で終わりました．Ａ君が１人で仕事をした時間は □ 時間 □ 分です．

3 **兄と弟が家を同時に出発して，１８００ｍはなれた八百屋との間を何度も往復します．兄の走る速さは分速１５０ｍです．このとき，次の各問いに答えなさい．**

(1)　７分後の兄が走った道のりは何ｍですか．

(2)　弟は１５分で八百屋に着きました．弟の走る速さは分速何ｍですか．

(3)　２人が２度目に出会うのは，家から何ｍのところですか．

4 **濃さが８％の食塩水Ａが６００ｇあります．このとき，次の各問いに答えなさい．**

(1)　食塩水Ａには何ｇの食塩が溶けていますか．

(2)　１２％の食塩水を作るには，食塩水Ａから何ｇの水を蒸発させればよいですか．

(3)　はじめの食塩水Ａと濃さが６％の食塩水Ｂを２００ｇ混ぜると，何％の食塩水ができますか．

５ **右の図のように，半径が等しい２つの円が接しています．このとき，次の各問いに答えなさい．ただし，円周率は３．１４とします．**

(1)　斜線部分の周の長さは何ｃｍですか．

(2)　斜線部分の面積は何ｃｍ^{2}ですか．

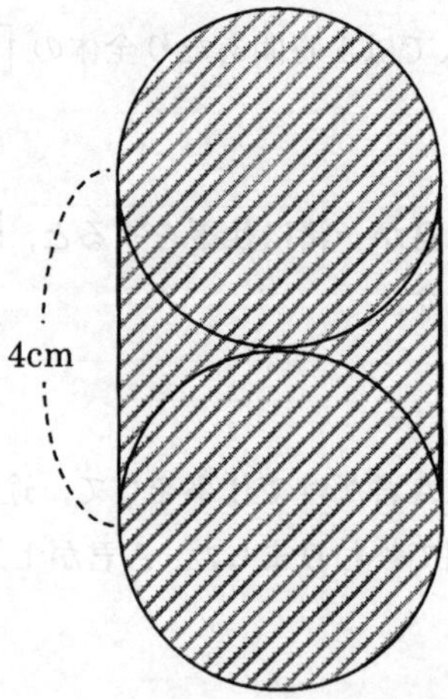

６ **右の長方形を，ＡＢを軸として１回転させてできる立体について，次の各問いに答えなさい．ただし，円周率は３．１４とします．**

(1)　この立体の体積は何ｃｍ^{3}ですか．

(2)　この立体の表面積は何ｃｍ^{2}ですか．

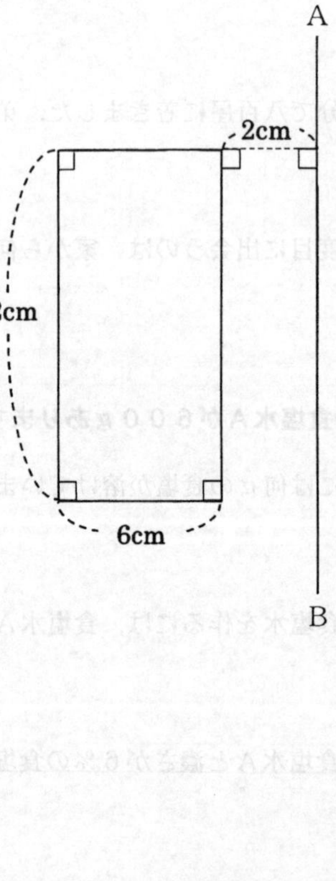

【社　会】〈第２回試験〉（理科と合わせて60分）〈満点：100点〉

〈注　意〉解答は特に漢字で答えなさいとある場合以外はひらがなで答えてもよい。

1　以下の【１】・【２】の問題について答えなさい。

【１】2020 年 8 月 17 日、静岡県浜松市《しずおかけんはままつし》で 41.1℃を観測《かんそく》し、日本国内の歴代《れきだい》最高気温に並《なら》びました。日本では近年《きんねん》、夏には厳《きび》しい暑さに見舞われるようになり、たびたびその記録《きろく》が更新《こうしん》されています。どのような場所で最高気温が観測されたのか、その地域の特色《とくしょく》をみてみましょう。

> 日本国内における歴代最高気温は、1933 年に東北地方の山形県山形市で 40.8℃が記録されて以来《いらい》、70 年以上にわたって更新されることはありませんでした。東北地方というと冬には降雪《こうせつ》もあり、冷涼《れいりょう》なイメージがありますが、(あ)夏には太平洋側から吹く季節風《きせつふう》が山脈《さんみゃく》を越え、乾燥《かんそう》した高温の風が吹き下ろす現象《げんしょう》が起こることで、気温が高くなりやすくなっています。(い)この気候を生かし、山形県では果樹《かじゅ》栽培や稲作《いなさく》が盛んにおこなわれています。

問１　文中の下線部(あ)の現象の名前を答えなさい。

問２　文中の下線部(い)について、以下の表は果樹栽培が盛んな山形・青森・山梨・福島の各県の2018 年度の主な農作物の収穫《しゅうかく》量を表しています。選択肢《し》ア～エから山形県にあたるものを１つ選び記号で答えなさい。

選択肢	米	りんご	さくらんぼ	ぶどう	もも
ア	282,200	409,800	--	4,630	1,600
イ	404,400	40,500	11,900	16,400	9,350
ウ	368,500	23,200	--	2,630	27,000
エ	26,500	700	1,010	36,900	30,700

（単位：トン　農林水産省『作物統計』より作成）

> 2007 年 8 月 16 日に(う)岐阜県多治見市《たじみし》と(え)埼玉県熊谷市《くまがやし》で 40.9℃が観測され、74 年ぶりに日本最高気温の記録が更新されると、その後 2013 年には高知県四万十市《しまんとし》が 41.0℃を、2018 年には再び熊谷市が 41.1℃を観測し、(お)2010 年代以降は毎年のように歴代最高気温記録が更新されました。

問３　文中の下線部(う)「岐阜県」の南部は日本有数の工業生産高を誇《ほこ》る中京工業地帯に含まれています。以下のグラフのア～エはそれぞれ 2017 年度の京浜工業地帯・中京工業地帯・阪神工業地帯・京葉工業地域の工業出荷額のいずれかのうちわけを示しています。中京工業地帯の出荷額を表しているものをア～エから１つ選び記号で答えなさい。

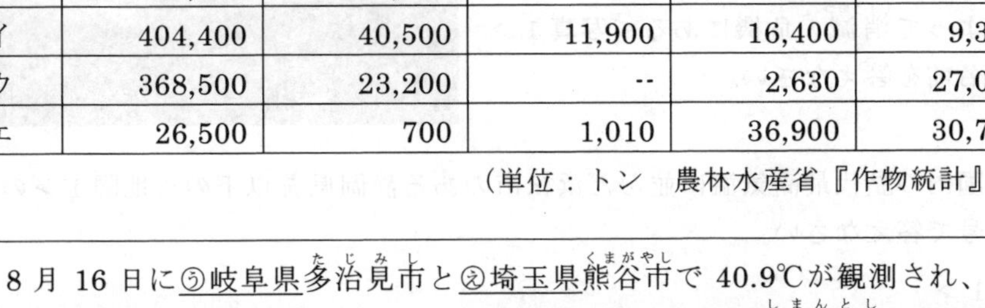

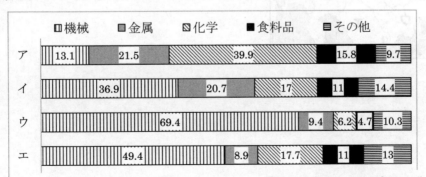

（単位：パーセント　『日本のすがた 2020』より作成）

問４　文中の下線部(え)「埼玉県」に関連して、2018年度の主な農作物の収穫量（出荷量）の全国順位を表した以下の表を見てください。多くの品目で埼玉県が上位を占めていますが、これには埼玉県の位置する場所の土壌《どじょう》が深く関係しています。埼玉県を含む関東地方の大部分を覆《おお》っている、火山灰質《かざんばいしつ》の赤土の地層を何というか、答えなさい。

項目	1位	2位	3位	4位	5位
かぶ	千葉	埼玉	青森	滋賀	京都
さといも	宮崎	千葉	埼玉	鹿児島	愛媛
ねぎ	千葉	埼玉	茨城	北海道	群馬
こまつな	埼玉	茨城	福岡	東京	群馬

（農林水産省『作物統計』より作成）

問５　文中の下線部(お)に関連して、近年になって夏の暑さが激しくなってきた原因には、地球温暖化《ちきゅうおんだんか》の影響があると言われています。地球温暖化によって引き起こされるさまざまな現象のひとつに、「海水面《かいすいめん》の上昇」があげられます。日本最南端にあって、このことによって消滅《しょうめつ》の危機にある＜写真１＞の島の名前を答えなさい。

＜写真１＞

問６　日本国内の歴代最高気温に並んだ浜松市のある静岡県を以下の＜地図１＞のア～エから選び記号で答えなさい。

＜地図１＞

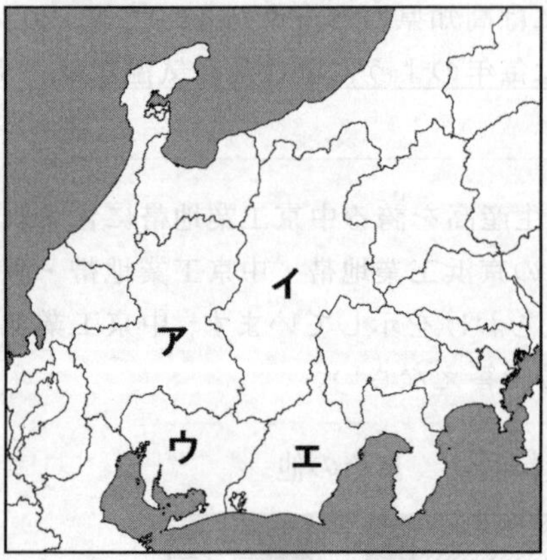

【２】次の文章は小学６年生の研くんと心さんの会話です。これを読んで、以下の問いに答えなさい。

研くん：最近、「○年に一度の大雨」という雨が、毎年降るね。
心さん：今まではんらんしたことがない川でも洪水が起こるしね。
　　　　去年は「三大暴れ川」のひとつ、㋕筑後川《ちくごがわ》も２回はんらんを起こしたよね。暴れ川というのは、ひんぱんにはんらんを起こす川を言うのよ。
研くん：日本の川は［　㋖　］から、ひんぱんに洪水が起こってきたんだよね。
心さん：㋗私のおばあちゃんの家は、㋘むかしから気象や災害を考えた家づくりが行われてきた地方にあるのよ。
研くん：ところで、心ちゃんのお父さんは　㋙広島県に単身赴任《ふにん》中だったよね。
心さん：㋚大きい工場で働いていていそがしいみたいで、最近会っていないんだ。

問７　下線部㋕は阿蘇山《あそさん》を水源とします。熊本・大分・福岡・佐賀の４県を流れる九州最大の川で、多くの川と合流して有明海《ありあけかい》に注ぎます。

（１）　阿蘇山の上部には火山の活動によって生まれた大きなくぼ地ができています。スペイン語で「大きいなべ」を意味するこのくぼ地を何と言いますか。

（２）　筑後川が流れる県について正しい内容の文を１つ選び、記号で答えなさい。

ア、2016年の熊本地震でも、熊本城は無傷で被害は出なかった。

イ、大分県は入り組んだ海岸線を持ち、北海道に次ぐ長さである。対馬《つしま》暖流が流れ、沿岸漁業や真珠《しんじゅ》、タイ、ブリなどの養殖《ようしょく》漁業が盛んである。

ウ、福岡県を中心とする北九州工業地域は、九州の石炭採掘《さいくつ》が今も続いているため現在でも毎年工業生産量が増加している。

エ、佐賀県では豊臣秀吉の朝鮮出兵を機に生まれた有田焼・伊万里《いまり》焼・唐津《からつ》焼などに代表される陶磁器《とうじき》産業が、今も伝統産業として続いている。

問８　［　㋖　］に入る正しい表現を次から選び、記号で答えなさい。

ア、長くて、高低差が小さい　　　　イ、長くて、高低差が大きい

ウ、短くて、高低差が小さい　　　　エ、短くて、高低差が大きい

問９　下線部㋗に関連して、右下の図はおばあさんの家とそのとなりにあるものを地図記号で表したものです。正しく読み解いたものを１つ選び記号で答えなさい。

なお、方位記号のN《エヌ》は英語の「North《ノース》（北）」の頭文字です。

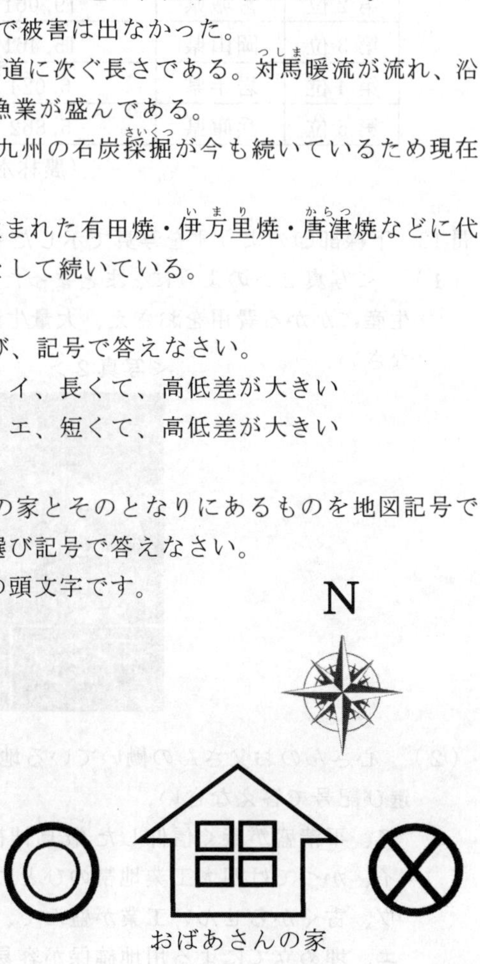

ア、東は警察署　西は市役所

イ、東は市役所　西は警察署

ウ、東は警察署　西は裁判所

エ、東は市役所　西は裁判所

問 10　下線部(け)に関して、日本各地に見られる次の家づくりは何に備えているのか、正しい組み合わせを選び記号で答えなさい。

①　家は低く建てられ、かべはしっくいで固められている。家と庭はサンゴを積んだ低いへいで囲まれている。
②　手のひらを合わせたような形で急な傾斜《けいしゃ》をつけて丸太で屋根の土台を作り、そこに植物のかやをふいてかやぶき屋根を作る。
③　普段暮らす建物より高い位置に倉庫を作り、そこに食べ物を収め、村全体は石垣《いしがき》を組んだ堤防《ていぼう》で囲む。

ア、①は大雪　②は台風　③は地震
イ、①は台風　②は大雪　③は洪水
ウ、①は地震　②は洪水　③は大雪
エ、①は洪水　②は地震　③は台風

問 11　下線部(こ)が全国第1位の養殖《ようしょく》海産物の生産量上位5位までを表にまとめました。この海産物は何ですか。

第1位	広島県	95,634 トン	全国の 60.2%を占める
第2位	宮城県	19,061 トン	全国の 12%を占める
第3位	岡山県	15,461 トン	全国の 9.7%を占める
第4位	岩手県	6,024 トン	全国の 3.8%を占める
第5位	兵庫県	5,862 トン	全国の 3.7%を占める

(農林水産省「海面漁業生産統計調査」(平成 28 年)より作成)

問 12　下線部(さ)のようすを写真で示したものが下の＜写真2＞です。

（1）　＜写真2＞のように、まとまった地域に同じものを作る施設《しせつ》を集中させて、流通経費や生産にかかる費用をおさえ、大量生産をはかる工場群を何と言いますか。**カタカナ**で答えなさい。

＜写真2＞

（2）　心さんのお父さんの働いている**地域のことではない**文が1つ含まれています。その文を選び記号で答えなさい。

ア、平清盛が深く信仰《しんこう》した厳島《いつくしま》神社は海の中に鳥居《とりい》があることでも有名である。
イ、かつては四大工業地帯のひとつであったが、近年生産量が減ってきている。
ウ、古くからせんい工業が盛んで、現在は重化学工業が栄えている。
エ、埋め立てによる用地確保が容易で、海上交通の便が良いため工業が発達した。

2　**以下の【1】・【2】の問題について答えなさい。**

【1】以下の会話は2020年の夏休みのものです。この会話を読んであとの問いに答えなさい。

研くん：今年の夏は「ステイホーム」ばかりで外に出られなくてつまらないね。
心さん：時間があるから、今までの旅行の写真を整理しましょう。
研くん：この写真は青森に行った時の写真ね。㋐三内丸山遺跡《さんないまるやまいせき》は日本最大級の縄文《じょうもん》時代の集落《しゅうらく》あとだね。
心さん：こちらは奈良に行った時の写真ね。法隆寺《ほうりゅうじ》は世界最古の木造建築だって教えてもらったわね。
研くん：この法隆寺を建てたのはだれだっけ。
心さん：(　1　)よ。それ以外にもさまざまなしくみやきまりを作った人だわ。
研くん：小野妹子を㋑中国に送った人でもあるよね。
心さん：そうだね。そして奈良では東大寺にも行ったよね。
研くん：㋒正倉院には1300年も前のものが収められていると聞いてわくわくしたのを覚えているよ。
心さん：これは京都の金閣《きんかく》の写真ね。きらきらしていておどろいたわ。
研くん：(　2　)が建てたんだよね。覚えているよ。
心さん：この人は㋓中国と貿易をして利益を得ていた人よね。
研くん：あっ、大阪城の写真もある。ここはだれが建てたお城を復元したんだっけ。
心さん：(　3　)よ。彼は㋔さまざまなしくみやきまりを作って、天下統一をなしとげたのよね。

問1　下線部㋐の三内丸山遺跡の時代について、この時代の説明として**誤っているもの**を1つ選び記号で答えなさい。

ア、このころ使われていた土器《どき》は表面に縄《なわ》の文様《もんよう》がついていた。
イ、銅剣《どうけん》や銅矛《どうほこ》などの青銅器《せいどうき》が用いられていた。
ウ、食べ終えた「貝のから」などをすてた貝塚が残されている。
エ、人々は、たて穴《あな》住居に住んでいた。

問2　会話中の(　1　)に入る人名を答えなさい。

問3　下線部㋑と㋓の中国はそれぞれどの時代か、正しい組み合わせを1つ選び記号で答えなさい。

ア、㋑　漢《かん》　㋓　明《みん》　　イ、㋑　漢　㋓　唐《とう》
ウ、㋑　隋《ずい》　㋓　明　　エ、㋑　隋　㋓　唐

問4　下線部㋒の正倉院について、この建物は三角形の木材を組み合わせ、湿気がこもりにくい建築技法をもちいている。この建築技法を何というか答えなさい。

問5　会話中の(　2　)と(　3　)に入る人名の正しい組み合わせを1つ選び記号で答えなさい。

ア、(　2　)足利義満《あしかがよしみつ》(　3　)豊臣秀吉《とよとみひでよし》　イ、(　2　)足利義満(　3　)織田信長《おだのぶなが》
ウ、(　2　)足利義政《あしかがよしまさ》(　3　)豊臣秀吉　エ、(　2　)足利義政(　3　)織田信長

問6　下線部㋔の内容として**誤っているもの**を1つ選び記号で答えなさい。

ア、全国の田畑の面積や収穫高《しゅうかくだか》、耕作者《こうさくしゃ》などを調べる検地を行った。

イ、一揆《いっき》を防ぐため、百姓に武器を差し出させる刀狩を行った。

ウ、中国を支配することをめざして朝鮮《ちょうせん》に大軍を送った。

エ、武士社会最初の法律である、御成敗式目《ごせいばいしきもく》を定めた。

【2】以下の文章を読んで、問いに答えなさい。

2021年のNHK大河ドラマの主人公は、新一万円札の肖像《しょうぞう》になることでも知られる［　A　］です。この人物は、明治時代に銀行や多くの会社を設立して、日本の近代産業の発展をたすけました。明治時代の日本政府は、欧米の国々に追いつくためにも、工業をさかんにし、強い軍隊をもつことに力を入れました。しかし、㋕江戸時代の終わりに幕府が結んだ日米修好通商条約では、外国からの輸入品にかける税金を自由に決める権利がみとめられていなかったため、外国の安い品物が国内に入り、日本の産業は思うようには発展しませんでした。この権利は、㋖日露《にちろ》戦争後の1911年に、外務大臣の［　B　］によって回復されました。

日本の産業の発展は、人々に近代的な生活をもたらした一方で、㋗さまざまな社会問題も引き起こしました。こうした影響《えいきょう》を受けて人々の民主主義への意識は高まり、㋘1925年には普通選挙制が実現されました。戦後に制定された㋙日本国憲法では、男女平等の参政権や、労働者の権利が定められることとなりました。

問7　［　A　］、［　B　］にあてはまる人名の組み合わせとして正しいものを1つ選び記号で答えなさい。

ア、A：福沢諭吉《ふくざわゆきち》　B：小村寿太郎《こむらじゅたろう》　　イ、A：渋沢栄一《しぶさわえいいち》　B：陸奥宗光《むつむねみつ》

ウ、A：渋沢栄一　B：小村寿太郎　　エ、A：福沢諭吉　B：陸奥宗光

問8　下線部㋕のころの経済や貿易について説明した以下の文ア～エのうちから正しいものを1つ選び記号で答えなさい。

ア、薩摩藩《さつまはん》を通じて蝦夷《えぞ》地（北海道）と、松前《まつまえ》藩を通じて琉球《りゅうきゅう》（沖縄）と交易が行われた。

イ、中国との間で行われていた貿易は、鎖国《さこく》の開始によって禁止された。

ウ、徳川家康の定めた参勤《さんきん》交代の制度は、各地の大名にとって大きな経済的負担だった。

エ、大阪には、大名が年貢《ねんぐ》米や特産物を保管する倉庫である蔵屋敷《くらやしき》が数多く設置された。

問9　下線部㋖に反対して、「君死にたまふことなかれ」を書いた文学者は誰か答えなさい。

問10　下線部㋗に関連して、足尾銅山鉱毒《あしおどうざんこうどく》事件を解決するために活躍《かつやく》した衆議院議員は誰か答えなさい。

問11　下線部㋘を説明した以下の文中の空欄《くうらん》にあてはまる**数字**を答えなさい。

国民のうち［　　　］歳以上のすべての男子に衆議院議員の選挙権が与えられた。

問12　下線部㋙が施行《しこう》された日はいつか。以下から1つ選び記号で答えなさい。

ア、2月11日　　イ、5月3日　　ウ、8月15日　　エ、11月3日

3　**国際連合に関する次の図をみて、問いに答えなさい。**

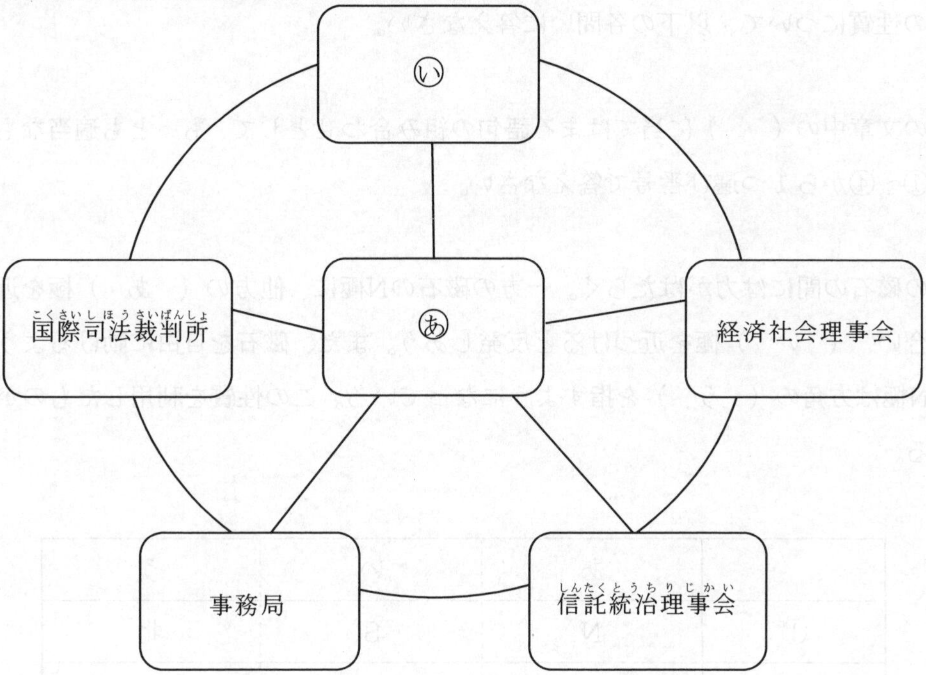

問１　図中あには世界の平和と安全を維持するために、全加盟国が出席する会議が毎年９月に開かれる機関の名称が入る。その名称を**漢字２字**で答えなさい。

問２　図中いに入る機関は常任理事国と非常任理事国で構成されている。これについて、問いに答えなさい。

①　図中いについて説明した次の文章を読んで、（　１　）・（　２　）にあてはまる語句の組み合わせとして正しいものをア～エの中から１つ選び記号で答えなさい。

常任理事国はアメリカ・フランス・ロシア・中国・（　１　）の５カ国である。非常任理事国は（　２　）カ国で、任期は２年となっている。

ア、（　１　）イタリア　（　２　）10　　イ、（　１　）イタリア　（　２　）20
ウ、（　１　）イギリス　（　２　）10　　エ、（　１　）イギリス　（　２　）20

②　図中いにあてはまる機関の名称《めいしょう》を**漢字**で答えなさい。

問３　国際連合は図中の６つの主要機関と、多くの専門機関で構成されている。この専門機関のうち 1948 年に設立され、国連システムの中にあって保健について指示を与え、調整する機関を何というか**アルファベット３字**で答えなさい。

問４　国際連合について説明した文として、**誤っているもの**を以下から１つ選び記号で答えなさい。

ア、本部はアメリカのニューヨークにある。
イ、原加盟国は 51 カ国で、2020 年 11 月現在では 193 カ国が加盟している。
ウ、2020 年、国連世界食糧《しょくりょう》計画（ＷＦＰ）にノーベル平和賞が授与された。
エ、アメリカ大統領の提案により、1920 年に成立した。

【理　科】〈第２回試験〉（社会と合わせて60分）〈満点：100点〉

1　磁石の性質について、以下の各問いに答えなさい。

(1)　次の文章中の（　　）に当てはまる語句の組み合わせとして、もっとも適当なものを下の①～④から１つ選び番号で答えなさい。

２つの磁石の間には力がはたらく。一方の磁石のN極に、他方の（　あ　）極を近づけると引き合い、（　い　）極を近づけると反発しあう。また、磁石を自由に動けるようにしておくとN極は方角の（　う　）を指すようになっている。この性質を利用したものが方位磁針である。

	あ	い	う
①	N	S	北
②	S	N	北
③	N	S	南
④	S	N	南

(2)　下図のように、棒磁石AのN極に鉄くぎをつけ、その鉄くぎの先に別の棒磁石BのN極を近づけると、鉄くぎはどのようになりますか。正しいものを下から１つ選び記号で答えなさい。

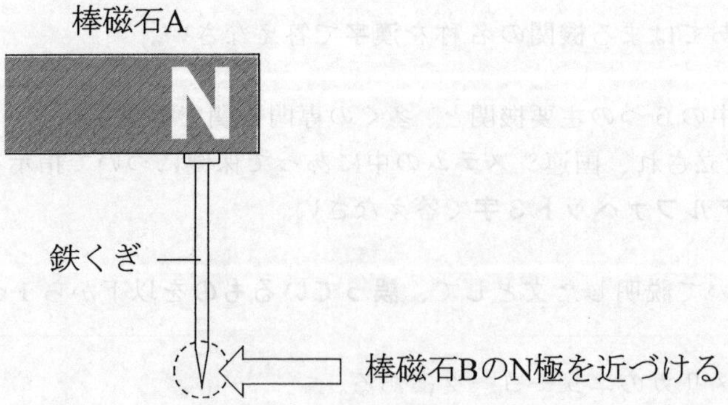

ア　動かない　　　イ　棒磁石Bに近づく　　　ウ　棒磁石Bから遠ざかる

(3)　中心に鉄の棒を入れたストローに導線を巻きつけ、下の模式図のような電磁石をつくり、この電磁石の左右に方位磁針を置いたところ、針は図のようになりました。このとき、電流の流れる向きはア、イのどちらですか。ただし、方位磁針は、色がついている部分をN極とします。また、図中の電池の＋極、－極はわからないようにしてあります。

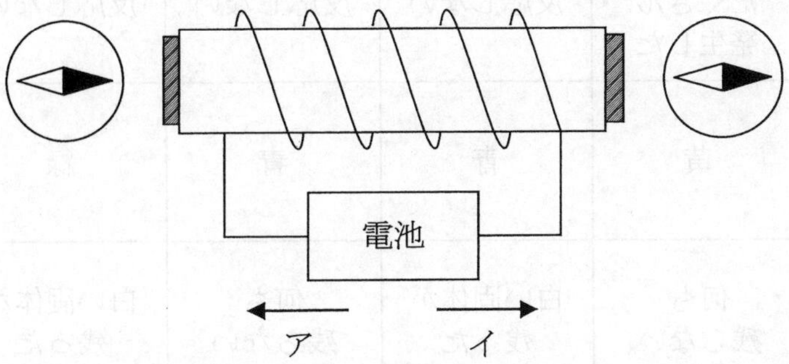

(4)　電流が流れている間、電磁石では鉄製のクリップを引き付けることができます。よりたくさんのクリップを引き付けるためにはどのような工夫をすればいいですか。その方法を１つ答えなさい。

2　食塩水、塩酸、アンモニア水、炭酸水、石灰水の５種類の水よう液について、以下の①～④の実験を行いました。表は実験の結果をまとめたものです。表の結果から、ア～オの水よう液の名前をそれぞれ答えなさい。

〈実験〉　①　においをかいだ。

②　水よう液を試験管にとり、その中にマグネシウムリボンを入れた。

③　水よう液を試験管にとり、BTBよう液を加えて色の変化を観察した。

④　少量をスライドガラスにとり、加熱して水を蒸発させた。

	ア	イ	ウ	エ	オ
実験①	ツンとしたにおい	においはしない	ツンとしたにおい	においはしない	においはしない
実験②	あわがたくさん発生した	反応しない	反応しない	反応しない	あわが少しだけ発生した
実験③	黄	青	青	緑	黄
実験④	何も残らない	白い固体が残った	何も残らない	白い固体が残った	何も残らない

3 人の体内では全身に血液が流れています。心臓《しんぞう》は血液を送り出すはたらきをしており、血液は肺で(あ)酸素を取り入れて(い)二酸化炭素を出します。心臓と肺を通った血液は胃や肝臓《かんぞう》、筋肉などの全身を通って心臓にもどってきます。血液は、全身を通るあいだに血液中の(う)養分といらなくなったものを入れかえ、酸素を体の各部分にわたし二酸化炭素を集めます。下の図は血液の流れをまとめたものです。これについて、以下の各問いに答えなさい。

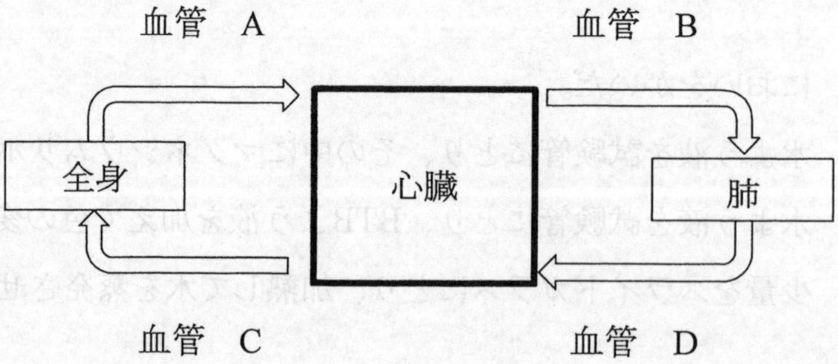

(1) 下線部（あ）の酸素は空気中から取りこまれます。空気中に酸素は何%くらい含まれていますか。もっとも適当なものを下から1つ選び記号で答えなさい。

ア　およそ78%　　イ　およそ21%　　ウ　およそ0.04%

⑵　下線部（い）の二酸化炭素がはく息とともに体外に出されていることを調べるために、石灰水を入れたポリエチレンのふくろに息をふきこみ、ふくろをよくふりました。このとき、ふくろの中の石灰水がどのように変化するか説明しなさい。

⑶　下線部（う）の養分は、食べ物の中の養分が吸収されたものです。食べ物の中の養分は体内のどこで血液中に取り入れられますか。下から１つ選び記号で答えなさい。

ア　ロ　　イ　食道　　ウ　肝臓　　エ　小腸　　オ　心臓

⑷　手首に指をあてると、血液を送り出すときの心臓の動きが伝わってきていることがわかります。手首で感じられるこの動きを何といいますか。

⑸　図の中の血管Ａ～Ｄの中で、酸素を多くふくむ血液が流れているのはどれですか。２つ選び記号で答えなさい。

⑹　血液のはたらきについて以下のように説明しました。空らんに当てはまるもっとも適当な語句を語群より選び記号で答えなさい。

人や動物は生きていくために空気中の酸素を取り入れて、二酸化炭素を体の外に出しています。このはたらきを（　①　）といいます。また、人や動物は、食べ物に含まれる（　②　）などの養分を吸収し、いらなくなったものを（　③　）で取り除き、にょうとして排出《はいしゅつ》します。人の体に水は約（　④　）％ふくまれており、その一部が血液を構成しています。血液は、体の各部分に養分や酸素を運び、不要になったものを集めて排出するのに重要な役割を果たしています。

語群

ア　25　　イ　60　　ウ　水　　エ　腎臓《じんぞう》
オ　大腸　　カ　肝臓　　キ　光合成　　ク　呼吸
ケ　でんぷん

4 下の表は、2020年8月12日のさいたま市の日中の気象データ（１時間ごとの値、7時台から19時台）です。降水量とは１時間で降った雨の量を表す値で、降った雨がどこへも流れ出ないでその場にたまったときの水たまりの深さ（単位mm）で表します。以下の各問いに答えなさい。

さいたま市　2020年8月12日（１時間ごとの値）

時	降水量(mm)	気温(℃)	風速・風向	
			風速(m/秒)	風向
7	0.0	29.9	0.8	南西
8	0.0	31.2	1.1	西
9	0.0	32.9	1.6	西北西
10	0.0	33.8	1.8	西
11	0.0	34.6	2.5	南東
12	0.0	35.5	2.3	南東
13	0.0	36.0	3.3	南
14	22.0	27.4	3.4	東
15	10.5	27.5	2.1	東北東
16	0.0	27.4	1.4	北西
17	0.0	27.4	1.8	北西
18	0.0	27.6	1.7	北西
19	0.0	27.6	1.4	北北西

（気象庁ホームページより）

(1) 上の表の内容として正しいものを下から１つ選び記号で答えなさい。

ア　10時台に降った雨は1.8 mmだった。

イ　12時台には南東の風がふいていた。

ウ　14時台にはこの日の日中の最高気温を記録した。

エ　16時台にはこの日の日中の最大風速を記録した。

⑵　7時台から19時台のさいたま市には短時間で激しい雨が降りました。また同時に雷《かみなり》も発生し、「ゲリラ雷雨《らいう》」とニュースになりました。もっとも激しい雨が降ったのは何時台ですか。

⑶　降水量が20 mmのとき、面積1 m^2の地表に１時間で何Lの雨が降るのかを、下の(　　)に当てはまる数値を入れて計算しなさい。

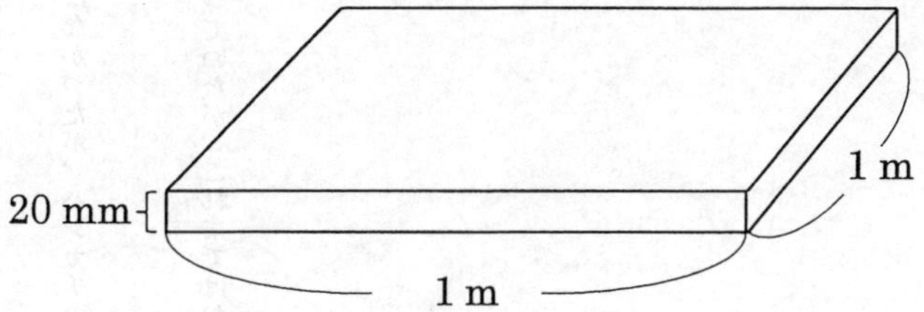

まず、降水量と面積の単位をcmにそろえると、

20 mm＝(　ア　) cm

1 m^2　＝(　イ　) cm^2

であるので、面積1 m^2の地表に深さ20 mmの水がたまるのに必要な水の量は

(　ア　)×(　イ　)＝(　ウ　) cm^3

である。1000 cm^3　＝1 Lであるので、単位をLにすると

(　ウ　) cm^3　＝　(　エ　) L

となり、(　エ　) Lの雨が降ったことになる。

問十　次のうち、本文の内容と合っているものを一つ選び、記号で答えなさい。

ア　父は仕事に行くまではいつも通りおだやかだったが、帰ってくるなり人が変わったかのように「僕」をいきなりしかりつけた。

イ　「僕」は高井のハンカチを汚してしまったことに責任を感じ、ハンカチの代金を弁償しようとしたが、千円では足りなかった。

ウ　「僕」は本心では高井を仲間に入れるつもりはなかったが、ハンカチの件で弱みをにぎられたので仲間に入れるふりをした。

エ　高井は以前から母親の言動に対して不満を持っていたが、これまではおとなしく母親のいうことに従っていた。

四　次の各問いに答えなさい。

問一　次の①、②の四字熟語の意味をあとから選び、記号で答えなさい。

①　新進気鋭《しんしんきえい》

②　好機到来《こうきとうらい》

ア　新たに現れ、意気ごみがさかんなこと。

イ　たくさんの人が次から次へと来ること。

ウ　たちまち現れたりかくれたりすること。

エ　またとないチャンスが来ること。

問二　次の――線のカタカナを漢字に直しなさい。

①　はっきりしたイシを示す

②　自分のイシを貫《つらぬ》く

③　亡くなった人のイシを重んじる

イ　自分の言い分をきちんと聞こうとしないだけでなく、理不尽《りふじん》に暴力をふるってきた父に腹立たしさと悲しさを感じたから。

ウ　父の言動に怒りを感じたからとはいえ、親を出し抜いて家を飛び出してしまったことに対してうしろめたさと罪悪感を覚えたから。

エ　自分がまさかここまであからさまに父に嫌われているとは思っていなかったため、父親の自分への対応に対してショックを受けたから。

問三　――線③「僕を見るなり、顔色を変えた」とありますが、高井の母親がそのように思った理由として最も適当なものを次から選び、記号で選びなさい。

ア　自分の息子のハンカチを汚《よご》した犯人であると聞いた「僕」がのうのうと訪ねてきたことを憎たらしく思ったから。

イ　いつもは大勢で押しかけてくるのに、今日は一人しかいないということがわかって張り合いがないように思ったから。

ウ　ふだんからあまり快く思っていない息子の友人である「僕」が、いきなり家に押しかけてきたことを不快に感じたから。

エ　いきなり訪れてきた「僕」を見た息子が、ひどくきまりが悪そうにしているのを見てかわいそうだと思ったから。

問四　空らん［　Ａ　］に当てはまる語句として最も適当なものを次から選び、記号で答えなさい。

ア　悪態をついた

イ　胸をなでおろした

ウ　ばつが悪くなった

エ　肩《かた》の荷がおりた

問五　――線④『受け取れよ』僕はお札を押し付ける」とありますが、僕がそうまでしてハンカチを弁償しようとしたのはなぜですか。これより後の本文の言葉を使って十五～二十字で答えなさい。**（句読点も数える）**

問六　――線⑤「そんなことが高井にできるはずがない」とありますが、僕は高井にはどのようなことができないと感じているのですか。本文の言葉を使って三十五～四十字で答えなさい。**（句読点も数える）**

問七　――線⑥「高井を応援する気持ちが湧き起こってきた」とありますが、僕がそのように思った理由として最も適当なものを次から選び、記号で答えなさい。

ア　息子に初めて言い返されてショックを受けている高井の母親の姿に、自分の父親の姿を重ね合わせ、胸のすく思いだったから。

イ　ずっと自分たちを馬鹿にしていると思っていた高井が、自分たちを守るために母親を相手取って戦っている姿に感動したから。

ウ　母親の言うことに逆らえなかった高井が、勇気を出して本当は田舎になんて来たくなかったことを伝える姿に感動したから。

エ　いけ好かないと思っていた高井にも、自分と同じように家族関係の悩みをかかえていることがわかり、仲間意識がめばえたから。

問八　空らん［　Ｂ　］に共通して当てはまる漢字一字を答えなさい。

問九　――線⑦「かあちゃんとケンカしちゃってよかったのか？」とありますが、高井は母親のどのような点に対して反抗《はんこう》したのですか。それがわかる表現を、解答らんに合うように本文から二十～二十五字でぬき出しなさい。**（句読点も数える）**

ずっとひとりだし。楽しくないんだ。そうさせてるのはママなんだからっ」

　おっ、あの高井が激しく母親に言い返している。すかしていて気に入らないヤツだと思っていたが、高井は高井で大変なのかもしれない。親なんて案外どこでも同じようなものなんだ。僕は父に叩かれた頬を摩《さす》った。すると、⑥高井を応援《おうえん》する気持ちが湧《わ》き起こってきた。いいぞ、いいぞ、高井、もっと言ってやれ。

「もうっ勝手にしなさいっ」

「勝手にするっ」

　玄関のドアが開くと高井が飛び出してきた。

「小木くん、行こう」

　高井の顔は※3紅潮していて、いつもの高井のクールさが感じられなかった。

「おい、平気なのかよ?」

「平気だ」

　高井はガレージに置いてある変速ギアの自転車を運び出した。

「さぁ、早く行こう」

　全く予期せぬ展開になってしまって戸惑《とまど》ったけど、とりあえず、高井を雄ちゃんちまで連れて行こうと思った。横暴な父の［B］を明かすためにも、高井は戦力になるかもしれない。事実、磁石取りでの一番のヒーローは高井だった。

　ゆっくりとした速度で高井と並んで自転車を漕いだ。

「お前、オレらの本当の目的って分かってないのに、⑦かあちゃんとケンカしちゃってよかったのか?」

「ああ……。でもいいよ、別に。あの人はいつもキーキーキャーキャーヒステリーを起こすんだ」

　最初は少し口籠《くちご》もったものの、高井の答え方は妙に清々《すがすが》しく、そして大人のような感じがした。

「そうか。じゃあいいけど……」

　不発弾探しのことを教えてやってもいいと、つい喉《のど》まで出かかった言葉を飲み込む。もっとも一緒についてきたら分かってしまうことだ。ただ、雄ちゃんとつーやんに意見を聞かずに話すのはルール違反《いはん》だ。

（森　浩美『夏を拾いに』）

※1 軽トラ……………軽トラックのこと
※2 撃沈……………ここでは何もできなくなってしまうという意
※3 紅潮……………顔に血がのぼって赤みを帯びること

問一　——線①「僕の話」とはどのような話ですか。最も適当なものを次から選び、記号で答えなさい。

ア　自由研究のために父の軽トラに乗せてもらったうえ、スコップを貸してほしいということ。

イ　物置のスコップを持ち出したのは、遊びにいくためではなく自由研究のためだということ。

ウ　自由研究のために雄ちゃんの家に集合する必要があるので、今日だけは行かせてほしいということ。

エ　自分たちの自由研究は自分たちで楽しむだけでなく、地元の人たちにも役に立つものだということ。

問二　——線②「上り坂では踏み込むペダルが余計に重く感じられた」とありますが、そのように思った理由として最も適当なものを次から選び、記号で答えなさい。

ア　僕の自由研究の話すら理解することのできない父の浅はかなふるまいを見て、自分の父親ながら情けなさを感じたから。

いう合図を送った。高井は気づいたらしく「ちょっと小木くんと話がある」と靴《くつ》を履《は》いた。

「早く済ませるのよ」

「うん、分かってる」と、高井は答えてドアを閉めた。

「あのさ、お前から借りたハンカチな、洗濯《せんたく》したけど血が落ちなくてさ」

「別にいいよ」

「よかねーよ。それで弁償《べんしょう》しようと思って。あのハンカチっていくらぐらいだ？五百円とか、千円くらいか？」

「そんなこと知らないよ」

五百円くらいだと答えてほしかったのに、知らないと答えられて僕はがっかりした。でもケチ臭《くさ》いと思われるのもいやなので、僕は渋々《しぶしぶ》ポケットから千円札を取り出し、くしゃくしゃになってしまった札の皺《しわ》を伸ばして、高井に渡そうとした。

「これ」

「いらないよ、お金なんか」高井は両手を身体《からだ》の後ろに隠《かく》した。

④「受け取れよ」僕はお札を押し付ける。

「だから、いらないって」高井は何かきたないものでも押し付けられたように上体を反《そ》らした。

「いやなんだよ、お前に借りを作るのが」

高井は腕組みをすると、何かを企《たくら》むような顔をした。そしてゆっくりと口を開いた。

「だったら、僕も君らの仲間に入れてくれ」

「あん？」

僕は想像していなかった高井の申し出に言葉を詰まらせた。

「あの磁石で何をするつもりなんだ？」

「何って……」

「仲間に入れてくれれば、ハンカチのことはおあいこにするけど」

「いやだって言ったら？」

「あのハンカチを元のきれいなものに戻して返してくれ」

こっちの足下を見やがって。ホントに B 持ちならないヤツだ。

「それができねーから、弁償するって言ってるんだろ」

「しっ。声が大きいよ」高井は家の中を気遣《きづか》った。

「ああ」僕は少し間を空けて「でもよ、もし仲間に入れてやるって言っても、オレらと一緒にいること、お前のママが許さないだろ。これから夕方までずっと。いいや毎日だぞ」と、厭味《いやみ》の逆襲《ぎゃくしゅう》だ。

高井は口元をちょっと歪《ゆが》めると「平気さ。ちゃんと話す」と答えた。

昨日のことだって黙《だま》っていたくらいだ。⑤そんなことが高井にできるはずがない。

「分かった、話してくる。だからここで待っててくれ」

高井はそう言い残すとドアを開けて家の中に入っていった。

僕はドアに耳を当てて中の様子を窺《うかが》った。

するとすぐに、叫《さけ》ぶような悲鳴《ひめい》のような高井の母親の声が聞こえてきた。

「何を言ってるのっ」

ほら始まった。あの母親が聞き入れるはずがない。

「もうっ、妙《みょう》な子たちと関わると影響されちゃうからいやなのよっ」

妙な子たちってオレらのこと？かなりカチンときた。

「これだからこんな田舎《いなか》に転勤するなんて反対したのにっ。それをパパが勝手に承知しちゃうから。あなただって中学受験が控《ひか》えてるのよ。八月に入ったら東京に戻って塾《じゅく》にも行かなくちゃならないし、そんなくだらない遊びなんかして、フラフラしてる暇《ひま》はないのよ」

高井はこれで※2撃沈《げきちん》だろうな、と思った矢先。

「ママは僕のことを何でも思い通りにできないと気が済まないんだよ。バイオリンだって、ピアノだって、ママの自己満足じゃないかっ。僕だって遊びたいんだよ。学校に行ったってんでばかりいやがって。ちったー、手伝いとかする気はねーのか」と不機嫌《ふきげん》そうに言い放った。このところ、父が苛々《いらいら》している様子は分かっていた。だから、あんまり関わらないようにしていたのに。

「だから遊びじゃなくて、宿題の……」

「どうだっていい、そんなことは」

「どうだってよくないね。オレらは今に、新聞にだって載《の》るくらいのスゲーことやって……」

「何が新聞だ。生意気な口をきくな」

「だから……」

父はまた僕の頭を叩《たた》こうとして手を伸《の》ばした。僕はそれをかわしたが、それがかえって気に入らなかったのか、空振《からぶ》りした手を逆に振《ふ》り上げて僕の頬《ほお》を手の甲《こう》で引っ叩《ぱた》いた。

「痛てぇーな」

何も悪いことはしていない。叩かれた意味がまったく分からず、僕はぶたれた頬を押《お》さえながら父を睨《にら》み返した。

「なんだ、その目はっ」と、更《さら》に父は手を上げた。僕は身構えながら「きたねー手で触《さわ》んなよ」と言い返した。父の指先は爪《つめ》まで真っ黒だ。ふとそのことが頭を過《よぎ》って出た言葉だ。

「何だとっ」

父の手が高く上がったとき「庭先で何やってるんだい。みっともないね」と祖母の声がした。その声に父の動きが止まった。僕はその隙《すき》に自転車に飛び乗ると一気にペダルを漕《こ》いでその場を離《はな》れた。

父は僕の言うことなど何ひとつまともに聞こうとはしない。本気で僕のことが嫌《きら》いなんだ。全力でペダルを漕ぎながら、悔《くや》しくて涙《なみだ》が出そうだったけど、絶対に泣くもんかと必死に堪《こら》えた。泣いたら父に負ける思いがした。

いやな思いを引きずったまま、高井の家を目指した。

「ちくしょー、とうちゃんのせいだ。今にみてろよ」

②上り坂では踏《ふ》み込《こ》むペダルが余計に重く感じられた。

高井の家に着いた。玄関《げんかん》前に立ってひと呼吸すると、チャイムを押した。

ピンポーン。

「はーい」

ドアが開いて高井の母親は③僕を見るなり、顔色を変えた。歓迎《かんげい》されないのは分かっていても、少しくらいお愛想《あいそ》笑いができないものなんだろうか。

「また、あなたなの？」と、高井の母親は言うと、僕の後ろを見て「今日はひとりなのね」と独《ひと》り言《ごと》のように呟《つぶや》いた。

「それで今日は何かしら？」

「高井くんに返す物があって」

「和彦があなたに何か貸したの？ じゃあ代わりに受け取りますよ」

「いやー、それがその……」

僕はポケットの中に手を突《つ》っ込んで千円札を握《にぎ》った。いくら何でも母親にお金を渡《わた》すのは抵抗《ていこう》がある。

「どうしたの？」

僕が答えあぐねていると「小木くん」と奥《おく》から高井が現れた。なんだよ、いるならもっと早く顔を出せよ。僕はほっとしながらも心の中で［A］。

「よっ」僕は軽く右手を上げた。

「和彦、何か小木くんに貸してあげたの？」

「うん？ ああ……」

高井が言葉に詰《つ》まる。僕は気づいた。高井は昨日、僕らと一緒《いっしょ》にいたことを母親には話していないんだと。

どうせこの母親は僕を家に上げるつもりはない。僕は顎《あご》を振《ふ》って、ちょっと表に出ろよと

問九　次のうち、本文の内容と合っているものを一つ選び、記号で答えなさい。

ア　科学の研究には将来の予測をすることよりも、小さな事実を組み合わせ、推理し、現実に生じている現象の説明と解明を行うことが求められている。

イ　私たちは誰もが意識はしていなくても科学的な考えをしているもので、そこで大切なことは自分自身の意見や主張とは違った目線で物事を考えることである。

ウ　自分はUFOを見たという人たちの共通の特徴は、自身の経験に科学的な立場で物事を推理した上で、円盤状で窓があり宇宙人がのぞく絵を描くことである。

エ　科学者は一般的に物事を疑う性質があるが、必ずしもしっかりとした証拠がなくても、自分が納得できる結果さえ得られるのであれば十分である。

三　次の文章を読んで、あとの問いに答えなさい。

（問題作成上、本文に省略した部分・表記を改めた部分があります。）

昭和四十六年の夏、小学四年生の「僕《ぼく》」（小木文弘《おぎふみひろ》）は友達の「雄《ゆう》ちゃん」と「つーやん」と、戦争中に落とされた爆弾《ばくだん》がまだ不発弾として町に残っていると聞き、それを探して夏休みの自由研究として発表しようと考える。まずは探知機を作ろうとして磁石をたくさん集めていたところ、転校生の高井和彦《たかいかずひこ》が通りかかり、手伝ってくれた上、帰りに足をけがした僕にハンカチを貸してくれた。その翌日の話である。

今日は雄ちゃんちに集合し、〝不発弾探知機〟を作ってから格納庫に向かう予定になっている。でも、その前にやっておきたいことがある。高井の家に寄って、だめにしたハンカチの代金を渡《わた》すことだ。

土間に下りると、自転車の籠《かご》に弁当を入れ、自転車を庭に出してスタンドを立てた。そして物置に入ってスコップを選ぶ。不発弾の場所が分かったらすぐに掘《ほ》り出せるようにだ。スコップを自転車の後ろ座席にゴム縄《なわ》で縛《しば》り付ける。スコップの柄《え》が後ろに飛び出していて、自転車から尻尾《しっぽ》が生えているように見えた。

自転車に跨《また》がり、さぁ出発とペダルに足を掛《か》けたとき、※1軽トラが庭に入ってきた。父の軽トラだ。何か忘れ物でも取りに戻《もど》ったのか。軽トラは僕の行く手を阻《はば》むように自転車の前に停《と》まった。

軽トラの座席から降りてきた父に「そんなもん持ち出してどこに行くんだ」といきなり怒鳴《どな》られた。

「自由研究の……」

父は①僕の話など最初から聞く耳持たずで、僕が全部言葉を言い切る前に「毎日毎日、遊は疑い続けるのです。

（池内　了『なぜ科学を学ぶのか』）

※１　固執……………意見・態度を固くして、簡単に変えないこと
※２　ハレーション……カメラ内の光の屈折《くっせつ》
※３　詳細……………くわしく、こまかなこと
※４　短絡……………物事の本質を考えず原因と結果、問いと答えなどをすぐに結びつけること
※５　画期的…………新しい時代をひらくさま

問一　空らん［Ａ］～［Ｃ］に当てはまる語を次から選び、記号で答えなさい。

ア　ところが　**イ**　そして　**ウ**　しかも　**エ**　つまり　**オ**　あるいは

問二　――線①「その間の思考の流れをコントロールしているのが、『科学的な考え方』なのです」とありますが、「その間」とは何と何の間を示していますか。本文の言葉を使って十字以内で答えなさい。

問三　――線②「誰もがそのような『科学的な考え方』をするなら、みんな似たような結論に到達するはずなのに、ぜんぜん違った結論になってしまう」とありますが、それはなぜですか。本文の言葉を使って三十五～四十字で答えなさい。**（句読点も数える）**

問四　――線③「個人の勝手な意見や主張を押しつけようとする行動が目立つ人」とありますが、そのような人たちに共通していることはどのようなことですか。最も適当なものを次から選び、記号で答えなさい。

ア　自分の主張をひたすら正しいものと述べながらも、実はそれが身勝手なふるまいであることも気がついていること。

イ　自分の経験を絶対に正しいものとしており、自分の言っていることを振《ふ》り返ったり考え直したりしないこと。

ウ　自分の主張に熱い思いを込め、誰も否定はできないと思うと、他人の主張や言葉を理解できなくなってしまうこと。

エ　自分の主張や経験は絶対に正しいとしながらも、他人の意見や批判を聞くと、その人の考えももっともだと思うこと。

問五　――線④「それ」とありますが、どのようなことですか。本文の言葉を五字以内でぬき出しなさい。

問六　――線⑤「ＵＦＯの正体を『科学的』に明らかにする」とありますが、明らかにするためにはどのようなことをすればよいのですか。それがわかる表現を本文の形式段落［8］［9］の中から五十五字以内で探し、初めと終わりの五字を答えなさい。**（句読点も数える）**

問七　――線⑥「鵜呑み」とありますが、「鵜呑みにする」の意味として最も適当なものを次から選び、記号で答えなさい。

ア　他人の考えや案を十分に理解せずに受け入れること。

イ　好物をよく噛《か》み、ゆっくり味わいながら食べること。

ウ　人の意見や言葉を容易に信じず納得するまで考えること。

エ　様々なものの見方や考え方を広く自分のものにすること。

問八　本文には「科学的な考え方」の大切さについて書かれていますが、「科学的な考え方」をする上で、まずしなければならないことはどのようなことだと言っていますか。本文の形式段落［5］までの中から二十五～三十字でぬき出しなさい。**（句読点も数える）**

あるかを探ることにしましょう。

4 時々、③個人の勝手な意見や主張を押《お》しつけようとする行動が目立つ人にお目にかかります。いかにも熱心に自分の熱い思いを述べ立てているように見えますが、単に混乱を持ち込《こ》むだけで、真の解決を曖昧《あいまい》にしてしまう人がいるので要注意です。本人はひたすら自己の主張を「正しく」述べているつもりなのですが、それが身勝手な振《ふ》る舞《ま》いであることに気がついていないことが多くあります。客観的な事実と個人の主観的な願望をきちんと区別することが「科学的思考」の第一歩なのです。

5 私たちは、よく「これは経験した者でないとわからない」とか「あなたには私の気持ちはわからない」と言われたり、[C]「私がこの目で見たことを信用しないの？」と詰《つ》め寄られたりしたことはありませんか？　このように言われると、もはや議論したり、それ以上問いかけたりすることができなくなり、互《たが》いにもはや理解できないという気持ちにさせられますね。

6 このように言う人は自分の経験を絶対視しており、それはどう批判されようと絶対に正しく誰も否定できないと思い込んでいるのです。確かに自分が経験し、実際に自分の目で見たのだから、他人には否定しようがないとの自信もあるのでしょう。そのため、④それを疑う言葉を一切受け付けなくなります。人から少しでも批判されると、自分の経験を絶対正しいとして人の言い分を何ら聞き入れず、自分の言っていることを立ち止まって考え直したり、違った目で見直したりすることがなくなってしまうのです。

7 それどころか、最初は自分の経験に曖昧な部分があったのですが、知らず知らずのうちにそれを補うように想像して付け足してストーリーを完全にし、いっそう自信を持って主張するようになることが多くあります。そうなると、実は本人もどこまでが実際に経験したことなのか、どこからが想像の産物であるのかがわからなくなるのですが、その迷いを振《ふ》り切って自分が作り上げたストーリーにいっそう※1固執《こしつ》するようになるというわけです。

8 自分はＵＦＯを見たと信じ込んだ人に、「どんな乗り物であったの？」と聞くと、みんな申し合わせたかのように円盤状《えんばんじょう》で窓があり、そこに宇宙人の顔がちらっと見える図を描《か》くことがよく知られています。それは、現実に見たわけでもないのに見たと思い込んで、以前に雑誌かテレビ番組で見た場面を思い出して描いているからです。それを指摘《してき》すると、「自分はしっかり見た」と強調し、「見たことがないあなたにはわからない」と決めつけるでしょう。それでは、とても⑤ＵＦＯの正体を「科学的」に明らかにすることはできませんね。

9 そもそもＵＦＯは「未確認飛行物体」のこと、何かが飛んでいるように見えるけれど、はっきりそれが何であるかが確かめられていない物体のことです。だから、実際に見た姿を「科学的」に判断して、それが鳥なのか、雲なのか、木の枝なのか、偶然《ぐうぜん》の※2ハレーションなのか、何かの飛行物体なのか、を※3詳細《しょうさい》に検討することがまず大事なのです。それを直《ただ》ちに宇宙人の来訪《らいほう》に結びつけるのは無理があるのですが、何かわからない物が写っていると、それは「ＵＦＯ」で「宇宙人がいる」と※4短絡《たんらく》して主張する人が多くいます。それを疑ってクレームをつけようとすると、「私を信用しないのか」と言われて、それ以上議論ができなくなってしまうのです。

10 自分の主張や経験を絶対視して、他からの意見を受け入れなくなると、「科学的」な態度とは縁《えん》遠くなることを忘れてはなりません。

11 科学者は一般《いっぱん》に「疑り深い」という共通の特徴《とくちょう》があります。といっても人間不信というわけではなく、科学に関することは「⑥鵜呑《うの》みにしない」、「単純に信じ込まない」という意味です。何か新発見があったというニュースについて新聞記者から感想を聞かれたさい、科学者の多くは「もし、それが本当なら」と前置きしてから、「素晴《すば》らしい業績だ」とか、「※5画期的《かっきてき》な発見だ」という感想を述べるのが普通《ふつう》です。特に、その分野により大きな影響《えいきょう》を与《あた》えるような、より重要な新発見であれば、よりしっかりした証拠《しょうこ》が必要で、それを自分の目で確かめるまでは信じないという態度を貫《つらぬ》きます。疑り深いのです。そのため、新発見だと主張する研究とは独立で、完全に別個に行われた研究結果が出て、その新発見が確認（追試）されるまでは、受け入れないのが普通です。自分の目と頭で確かに新発見だと納得《なっとく》するまで

二〇二一年度 目白研心中学校

【国　語】〈第二回試験〉（五〇分）〈満点：一〇〇点〉

一 次の――線①～⑤の漢字には読みをひらがなで記し、――線⑥～⑩のカタカナは漢字に直しなさい。

① 平素の行いを正す。
② 祖国を愛する心。
③ 我ながらよくできた。
④ 夜は家に居て休む。
⑤ 郷里への手紙を書く。
⑥ 大きなコウセキを残す。
⑦ アヤマりを訂正《ていせい》する。
⑧ 人口のゲンショウ。
⑨ オウセツ室で会う。
⑩ 散歩をシュウカンとする。

二 次の文章を読んで、あとの問いに答えなさい。（問題作成上、本文に省略した部分・表記を改めた部分があります。）

1 通常の科学の研究では、ばらばらでしか（あるいは部分的にしか）手に入らない事実を組み合わせ、足りない部分はさまざまに推理して、現実に生じていると思われる現象の説明や謎《なぞ》の解明を行っています。それに加え、現実に生じている事柄《ことがら》の解釈や説明だけでなく、将来どうなるかについて予測しなければなりません。予言力が求められるわけです。

A 、現象（結果）を前にしてその理由（原因）を探り、その理由の説明とともに、将来にどのようなことが予言できるかを提示し、理由と予言が実際に正しいと認められなければならないのです。①その間の思考の流れをコントロールしているのが、「科学的な考え方」なのです。

2 実は、この「科学的な考え方」は科学の研究だけでなく、私たちの日常生活におけるさまざまな事柄にも適用できることであり、現に、みんなそれなりに科学的に考えています。実際に、私たちは意識しているかどうかは別として、何か事があるたびに、

（1）なぜそうなったのだろうと考え、
（2）筋道が立った推論（推理・推測によって立てた論理）を客観的にたどり、
（3）もっとも合理的と思われる考えを最終的な結論とする、

という思考過程を採《と》っているのは事実ですから。人は誰《だれ》でも、そのような思考法を自然のうちに身につけているのです。

3 B 、②誰もがそのような「科学的な考え方」をするなら、みんな似たような結論に到達するはずなのに、ぜんぜん違《ちが》った結論になってしまうことがたびたびあります。なぜでしょうか？　それは各個人の思考の中の、（1）から（3）の間のどこかで「科学的」ではなくなっていて、本来あるべき筋道から外れているからです。そこで、どんな場合に筋道から外れて「科学的」でなくなるかを考え、「科学的」であるためにはいかなる思考が大事で

2021年度 目白研心中学校 ▶解説と解答

算　数　＜第２回試験＞（50分）＜満点：100点＞

解　答

[1] (1)　11　(2)　$5\frac{3}{4}$　(3)　$\frac{1}{5}$　(4)　42　(5)　2021　(6)　２km820m　(7)　1500000 m^2　(8)　21通り　(9)　225個　(10)　6650円　[2] (1)　$\frac{1}{6}$　(2)　３時間36分　(3)　３時間30分　[3] (1)　1050m　(2)　分速120m　(3)　400m　[4] (1)　48ｇ　(2)　200ｇ　(3)　7.5％　[5] (1)　20.56cm　(2)　28.56cm^2　[6] (1)　2260.8cm^3　(2)　1130.4cm^2

解　説

[1] 四則計算，逆算，計算のくふう，速さ，単位の計算，場合の数，約数と倍数，割合

(1)　$(49-9\times3)\div2=(49-27)\div2=22\div2=11$

(2)　$5\frac{1}{3}-2\frac{5}{6}+3\frac{1}{4}=5\frac{2}{6}-2\frac{5}{6}+3\frac{1}{4}=4\frac{8}{6}-2\frac{5}{6}+3\frac{1}{4}=2\frac{3}{6}+3\frac{1}{4}=2\frac{1}{2}+3\frac{1}{4}=2\frac{2}{4}+3\frac{1}{4}=5\frac{3}{4}$

(3)　$2\frac{4}{5}\div4\frac{2}{3}-1\frac{3}{5}\times\frac{1}{4}=\frac{14}{5}\div\frac{14}{3}-\frac{8}{5}\times\frac{1}{4}=\frac{14}{5}\times\frac{3}{14}-\frac{8}{5}\times\frac{1}{4}=\frac{3}{5}-\frac{2}{5}=\frac{1}{5}$

(4)　$2021-(48\times\square-7)=12$より，$48\times\square-7=2021-12=2009$，$48\times\square=2009+7=2016$　よって，$\square=2016\div48=42$

(5)　$A\times B+A\times C=A\times(B+C)$となることを利用すると，$2.021\times80+20.21\times75+202.1\times1.7=2.021\times80+2.021\times10\times75+2.021\times100\times1.7=2.021\times80+2.021\times750+2.021\times170=2.021\times(80+750+170)=2.021\times1000=2021$

(6)　１分＝60秒なので，７分50秒は，60×７＋50＝470(秒)である。よって，秒速６ｍの速さで470秒進むので，移動した距離《きょり》は，６×470＝2820(m)とわかる。これは，１km＝1000mより，２km820mとなる。

(7)　１km^2は１辺の長さが１kmの正方形の面積だから，１km^2＝1000m×1000m＝1000000m^2である。よって，1.5km^2は，1.5×1000000＝1500000(m^2)となる。

(8)　偶数《ぐうすう》なので，一の位は０か２である。一の位が０の場合，百の位には１，２，５，７の４通り，十の位には残りの３通りのカードを使うことができるので，４×３＝12(通り)の数ができる。また，一の位が２の場合，百の位には０，１，５，７のうち０を除いた３通り，十の位には残りの３通りのカードを使うことができるので，３×３＝９(通り)の数ができる。よって，３けたの偶数は，12＋９＝21(通り)できる。

(9)　３けたの整数で，４で割ると２あまる最小の数は，100÷４＝25より，４×25＋２＝102とわかる。また，３けたで最も大きい数は，999÷４＝249あまり３より，４×249＋２＝998とわかる。よって，４で割ると２あまる３けたの数は，$4\times\underline{25}+2=102$，$4\times\underline{26}+2=106$，$4\times\underline{27}+2=110$，…，$4\times\underline{249}+2=998$となるから，その個数は25から249までの整数の個数と等しくなる。したが

って，249－25＋１＝225(個)と求められる。

(10)　9500円の３割引きで買うので，代金は9500円の，10－３＝７(割)である。７割を小数になおすと0.7なので，代金は，9500×0.7＝6650(円)と求められる。

2 仕事算

(1)　仕事全体の量を１とする。この仕事をするのにＡ君１人では６時間かかるので，１時間あたり全体の，$1\div 6=\frac{1}{6}$だけ仕事をする。

(2)　Ｂ君１人が１時間でする仕事は全体の，$1\div 9=\frac{1}{9}$なので，Ａ君とＢ君が一緒《いっしょ》に仕事をすると，１時間で全体の，$\frac{1}{6}+\frac{1}{9}=\frac{5}{18}$の仕事ができる。よって，終わらせるのにかかる時間は，$1\div\frac{5}{18}=3\frac{3}{5}$(時間)とわかる。１時間＝60分より，$\frac{3}{5}$時間は，$60\times\frac{3}{5}=36$(分)なので，３時間36分と求められる。

(3)　Ａ君が仕事をした時間は５時間だから，Ａ君がした仕事は全体の，$\frac{1}{6}\times 5=\frac{5}{6}$である。よって，Ｂ君がした仕事は全体の，$1-\frac{5}{6}=\frac{1}{6}$なので，Ｂ君が仕事をした時間は，$\frac{1}{6}\div\frac{1}{9}=1\frac{1}{2}$(時間)とわかる。つまり，Ａ君とＢ君が２人で仕事をした時間は$1\frac{1}{2}$時間なので，Ａ君が１人で仕事をした時間は，$5-1\frac{1}{2}=3\frac{1}{2}$(時間)と求められる。これは，$60\times\frac{1}{2}=30$(分)より，３時間30分となる。

3 速さ，旅人算

(1)　兄は分速150mの速さで走ったので，７分後の兄が走った道のりは，150×７＝1050(m)とわかる。

(2)　弟は15分で1800m走ったので，弟の速さは，分速，1800÷15＝120(m)となる。

(3)　右の図より，兄と弟が出発してから２度目に出会うまでに，２人が走る道のりの合計は，1800×４＝7200(m)である。１分間で２人は合わせて，150＋120＝270(m)進むので，出発してから２度目に出会うまでの時間は，$7200\div 270=\frac{80}{3}$(分)とわかる。よって，出発してから２度目に出会うまでに，兄が走った道のりは，$150\times\frac{80}{3}=4000$(m)であり，家から八百屋まで１往復の道のりは，1800×２＝3600(m)だから，図で，△＝4000－3600＝400(m)となる。つまり，２人が２度目に出会うのは，家から400mのところである。

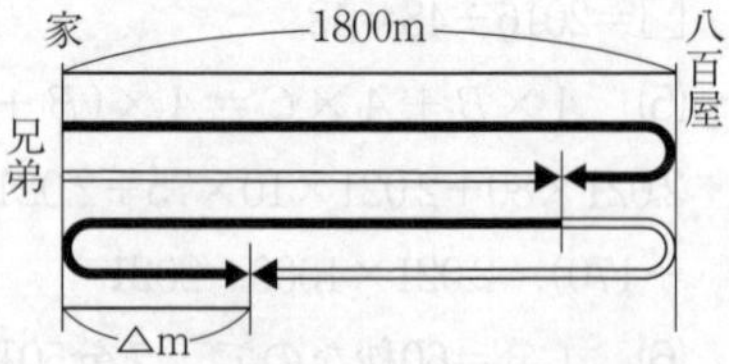

4 濃度《のうど》

(1)　８％の食塩水Ａ600ｇに溶《と》けている食塩の重さは，(食塩の重さ)＝(食塩水の重さ)×(濃《こ》さ)より，600×0.08＝48(ｇ)とわかる。

(2)　食塩水Ａから水を蒸発させても食塩の重さは48ｇで変わらない。このときの食塩水の濃さは12％なので，(食塩水の重さ)＝(食塩の重さ)÷(濃さ)より，食塩水の重さは，48÷0.12＝400(ｇ)とわかる。よって，600－400＝200(ｇ)の水を蒸発させればよい。

(3)　はじめの食塩水Ａの重さは600ｇ，溶けている食塩の重さは48ｇである。また，６％の食塩水Ｂ200ｇに溶けている食塩の重さは，200×0.06＝12(ｇ)とわかる。よって，食塩水ＡとＢを混ぜると，食塩水の重さは，600＋200＝800(ｇ)，食塩の重さは，48＋12＝60(ｇ)となるから，食塩水の濃さは，(濃さ)＝(食塩の重さ)÷(食塩水の重さ)より，60÷800＝0.075，0.075×100＝7.5(％)と求められる。

5 平面図形―長さ，面積

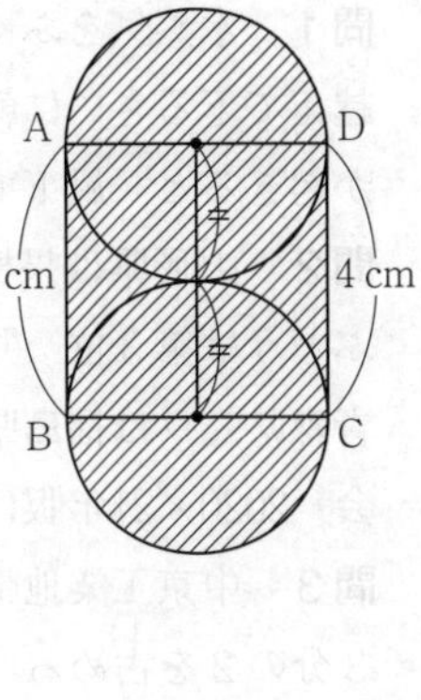

⑴　右の図で，斜線《しゃせん》部分の周のうち，直線ABとCDの長さの和は，４×２＝８(cm)である。また，曲線部分２つの長さの和は，１つの円の円周の長さと等しく，円の半径は，４÷２＝２(cm)なので，曲線部分の長さの和は，２×２×3.14＝12.56(cm)とわかる。よって，斜線部分の周の長さは，８＋12.56＝20.56(cm)と求められる。

⑵　斜線部分の面積は，半径２cmの半円２つ分の面積と正方形ABCDの面積の和になる。半円２つ分の面積は，１つの円の面積と等しいので，２×２×3.14＝12.56(cm^2)であり，正方形ABCDの面積は，４×４＝16(cm^2)だから，斜線部分の面積は，12.56＋16＝28.56(cm^2)と求められる。

6 立体図形―体積，表面積

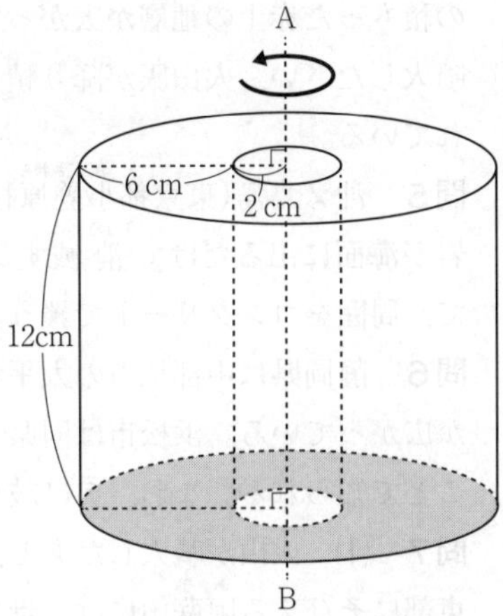

⑴　問題文中の図の長方形を，ABを軸《じく》として１回転させると，右の図のような立体となる。この立体の底面積(かげをつけた部分の面積)は，半径が，６＋２＝８(cm)の円の面積から，半径が２cmの円の面積を引いて，８×８×3.14－２×２×3.14＝(64－４)×3.14＝60×3.14(cm^2)とわかる。また，高さは12cmなので，この立体の体積は，60×3.14×12＝720×3.14＝2260.8(cm^3)と求められる。

⑵　この立体の表面積は，かげをつけた部分２つ分の面積に，底面の半径が８cmで高さが12cmの大きな円柱の側面積と，底面の半径が２cmで高さが12cmの小さな円柱の側面積を加えたものになる。(円柱の側面積)＝(底面の円周の長さ)×(円柱の高さ)より，大きな円柱の側面積は，８×２×3.14×12＝192×3.14(cm^2)，小さな円柱の側面積は，２×２×3.14×12＝48×3.14(cm^2)だから，表面積は，60×3.14×２＋192×3.14＋48×3.14＝(120＋192＋48)×3.14＝360×3.14＝1130.4(cm^2)と求められる。

社　会　＜第２回試験＞（理科と合わせて60分）＜満点：100点＞

解　答

1 **問１**　フェーン現象　**問２**　イ　**問３**　ウ　**問４**　関東ローム層　**問５**　沖ノ鳥島　**問６**　エ　**問７**　⑴　カルデラ　⑵　エ　**問８**　エ　**問９**　ア　**問10**　イ　**問11**　かき　**問12**　⑴　コンビナート　⑵　イ　**2** **問１**　イ　**問２**　聖徳太子(厩戸皇子)　**問３**　ウ　**問４**　校倉造　**問５**　ア　**問６**　エ　**問７**　ウ　**問８**　エ　**問９**　与謝野晶子　**問10**　田中正造　**問11**　25　**問12**　イ　**3** **問１**　総会　**問２**　①　ウ　②　安全保障理事会　**問３**　WHO　**問４**　エ

解説

1 日本の国土や気候，産業についての問題

問１　水蒸気をふくんだ風が山にぶつかって上昇《じょうしょう》するときに，温度が下がって雨を降らせ，山を越《こ》えて下るさいに乾燥《かんそう》した高温の風となって吹《ふ》き下ろす現象をフェーン現象という。フェーン現象が起きると，風下では猛暑《もうしょ》になることが多い。

問２　山形県は果樹栽培がさかんで，さくらんぼ(おうとう)と西洋なしの収穫《しゅうかく》量は全国第１位，ぶどうは第３位，りんごともも は第４位となっている。なお，アはりんごの収穫量が全国第１位の青森県，ウは福島県，エはぶどうとももの収穫量が全国第１位の山梨県。統計資料は『日本国勢図会』2020／21年版による(以下同じ)。

問３　中京工業地帯は自動車工業を中心とする機械工業がさかんで，機械工業の出荷額が全体の約３分の２を占《し》める。なお，アは京葉工業地域，イは阪神工業地帯，エは京浜工業地帯のグラフ。

問４　関東地方の大部分を占める関東平野の台地や丘陵《きゅうりょう》地には，関東ローム層とよばれる火山灰の積もった赤土の地層が広がっている。関東ローム層は，富士山や箱根山，赤城《あかぎ》山，浅間山などが噴火したさい，火山灰が降り積もってできたもので，水持ちが悪いため，農業は畑作を中心に行われている。

問５　沖ノ鳥島(東京都小笠原《おがさわら》村)は日本の最南端に位置するサンゴ礁《しょう》の島で，満潮時には２つの岩が海面に出るだけで消滅《しょうめつ》するおそれがあった。そのため，1980年代後半から巨額の工費をかけて，周囲をコンクリートで覆《おお》う護岸工事が行われた。

問６　静岡県は中部地方の太平洋側に位置し，県東部では伊豆半島が南にのび，県西部には浜名湖が広がっている。浜松市は同県で最大の人口を有する都市で，オートバイや楽器の生産がさかんなことで知られる。なお，アは岐阜県，イは長野県，ウは愛知県。

問７　(1)　火山が噴火したあと，火口付近が落ちこんでできたくぼ地をカルデラという。熊本県北東部にそびえる阿蘇《あそ》山には，世界最大級のカルデラが広がっている。　(2)　ア　2016年４月に発生した熊本地震で，熊本城は石垣がくずれるなど大きな被害を受けた。　イ　「大分県」ではなく「長崎県」が正しい。　ウ　北九州工業地域(地帯)は，明治時代に操業が始まった八幡製鉄所を中心として発達したが，第二次世界大戦後にはその地位が低下し，周辺のおもな炭鉱も次々と閉《へい》鎖《さ》された。　エ　佐賀県の陶磁器《とうじき》産業について正しく説明している。

問８　日本は国土面積がせまい島国で，中央部に山脈や山地が多い。そのため，日本の川は世界の川に比べて長さが短く，高低差が大きくて流れが急である。

問９　図では上が北となっているので，右が東，左が西となる。「おばあさんの家」の右(東)にある地図記号(⊗)は警察署，左(西)にある地図記号(◎)は市役所を表しているので，アが正しい。なお，裁判所の地図記号は(⍋)である。

問10　①は台風に備えた家のつくりで，台風の通り道となる沖縄県で見られる。②は大雪に備えた家のつくりで，こうした建築様式は合掌《がっしょう》造とよばれる。合掌造の家屋は，岐阜県の白川郷や富山県の五箇《ごか》山などで見られる。③は洪水《こうずい》に備えた家のつくりで，こうした家は，濃尾《のうび》平野南西部(愛知県・岐阜県・三重県)に発達した輪中とよばれる集落で見られる。

問11　かきの養殖は，瀬戸内海沿岸や東北地方の三陸海岸南部でさかんに行われており，養殖収《しゅう》穫《かく》量は広島県が全国の約60%を占めて最も多い。

問12 ⑴　生産の効率化をはかるため，原料・製品が関連する工場や企業を1か所に集めた地域や工場群をコンビナートという。日本では，石油化学工業でコンビナートが形成されているところが多い。　⑵　心さんのお父さんが働いている広島県は瀬戸内工業地域に属し，京浜・中京・阪神・北九州の四大工業地帯にはふくまれないので，イが誤っている。

2 各時代の歴史的なことがらについての問題

問1　青森市郊外で発掘《はっくつ》された三内丸山遺跡は縄文時代前～中期の大規模集落跡で，大型掘立柱《ほったてばしら》建物跡や大型住居跡，クリの栽培跡が見つかるなどした。銅剣《どうけん》や銅矛《どうほこ》などの青銅器は弥生時代から使われるようになったものなので，イが誤っている。

問2　聖徳太子（厩戸《うまやどの》皇子）は593年におばである推古天皇の摂政《せっしょう》として政治に参加すると，冠位十二階の制（603年）や十七条の憲法（604年）を定めるなどし，天皇中心の国づくりをすすめた。また，607年には小野妹子を中国に派遣したり，法隆寺を建てたりした。

問3　小野妹子は，607年，遣隋使として隋（中国）に派遣された。また，金閣（鹿苑《ろくおん》寺）は室町幕府の第3代将軍足利義満が京都北山に建てたものである。義満は将軍職をしりぞいたあとも大きな力をふるい，明（中国）が倭寇《わこう》（日本の武装商人団・海賊《かいぞく》）の取りしまりを求めてくると，これに応じるとともに明と国交を開き，勘合《かんごう》（符《ふ》）という合い札を用いて日明（勘合）貿易を始めた。

問4　東大寺の正倉院には，断面が三角形の木材を組み合わせて壁《かべ》とする，校倉《あぜくら》造という建築技法が用いられている。

問5　2については，問3の解説を参照のこと。大阪城は，織田信長が降伏《こうふく》させた石山本願寺の跡地に建てられた城で，豊臣秀吉が全国統一事業の拠点《きょてん》として1583年から築城を開始した。

問6　ア～ウは豊臣秀吉の行ったこととして正しい。エについて，御成敗《ごせいばい》式目は1232年，鎌倉幕府の第3代執権《しっけん》北条泰時《やすとき》が定めた武士社会最初の法律で，その後の武家法の手本となった。

問7　渋沢《しぶさわ》栄一は埼玉県出身の実業家で，明治政府で働いたのち，1873年に日本初の銀行である第一国立銀行を設立した。また，大阪紡績《ぼうせき》会社をはじめとする数多くの企業の設立や経営にたずさわった。渋沢は「日本資本主義の父」ともよばれ，肖像《しょうぞう》が2024年度発行予定の新一万円札に使われることになっている。また，1911年，外務大臣の小村寿太郎《じゅたろう》はアメリカとの交渉《こうしょう》で関税自主権の回復に成功し，江戸時代末に結ばれた不平等条約の改正を達成した。

問8　ア「薩摩藩」と「松前藩」が逆である。　イ　鎖国中も，キリスト教の布教を行わない清（中国），オランダとの貿易は続けられた。　ウ　参勤交代は，江戸幕府の第3代将軍徳川家光によって制度化された。　エ　江戸時代の大阪について正しく説明している。

問9　与謝野晶子《よさのあきこ》は明治時代の終わりから昭和時代にかけて活躍《かつやく》した詩人・歌人で，代表的歌集として『みだれ髪』がある。日露戦争（1904～05年）が起こると，戦場にいる弟の身を案じて雑誌「明星」に「君死にたまふことなかれ」という詩を発表し，戦争に反対した。

問10　明治時代，足尾銅山（栃木県）の工場から流された鉱毒で渡良瀬《わたらせ》川流域の田畑が汚染され，流域の人々が大きな被害を受けた。栃木県選出の衆議院議員であった田中正造は，この問題を議会で取り上げて政府にその対策をせまったが，政府の対応は誠意を欠くもので被害がやまなかったため，1901年，正造は議員を辞職して天皇に直訴《じきそ》を試みるなど，問題解決のために一生をささげた。

問11　1925年，加藤高明内閣のもとで普通選挙法が制定された。これによって選挙権における納税額の制限がなくなり，25歳以上のすべての男子に衆議院議員の選挙権が与えられた。

問12　日本国憲法は1946年11月３日に公布され，翌47年５月３日に施行された。現在，公布日の11月３日は「文化の日」，施行日の５月３日は「憲法記念日」として，国民の祝日になっている。

3　国際連合についての問題

問１　総会は，国際連合の全加盟国が出席して毎年９月に行われる会議で，全加盟国に１票ずつが与えられる。

問２　①，②　安全保障理事会は，世界の平和と安全を維持する国際連合の中心的な機関で，アメリカ・フランス・ロシア・中国・イギリスの５常任理事国と，選挙で選ばれる任期２年の非常任理事国10カ国で構成されている。常任理事国には，１カ国でも反対すると決議が無効になるという特別な権限である拒否《きょひ》権が認められている。

問３　WHO（世界保健機関）は国際連合の専門機関の１つで，世界の人々の健康を増進し保護することなどを目的として1948年に設立された。WHOは，感染症《しょう》の拡大防止も担当している。

問４　アメリカ大統領の提案により1920年に成立したのは，国際連合ではなく国際連盟なので，エが誤っている。国際連合は，第二次世界大戦（1939～45年）中，アメリカとイギリスが中心となって構想が練られ，戦後の1945年に原加盟国51カ国で設立された。

理　科　＜第２回試験＞（社会と合わせて60分）＜満点：100点＞

解　答

1　(1)　②　(2)　ウ　(3)　ア　(4)　（例）　コイルの巻き数を増やす。　2　**ア**　塩酸　**イ**　石灰水　**ウ**　アンモニア水　**エ**　食塩水　**オ**　炭酸水　3　(1)　イ　(2)　白くにごる。　(3)　エ　(4)　脈はく　(5)　C，D　(6)　①　ク　②　ケ　③　エ　④　イ　4　(1)　イ　(2)　14時台　(3)　**ア**　2　**イ**　10000　**ウ**　20000　**エ**　20

解　説

1　磁石と電磁石についての問題

(1)　磁石の異なる極どうしは引き合い，同じ極どうしは反発する。したがって，磁石のＮ極に，Ｓ極を近づけると引き合い，Ｎ極を近づけると反発し合う。また，磁石を自由に動けるようにしておくと，Ｎ極は北を向く。これは，地球自体が大きな磁石（北極付近がＳ極，南極付近がＮ極）になっているためである。

(2)　棒磁石のＮ極に鉄くぎをつけると，鉄くぎの棒磁石にくっついた方がＳ極，反対側がＮ極になる。ここでは，Ｎ極になっている鉄くぎの先に，棒磁石ＢのＮ極を近づけているため，鉄くぎは反発して遠ざかる。

(3)　電磁石の左側に置いた方位磁針はＮ極が，右側に置いた方位磁針はＳ極が，それぞれ電磁石に引きつけられているため，電磁石は左端《はし》がＳ極，右端がＮ極とわかる。コイルに流れる電流の向きに指の向きを合わせて右手で電磁石をにぎるようにしたとき，親指の向いている方がＮ極になることから，コイルに流れる電流は，アの向きに流れている。

(4)　コイルの巻き数を増やすと，電流による磁界がより多く重なるため，磁力が強くなり，多くのクリップを引きつけることができる。また，電流がたくさん流れるほど強い磁力が発生するため，電流をたくさん流すことで，よりたくさんのクリップを引きつけられる。

2　水よう液の性質についての問題

実験①より，５種類の水よう液のうちツンとしたにおいがするアとウは，塩酸かアンモニア水のいずれかである。次に，実験②から，マグネシウムと反応してたくさんのあわ(水素)が発生したアは塩酸なので，ウがアンモニア水であることがわかる。実験③で，BTBよう液は酸性で黄色，中性で緑色，アルカリ性で青色に変化することから，イはアルカリ性，エは中性，オは酸性である。したがって，残りの３種類の水よう液について考えると，イは石灰水，エは食塩水，オは炭酸水となる。

3　人の血液じゅんかんについての問題

⑴　空気中には，ちっ素が約78％，酸素が約21％含《ふく》まれていて，二酸化炭素は約0.04％含まれている。

⑵　二酸化炭素を石灰水にふきこむと，石灰水が白くにごる。なお，白くにごる理由は，二酸化炭素と石灰水にとけている水酸化カルシウムが反応し，水にとけない炭酸カルシウムができるためである。

⑶　でんぷん，タンパク質，しぼうは，消化液などで細かく分解されたあとに，小腸のじゅう毛で吸収される。

⑷　血液をじゅんかんさせるために心臓が拡張，収縮をくり返すことをはく動といい，手首などの動脈に脈はくとして伝わる。なお，心ぱく数とは，１分間に心臓がはく動する回数のことである。

⑸　呼吸により肺で取り入れられた酸素は，肺静脈(血管Ｄ)を通って心臓に入ったあと，心臓から大動脈(血管Ｃ)に送り出され全身に運ばれる。

⑹　①，②　肺で呼吸によって取り入れた酸素と，でんぷんなどを消化，吸収した養分とが反応することで，生きていくためのエネルギーを取り出すことができる。　③　体内の各部で発生した不要物や余分な水分，塩分などは，腎臓《じんぞう》でこし取られ，尿《にょう》として体外へ排出《はいしゅつ》される。　④　人体には，水分が約60％含まれていて，その一部は血液の血しょうとなり，養分や不要物を運んだり，固体成分をおし流したりしている。

4　気象観測についての問題

⑴　表より，10時台の降水量は0.0mmとわかるから，アは正しくない。また，この日の日中の最高気温は13時台に記録された36.0℃だから，ウも誤り。さらに，この日の日中の最大風速は14時台に記録された3.4m/秒なので，エもまちがいである。

⑵　表で，降水量が最大になったのは22.0mmを記録した14時台だから，最も激しい雨が降ったのは14時台であることがわかる。

⑶　１cmは10mmなので，アは，20÷10＝２(cm)である。また，１m^2は，100×100＝10000(cm^2)なので，イには10000が入る。さらに，ウは，２×10000＝20000(cm^3)と求められる。問題文にあるように，１Ｌは1000cm^3であるから，エは，20000÷1000＝20(Ｌ)とわかる。

国 語 ＜第２回試験＞（50分）＜満点：100点＞

解 答

一 ① へいそ　② そこく　③ われ　④ い　⑤ きょうり　⑥〜⑩ 下記を参照のこと。　二 問１ Ａ エ　Ｂ ア　Ｃ オ　問２ （例） 理由と予言の間　問３ （例） 思考の中のどこかで科学的でなくなり，本来あるべき筋道から外れてしまうから。　問４ イ　問５ 自分の経験　問６ それが鳥な〜討すること　問７ ア　問８ 客観的な事実と個人の主観的な願望をきちんと区別すること　問９ イ　三 問１ イ　問２ イ　問３ ウ　問４ ア　問５ （例） 高井に借りを作るのがいやだったから。　問６ （例） 高井が自分たちの仲間になり，これから毎日ずっと一緒にいることを母親に話すこと。　問７ エ　問８ 鼻　問９ 僕のことを何でも思い通りにできないと気が済まない（点。）　問10 エ　四 問１ ① ア　② エ　問２ 下記を参照のこと。

●漢字の書き取り

一 ⑥ 功績　⑦ 誤　⑧ 減少　⑨ 応接　⑩ 習慣　四 問２ ① 意思　② 意志　③ 遺志

解 説

一 漢字の読みと書き取り

① ふだん。いつも。　② 自分が生まれた国。　③ 音読みは「ガ」で，「自我」などの熟語がある。　④ 音読みは「キョ」で，「住居」などの熟語がある。　⑤ ふるさと。　⑥ すぐれた働き。　⑦ 音読みは「ゴ」で，「誤解」などの熟語がある。　⑧ 減ること。　⑨ 「応接室」は，来客と面会するための部屋。　⑩ いつもきまって行うこと。

二 出典は池内了《いけうちさとる》の『なぜ科学を学ぶのか』による。「科学的な考え方」について紹介《しょうかい》し，自分の主張や経験を絶対視しないことが大切だと述べている。

問１ **Ａ** 科学の研究については，現象の説明だけでなく将来の予測が求められると述べた後，現象から理由を探り，説明と予言を提示しなければならないとまとめ直している。よって，前に述べた内容をまとめて言いかえるときに用いる「つまり」が合う。 **Ｂ** 前では，人は誰《だれ》でも科学的な思考法を身につけているとしながら，後ではみんなが似たような結論にはならないと述べているので，前に述べたことがらを受けて，対立することがらを述べるときに用いる「ところが」があてはまる。 **Ｃ** 「自分の経験を絶対視」する人の言葉が前後に並べられているので，同類のことがらを並べ立て，いろいろな場合があることを表す「あるいは」がふさわしい。

問２ 直前に「理由と予言が実際に正しいと認められなければならない」と述べられているので，「その間の思考の流れ」とは，「理由」と「予言」の間の流れだとわかる。

問３ ぼう線②に続いて，「なぜでしょうか」と問いかけ，「それは」と理由を示す文がある。違《ちが》った結論が導かれるのは，「各個人の思考」の中に，「科学的」ではない部分があり，「本来あるべき筋道から外れているから」である。

問４ [4]段落で述べられているように，自分の考えを押《お》しつける人は，「ひたすら自己の主張を『正しく』述べているつもり」なので，「身勝手な振《ふ》る舞《ま》い」をしていることに気づいていない。[6]

段落の最初で，こうした人を「自分の経験を絶対視して」，「誰も否定できないと思い込《こ》んでいる」とまとめている。

問５　ぼう線④の前後に書かれているように，自分の経験を絶対視している人は「自分の経験」を疑う言葉を受けつけないのである。

問６「科学的」に明らかにするためには，「科学的」に判断することが必要である。はっきりわからないものを見たときに，「それが鳥なのか，雲なのか，木の枝なのか，偶然《ぐうぜん》のハレーションなのか，何かの飛行物体なのか，を詳細《しょうさい》に検討《けんとう》すること」が大事だと説明されている。

問７「鵜呑《うの》み」とは，正しいかどうかを自分で確かめることなく，相手の言葉をそのまま信じてしまうことである。

問８　[4]段落の最後で，「科学的思考」の「第一歩」は，「客観的な事実と個人の主観的な願望をきちんと区別すること」だと筆者は述べている。

問９　ア　科学の研究では将来の予測も必要だと述べられているので，「予測」が重要でないとするのは誤り。　　イ「自分の主張や経験を絶対視」してはいけないという本文の内容に合う。　ウ「科学的な立場で物事を推理」しているとはいえないので誤り。　　エ　科学者は，しっかりした証拠《しょうこ》を必要とし，「自分の目で確かめるまでは信じない」と書かれているので誤り。

三　**出典は森浩美《もりひろみ》の『夏を拾いに』による**。夏休みの自由研究に「不発弾探知機」を作ろうとしていた「僕《ぼく》」たちの仲間に，転校生の高井《たかい》が加わる。

問１　父は，「そんなもん持ち出してどこに行くんだ」と，スコップを持って自転車で出かけようとしていた「僕」を怒鳴《どな》った。それに対して，「僕」が答えようとしていたのは，遊ぶためではなく，自由研究にスコップが必要だという内容であると推測できる。

問２「僕」は，父が自分の話を聞きもせずに暴力をふるったことから，「本気で僕のことが嫌《きら》いなんだ」という「いやな思い」を引きずっている。そのせいで「僕」の心は重くなり，ペダルも重く感じられたのである。エは，「嫌われているとは思っていなかった」の部分が合わない。

問３　ぼう線⑤の少し後に，「妙《みょう》な子たちと関わると影響《えいきょう》されちゃうからいや」だと高井の母親が高井に言う場面がある。ふだんから「僕」のことをよく思っていないため，歓迎《かんげい》していないことがわかる。

問４「僕」は心の中で，「なんだよ，いるならもっと早く顔を出せよ」と文句を言っている。「悪態をつく」は，悪口やにくまれ口を言うことである。

問５　続く部分で「僕」は，「いやなんだよ，お前に借りを作るのが」と言っている。ハンカチを弁償《べんしょう》しないと，高井に借りを作ることになる気がしたのである。

問６　高井が「平気さ。ちゃんと話す」と答えたことに注目する。「そんなこと」とは，「僕」たちの仲間に入って，夕方まで毎日一緒《いっしょ》にいると，母親に話すことである。高井は，けがをした「僕」にハンカチを貸したという昨日のことさえ，母親に言えずにいる。そんな高井が，反対されるとわかっていながら，母親に自分の思いを伝えることなどできるはずがないと，「僕」は思っていたのである。

問７　母親に激しく言い返す高井を見て，「僕」は，自分もまた父親と激しく争ったことを思い出している。そして，自分を高井に重ね合わせるようにして，応援《おうえん》する気持ちが湧《わ》き起こってきたのである。

問８　「鼻持ちならない」は，“相手の行動や態度が気に入らない”という意味。また，「鼻を明かす」は，人を出しぬいておどろかすこと。

問９　高井と母親の会話に注目する。高井は，「ママは僕のことを何でも思い通りにできないと気が済まないんだよ」と，母親を批判している。

問10「あの高井が激しく母親に言い返している」とあるので，高井が母親に言い返すのはめずらしいことだとわかる。よって，エが合う。

四　四字熟語の知識，同音異義語の書き取り

問１　①「新進気鋭《きえい》」は，新しい分野にふみこもうとする，やる気に満ちたようす。　②「好機到来《とうらい》」は，チャンスがやってくること。

問２　①「意思」は，自分の考え。　②「意志」は，決意。　③「遺志」は，亡《な》くなった人が生前持っていたこころざし。

Memo

Memo

2025年度用

中学スーパー過去問

■編集人 声の教育社・編集部
■発行所 株式会社 声の教育社

〒162-0814 東京都新宿区新小川町8-15
☎03-5261-5061(代) FAX03-5261-5062
https://www.koenokyoikusha.co.jp

※本書の内容についての一切の責任は当社にあります。内容・解説・解答・その他は当社ホームページよりお問い合わせ下さい。

ストリーミング配信による入試問題の解説動画

2025年度用web過去問　ラインナップ

■ **男子・女子・共学(全動画) 見放題**
36,080円(税込)

■ **男子・共学 見放題**
29,480円(税込)

■ **女子・共学 見放題**
28,490円(税込)

● 中学受験「声教web過去問(過去問プラス・過去問ライブ)」(算数・社会・理科・国語)

3〜5年間 **24校**

過去問プラス

麻布中学校	桜蔭中学校	開成中学校	慶應義塾中等部	渋谷教育学園渋谷中学校
女子学院中学校	筑波大学附属駒場中学校	豊島岡女子学園中学校	広尾学園中学校	三田国際学園中学校
早稲田中学校	浅野中学校	慶應義塾普通部	聖光学院中学校	市川中学校
渋谷教育学園幕張中学校	栄東中学校			

過去問ライブ

栄光学園中学校	サレジオ学院中学校	中央大学附属横浜中学校	桐蔭学園中等教育学校	東京都市大学付属中学校
フェリス女学院中学校	法政大学第二中学校			

● 中学受験「オンライン過去問塾」(算数・社会・理科)

3〜5年間 **50校以上**

東京	青山学院中等部	東京	国学院大学久我山中学校	東京	明治大学付属明治中学校	千葉	芝浦工業大学柏中学校	埼玉	栄東中学校
	麻布中学校		渋谷教育学園渋谷中学校		早稲田中学校		渋谷教育学園幕張中学校		淑徳与野中学校
	跡見学園中学校		城北中学校		都立中高一貫校 共同作成問題		昭和学院秀英中学校		西武学園文理中学校
	江戸川女子中学校		女子学院中学校		都立大泉高校附属中学校		専修大学松戸中学校		獨協埼玉中学校
	桜蔭中学校		巣鴨中学校		都立白鷗高校附属中学校		東邦大学付属東邦中学校		立教新座中学校
	鷗友学園女子中学校		桐朋中学校		都立両国高校附属中学校		千葉日本大学第一中学校	茨城	江戸川学園取手中学校
	大妻中学校		豊島岡女子学園中学校	神奈川	神奈川大学附属中学校		東海大学付属浦安中等部		土浦日本大学中等教育学校
	海城中学校		日本大学第三中学校		桐光学園中学校		麗澤中学校		茗渓学園中学校
	開成中学校		雙葉中学校		県立相模原・平塚中等教育学校		県立千葉・東葛飾中学校		
	開智日本橋中学校		本郷中学校		市立南高校附属中学校		市立稲毛国際中等教育学校		
	吉祥女子中学校		三輪田学園中学校	千葉	市川中学校	埼玉	浦和明の星女子中学校		
	共立女子中学校		武蔵中学校		国府台女子学院中学部		開智中学校		

web過去問 Q&A

過去問が動画化！
声の教育社の編集者や中高受験のプロ講師など、
過去問を知りつくしたスタッフが動画で解説します。

Q どこで購入できますか？

A 声の教育社のHPでお買い求めいただけます。

Q 受講にあたり、テキストは必要ですか？

A 基本的には過去問題集がお手元にあることを前提としたコンテンツとなっております。

Q 全問解説ですか？

A 「オンライン過去問塾」シリーズは基本的に全問解説ですが、国語の解説はございません。「声教web過去問」シリーズは合格のカギとなる問題をピックアップして解説するもので、全問解説ではございません。なお、「声教web過去問」と「オンライン過去問塾」のいずれでも取り上げられている学校がありますが、授業は別の講師によるもので、同一のコンテンツではございません。

Q 動画はいつまで視聴できますか？

A ご購入年度２月末までご視聴いただけます。
複数年視聴するためには年度が変わるたびに購入が必要となります。

よくある解答用紙のご質問

01

実物のサイズにできない

拡大率にしたがってコピーすると，「解答欄」が実物大になります。配点などを含むため，用紙は実物よりも大きくなることがあります。

02

A3用紙に収まらない

拡大率164％以上の解答用紙は実物のサイズ（「出題傾向＆対策」をご覧ください）が大きいために，Ａ３に収まらない場合があります。

03

拡大率が書かれていない

複数ページにわたる解答用紙は，いずれかのページに拡大率を記載しています。どこにも表記がない場合は，正確な拡大率が不明です。

04

１ページに２つある

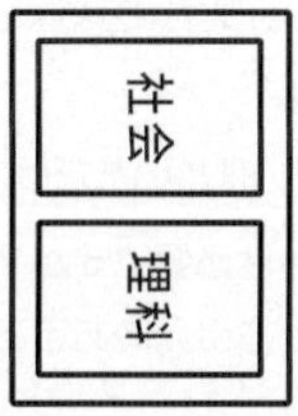

１ページに２つ解答用紙が掲載されている場合は，正確な拡大率が不明です。ほかの試験回の同じ教科をご参考になさってください。

目白研心中学校

【別冊】入試問題解答用紙編

解答用紙は本体からていねいに抜きとり、別冊としてご使用ください。

※　実際の解答欄の大きさで練習するには、指定の倍率で拡大コピーしてください。なお、ページの上下に小社作成の見出しや配点を記載しているため、コピー後の用紙サイズが実物の解答用紙と異なる場合があります。

●入試結果表

— は非公表
または不明

年度	回	項目	国語	算数	社会	理科	２科合計	４科合計	２科合格	４科合格
2024	第１回	配点(満点)	100	100	100	100	200	400	最高点	最高点
		合格者平均点	—	—	—	—	—	—	—	—
		受験者平均点	—	—	—	—	—	—	最低点	最低点
		キミの得点							101	202
	第２回	配点(満点)	100	100	100	100	200	400	最高点	最高点
		合格者平均点	—	—	—	—	—	—	—	—
		受験者平均点	—	—	—	—	—	—	最低点	最低点
		キミの得点							103	199
2023	第１回	配点(満点)	100	100	100	100	200	400	最高点	最高点
		合格者平均点	—	—	—	—	—	—	—	—
		受験者平均点	—	—	—	—	—	—	最低点	最低点
		キミの得点							80	185
	第２回	配点(満点)	100	100	100	100	200	400	最高点	最高点
		合格者平均点	—	—	—	—	—	—	—	—
		受験者平均点	—	—	—	—	—	—	最低点	最低点
		キミの得点							86	196
2022	第１回	配点(満点)	100	100	100	100	200	400	最高点	最高点
		合格者平均点	—	—	—	—	—	—	—	—
		受験者平均点	—	—	—	—	—	—	最低点	最低点
		キミの得点							80	160
	第２回	配点(満点)	100	100	100	100	200	400	最高点	最高点
		合格者平均点	—	—	—	—	—	—	—	—
		受験者平均点	—	—	—	—	—	—	最低点	最低点
		キミの得点							82	168
2021	第１回	配点(満点)	100	100			200		最高点	
		合格者平均点	—	—			—		—	
		受験者平均点	—	—			—		最低点	
		キミの得点							74	
	第２回	配点(満点)	100	100	100	100	200	400	最高点	最高点
		合格者平均点	—	—	—	—	—	—	—	—
		受験者平均点	—	—	—	—	—	—	最低点	最低点
		キミの得点							77	222

※　表中のデータは学校公表のものです。

２０２４年度　目白研心中学校

算数解答用紙　第１回

番号		氏名		評点	／100

		解答欄
1	(1)	
	(2)	
	(3)	
	(4)	
	(5)	
	(6)	m^2
	(7)	円
	(8)	ページ
	(9)	個
	(10)	時間　分
2	(1)	分
	(2)	分
	(3)	分間
3	(1)	g
	(2)	%
	(3)	g
4	(1)	分
	(2)	分後
	(3)	分後
5	(1)	倍
	(2)	倍
	(3)	:
6	(1)	cm^3
	(2)	cm^2

（注）この解答用紙は実物を縮小してあります。Ｂ５→Ｂ４（141%）に拡大コピーすると、ほぼ実物大の解答欄になります。

〔算　数〕100点（推定配点）

1～3　各４点×16　4　(1)，(2)　各４点×２　(3)　５点　5　(1)，(2)　各４点×２　(3)　５点　6　各５点×２

２０２４年度　目白研心中学校

社会解答用紙　第１回

番号		氏名		評点	／100

1

問1		問2		問3			
問4		問5		問6			
問7		問8		問9	①		②
問10							

2

問1		問2		問3	京		
問4		問5	→ →				
問6		問7		問8		問9	
問10		問11		問12		問13	

3

問1		問2		問3	
問4	第　　条	問5			

（注）この解答用紙は実物を縮小してあります。Ｂ５→Ｂ４（141%）に拡大コピーすると、ほぼ実物大の解答欄になります。

〔社　会〕100点(推定配点)

1　問1，問2　各４点×２　問3，問4　各３点×２　問5　４点　問6～問8　各３点×３　問9　①　３点　②　４点　問10　４点　2　問1～問3　各３点×３　問4～問6　各４点×３＜問5は完答＞　問7～問13　各３点×７　3　各４点×５

２０２４年度　目白研心中学校

理科解答用紙　第１回

番号		氏名		評点	／100

1

(1)	(2)			
(3)ア	イ	ウ	エ	オ
(4)	(5)			
(6)				

2

(1)	(2)あ	い
(2)う	(3)　年	
(4)組み合わせ	集める方法	

3

(1)	(2)	(3)
(4)色	できたもの	
(5)白色のふの部分	アルミはくをかけた部分	

4

(1)①	②	(2)	(3)①　と
(3)②	③	(3)④明けの明星	宵の明星

(注) この解答用紙は実物を縮小してあります。Ｂ５→Ａ４(115%)に拡大コピーすると、ほぼ実物大の解答欄になります。

〔理　科〕100点(推定配点)

1 (1), (2)　各４点×２　(3)　各１点×５　(4)～(6)　各４点×３　2 (1)　４点　(2)　各３点×３　(3), (4)　各４点×３　3 (1)～(3)　各３点×３　(4), (5)　各４点×４　4 (1)　各３点×２　(2)　４点　(3)　各３点×５<①は完答>

２０２４年度　目白研心中学校

国語解答用紙　第一回

番号		氏名		評点	/100

一　①　②　③　④　⑤　⑥　⑦　⑧　⑨　⑩

二　問一　問二　A　B　C　問三　問四　問五　問六　問七　問八　問九　問十

三　問一　問二　問三　問四　問五　問六　A　問七　問八　問九

四　問一　①　②　問二　①　②　③

（注）この解答用紙は実物を縮小してあります。192％拡大コピーをすると、ほぼ実物大の解答欄になります。

〔国　語〕100点(推定配点)

一　各２点×10　二　問１　６点　問２〜問５　各２点×６　問６　５点　問７　７点　問８〜問10　各２点×３　三　問１　８点　問２　２点　問３　各６点×２　問４〜問９　各２点×６　四　各２点×５

２０２４年度　目白研心中学校

算数解答用紙　第２回

番号		氏名		評点	／100

		解　答　欄
1	(1)	
	(2)	
	(3)	
	(4)	
	(5)	
	(6)	m
	(7)	個
	(8)	種類
	(9)	円
	(10)	人
2	(1)	
	(2)	
	(3)	日
3	(1)	g
	(2)	g
	(3)	g
4	(1)	km
	(2)	時速　km
	(3)	時　分
5	(1)	cm
	(2)	cm^2
6		度
7	(1)	cm^3
	(2)	cm^2

（注）この解答用紙は実物を縮小してあります。Ｂ５→Ｂ４（141%）に拡大コピーすると、ほぼ実物大の解答欄になります。

〔算　数〕100点(推定配点)

1～4　各４点×19　5　(1)　４点　(2)　５点　6, 7　各５点×３

２０２４年度　目白研心中学校

社会解答用紙　第２回

番号		氏名	

評点	／100

1

問１		問２		問３		
問４		問５		問６		
問７	①		②		③	
問８		問９				

2

問１		問２		問３	記号		都道府県	
問４		問５		問６				
問７	①		②		③		問８	
問９		問10		問11				

3

問１									
問２		問３						問４	
問５									

（注）この解答用紙は実物を縮小してあります。Ｂ５→Ｂ４（141％）に拡大コピーすると、ほぼ実物大の解答欄になります。

〔社　会〕100点（推定配点）

1　問1，問2　各３点×２　問3，問4　各４点×２　問5，問6　各３点×２　問7　①　３点　②，③　各４点×２　問8，問9　各３点×２　2　問1，問2　各３点×２　問3　記号…３点，都道府県…４点　問4　４点　問5～問8　各３点×６　問9　４点　問10，問11　各３点×２　3　問1　４点　問2　３点　問3　４点　問4　３点　問5　４点

２０２４年度　目白研心中学校

理科解答用紙　第２回

番号		氏名		評点	／100

1	⑴a	b	c
	⑵①	②	⑶
	⑷ cm	⑸ cm	⑹ g

2	A	B	C
	D	E	F

3	⑴	⑵	⑶ → →
	⑷	⑸	

4	⑴	⑵ ①		②
	⑶ g	⑷①	②	③

（注）この解答用紙は実物大です。

〔理　科〕100点（推定配点）

1 ⑴　3点＜完答＞　⑵　各3点×2　⑶～⑹　各4点×4　2　1つ正答のとき5点を配点，2つ目以降1つ正答ごとに各4点を配点　3　各5点×5＜⑶は完答＞　4　⑴～⑶　各4点×4　⑷　各3点×3

2024年度　目白研心中学校

国語解答用紙　第一回

番号		氏名		評点	/100

一　① ② ③ ④ ⑤ ⑥ ⑦ ⑧ ⑨ ⑩

二　問一　問二 A B C D　問三　問四　問五　問六　問七　問八　問九

三　問一　問二　問三 ③ ⑨　問四　問五　問六　問七 〜　問八　問九

四　問一 ① ② ③　問二 ① ②

（注）この解答用紙は実物を縮小してあります。200%拡大コピーをすると、ほぼ実物大の解答欄になります。

〔国　語〕100点(推定配点)

一　各２点×10　二　問１〜問３　各２点×６　問４　３点　問５　７点　問６　２点　問７　７点　問８，問９　各２点×２　三　問１　２点　問２　８点　問３　各２点×２　問４　７点　問５，問６　各２点×２　問７　３点　問８　５点　問９　２点　四　各２点×５

2023年度　目白研心中学校

算数解答用紙　第1回

番号		氏名		評点	／100

		解　答　欄
1	(1)	
	(2)	
	(3)	
	(4)	
	(5)	
	(6)	時　　分
	(7)	ページ
	(8)	通り
	(9)	個
	(10)	
2	(1)	時間
	(2)	時間　　分
	(3)	時間
3	(1)	g
	(2)	%
	(3)	g
4	(1)	時速　　km
	(2)	km
	(3)	分後
5	(1)	：
	(2)	：
	(3)	cm^2
6	(1)	cm^3
	(2)	cm^2

（注）この解答用紙は実物を縮小してあります。Ｂ５→Ｂ４（141％）に拡大コピーすると、ほぼ実物大の解答欄になります。

〔算　数〕100点（推定配点）

1～4　各４点×19　5　(1)　４点　(2)，(3)　各５点×２　6　各５点×２

2023年度　目白研心中学校

社会解答用紙　第１回

番号		氏名		評点	／100

1

問１		問２		問３		問４			
問５		問６							
問７		問８	記号		正しい語				
問９		問10		問11		問12			

2

問１		問２	→	→	→		
問３		問４					
問５	①		②		③		④
問６		問７		問８		問９	
問10							

3

問１		問２	歳以上		
問３		問４		問５	

（注）この解答用紙は実物を縮小してあります。Ｂ５→Ａ４（115％）に拡大コピーすると、ほぼ実物大の解答欄になります。

〔社　会〕100点（推定配点）

1　各３点×12＜問８は完答＞　2　問１～問４　各４点×４＜問２は完答＞　問５～問９　各３点×８　問10　４点　3　各４点×５

２０２３年度　目白研心中学校

理科解答用紙　第１回

番号		氏名		評点	／100

1	(1)	(2)(X)	(Y)
	(3)		
	(4)		
	(5)		

2	(1)	(2)	(3)
	(4)		

3	(1)			
	(2)			
	(3)	(4)	(5)	
	(6)①	②	③	④

4	(1)	(2)	(3)
	(4)	(5)	(6)

（注）この解答用紙は実物を縮小してあります。Ｂ５→Ａ４(115%)に拡大コピーすると、ほぼ実物大の解答欄になります。

〔理　科〕100点(推定配点)

1～4　各４点×25

二〇二三年度　目白研心中学校

国語解答用紙　第一回

番号　氏名　評点 /100

一
①　②　③　④　⑤
⑥　⑦　⑧　⑨　⑩

二
問一　10　20　30　40
問二　A　B　C　D
問三
問四
問五
問六
問七　10　20　30　40　50
問八
問九

三
問一
問二　10　20　25
問三　10
問四　10　20　30　35
問五　A 苦　B 苦
問六
問七　10　20　25　30
問八
問九

四
問一　①　②
問二　①　②　③

（注）この解答用紙は実物を縮小してあります。196%拡大コピーをすると、ほぼ実物大の解答欄になります。

〔国　語〕100点(推定配点)

一　各2点×10　二　問1　6点　問2〜問6　各2点×9　問7　8点　問8，問9　各2点×2　三　問1　2点　問2　6点　問3　4点　問4　6点　問5　4点　問6　2点　問7　6点　問8，問9　各2点×2　四　各2点×5

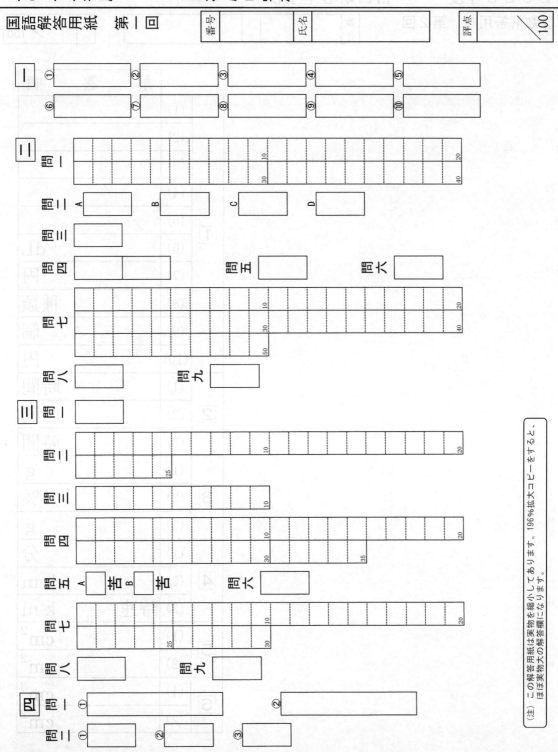

2023年度　　目白研心中学校

算数解答用紙　第2回

番号		氏名		評点	／100

		解　答　欄
1	(1)	
	(2)	
	(3)	
	(4)	
	(5)	
	(6)	dL
	(7)	円
	(8)	種類
	(9)	個
	(10)	円
2	(1)	時間
	(2)	時間
	(3)	時間
3	(1)	g
	(2)	%
	(3)	g
4	(1)	分
	(2)	km
	(3)	時速　　km
5	(1)	cm^2
	(2)	cm^2
6	(1)	cm^3
	(2)	cm^2

（注）この解答用紙は実物を縮小してあります。B５→B４（141%）に拡大コピーすると、ほぼ実物大の解答欄になります。

〔算　数〕100点（推定配点）

1，2　各４点×13　3　(1)，(2)　各４点×２　(3)　５点　4〜6　各５点×７

２０２３年度　目白研心中学校

社会解答用紙　第２回

番号		氏名		評点	／100

1

問1	①						
	②						
問2		問3		問4			
問5		問6		問7		問8	
問9		問10					

2

問1		問2		問3			
問4		問5		問6	番の前		
問7		問8		問9	記号	正しい語	
問10				問11		問12	

3

問1		問2					
問3	①						
	②						
問4	①		②		③		④
	⑤		⑥				

（注）この解答用紙は実物を縮小してあります。Ｂ５→Ｂ４（141%）に拡大コピーすると、ほぼ実物大の解答欄になります。

〔社　会〕100点（推定配点）

1，2　各３点×23＜2の問９は完答＞　3　問１，問２　各３点×２　問３　①　各２点×２　②　３点　問４　各３点×６

２０２３年度　目白研心中学校

理科解答用紙　第２回

番号　氏名　評点　／100

1

(1)

(2)

(3)

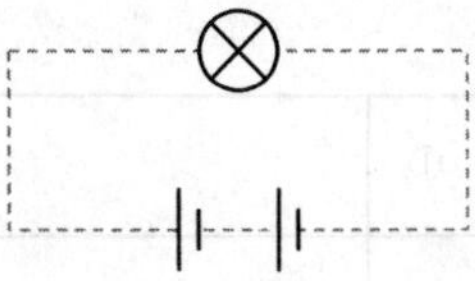

(4)

(5) 発光ダイオードの方が

2

(1)

(2)

理由

(3)

(4)

3

(1)

(2)

(3)

(4)

(5) タイプ Y の方が

4

(1)①　②

(2)①　②　③　④

(3)

(4)

(5)

(注) この解答用紙は実物を縮小してあります。Ｂ５→Ａ４(115%)に拡大コピーすると、ほぼ実物大の解答欄になります。

〔理　科〕100点(推定配点)

1～4　各４点×25

二〇二三年度　目白研心中学校

国語解答用紙　第一回

番号　氏名　評点　/100

一
①　②　③　④　⑤
⑥　⑦　⑧　⑨　⑩

二
問一　A　B　C
問二
問三
問四　こと。
問五
問六　問七
問八　問九

三
問一　問二　問三
問四
問五
問六　問七
問八　問九

四
問一　①　②
問二　①　②　③

（注）この解答用紙は実物を縮小してあります。175％拡大コピーをすると、ほぼ実物大の解答欄になります。

〔国　語〕100点(推定配点)

一　各２点×10　二　問１　各２点×３　問２　６点　問３　３点　問４　５点　問５　６点　問６～問９　各３点×４　三　問１～問３　各３点×３　問４　６点　問５　５点　問６～問９　各３点×４　四　各２点×５

2022年度　目白研心中学校

算数解答用紙　第１回

番号		氏名		評点	／100

		解答欄
1	(1)	
	(2)	
	(3)	
	(4)	
	(5)	
	(6)	cm^3
	(7)	円
	(8)	種類
	(9)	個
	(10)	人
2	(1)	L
	(2)	毎分　L
	(3)	分
3	(1)	g
	(2)	%
	(3)	g
4	(1)	秒
	(2)	m
	(3)	秒
5	(1)	：
	(2)	：
	(3)	cm^2
6	(1)	cm
	(2)	cm^2

（注）この解答用紙は実物を縮小してあります。Ｂ５→Ｂ４（141％）に拡大コピーすると、ほぼ実物大の解答欄になります。

〔算　数〕100点（推定配点）

1～4　各４点×19　5　(1)　４点　(2)，(3)　各５点×２　6　各５点×２

２０２２年度　目白研心中学校

社会解答用紙　第１回

番号		氏名		評点	／100

1

問１	①		②		問２	
問３		問４			
問５		問６		問７	
問８		問９			

2

問１	①		②		③		
問２	あ		い				
	う		問３	→ →			
問４		問５		問６		問７	
問８	①		②		問９		

3

問１	（1）		（2）		
問２		問３		問４	
問５					

（注）この解答用紙は実物を縮小してあります。Ｂ５→Ａ４（115%）に拡大コピーすると、ほぼ実物大の解答欄になります。

〔社　会〕100点（推定配点）

1　問１～問５　各３点×６　問６～問９　各４点×４　2　各３点×14＜問３は完答＞　3　各４点×６

２０２２年度　　目白研心中学校

理科解答用紙　第１回

番号		氏名	

評点	／100

1	(1)	(2) 度	(3) 度
	(4)	(5)	

2	(1) g	(2) g	(3) %
	(4) g	(5)	

3	(1)	(2)
	(3)あ	い
	(4)あ	い
	う	え
	(5)	

4	(1)	(2)	(3)
	(4) 8日	9日	(5)

(注) この解答用紙は実物大です。

〔理　科〕100点(推定配点)

1～4　各４点×25

二〇二二年度　目白研心中学校

国語解答用紙　第一回

番号　　氏名　　評点　／100

一
①　②　③　④　⑤
⑥　⑦　⑧　⑨　⑩

二
問一
問二
問三　〜
問四
問五
問六
問七
問八　問九

三
問一
問二　問三
問四　から。
問五
問六
問七　問八　問九

四
問一　1　2
問二　①　②　③

（注）この解答用紙は実物を縮小してあります。192%拡大コピーをすると、ほぼ実物大の解答欄になります。

〔国　語〕100点(推定配点)

一　各2点×10　二　問1〜問3　各4点×3　問4　3点　問5　8点　問6　3点　問7　4点　問8, 問9　各3点×2　三　問1　8点　問2, 問3　各3点×2　問4　4点　問5　3点　問6　4点　問7〜問9　各3点×3　四　各2点×5

２０２２年度　　目白研心中学校

算数解答用紙　第２回

番号		氏名		評点	／100

		解　答　欄
1	(1)	
	(2)	
	(3)	
	(4)	
	(5)	
	(6)	mL
	(7)	円
	(8)	通り
	(9)	個
	(10)	人
2	(1)	
	(2)	時間　　分
	(3)	時　　分
3	(1)	g
	(2)	%
	(3)	g
4	(1)	km
	(2)	時　　分
	(3)	m
5	(1)	cm^2
	(2)	cm
	(3)	cm^2
6	(1)	cm^3
	(2)	cm^3

（注）この解答用紙は実物を縮小してあります。Ｂ５→Ｂ４（141％）に拡大コピーすると、ほぼ実物大の解答欄になります。

〔算　数〕100点（推定配点）

1～4　各４点×19　5　(1)　４点　(2)，(3)　各５点×２　6　各５点×２

2022年度　目白研心中学校

社会解答用紙　第2回

番号		氏名		評点	／100

1

問1		問2		問3	
問4		問5			
問6					
問7		問8		問9	
問10		問11			

2

問1		問2			
問3		問4		問5	
問6		問7			
問8		問9			
問10		問11		問12	

3

問1		問2	
問3			
問4	核兵器を		
問5			

（注）この解答用紙は実物を縮小してあります。B5→B4（141%）に拡大コピーすると、ほぼ実物大の解答欄になります。

〔社　会〕100点（推定配点）

1　各4点×11　2　各3点×12　3　各4点×5

2022年度　　目白研心中学校

理科解答用紙　第2回

番号		氏名		評点	／100

1

(1) cm	(2)	
(3) cm		
(4) g		
(5) g		

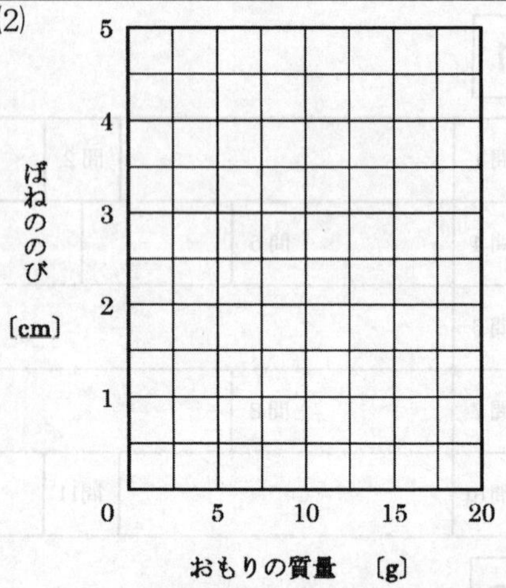

2

(1)A	B	C
D	(2)	(3)

3

(1) → → → →	
(2)図	理由

(3)	(4)	(5)

4

(1)	(2)	(3)
(4)	(5) 度	

(注)　この解答用紙は実物を縮小してあります。Ｂ５→Ａ４(115%)に拡大コピーすると、ほぼ実物大の解答欄になります。

〔理　科〕100点(推定配点)

1～3　各５点×16＜2の(3)，3の(1)，(2)は完答＞　4　各４点×５

二〇二三年度　目白研心中学校

国語解答用紙　第二回

番号		氏名		評点	/100

一　①　②　③　④　⑤　⑥　⑦　⑧　⑨　⑩

二
問一　A　B　C　D
問二　〜
問三
問四
問五
問六　→　→　→
問七　問八
問九　問十

三
問一　問二　問三
問四
問五
問六　〜　問七
問八
問九

四
問一　1　2
問二　①　②　③

（注）この解答用紙は実物を縮小してあります。200%拡大コピーをすると、ほぼ実物大の解答欄になります。

〔国　語〕100点(推定配点)

一　各２点×10　二　問１　各２点×４　問２〜問４　各３点×４　問５　４点　問６〜問10　各３点×５＜問６は完答＞　三　問１〜問３　各３点×３　問４　４点　問５〜問７　各３点×３　問８　６点　問９　３点　四　各２点×５

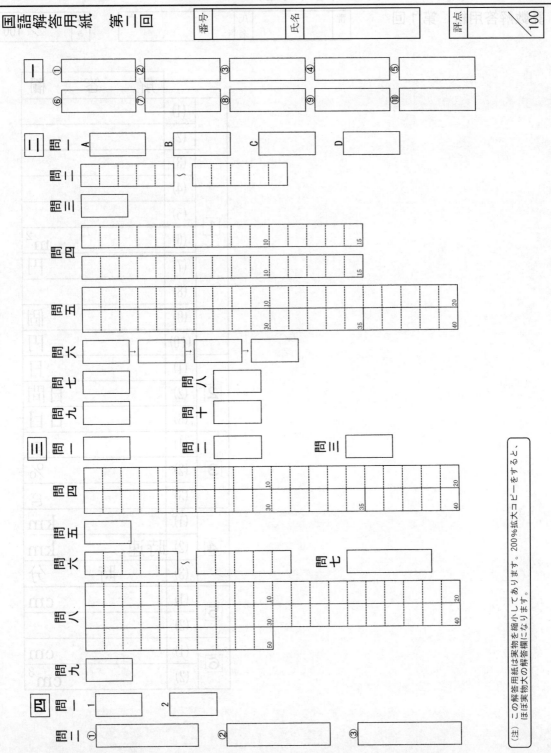

２０２１年度　目白研心中学校

算数解答用紙　第１回

番号		氏名		評点	／100

		解答欄
1	(1)	
	(2)	
	(3)	
	(4)	
	(5)	
	(6)	m^2
	(7)	円
	(8)	
	(9)	個
	(10)	円
2	(1)	日
	(2)	日間
	(3)	日目
3	(1)	g
	(2)	%
	(3)	g
4	(1)	km
	(2)	時速　km
	(3)	時　分
5	(1)	cm
	(2)	
6	(1)	cm
	(2)	cm^3

（注）この解答用紙は実物を縮小してあります。Ｂ５→Ｂ４（141%）に拡大コピーすると、ほぼ実物大の解答欄になります。

〔算　数〕100点（推定配点）

1, 2　各４点×13　3〜5　各５点×8　6　各４点×2

二〇二二年度　目白研心中学校

国語解答用紙　第一回

番号　氏名　評点 /100

一
①　②　③　④　⑤
⑥　⑦　⑧　⑨　⑩

二
問一　A　B　C　D
問二
問三
問四
問五
問六　〜
問七　問八　問九

三
問一
問二　問三
問四　〜　こと。
問五　問六　問七
問八
問九

四
問一　①　②　③
問二　①　②　③

（注）この解答用紙は実物を縮小してあります。192%拡大コピーをすると、ほぼ実物大の解答欄になります。

〔国　語〕100点(推定配点)

一　各2点×10　二　問1　各2点×4　問2　6点　問3　3点　問4　7点　問5〜問9　各3点×5　三　問1〜問7　各3点×7　問8　5点　問9　3点　四　各2点×6

2021年度　目白研心中学校

算数解答用紙　第2回

番号		氏名		評点	／100

		解　答　欄
1	(1)	
	(2)	
	(3)	
	(4)	
	(5)	
	(6)	km　m
	(7)	m^2
	(8)	通り
	(9)	個
	(10)	円
2	(1)	
	(2)	時間　分
	(3)	時間　分
3	(1)	m
	(2)	分速　m
	(3)	m
4	(1)	g
	(2)	g
	(3)	%
5	(1)	cm
	(2)	cm^2
6	(1)	cm^3
	(2)	cm^2

（注）この解答用紙は実物を縮小してあります。Ｂ５→Ｂ４（141%）に拡大コピーすると、ほぼ実物大の解答欄になります。

〔算　数〕100点（推定配点）

1，2　各４点×13　3～5　各５点×８　6　各４点×２

２０２１年度　目白研心中学校

社会解答用紙　第２回

番号		氏名		評点	／100

1

問１		問２		問３			
問４		問５		問６			
問７	（１）		（２）		問８		
問９		問10		問11			
問12	（１）		（２）				

2

問１		問２		問３	
問４		問５		問６	
問７		問８		問９	
問10		問11		問12	

3

問１				問２	①		②	
問３				問４			

（注）この解答用紙は実物を縮小してあります。Ｂ５→Ａ４（115%）に拡大コピーすると、ほぼ実物大の解答欄になります。

〔社　会〕100点（推定配点）

1　各３点×14　2　問１～問10　各３点×10　問11，問12　各４点×２　3　各４点×５

2021年度　　目白研心中学校

理科解答用紙　第2回

番号		氏名		評点	／100

1	(1)	(2)	(3)
	(4)		

2	ア	イ	ウ
	エ	オ	

3	(1)	(2)		
	(3)		(4)	
	(5)			
	(6)①	②	③	④

4	(1)	(2) 時台	(3)ア
	(3)イ	ウ	エ

（注）この解答用紙は実物大です。

〔理　科〕100点(推定配点)

1～4　各4点×25

二〇二二年度　目白研心中学校

国語解答用紙　第二回

番号		氏名		評点	/100

一
①　②　③　④　⑤
⑥　⑦　⑧　⑨　⑩

二
問一　A　B　C
問二（10）
問三（10・20・30・35・40）
問四
問五
問六　〜
問七
問八（10・20・25・30）
問九

三
問一
問二
問三
問四
問五（10・15・20）
問六（10・20・30・35・40）
問七
問八
問九（10・20・25）　点。
問十

四
問一　①　②
問二　①　②　③

（注）この解答用紙は実物を縮小してあります。200％拡大コピーをすると、ほぼ実物大の解答欄になります。

〔国　語〕100点(推定配点)

一　各2点×10　二　問1，問2　各3点×4　問3　4点　問4〜問7　各3点×4　問8　4点　問9　3点　三　問1〜問4　各3点×4　問5　4点　問6　5点　問7　3点　問8，問9　各4点×2　問10　3点　四　各2点×5

Memo

東京都／神奈川県／千葉県／埼玉県／茨城県／栃木県ほか

2025年度用
声の教育社版

中学受験案内

■全校を見開き2ページでワイドに紹介！

■中学～高校までの授業内容をはじめ部活や行事など、6年間の学校生活を凝縮！

■偏差値・併願校から学費・卒業後の進路まで、知っておきたい情報が満載！

私立・国公立353校掲載

Ⅰ 首都圏（東京・神奈川・千葉・埼玉・その他）の私立・国公立中学校の受験情報を掲載。

合格情報
近年の倍率推移・偏差値による合格分布予想グラフ・入試ホット情報ほか

学校情報
授業、施設、特色、ICT機器の活用、併設大学への内部進学状況と併設高校からの主な大学進学実績ほか

入試ガイド
募集人員、試験科目、試験日、願書受付期間、合格発表日、学費ほか

Ⅱ 資　料

(1)私立・国公立中学の合格基準一覧表（四谷大塚、首都圏模試、サピックス）
(2)主要中学早わかりマップ
(3)各校の制服カラー写真
(4)奨学金・特待生制度，帰国生受け入れ校，部活動一覧

Ⅲ 大学進学資料

(1)併設高校の主要大学合格状況一覧
(2)併設・系列大学への内部進学状況と条件

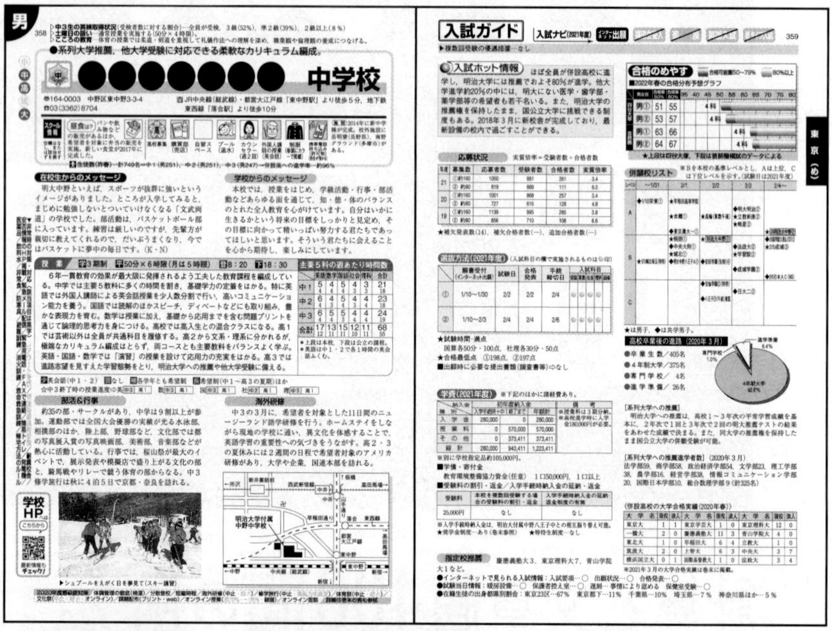

志望校・併願校をこの１冊で選ぶ！決める!!

過去問で君の夢を応援します

声の教育社

〒162-0814　東京都新宿区新小川町8-15
TEL.03-5261-5061　FAX.03-5261-5062
https://www.koenokyoikusha.co.jp